普通高等职业教育“十三五”规划教材

21 世纪高职高专规划教材 ◆ 国际经济与贸易系列

国际贸易

（第五版）

GUOJI MAOYI

张锡嘏　编著

中国人民大学出版社
·北京·

第五版前言

本书是在2015年出版的《国际贸易（第四版）》的基础上，为了贯彻落实党的十九大和博鳌亚洲论坛2018年年会的精神，不断扩大对外开放水平，做好国际经贸人才培养工作，并根据当前国际经济形势的变化和中国人民大学出版社的组稿要求而重新修订的。

2018年是中国改革开放40周年，也是贯彻落实党的十九大精神的开局之年。

作者在进行此次修订时，正值博鳌亚洲论坛2018年年会在海南博鳌举行。中国国家主席习近平4月10日在博鳌亚洲论坛2018年年会开幕式上强调："中国开放的大门不会关闭，只会越开越大！"他同时宣布，中国将采取大幅度放宽市场准入、创造更有吸引力的投资环境、加强知识产权保护和主动扩大进口等四项扩大对外开放新的重要措施。

习近平宣布中国第一轮对外开放的承诺，引发博鳌亚洲论坛2018年年会的与会嘉宾和业内专家的高度评价。国际货币基金组织总裁拉加德说，习近平主席在演讲中提到进一步开放金融、保险、汽车等领域，降低贸易壁垒，提供公平营商环境。这些非常具体的举措显示了中国的开放创新和包容。相信在过去40年改革开放成功的基础上，中国今后会继续取得成功。①

为了适应上述形势和变化，此次修订在保留第四版的基本理论、基本知识和基本技能的基础上，对个别章节的顺序和结构进行了调整、充实，更新了有关章节的内容。首先，以习近平新时代中国特色社会主义思想和习近平在博鳌亚洲论坛2018年年会开幕式上发表的主旨演讲精神为指导，密切结合当前我国对外贸易发展的主要态势。其次，这次修订对本书部分章节的顺序进行了调整。再次，考虑到我国对外贸易大国地位日益巩固，将"中国对外贸易"由一节扩展为一章。最后，充实和更新了"当代国际贸易""国际服务贸易""国际投资""跨国公司""区域经济一体化""世界贸易组织"等章的内容。

本书既可作为高职高专国际贸易专业教材，也可作为全国高校国际经济与贸易、国际工商管理、国际法等专业教学、自学考试及国际经济与贸易从业人员培训的基础教材和参考读物。

本书由张锡嘏教授编著。本书的编写人员安排是：张锡嘏、李洪涛、邓雪莲、张梦瑜

---

① 白舒婕．中国开放强音赢得世界掌声．国际商报，2018-04-12.

编写第一章至第七章；张锡嘏、张建宇、李润、张荣编写第八章至第十五章。

编者在修订本书时，借鉴、参考了有关的最新著述，在此，特向相关的作者表示感谢。本书修订过程中，中国人民大学出版社胡连连及有关编辑付出了辛劳，在此，深表谢意。

限于条件，书中疏漏、不当之处在所难免，敬请指正。

编者

2019年2月

目　录

第一章

导　论

学习目标

本章介绍什么是国际贸易课程，它包括哪些内容，为什么要学习这门课程以及国际贸易常用的基本概念。目的是使学生对本门课程有一个全面、系统的了解并掌握国际贸易常用的一些基本概念，为以后的学习奠定基础。

第一节　国际贸易课程的任务与内容

一、国际贸易课程的任务

国际贸易是指世界各国（地区）之间货物和服务的交换，是各国（地区）之间分工的表现，反映了世界各国（地区）在经济上的相互共存。

国际贸易课程是为培养和考核学生掌握和理解国际贸易发展的基本规律、基本理论、基本知识和基本技能而设置的一门专业基础课。

国际贸易课程的任务是在马克思列宁主义、毛泽东思想、邓小平理论、“三个代表”重要思想、科学发展观以及习近平新时代中国特色社会主义思想指导下，分析、研究国际贸易的产生、发展和贸易利益，揭示世界各国（地区）之间进行商品和服务交换规律和特点的学科。

二、国际贸易课程的内容

（一）国际贸易理论与学说

马克思把国际贸易看做是政治经济学的一个重要组成部分。他和恩格斯在《资本论》《剩余价值学说史》等著作中，对国际分工、世界市场、国际价值、世界货币、对外贸易与资本主义生产方式之间的关系等理论问题都作出了精辟的分析。此后，列宁等又论述了资本主义国家需要国外市场等问题。

西方经济学家也一直注意研究和探讨国际贸易中的各种问题与规律。资本主义原始积累时期的重商主义学派研究了对外贸易如何带来财富。资本主义自由竞争时期的古典学派的代表人物亚当·斯密和大卫·李嘉图探讨了国际分工形成的原因和分工的依据，论证了国际分工和国际贸易的利益。20 世纪，瑞典经济学家赫克歇尔和俄林提出了按照生产要素禀赋进行国际分工的学说。第二次世界大战后，西方经济学家对国际分工、世界市场、经济一体化等问题进行了进一步研究。20 世纪 80 年代以后，有些经济学家提出了战略性贸易政策理论。

（二）国际贸易政策、措施、区域经济一体化和世界贸易组织

国际贸易与各国的经济发展密切相关，因此，各国都制定了有利于本国经济发展的对外贸易政策和措施。对外贸易政策是随着时代的发展而不断变化的。在资本主义原始积累时期，出现了重商主义的保护贸易政策；在资本主义自由竞争时期，自由贸易政策与保护贸易政策并存；在帝国主义时期，出现了超保护贸易政策；第二次世界大战后，又出现了贸易自由化和各种形式的贸易保护主义抬头。

为执行对外贸易政策，各国采取了各种对外贸易政策措施，概括地说，有四个字：奖出限入。它可分为两个方面：一方面是奖励出口的措施，如建立各种形式的区域经济一体化组织；另一方面是限制进口的措施，如关税措施、非关税壁垒措施等。

国际贸易组织主要有关税与贸易总协定（简称关贸总协定），1995 年起它被世界贸易组织所取代。在各个国家和区域经济一体化组织内还建有管理对外贸易的机构。

（三）当代国际贸易

当代国际贸易，包括国际货物贸易、国际服务贸易和国际技术贸易以及国际投资、跨国公司等内容。

第二节　国际贸易课程的学习意义

一、适应经济全球化和区域经济一体化的需要

（一）经济全球化

经济全球化是世界各国在全球范围内的经济融合。具体地说，经济全球化是指以市场经济为基础，以先进科技和生产力为手段，以发达国家为主导，以最大利润和经济效益为目标，通过贸易、分工、投资和跨国公司，实现世界各国市场和经济相互融合的过程。和平与发展的国际贸易环境、多边贸易体制的建立、跨国公司作用的加强和各国之间的经济高层对话都促进了经济全球化的发展。国家主席习近平在出席博鳌亚洲论坛 2018 年年会开幕式发表的主旨演讲中强调：“综合研判世界发展大势，经济全球化是不可逆转的时代潮流。”

（二）区域经济一体化

区域经济一体化是指区域内两个或两个以上的国家或地区，组成具有超国家性质的共

同机构，通过制定统一的对内、对外经济贸易政策和财政与金融政策等，消除区域内的各成员之间阻碍经济贸易发展的障碍，实现区域内互利互惠、协调发展和资源优化配置，最终形成一个政治经济高度协调统一的超国家机体。其表现是各种形式的区域性的经贸集团。

国际贸易是经济全球化和区域经济一体化的重要组成部分。因此，学习国际贸易课程，了解和掌握国际贸易的基本理论、基本知识、基本技能，对促进经济全球化和区域经济一体化的发展具有重要的现实意义。

二、改革开放、扩大对外贸易的需要

（一）提高对外开放水平的需要

党的十二大报告指出，实行对外开放的经济政策，主要是“要促进国内产品进入国际市场，大力扩展对外贸易。要尽可能多地利用一些可以利用的外国资金进行建设……要积极引进一些适合我国情况的先进技术……以促进我国建设事业”。由此可见，发展对外贸易、利用外国资金、引进先进技术这三项是对外开放政策的最主要内容。

党的十五大报告明确指出，努力提高对外开放水平。对外开放是一项长期的基本国策。面对经济科技全球化趋势，我们要以更加积极的姿态走向世界，完善全方位、多层次、宽领域的对外开放格局，发展开放型经济，增强国际竞争力，促进经济结构优化和国民经济素质提高。党的十六大报告进一步提出：坚持“引进来”和“走出去”相结合，全面提高对外开放水平。适应经济全球化和加入世贸组织的新形势，在更大范围、更广领域和更高层次上参与国际经济技术合作和竞争，充分利用国际、国内两个市场，优化资源配置，拓宽发展空间，以开放促改革促发展。党的十七大报告更进一步提出：拓展对外开放广度和深度，提高开放型经济水平。中国的“十二五”规划明确提出要“实施互利共赢的开放战略，进一步提高对外开放水平”。党的十八大报告强调指出，适应经济全球化新形势，必须实行更加积极主动的开放战略，完善互利共赢、多元平衡、安全高效的开放型经济体系。党的十九大报告提出：“推动形成全面开放新格局。开放带来进步，封闭必然落后。中国开放的大门不会关闭，只会越开越大。”

（二）从对外贸易大国向贸易强国转变的需要

我国正处在加快转变外贸发展方式，即由贸易大国向贸易强国转变的关键时期。转变经济发展方式是党的十九大提出的一项重要战略任务。“我国经济已由高速增长阶段转向高质量发展阶段”，加快转变外贸发展方式，既是转变经济发展方式的重要内容，也是实现外贸科学发展的根本途径。

从我国外贸与国民经济的关系看，加快转变外贸发展方式，是促进国民经济平稳较快发展的迫切需要。长期以来，我国对外贸易发展更多地注重数量扩张，竞争力主要依靠劳动力、资源、能源等生产要素。随着我国经济快速发展和国际市场竞争加剧，传统发展模式难以为继。

从我国外贸与世界贸易的关系看，加快转变外贸发展方式，是积极应对国际经济贸易变化的外在要求。当前，世界经济和贸易增速不稳定，各种贸易和投资保护主义明显抬头，为适应国际经贸大发展、大变革、大调整的新要求，要进一步优化进出口商品结构，吸纳新一轮国际产业转移，鼓励发展低碳经济和绿色贸易，不断提升开放型经济水平。

党的十九大报告提出：“拓展对外贸易，培育贸易新业态新模式，推进贸易强国建设”，是推动贸易大国向贸易强国转变进程的重要举措。经过40年的发展，我国已进入世界贸易大国行列，货物进口和出口位居世界第一。但我国在企业的研发、设计、营销能力，出口产品的质量、档次、附加值，参与国际规则制定和重要商品进出口话语权等方面与贸易强国还有很大差距。

（三）加入世界贸易组织的需要

加入WTO是我国改革开放进程中具有历史意义的一件大事，是党中央、国务院高瞻远瞩、审时度势、主动迎接经济全球化挑战的重大战略决策。加入世界贸易组织以来，我国经济社会发展的进程充分证明，这一决策是完全正确的，具体表现在：我国充分行使成员权利，认真履行各项义务和承诺，全面融入世界经济体系，经济社会发展取得了巨大成就。在这一时期，我国经济贸易持续增长，国内生产总值和进出口贸易额全球排名由2001年的第六位跃居第二位。

加入WTO进一步拓展了我国对外开放的领域和空间。加入世界贸易组织以来，我国对外开放凸显了三个重大转变：区域性推进的对外开放转变为全方位对外开放；开放领域由传统的货物贸易向服务贸易延伸；市场准入条件更加法制化、更加透明和规范，赢得了WTO成员和国际社会的普遍赞赏和高度评价。

十八大报告指出，当今世界正在发生深刻复杂的变化，世界多极化、经济全球化深入发展，新兴市场国家和发展中国家整体实力增强。在此背景下，其他世界贸易成员对我国的期待日益提高，我国在国际经贸议程设置和新规律制定方面的压力增大。此外，我国对外贸易摩擦增多，企业“走出去”面临诸多限制和自身问题，知识产权、补贴、政府采购等政策也遭到其他成员越来越多的质疑。

十九大报告指出，中国坚持对外开放的基本国策，坚持打开国门搞建设，积极促进“一带一路”国际合作，努力实现政策沟通、设施联通、贸易畅通、资金融通、民心相通，打造国际合作新平台，增添共同发展新动力。加大对发展中国家特别是最不发达国家援助力度，促进缩小南北发展差距。中国支持多边贸易体制，促进自由贸易区建设，推动建设开放型世界经济。

面对新的形势，我们必须认真贯彻党的十九大精神，坚持新发展理念，支持多边贸易体制，实行更加积极主动的开放战略。要把握经济发展新的战略机遇期，认真谋划、主动迎接新的国际产业转移，巩固并提升自己在参与国际规则制定和重要商品进出口话语权以及全球价值链中的地位。

第三节　国际贸易的基本概念

一、对外贸易与国际贸易

对外贸易（Foreign Trade）亦称“国外贸易”，是指一个国家（地区）与另一个国家

（地区）之间的货物和服务的交换。海岛国家，如英国、日本等，也常用“海外贸易”表示对外贸易。对外贸易在奴隶社会和封建社会就已产生，并随着生产的发展而逐渐扩大，到资本主义社会，规模空前扩大，具有世界性。

对外贸易与国际贸易的观察角度不同，前者是从国家（地区）角度出发，而后者则是从国际或世界角度出发。

国际贸易（International Trade）亦称“世界贸易”，泛指国际上的货物和服务的交换，由各国（地区）的对外贸易构成，是世界各国对外贸易的总和。

国际贸易和对外贸易有广义和狭义之分：包括货物与服务的国际贸易和对外贸易称为广义的国际贸易和对外贸易；如不把服务贸易包括在内，则称为狭义的国际贸易和对外贸易。

二、对外贸易值与对外贸易量

对外贸易值（Value of Foreign Trade）是以货币表示的对外贸易金额。一定时期内一国从国外进口的商品的全部价值，称为进口贸易总额或进口总额；一定时期内一国向国外出口的商品的全部价值，称为出口贸易总额或出口总额。两者相加为进出口贸易总额或进出口总额，是反映一个国家对外贸易规模的重要指标。一般用本国货币表示，也有的用国际上习惯使用的货币表示。联合国编制和发表的世界各国对外贸易值的统计资料，是以美元表示的。

把世界上所有国家的进口总额或出口总额用同一种货币换算后加在一起，即得世界进口总额或世界出口总额。就国际贸易来看，一国的出口就是另一国的进口，如果把各国进出口值相加作为国际贸易总值就是重复计算。因此，一般是把各国的出口值相加，作为国际贸易总值。由于各国一般都是按FOB价格（即启运港船上交货价，只计成本，不包括运费和保险费）计算出口额，按CIF价格（即成本加保险费、运费）计算进口额，因此世界出口总额略小于世界进口总额，把各国的出口值相加作为国际贸易总值也是比较准确的。

对外贸易量（Quantum of Foreign Trade）是以一定时期的不变价格为标准来计算的对外贸易值。

对外贸易量，原意是用进出口商品的数量、重量、长度、面积、体积等计算单位来表示进出口商品的多少和变化的实际情况。然而，世界各个国家进出口商品成千上万，计量单位也各不一样，无法用统一的计量单位来表示世界或某个国家在一定时期的实际贸易量。

以货币所表示的对外贸易值经常受到价格变动的影响，因而不能准确地反映一国对外贸易的实际规模，更不能使不同时期的对外贸易值直接比较。为了反映进出口贸易的实际规模，通常以贸易指数表示，其方法是以固定年份为基期计算的进口或出口价格指数去除当时的进口额或出口额，得出按不变价格计算的贸易值，这就剔除了价格变动因素，该值就是贸易量。然后，以一定时期为基期的贸易量指数同各个时期的贸易量指数相比较，就可以得出比较准确反映贸易实际规模变动的贸易量指数。

西方国家和联合国通常采用下列方法来计算对外贸易量：

首先，以一定时期的不变价格为标准，来计算各个时期的对外贸易量，也即用进出口值指数除进出口值，得出对外贸易的实际规模的近似值，即对外贸易量。以 1980—2005 年世界出口贸易值和出口值指数（见表 1－1）为例：

表 1－1　　1980—2005 年世界出口贸易值与出口值指数

年　份	1980	1990	1995	2000	2001	2005
世界出口值（百万美元）	2 022 448	3 486 140	5 075 125	6 200 000	6 124 000	10 120 000
世界出口值指数（2000 年＝100）	98	111	119	100	97	126

资料来源：联合国贸易和发展会议．国际贸易和发展统计手册（2006—2007 年）．

2005 年世界贸易量为：$\frac{10\ 120\ 000}{126}\times 100 = 8\ 031\ 746$（百万美元）

其次，以一定时期为基期的贸易量和各个时期的贸易量相比较，就得出表示贸易量的指数，即

$$\frac{8\ 031\ 746}{6\ 200\ 000}\times 100 = 129$$

这就是说剔除价格的变动因素后，2005 年世界贸易量比 2000 年世界贸易量增长了 29%。

三、总贸易体系与专门贸易体系

总贸易体系与专门贸易体系是一个国家（地区）记录和编制进出口货物统计的一种方法。

总贸易体系（General Trade System）亦称一般贸易体系，是以国境为标准，统计进出口货物的方法。凡进入本国国境的货物一律列为总进口；凡离开本国国境的货物一律列为总出口。在总出口中既包括本国产品的出口，又包括未经加工的进口货物的出口。

专门贸易体系（Special Trade System）亦称特殊贸易体系，是以关境为标准，以货物经过海关办理结关手续作为统计进出口货物的方法。列入专门进口货物的渠道一般有三种：(1) 为国内消费和使用而直接进入的进口货物；(2) 进入海关保税工厂的进口货物；(3) 为国内消费和使用而从海关保税仓库中提出的货物以及从自由贸易区进口的货物。列入专门出口货物的来源一般有：(1) 本国生产的产品的出口；(2) 从海关保税工厂出口的货物；(3) 本国化商品的出口，即进口后经加工又运出关境的商品的出口。

相关链接

关境与国境

海关征收关税的领域叫关境。国境是一个国家行使主权的领土范围。

总贸易和专门贸易说明的是不同的问题。前者说明一国在国际货物流通中所处的地位和所起的作用；后者说明一国作为生产者和消费者在国际货物贸易中具有的意义。

由于各国在编制统计时采用的方法不同，所以联合国发表的各国对外贸易额的资料，一般均注明是按何种贸易体系编制的。目前采用总贸易体系的有美国、日本、英国、加拿大、澳大利亚等国；采用专门贸易体系的有德国、意大利、法国等国。我国采用的是总贸

易体系。

世界各国的服务贸易额进入国际收支统计，不进入海关统计。因此，总贸易与专门贸易体系只适用于货物贸易统计。

四、贸易差额

贸易差额（Balance of Trade）是一国在一定时期内（如一年、半年、一季、一个月）出口（货物与服务）总值与进口（货物与服务）总值之间的差额。当出口总值与进口总值相等时，称为"贸易平衡"。当出口总值大于进口总值时，出现贸易盈余，称为"贸易顺差"或"出超"。当进口总值大于出口总值时，出现贸易赤字，称为"贸易逆差"或"入超"。通常，贸易顺差以正数表示，贸易逆差以负数表示。

为了表明货物贸易和服务贸易各自的进口贸易额与出口贸易额之间的差额，还可再分为货物贸易差额和服务贸易差额。

一国的进出口贸易收支是其国际收支中经常项目的重要组成部分，是影响一个国家国际收支的重要因素。

五、对外贸易或国际贸易结构

对外贸易或国际贸易结构可分为广义的和狭义的两种。广义的对外贸易或国际贸易结构，是指货物、服务贸易在一国总进出口或世界贸易中所占的比重。如2017年中国货物贸易进出口总额为41 045亿美元，占当年中国货物和服务贸易进出口总额的85.5%，同年，中国服务贸易进出口总额为6 957亿美元，占当年中国货物和服务贸易总额的14.5%。狭义的对外贸易或国际贸易结构，是指货物贸易或服务贸易本身的结构比较，即各类货物贸易或服务贸易在一国总进出口或世界贸易中所占的比重，可分为对外货物贸易结构与对外服务贸易结构。

对外货物贸易结构（Composition of Foreign Goods Trade）是指在一定时期内一国或世界进出口货物贸易中以百分比表示的各类货物的构成。

国际贸易中的货物种类繁多，为便于统计，《联合国国际贸易标准分类》把国际货物贸易共分为10大类、63章、233组、786个分组和1 924个基本项目。这10大类货物分别是：0类为食品及主要供食用的活动物；1类为饮料及烟草；2类为燃料以外的非食用原料；3类为矿物原料、润滑油及有关原料；4类为动植物油、脂及蜡；5类为化学成品及有关产品；6类为按原料分类的制成品；7类为机械及运输设备；8类为杂项制品；9类为没有分类的其他商品。在国际贸易统计中，一般把0到4类商品称为初级产品，把5到8类商品称为制成品（见表1-2）。

表1-2　《联合国国际贸易标准分类》的商品分类

类别	商品	产品分类
0	食品及主要供食用的活动物	初级产品
1	饮料及烟草	
2	燃料以外的非食用原料	
3	矿物原料、润滑油及有关原料	
4	动植物油、脂及蜡	

续前表

类别	商品	产品分类
5	化学成品及有关产品	制成品
6	按原料分类的制成品	
7	机械及运输设备	
8	杂项制品	
9	没有分类的其他商品	

国际服务贸易是不同国家之间所进行的服务交易的活动。根据关贸总协定乌拉圭回合达成的《服务贸易总协定》，国际服务贸易有以下 4 种提供方式：

第一，“跨境提供”。从一缔约方境内向境外任何缔约方提供服务。如通过视、听等为对方提供服务，其特点是服务提供者和消费者分处不同国家。这是典型的跨国界可贸易型服务，是国际服务贸易的基本形式。

第二，“境外消费”。在一缔约方境内向任何其他缔约方的消费者提供服务。诸如涉外旅游服务、为外国病人提供医疗服务等。

第三，以“商业存在”方式提供服务。一缔约方在其他缔约方境内通过商业存在提供服务，即服务提供者在外国建立商业机构为消费者服务。例如，一缔约方在其他缔约方开设百货公司、银行、保险公司、运输公司、咨询公司、律师或会计师事务所、饭店、宾馆等。这种服务贸易往往与对外直接投资联系在一起。

第四，以“自然人流动”方式提供服务。一缔约方的自然人在其他任何缔约方境内提供服务。

《服务贸易总协定》将服务行业分为 12 个部门：商业、通信、建筑和相关工程、销售、教育、环境、金融、卫生、旅游、娱乐、运输、其他。

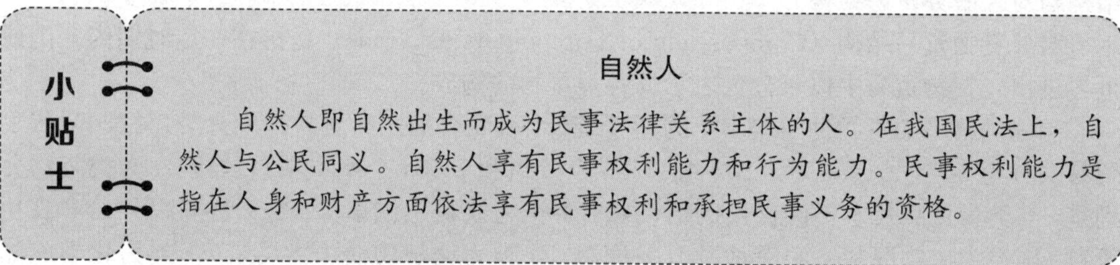
小贴士

自然人

自然人即自然出生而成为民事法律关系主体的人。在我国民法上，自然人与公民同义。自然人享有民事权利能力和行为能力。民事权利能力是指在人身和财产方面依法享有民事权利和承担民事义务的资格。

对外服务贸易结构是指一定时期内一国或世界进出口服务贸易中以百分比表示的各类项目的构成。

广义和狭义的对外贸易或国际贸易结构可以反映出一国或世界的经济发展水平、产业结构的变化和服务业的发展水平等。

六、对外贸易地理方向与世界贸易地位

对外贸易地理方向表明一国出口货物和服务的去向地、进口货物和服务的来源地，从而表明一国和地区与其他国家和地区之间的经济贸易联系的程度。计算公式为：

$$\text{对外贸易地理方向}=\frac{\text{对某国家和地区的出口或进口贸易额}}{\text{对世界出口或进口贸易额}}\times 100\%$$

对外贸易地位表明世界各洲、各国或地区在国际贸易中所占的比重。计算公式为：

$$\text{对外贸易地位}=\frac{\text{对世界各洲、各国（地区）出口或进口贸易额（货物或服务）}}{\text{整个世界贸易额（货物或服务）}}\times 100\%$$

七、对外贸易依存度

对外贸易依存度（Degree of Dependence upon Foreign Trade）也叫对外贸易系数，是指一国货物与服务进出口额在该国国民生产总值（或国内生产总值）中所占的比重。对外贸易依存度可分为对外贸易额（包括货物贸易与服务贸易）总依存度、货物贸易依存度和服务贸易依存度三种形式。

传统的对外贸易系数是指一国货物进出口额与国内生产总值或国民生产总值之比。根据研究对象的不同，对外贸易系数可以分为出口系数和进口系数，国际上多以出口贸易在国民生产总值或国内生产总值中的比重来表示。随着国际分工的发展，各国对外贸易依存度不断提高。美国对外贸易占 GDP 的比重从 1970 年的 12%提高到 2006 年的 22%。我国货物进出口额占 GDP 的比重从 1978 年的 8.8%提高到 2017 年的 33.6%。

影响一国对外贸易依存度的因素主要有：国内市场的发展程度、加工贸易的层次、汇率的变化等。

对外贸易依存度的计算公式为：

$$Z=(X+M)/GDP\times 100\%$$

其中，Z 为对外贸易系数；X 为出口总额；M 为进口总额。

对外贸易系数的计算公式为：

$$\text{对外贸易系数}=\frac{\text{（进口额＋出口额）}}{\text{国民生产总值（GNP）或国内生产总值（GDP）}}\times 100\%$$

出口贸易系数的计算公式为：

$$\text{出口贸易系数}=\frac{\text{出口贸易额（货物出口或服务出口或两者相加）}}{\text{国民生产总值或国内生产总值}}\times 100\%$$

即

$$Z_x=X/GDP\times 100\%$$

其中，Z_x 为出口贸易系数；X 为出口总额。

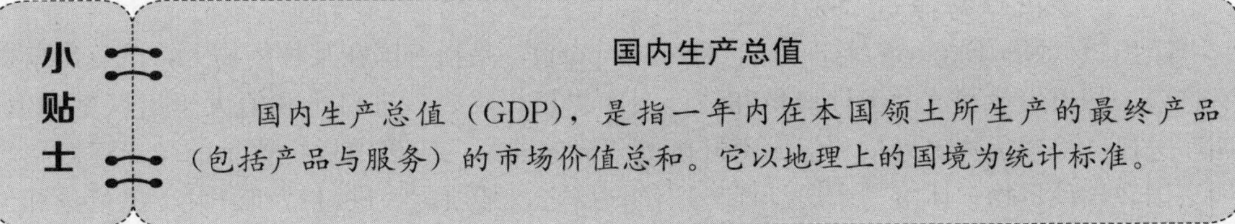

小贴士

国内生产总值

国内生产总值（GDP），是指一年内在本国领土所生产的最终产品（包括产品与服务）的市场价值总和。它以地理上的国境为统计标准。

第四节　国际贸易的分类

一、按交易内容划分

（一）国际货物贸易

国际货物贸易是指有形商品的国际交易，也称有形贸易。

（二）国际服务贸易

国际服务贸易是指不同国家之间所进行的服务交易的活动。根据关贸总协定乌拉圭回合达成的《服务贸易总协定》，国际服务贸易有以下4种提供方式：跨境提供，境外消费，以“商业存在”方式提供服务，以“自然人流动”方式提供服务。

（三）国际技术贸易

国际技术贸易是指不同国家或地区之间的有偿技术转让，又称商业性的国际技术转让，即技术供应方通过签订技术合同，将技术有偿转让给技术接受方使用。

二、按货物移动方向划分

（一）出口贸易

出口贸易（Export Trade），是指将本国生产和加工的货物因外销而运出国境，作为出口贸易或输出贸易。不属于外销的货物则不算。例如，运出国境供驻外使领馆使用的货物、旅客个人使用带出国境的货物均不列入出口贸易。

（二）进口贸易

进口贸易（Import Trade），是指将外国生产和加工的货物购进后，因内销而运进国境，列入进口贸易或输入贸易。同样，不属于内销的货物不算。例如，外国使领馆运进供自用的货物、旅客带入供自用的货物均不列入进口贸易。

（三）过境贸易

从甲国经过丙国国境向乙国运送货物，而货物所有权不属于丙国居民，对丙国来说，称为过境贸易（Transit Trade）。有些内陆国家同非邻国的贸易，其货物必须通过第三国国境。

（四）复出口与复进口

输入本国的外国货物未经加工再输出时，称为复出口（Re-export Trade）。输出国外的本国货物未经加工再输入时，称为复进口（Re-import Trade）。例如，出口后退货，未售掉的寄售货物的退回等。

（五）净出口与净进口

净出口（Net Export）与净进口（Net Import），是指一国在某种货物上，既有出口也有进口。如出口量和值大于进口量和值，叫净出口；反之，进口量和值大于出口量和值，叫净进口。某项货物出口量和值大于进口量和值的国家，叫该项货物贸易的净出口国，表明该国在该种货物整体贸易中居于优势地位；反之，某项货物进口量和值大于出口量和值的国家，叫该项货物贸易的净进口国，表明该国在该项货物整体贸易中居于劣势地位。

三、按交易对象划分

（一）直接贸易

直接贸易（Direct Trade），是指货物生产国与货物消费国直接卖、买货物的行为。货物从生产国直接卖给消费国，对生产国而言，是直接出口贸易；对消费国而言，是直接进口贸易。

（二）间接贸易

间接贸易（Indirect Trade），是指货物生产国与消费国之间，经由第三国商人进行贸易的行为。这种行为对生产国来说，是间接出口贸易；对消费国来说，是间接进口贸易。

（三）转口贸易

转口贸易（Transit Trade），是指货物生产国与消费国之间，或货物供给国与需求国之间，经由第三国贸易商分别签订进口合同和出口合同所进行的贸易。从第三国角度来看，即是转口贸易，又称中转贸易。即使货物直接从生产国、供给国运往消费国、需求国，由于它们之间未直接发生交易关系，仍属于转口贸易的范畴。

◆ 本章小结

本章包括两方面内容：第一，国际贸易课程的任务、内容和学习意义；第二，国际贸易常用的基本概念与分类。

◆ 思考题

1. 何谓国际贸易？
2. 国际贸易课程的任务和内容是什么？
3. 国际贸易常用的概念有哪些？

第二章

当代国际贸易

本章介绍对外贸易产生的条件，对外贸易与资本主义生产方式之间的本质联系，对外贸易对资本主义生产方式的产生与发展，以及对社会主义制度所发挥的重要作用，资本主义时期的国际贸易以及当代国际贸易发展的主要特点。目的在于从宏观上了解和掌握国际贸易的历史与现状、地位与作用。

第一节　对外贸易的产生与发展

一、对外贸易的产生

国际贸易属于历史范畴，是人类社会发展到一定历史阶段的产物。

对外贸易的产生，必须具备以下两个条件：一是有剩余的产品可以作为商品进行交换；二是出现了政治实体，商品交换要在各自为政的社会实体之间进行。因此，社会生产力的发展和社会分工的扩大，是对外贸易产生和发展的基础。

在原始社会初期，人类处于自然分工状态，生产力水平很低，人们在共同劳动的基础上获取有限的生活资料，仅能维持本身生存的需要。因此，没有剩余产品，没有私有制，没有阶级和国家，也就没有对外贸易。

对外贸易的产生与人类历史上三次社会大分工密切相关。

第一次社会大分工是畜牧部落从其他部落中分离出来，牧畜的驯养和繁殖使生产力得到了发展，产品开始有了少量剩余。于是在氏族公社之间、部落之间出现了剩余产品的交换。这是最早发生的交换。这种交换是极其原始的偶然的物物交换。

随着生产力的继续发展，手工业从农业中分离出来，出现了人类社会第二次大分工。随着手工业的出现，直接以交换为目的的商品生产便产生了。随着商品生产和商品交换的不断扩大，货币产生了，商品交换逐渐变成了以货币为媒介的商品流通。随着商品货币关系的发展，专门从事贸易的商人产生了，于是，出现了第三次社会大分工。

生产力的发展，交换关系的扩大，加速了私有制的产生，从而使原始社会日趋瓦解，这就为过渡到奴隶社会打下了基础。在奴隶社会初期，阶级矛盾促使了国家的形成。国家出现后，商品交换超出国界，产生了对外贸易。

奴隶社会的对外贸易是在奴隶占有制生产方式的基础上发展起来的，在这种生产方式下，自然经济占统治地位，生产的目的主要是消费。商品生产在整个社会生产中是微不足道的，因而进入交换领域中的商品是有限的。同时，由于生产技术落后，交通运输工具简陋，对外贸易的范围受到了很大限制。

在奴隶社会，对外贸易的主要商品是奴隶和奢侈品，如宝石、装饰品、各种织物、香料等。前者为奴隶主阶级提供劳动力，后者满足奴隶主的享乐欲望。

当时欧洲兴起的主要贸易国家有希腊、罗马等。我国在夏商时代已进入奴隶社会，贸易集中在黄河流域。

封建社会的经济仍然是自然经济，农业在各国经济中占据主导地位，商品生产仍处于从属地位，因而当时国际贸易的规模仍十分有限，但比奴隶社会有了进一步发展。在封建社会早期，封建地租采取劳役和实物形式，进入流通领域的商品不多。到封建社会中期，随着商品生产的发展，封建地租转变为货币地租的形式，对外贸易得到了发展。在封建社会晚期，随着城市手工业的发展，商品经济和对外贸易都有了较大的发展。

在封建社会，奢侈品仍然是国际贸易中的主要商品。西方国家以呢绒、酒等换取东方国家的丝绸、香料、珠宝等。

在封建社会时期，西方的贸易中心曾发生多次转移。起初，国际贸易中心在地中海东部。到7—8世纪时，阿拉伯成为主要的贸易民族。11世纪以后，随着意大利北部和波罗的海沿岸城市的兴起，国际贸易的范围便扩大到地中海、北海、波罗的海和黑海的沿岸。

在封建社会，贸易范围不断扩大。中国、埃及、印度、伊朗等亚非国家的对外贸易发展比较突出。我国早在秦、汉以前，便与外国发生了贸易关系。到公元前2世纪的西汉时代，我国就开辟了从新疆经中亚通往中东和欧洲的“丝绸之路”。中国的丝绸经“丝绸之路”输往西方。明朝郑和七次下“西洋”，向许多国家传播了我国的火药、指南针和手工业等发明和技术，同时，也把这些国家的土产、优良种子等输入我国，促进了我国人民与各国人民的友好往来和文化技术交流。

不过，在奴隶社会和封建社会，由于自然经济占统治地位和交通条件的限制，国际贸易在当时的社会经济中都不占主要地位，贸易的范围和商品都很有限，贸易活动也不频繁。直到资本主义社会，大规模机器工业建立以后，国际贸易才获得广泛的发展。

二、对外贸易与资本主义生产方式

对外贸易的发展是与资本主义生产方式的建立和发展紧密联系在一起的。

马克思曾经指出：“对外贸易的扩大，虽然在资本主义生产方式的幼年时期是这种生产方式的基础，但在资本主义生产方式的发展中，由于这种生产方式的内在必然性，由于这种生产方式要求不断扩大市场，它成为这种生产方式本身的产物。”[①] 马克思这一科学论断，高度概括了在资本主义生产方式的产生和发展中对外贸易所起的巨大促进作用，揭示了对外贸易与资本主义生产方式之间的本质联系。

（一）对外贸易促进了资本主义生产方式的产生

在西欧封建社会末期资本主义因素扩大的情况下，对外贸易推动和促进了资本主义生产方式的产生。对外贸易给资本主义生产方式的形成提供了必要的条件，它促进了欧洲资本主义的资本原始积累。

所谓资本原始积累，就是指在资本主义生产方式确立以前，资本家占有财富和资本的积累。

对外贸易对资本原始积累的作用具体表现在：它为资本主义生产提供了劳动力、资本与市场。而它们正是资本主义生产方式产生的基本条件。

从提供劳动力来说，资本主义国家在初期都以不同方式从直接生产者农民手中夺去生产资料——土地，把农民变为除出卖劳动力以外一无所有的雇佣工人。这种剥夺过程往往同对外贸易的发展有一定的关系。例如，英国在 15 世纪前后所发生的“圈地”“清地”运动，把大批农民从土地上赶走，背井离乡，沦为雇佣奴隶。耕地被改建成牧场，生产羊毛，出现“羊吃人”的现象。这是因为羊毛与毛织品是当时英国的主要出口商品，国外销路旺盛，价格上涨，生产羊毛比生产粮食可以获得更大的利润。这种把耕地变为牧场的掠夺农民土地的过程，也就是为工业资产阶级提供劳动力的过程。

从提供货币资本来说，对外贸易是货币资本积累的重要来源。从 16 世纪到 18 世纪，欧洲商业资产阶级通过欺骗、掠夺、贩卖黑人等办法，从世界各地得到大量的黄金和白银，其中大部分在欧洲转化为货币资本。

从提供市场来说，欧洲殖民者在 16—18 世纪先后发动了一系列商业战争，扩大殖民地，把非洲、亚洲和美洲广大地区卷入到世界市场中来，既为欧洲殖民主义国家提供销售市场，又成为它们的原料产地。

应当指出，对外贸易作为资本主义生产方式的基础作用，只是就它推动和加速封建社会向资本主义过渡的条件和时间而言，决不能由此得出结论，对外贸易是资本主义生产方式的整个基础。因为决定资本主义生产方式的产生的，只能是社会生产力的发展和生产关系的变化。

（二）对外贸易成为资本主义生产方式本身的产物

在资本主义生产方式确立以后，这种生产方式的内在要求，又决定着资本主义国家必须有对外贸易。对外贸易能促进资本主义国家的经济发展。

马克思指出：“生产剩余价值或赚钱，是这个生产方式的绝对规律。”[②] 这个绝对规律制约着资本主义生产发展的一切主要方面和一切主要过程。

1. 对外贸易可以提高利润率

（1）通过对外贸易可以降低生产成本。资本家通过对外贸易从国外获得廉价的原料、燃料、辅助材料、机器、设备等，降低了资本家用于不变资本的费用。同时，通过对外贸

① 马克思．资本论：第 3 卷．北京：人民出版社，1975：264.

② 马克思，恩格斯．马克思恩格斯全集：第 23 卷．北京：人民出版社，1972：679.

易还可以使可变资本转化为必要的生活资料变得便宜，这种必要的生活资料随资本主义的不同发展阶段而不同。

(2) 通过对外贸易取得规模经济利益。通过对外贸易，扩大出口，可使生产规模扩大，提高劳动生产率，降低生产成本。

(3) 通过对外贸易，取得超额利润。这种超额利润一部分来自高于他国的劳动生产率，一部分来自对市场的垄断。

发达的资本主义国家劳动生产率高，生产商品时实际消耗的劳动时间大大少于国际社会必要劳动时间。因此，该商品按照国际市场价格出售时，不作为技术较高的劳动来支付报酬，在国际市场上却被作为技术较高的劳动来出售了。这种差额成了资本家的超额利润。由于生产力水平的提高需要较长的时间，故经济发达国家的资本家可在较长时期内占有这种超额利润。

(4) 通过资本输出，就地设厂，提高利润率。跨国公司通过“全球战略”，利用各个国家经济发展的不平衡、自然资源的差异、廉价的劳动力，与其较高的技术、经营管理能力相结合；绕过关税与非关税壁垒，利用各国的销售渠道；以“转移价格”方法扩大从发展中国家的价值转移；通过外迁环境污染严重的工厂，节省大量环保费用……这都大大提高了利润率。

转移价格

转移价格又称调拨价格，是跨国公司根据其全球战略目标，在母公司与子公司、子公司与子公司之间进行商品、劳务或技术交易时所采用的内部价格。其制定不受市场一般供求关系的影响，而以实现公司的全球战略、追求全球最大化利润为目标。

2. 通过对外贸易，取得国外市场

在资本主义经济发展不平衡规律作用下，资本主义国家的生产需要国外市场。

列宁在同俄国民粹派进行论争时，提出了资本主义国家需要国外市场的三个因素。

第一，资本主义只是广阔发展的、超出国家界限的商品流通的结果。因此，没有对外贸易的资本主义国家是不能设想的，而且的确没有这样的国家。

第二，彼此互为“市场”的各种工业部门，不是均衡地发展着，而是互相超越着，因此较为发达的工业就寻求国外市场。

第三，资本主义生产的规律，是生产方式的经常改造和生产规模的无限扩大。资本主义企业必然超出村社、地方市场、地区和国家的界限。因为国家的孤立和闭关自守的状态已被商品流通所破坏，所以每个资本主义工业部门的自然趋向使它需要“寻求国外市场”。①

列宁关于资本主义国家需要国外市场的论述，揭示了资本主义生产方式与国外市场之

① 列宁选集：第1卷．北京：人民出版社，1972：186－187．

间的必然联系。

3. 对外贸易有助于社会产品的实现

资本主义社会生产的问题，实际上就是社会总产品的实现问题，而社会总产品各个部门之间的实现过程，实际上就是社会再生产的社会总产品各部分的流通过程。对外贸易对资本主义社会两大部类的平衡、各部门间的产品价值的实现和实物形态补偿起着重要作用。

（1）对外贸易可解决两大部类的不平衡发展。

在资本主义条件下，两大部类经常处于不平衡发展状态，第一部类中的社会产品超过（或少于）两大部类中固定资本更新和扩大所必需的生产资料，而第二部类中创造的社会产品又少于（或超过）必要的生活资料。资本主义国家往往通过对外贸易出口（或进口）过剩（或不足）的第一部类社会产品，进口（或出口）必要的消费资料，以解决两大部类的不平衡发展。

（2）对外贸易可促进产品的实现。

资本主义社会总产品的实现是指社会总产品中各个部分的价值补偿和实物补偿。对外贸易在解决和缓和资本主义国家社会总产品的实现上起着很大的作用。

1）对外贸易扩大了市场，解决了相当一部分产品的实现问题。在历史上，英国工业革命以后，工业产品大大超过国内市场的容量。到 19 世纪中期，一半以上的工业品要靠在国外市场上销售，80%的棉织品要输往国外。第二次世界大战后，发达国家的某些生产部门，主要是为国外市场而进行生产的。日本造船、化肥、缝纫机和纺织机械产品的一半以上靠出口；汽车、电视机、合成纤维的 1/3 靠出口。美国农产品对出口依赖性很大，每 4亩耕地中就有 1 亩是为出口而生产的。因此，如果没有出口市场，资本主义国家的产品实现就极为困难。

2）对外贸易有助于实物形态的补偿。资本主义大工业的建立，使初级产品实物形态的补偿跨越了国境。资本主义新的工业所加工的，已经不是本地的原料，而是来自极其遥远的地区的原料；它们的产品不仅供本国消费，而且同时供世界各地消费。

4. 对外贸易促进劳动生产率的提高

（1）对外贸易刺激着资本家提高劳动生产率。

在国际贸易中，在商品款式、包装等一致的情况下，价格在竞争中起着重要作用。为了在国际贸易中取得高额利润，资本家千方百计地提高劳动生产率，降低成本，以打败竞争对手。

（2）对外贸易给资本家提高劳动生产率提供了重要途径。

1）通过国际贸易，科学技术普及了，带动了发达国家和世界经济的发展。第二次世界大战后，日本和德国经济迅速增长的重要原因之一就是结合本国情况，大量引进美欧国家的先进技术。日本在战后工业生产的增长中，约有 1/3 来自引进的先进技术。

2）利用国际分工，节约社会劳动。国际分工可使贸易参加国发挥优势、扬长避短，节省资源开发费用或弥补资源的不足，节省社会劳动，取得经济效益。

三、对外贸易与社会主义制度

（一）发展对外贸易是社会主义根本任务的要求

党的十五大报告明确指出：“社会主义的根本任务是发展社会生产力。在社会主义初级阶段，尤其要把集中力量发展社会生产力摆在首要地位。我国社会的主要矛盾是人民日益增长的物质文化需要同落后的社会生产力之间的矛盾，这个主要矛盾贯穿我国社会主义初级阶段的整个过程和社会生活的方方面面。这就决定了我们必须把经济建设作为全党全国工作的中心。各项工作都要服从和服务于这个中心。”党的十九大报告明确指出：“中国特色社会主义进入新时代，我国社会主要矛盾已经转化为人民日益增长的美好生活需要和不平衡不充分的发展之间的矛盾。”对外贸易是国民经济的一个重要部门，肩负着完成社会主义根本任务的重任。

（二）发展对外贸易是对外开放的客观要求

实行对外开放是社会主义国家的一项长期的基本国策。

党的十五大报告明确指出：“努力提高对外开放水平。……我们要以更加积极的姿态走向世界，完善全方位、多层次、宽领域的对外开放格局。”

实行对外开放，符合经济发展规律的客观要求，符合解放和发展生产力的客观要求，符合培育和发展社会主义市场经济的客观要求。

实行对外开放是解放和发展生产力的客观要求，通过对外开放，大力发展对外贸易，促进生产力的发展；积极引进当代世界的先进技术，加速进行设备更新和技术改造，使科学和技术尽快转化为生产力；积极合理有效地利用外资，以弥补我国建设资金的不足，引进国外的先进管理经验和管理技术，以提高我国的经营管理水平。这一切都有利于解放和发展生产力，离开了对外开放，是不可能实现经济发展战略目标的。

我国经济体制改革的目标是建立社会主义市场经济体制，而建立和发展社会主义市场经济，更加离不开对外开放。社会主义市场经济要求资源的合理配置，不仅是一国国内资源的配置，而且也包括充分利用国外资源以优化国内资源配置。世界上每一个国家都不可能拥有它所需要的全部资源，而且由于经济技术条件和人力、物力、财力的资源条件不同，生产同一种产品的生产效率和经济效益也存在很大的差别，只有实行对外开放，充分利用国际分工，才能扬长避短，发挥优势，提高经济效益。在我国发展社会主义市场经济的过程中，也必须重视这一点。

（三）发展对外贸易是社会主义商品生产发展的需要

社会主义国家要想迅速发展经济，实现现代化，就必须大力促进商品经济的发展。只有商品经济的迅速发展，才能使各个企业、各地区的经济优势充分发挥出来，才能有力地促进各个企业和整个社会提高劳动生产率，提高经济效益，才能生产出数量多、品种齐全和价格便宜的产品，更好地满足整个社会的需要。从这个方面来看，对外贸易能促进商品经济的发展。

（四）发展对外贸易是社会化大生产的需要

社会化大生产的一个根本特点是分工的深化和交换的扩大。这种扩大不仅使国内各地区、各部门及各企业之间的相互联系日益密切，而且必然超出国家和民族的界限，参与国际交换。一个社会主义国家的经济发展，离不开同其他国家的经济交流。

（五）发展对外贸易是参与国际分工的需要

国际分工是国际经济联系的基础。在平等互利的基础上，社会主义国家参与国际分工，能以较少的劳动耗费取得较大的经济效益。社会主义经济越发展，分工越要扩大，越需要参与国际分工。

第二节 资本主义时期的国际贸易

资本主义时期的国际贸易包括：资本主义生产方式准备时期、资本主义自由竞争时期、向帝国主义过渡到第一次世界大战以前和两次世界大战之间等四个时期的国际贸易。总的来说，资本主义时期的国际贸易发展很快，但在各个具体时期发展情况又不尽相同。

一、资本主义生产方式准备时期的国际贸易

资本主义生产方式准备时期，即16世纪至18世纪中叶，是资本原始积累和工场手工业大发展时期，也是新航线发现和世界市场开始产生的时期。

工场手工业的发展，促进了商品生产和商品交换的扩大，因而需要扩大市场，为商品寻找销路。1492年热那亚人哥伦布从西班牙出发经大西洋发现了美洲；1498年葡萄牙人瓦斯科・达・伽马从欧洲绕过非洲南端的好望角到达印度。新航线的开辟把各大洲连接在一起，产生了世界市场。这就大大扩大了国际贸易的范围，促进了国际贸易的发展。马克思和恩格斯曾写道："美洲的发现、绕过非洲的航行，给新兴的资产阶级开辟了新天地。东印度和中国的市场、美洲的殖民化、对殖民地的贸易、交换手段和一般商品的增加，使商业、航海业和工业空前高涨，因而使正在崩溃的封建社会内部的革命因素迅速发展。"①

资本主义生产方式准备时期的国际贸易，反映了资本原始积累的一些特征。

随着新航线的发现，欧洲国家便开始以暴力、掠夺、欺骗和奴役等方式对殖民地进行贸易。

新航线发现以后，对殖民地的贸易，西班牙和葡萄牙占有统治地位。西班牙垄断了美洲、欧洲的贸易，而葡萄牙则独占了非洲和亚洲的市场。但是到了16世纪后半期，西班牙、葡萄牙的手工业开始衰落，而英国、荷兰的资本主义生产发展起来了，西班牙和葡萄牙也就丧失了在国际贸易上的优势地位。

西班牙垄断了美洲和欧洲的贸易后，就用暴力和欺骗的手段攫取当地居民的贵金属——黄金和白银，将这些黄金和白银运到欧洲，西班牙人还将当地居民赶下矿坑为他们开采矿产资源。这种残暴的掠夺和奴役，使西班牙的殖民者大发横财。

葡萄牙人和荷兰人在16世纪前后，完全垄断了东印度的香料贸易。他们为了保持香料的高昂价格，不仅毁掉了当地居民的香料，并且对当地居民进行屠杀。

随着殖民地的扩大，殖民地作为欧洲国家的商品销售市场和原料来源的意义日益重要。殖民者在非洲的大西洋沿岸、亚洲和南美等地发展了以奴隶劳动为基础的种植业，他们将大米、烟草、甘蔗、香料等产品输往欧洲出售。由于殖民地农业的发展，对于欧洲工业品的需求增加了；而欧洲工业的发展，对殖民地原料、粮食的需要也日益增长。因此，

① 马克思，恩格斯．马克思恩格斯选集：第1卷．2版．北京：人民出版社，1995：273.

对欧洲国家来说，与殖民地的贸易的意义越来越重大。

由于殖民地在宗主国的对外贸易中地位日益提高，欧洲国家为了占领殖民地和争夺国际贸易的霸权，进行了长期的战争。从16世纪开始，西班牙、葡萄牙、荷兰、英国、法国等欧洲的几个主要国家为了争夺海上航线的控制权，相互袭击和抢劫对方的商船，进行了连年的战争。17世纪末期，英国取得了国际贸易的霸权。

随着国际贸易范围的扩大，对外贸易的商品也比以前增多，并且出现了一些新的品种，主要是工业原料和城市居民的消费品。在当时欧洲国家与殖民地贸易中，贩卖黑人占有很重要的地位。欧洲商人用武力和欺骗的方式，将大批非洲黑人贩运到美洲，从中取得惊人的利润。

随着新航线的发现和贸易路线的改变，贸易中心转移到了大西洋沿岸的城市。阿姆斯特丹、巴黎、马赛和伦敦等城市先后成为国际贸易中心。

欧洲国家垄断殖民地贸易的特权公司，如英国东印度公司、荷兰东印度公司等，从17世纪初起广泛地成立起来。这种特权公司与贸易垄断和掠夺方式相结合，获得了大量的利润，这些利润是资本原始积累的重要来源。

这个时期的国际贸易，同奴隶社会和封建社会相比，有了很大的发展。但是，由于资本主义大机器工业尚未建立，交通工具还不完善，国际贸易的规模、范围和商品品种都受到一定的限制。

二、资本主义自由竞争时期的国际贸易

18世纪后期至19世纪中期是资本主义自由竞争时期。在这期间，欧洲国家先后发生了产业革命和资产阶级革命，建立了资本主义的大机器工业。大工业建立以后，生产力迅速提高，社会产品大大增加，国际分工开始形成。这就为国际贸易的发展提供了空前丰富的物质基础。同时，交通运输和通信联络工具的迅速发展和广泛使用，缩短了国家间的距离，推动了国际贸易的发展。这时，国际贸易才真正体现了世界性质的含义。

（一）国际贸易的趋势

资本主义大机器工业的建立，生产规模的空前扩大，引起了国际贸易额的迅速增长。

这一时期的世界贸易额，无论以当年价格计算的贸易值来看，或者以不变价格计算的贸易量来看，都有较大的增长。从贸易量来看，世界贸易的年均增长率，从1780—1820年的1.37%增加到1860—1870年的5.53%。在1840年以前，绝大多数年份的世界工业生产的增长速度超过世界贸易的增长速度。但自1840年起，情况则发生了变化，世界贸易的增长速度超过了世界工业生产的增长速度（见表2-1）。

表2-1　1720—1870年世界贸易和世界工业生产的年均增长率（%）

世界贸易		世界工业生产	
时间	增长率	时间	增长率
1720—1780年	1.10	1705—1785年	1.5
1780—1820年	1.37	1780—1820年	2.6
1820—1840年	2.81	1820—1840年	2.9
1840—1860年	4.84	1840—1860年	3.5
1860—1870年	5.53	1860—1870年	2.9

（二）国际贸易的地理格局

本时期，英国、法国、德国和美国在国际贸易中占主要地位。18世纪末和19世纪初，英国在国际贸易中处于垄断地位，整个世界成了英国大工业的销售市场和原料来源地。到了19世纪中叶，其他资本主义国家先后发展起来，在世界市场上与英国展开了竞争。19世纪前半期，法国在欧洲大陆国家中在工业生产和国际贸易方面都占重要地位。19世纪后半期，德国的统一，特别是1870—1871年普法战争的胜利，大大推动了德国工业的发展，使德国在世界贸易中的比重超过了法国。美国在18世纪末期，特别是在1861—1864年的南北战争以后，工农业生产得到迅速发展，在国际贸易中成为英国的主要竞争对手（见表2-2）。

表2-2　　主要资本主义国家在世界贸易中所占的比重（%）

	1750年	1780年	1800年	1850年	1870年
英国	13	12	33	21	22
法国	10	12	9	11	10
德国	11	11	10	…	13*
美国		2	5	10	8

资料来源：樊亢，等．主要资本主义国家经济简史．北京：人民出版社，1978：351.

*：1872年的数据。

在资本主义自由竞争时期，欧洲国家进一步推行殖民政策，除美洲和非洲外，广大的亚洲国家和地区也变成了殖民地。资本主义国家在殖民地强行发展单一作物的片面生产，使它们成为自己的销售市场和原料来源地，成为宗主国的农业和原料的附庸。

（三）国际贸易的商品结构

本时期，随着资本主义生产的巨大发展，国际贸易的商品结构也发生了显著的变化。首先，商品种类越来越多，工业品特别是纺织品的贸易迅速增长。与此同时，纺织品的贸易方向也发生了根本变化。18世纪，欧洲国家是东方国家手工业生产的布匹的主要输入国；19世纪，英国和其他欧洲大陆国家却成为机器工业生产的棉布和毛纺织品的主要出口国家。

其次，谷物成为国际贸易中的大宗商品。由于运输条件改善，运费降低，18世纪时还不太发达的谷物贸易，变成了国际贸易中的大宗商品。

从19世纪后半期起，机器设备和运输工具在国际贸易中的地位日益重要。钢、铁、石油制品和其他原料的贸易也不断发展。

（四）国际贸易组织形式的变化

随着资本主义大机器生产的发展，商品种类的增多，贸易数量的增加，对外贸易的组织形式也发生了相应的变化。

16、17世纪垄断殖民地贸易的特权公司在18世纪末已被取消，代之而兴起的是19世纪开始盛行的贸易商行和股份公司。

19世纪后半期交易所业务也很兴旺，出现了许多专业交易所，如商品交易所、租船交易所、证券交易所等。它们已成为经常营业的机构和买卖一定数量商品的巨大中心。

三、向帝国主义过渡到第一次世界大战以前的国际贸易

19 世纪 70 年代，自由竞争的资本主义向垄断资本主义即帝国主义过渡，到 19 世纪末 20 世纪初，资本主义变成了帝国主义。

在 1870 年到 1914 年期间，欧洲和美国发生了第二次工业革命。这次工业革命以“钢和电的革命”为标志。钢产量的迅速增长为工业提供了新的材料。电力工业的发展补充了新的能源。以石油为燃料的内燃机的发明和应用，加快了机械工业和交通运输事业的发展。这一切使钢铁工业、石油工业、汽车工业、化学工业、电气工业等许多新工业部门的发展成为可能。因此，工业生产在 19 世纪末得到了迅速的发展。资本主义的经济发展在第一次世界大战前的 20 年处于特别强盛时期。

运输革命为世界贸易的增长创造了前提。铁路的建筑，对国际贸易的发展具有重要意义。全世界铁路长度由 1870 年的 21 万千米增至 1913 年的 110.4 万千米。大量的铁路建筑为进一步扩大资本输出创造了条件，同时也为帝国主义国家开拓销售市场与掠夺原料建立起运输网。

1869 年苏伊士运河建成通航，1914 年巴拿马运河建成。大运河的修建，缩短了各大洲联系的路程，在发展海洋航运中起了巨大作用。

全世界商船吨位从 1870 年的 1 680 万吨，增至 1910 年的 3 460 万吨，增加了一倍多，运输工具不仅在数量上有了增加，而且在质量上也发生了显著变化。19 世纪初，从美洲到欧洲的路程要 42 天，到 20 世纪初只要 5～12 天。

资本主义国家的资本输出急剧增加。1862 年资本主义国家的海外投资总额为 20 亿美元，1874 年增加到 65 亿美元，1900 年又增加到 220 亿美元，1913 年更增加到 440 亿美元，其中，既包括借贷资本的输出，又包括生产资本的输出。但无论是哪一种资本的输出，都是鼓励商品输出的手段，都促进了世界贸易的扩大。

（一）国际贸易趋势

在 1870—1913 年，国际贸易持续增长，但是同自由竞争时期相比，增长速度下降了。1840—1870 年，国际贸易量增长 3.4 倍，而 1870—1900 年国际贸易量只增长了 1.7 倍，1900—1913 年仅增长了 62%。

在资本主义自由竞争时期，世界贸易的增长速度超过了世界工业生产。但是在 1870 年以后，世界贸易的增长速度开始落后于世界工业生产的增长速度（见表 2-3）。

表 2-3　　世界贸易与世界工业生产年均增长率（%）

年份	世界贸易	世界工业生产
1870—1900 年	3.2	3.7
1900—1913 年	3.8	4.2

上述变化表明，世界市场的增长速度已赶不上世界工业生产的增长速度，生产与市场之间的矛盾日益尖锐化，主要资本主义国家争夺市场的斗争加剧。

（二）国际贸易的地理格局

本时期，国际贸易地理格局的突出变化是英国在世界贸易中的地位下降，其他西欧国家及北美、非洲、拉丁美洲国家在世界贸易中所占的比重增加。1840 年英国在世界

出口中所占的比重为22%，1860年下降到20%，1876—1880年又下降到16.3%，1913年更是降到13.1%。[①] 但截至1913年，英国的出口仍然居世界的第一位。同时，欧洲在世界贸易中仍居控制地位，1913年，欧洲占世界进口的65%，占世界出口的59%。

欧洲以外国家的出口货物对欧洲市场的依赖性越来越大。19世纪80年代，美国出口的80%是输往欧洲的。1895年以后，美国对加拿大、拉丁美洲和亚洲的出口虽然有所增加，但在1913年欧洲仍然占美国出口的60%。拉丁美洲的对外贸易有2/3是对欧洲的贸易。在非洲和大洋洲国家的对外贸易中，欧洲占很大比重。英国是它们进口货物的主要供应地和出口的最大市场，也是加拿大的重要市场。

（三）国际贸易的商品结构

本时期，世界贸易商品结构的特点是初级产品和制成品在世界贸易中所占的比重持续稳定。从1880年到1913年，世界初级产品贸易增加了2.1倍。世界制成品贸易增加了2.2倍。世界初级产品的出口，除了中欧和东南欧国家，其他国家的出口都增加了。在19世纪下半叶，亚洲、非洲和拉丁美洲国家所输出的商品，大部分甚至全部是初级产品。而在1895—1913年，亚洲、非洲、拉丁美洲和大洋洲国家的初级产品出口增长尤为迅速。这是与19世纪末一个以发达资本主义国家主要输出工业制成品、经济不发达国家主要输出初级产品为特征的资本主义国际分工体系最终形成分不开的。

在本时期，随着发达资本主义国家对矿产原料需求的增加，矿产原料在初级产品贸易中所占比重有所增加，而食品和农业原料的比重下降。

在制成品出口方面，1899年英国、美国、法国和德国输出的工业制成品占世界制成品输出总额的83.6%，1913年这个比例为83.8%。在1880年到1913年，北美在世界制成品出口总额中所占比重从1.4%增加到10.6%，而英国的比重则从37.8%下降到25.3%，欧洲大陆各国的比重保持不变，均为56%，同期，日本的制成品出口也有所增加。

纺织品的生产和出口在世界制成品的生产和出口中所占比重都有所下降，而金属产品的生产和出口有了较大的增长，化学品、纸张、木制品、陶土制品和玻璃器皿的生产和出口也有了增加。这种变化反映了发达资本主义国家工业化的进展和在国际分工中制成品的生产已处于比较优势的地位。

四、两次世界大战之间的国际贸易

帝国主义国家为了争夺销售市场、原料产地和投资场所而发动了第一次世界大战。战争结束后，除了美国由于作为军需品供应国而大发战争财和日本乘机在亚洲捞到一些利益之外，欧洲各交战国的经济都遭到严重的破坏。在战争创伤未愈的情况下，资本主义世界发生了1920—1921年的经济危机。这次危机从日本爆发，很快便波及英国和美国。这三个国家的工业生产大幅度下降。在财政困难与经济危机的重压下，各国政府滥发纸币，造成空前的通货膨胀。其中，以德国的通货膨胀最为严重。

1924年以后，形势逐渐趋于稳定。这首先是由于战胜国之间在德国赔款问题、划分

① 姚曾荫．国际贸易概论．北京：人民出版社，1987：385.

疆界问题、亚洲及太平洋的“势力范围”及殖民地问题上达成了协议。其次，1925 年以后各国先后进行货币改革，恢复金本位制。到 1928 年已有 30 多个国家恢复金本位或采用金汇兑本位。物价趋于稳定，为生产与国际贸易的发展提供了条件。最后，美国和德国等主要资本主义国家推行了产业“合理化”运动，即调整生产组织与劳动过程，采用装配线生产，提高了劳动生产率。出于上述原因，主要资本主义国家的经济得到了恢复与发展。但是，这种局面未能维持多久。

1929 年资本主义世界爆发了空前严重的经济危机。这次危机蔓延范围之广、破坏程度之深、拖延时间之久，在资本主义历史上是空前的。资本主义世界再次陷入生产与贸易普遍下降、金融混乱与崩溃之中，这次危机极其严重地危及国际贸易。

1929—1933 年的危机之后，资本主义转入“特种萧条”，即资本主义没有出现新的工业高涨，而仅有局部的、缓慢的、时而停顿的复苏。随后又发生两次世界大战之间的第三次经济危机。这次危机的进程被第二次世界大战所中断。

在 1929—1933 年的世界经济危机和危机后的长期萧条时期，保护主义显著加强。各国政府纷纷采用“以邻为壑”的奖出限入政策。1930 年美国国会通过了《郝莱-斯摩特法案》，将关税提高至空前水平。为了巩固英帝国市场，1932 年英国与各自治领、殖民地缔结了《帝国特惠协定》，限制英国从帝国外输入农产品，而自治领、殖民地则提高了自英国以外国家进口货物的关税。奖出限入政策的不断升级，给国际贸易的发展设置了重重的人为障碍。

（一）国际贸易的趋势

在两次世界大战之间的时期内，国际贸易的增长几乎完全停止。1913—1938 年，世界贸易量的年均增长率仅为 0.7%，世界贸易值反而减少了 32%。

本时期，世界出口量增长落后于世界工业生产。1876—1913 年，世界出口量的年平均增长率为 3.3%，世界工业生产的年均增长率为 4.1%。但 1913—1938 年世界贸易量的年均增长率下降到 0.7%，世界工业生产的年均增长率也下降到 2.5%。世界贸易的增长落后于世界工业生产的增长，表明世界市场的容量在缩小，市场问题日益尖锐化。

（二）国际贸易的地理格局

本时期，欧洲在国际贸易中的比重显著下降，而美国的比重却有较大的提高。欧洲的贸易在 1913 年曾占到国际贸易额的近 2/3，而在 1937 年下降到仅占国际贸易额的 1/2 强。欧洲所占比重的下降，首先是由于第一次世界大战打断了欧洲国家与海外国家间的经济贸易联系。1913 年俄国在国际贸易中的比重曾占 4%，在 20 世纪 30 年代末，苏联的比重已减少到 1%。其次，北美所占比重的增加，也影响到欧洲所占比重的变化。1913 年北美在国际贸易中所占比重为 13.2%，1937 年增加到 15.5%。亚洲、非洲和拉丁美洲经济不发达国家在国际贸易中的比重由 1913 年的 20%上升至 1937 年的 24%，这也是影响欧洲所占比重变化的一个重要原因。此外，日本和大洋洲国家比重的增加也是使欧洲比重减少的一个原因。

本时期，尽管欧洲在国际贸易中的比重有所下降，但它仍然处于国际贸易的控制地位。

（三）国际贸易的商品结构

1913—1939 年，初级产品和制成品在世界贸易中所占的比重持续稳定。

就初级产品来说，这个时期最突出的一项发展就是经济不发达国家在世界初级产品出口中所占比重的迅速增长。1913 年它们所占的比重约为 1/3，1937 年则已增加到 1/2。帝国主义国家对殖民地附属国的矿产原料和石油掠夺的加强，是这个时期这些国家初级产品出口迅速增长的重要因素。

本时期，在世界出口总值中，食品和农业原料所占的比重均有所下降，而燃料和其他矿产品的比重皆有所增加。

制成品国际贸易的突出变化，就是机械产品贸易所占比重的显著增加和纺织品贸易比重的下降。据统计，在世界制成品贸易中，机械产品出口所占的比重，从 1913 年的 19.6%提高到 1937 年的 30.2%，而纺织品出口则恰与此相反，从 28.2%下降到 18.2%。

第三节　当代国际贸易的发展

一、国际贸易发展迅速但不稳定

第二次世界大战后，在第三次科技革命的作用下，在经济全球化和贸易自由化的推动下，国际贸易发展迅速。但由于受经济危机、能源危机和货币制度危机的影响，以及美国“9·11”恐怖事件的冲击和美国次贷危机及其引发的金融危机和日本大地震与全球主要经济体经济增长放慢的影响，国际贸易的发展也不稳定。对此，大体上可以划分为三个阶段。

（一）第一个阶段

从第二次世界大战结束初期到 1973 年，是国际贸易迅速发展阶段。这一阶段国际贸易增长速度之快在历史上是空前的。它主要表现在以下三个方面：

第一，战后世界出口贸易量的增长速度大大超过战前。从 1948 年到 1973 年，世界出口贸易量的年均增长率为 7.8%。而战前，从 1913 年到 1938 年，世界出口贸易量的年均增长率仅为 0.7%。

第二，战后世界出口贸易量的增长速度超过工业生产的增长速度。从 1948 年到 1973 年，世界工业生产的年均增长率为 6.1%，低于同期世界出口贸易量的增长速度。

第三，工业制成品在国际贸易中所占的比重从 1953 年起一直超过初级产品所占的比重。

本阶段国际贸易的迅速发展是与科技革命、生产增长、国际分工和国际金融贸易组织的建立以及经济一体化等因素所发生的作用密切相关的。

（二）第二个阶段

从 1973 年到 1985 年，是国际贸易由迅速发展转向缓慢发展甚至停滞的阶段。它主要表现在以下三个方面：

第一，世界出口贸易量的增长速度放慢，甚至停滞。从 1973 年到 1985 年，世界出口贸易量的平均增长率为 2.4%，较 1948—1973 年世界出口贸易量的年均增长率下降了 2/3 以上。其中，有的年份表现得更为突出。1981 年世界出口贸易量增长停滞，1982 年世界出口贸易量不仅没有增长，据关税与贸易总协定估计，反而下降了2%。

第二，出口贸易量的增长速度低于工业生产的增长速度。1973—1985年世界工业生产的年均增长率为2.9%，高于同期世界出口贸易量的增长率。

第三，出口贸易值增长起伏较大。世界出口贸易值在1973年以后仍有较大的增长，并于1980年达到最高点20 014亿美元。但在1980年以后世界出口贸易值便逐年下降，1983年降到最低点为18 066亿美元。1983年以后，随着工业发达国家的经济复苏，世界出口贸易值又开始回升，但一直到1985年仍然没有恢复到1980年的水平。

本阶段国际贸易增长速度放慢，甚至停滞的主要原因是：

(1) 经济危机的爆发。1974年到1975年，资本主义世界爆发的经济危机标志着第二次世界大战后资本主义世界经济迅速增长阶段已经结束，进入了“滞胀”时期。其表现是：两高（高失业率、高通货膨胀率）一低（低经济增长率）。在这次经济危机之后，许多国家的经济一直回升无力，大量工人失业已成为经常的现象。与此同时，严重的通货膨胀也一直困扰着这些国家。20世纪80年代初，资本主义世界又爆发了战后最严重的经济危机。由于经济危机的爆发，投资和生产长期不振，市场萎缩，贸易保护主义抬头，各资本主义国家为了转嫁危机、缓和国内的失业都高筑关税和非关税壁垒，限制外国商品的进口，这样，就直接影响了对外贸易的发展。

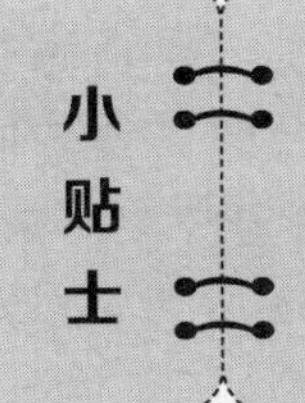

经济危机一般指资本主义再生产过程中爆发的周期性的生产过剩危机。其一般特征是：大量商品卖不出去，企业纷纷倒闭，生产大幅度下降，失业工人急剧增多，信用关系遭到严重破坏，物价下降，现金奇缺，整个社会经济生活陷入极端混乱和瘫痪之中。

(2) 能源危机的爆发。所谓能源危机是指1973年以来的石油供应短缺和价格猛涨。1973年开始的第一次石油冲击使油价猛增3倍多，1979年油价又提高了1倍。能源危机使贸易条件和国际收支状况大大恶化。石油价格的上涨促使了原料和其他产品成本的提高，因此使制成品价格上涨，从而不利于产品在国外市场的竞争和销售，影响了贸易的发展。与此同时，发达资本主义国家又加快了对能源的开源节流和能源转化运动，大大节省了对传统能源的消耗和进口。

(3) 货币制度危机的爆发。以美元为中心和以固定汇率制度为基础的资本主义国际货币体制，在20世纪70年代初，已宣告彻底瓦解；美元已不是等同于黄金的货币。但是，浮动汇率制取代固定汇率制并没有改变资本主义货币金融市场上日益加剧的不稳定状况。实行浮动汇率制后，美元虽已不是中心货币，但仍是国际结算中的主要支付手段和许多国家的主要储备货币。美元一有变动，就会影响国际货币金融市场的稳定。这对20世纪70年代以来国际贸易的发展是很不利的。

（三）第三个阶段

20世纪80年代后半期至今，是国际贸易发展速度起伏波动的阶段。它主要表现在以下三个方面：

第一，世界出口贸易量的增长速度从回升转为放慢。发达市场经济国家的商品和服务贸易的出口贸易量年均增长率从1983—1992年的5.8%提高到1993—2002年的6.3%。2004年世界商品出口贸易量进一步增长，高达10%。2005年世界商品出口贸易量下降为6.5%。2006年世界商品出口贸易量回升为8.5%，是自2000年以来第二个增长最快的年份。2007年世界贸易量（包括货物贸易和服务贸易）从上年增长8.5%放慢至5.5%。2008年世界货物贸易量仅增长2%。2009年世界贸易量下降12.2%。2010年全球货物进出口贸易量都实现了两位数的增长，出口贸易量增长率达到了14.5%，创第二次世界大战以来的最高纪录。据世贸组织公布的数据，2012—2014年全球贸易量增速连续3年低于3%，年均增速仅为2.4%。2015年全球贸易实际增长率为2.8%。2016年世界货物贸易量较上年仅增长1.3%，并且连续5年低于全球经济的实际增速。

第二，出口贸易值从增长迅速转为下降又回升。世界货物出口贸易值在1986年便超过了1980年的水平，之后继续增长，1995年高达50 200亿美元。2000年世界贸易值达76 000亿美元，其中，货物贸易值为62 000亿美元，服务贸易值为14 000亿美元。2001年世界货物贸易和服务贸易因受美国“9·11”恐怖袭击事件的冲击，均呈滑坡态势，全球货物和服务出口额分别下降4%和1%。但2002年，又开始回升。2010年世界货物进出口值达30.6万亿美元，增长了22%。2011年世界货物贸易进出口值为36.7万亿美元，增长20%，其中出口值为182 550亿美元，增长19.5%。2012年世界货物贸易进出口值为36.89万亿美元，增长0.5%，其中出口值为18.3万亿美元，比2011年增长0.2%。据世界贸易组织发布的数据，2015年全球货物贸易出口额为16.48万亿美元，进口额为16.77万亿美元，较2014年分别下降13.2%和12.2%。2017年以来，全球贸易持续回暖，其中新兴市场和发展中经济体是带动全球贸易复苏的关键角色。世贸组织数据显示，2017年，受全球主要贸易大国尤其是中国经济强劲增长的拉动，全球出口货物值为17.73万亿美元，全球货物贸易出口值同比增长11%。

第三，本阶段世界出口贸易量的增长速度大部分年份超过世界经济增长速度。

据世贸组织2001年年度报告（WTO 2001 Annual Report），1990—2000年世界货物出口量年均增长率为6.8%，而世界国内生产总值年均增长率为2.3%。2004年以来，世界出口贸易量的增长速度均超过世界经济的增长速度。2010年全球货物出口贸易量的增速是全球GDP增速（3.6%）的4倍多，带动了全球经济的复苏。2003—2011年世界经济年均增速为3.9%，低于同期贸易量的增长速度。但自2012年起，全球贸易量增速连续5年低于全球经济增长速度。2017年这一状况得到了改变。

本阶段国际贸易发展速度回升的主要原因是：

（1）科技革命成为促进国际贸易发展的关键因素。科技革命提高了劳动生产率，优化了产业结构，使国际贸易商品结构向高级、优化方向发展，并促进了国际服务贸易和技术贸易的发展。

（2）经济全球化和区域经济一体化的迅猛发展，尤其是自由贸易区的大量建立促进贸易增长。

（3）资本的国际化。跨国公司大量出现，国家间相互投资加强。

（4）贸易方式多样化，贸易手段现代化，国际电子商务作用加强。石油价格在高位徘徊，农产品价格高涨。

（5）西方主要国家货币汇率的大幅度升降，特别是美元大幅度贬值和日元、欧元大幅度升值直接影响贸易的回升。

（6）关贸总协定乌拉圭回合多边贸易谈判达成协议和世界贸易组织的建立，进一步促进了国际贸易自由化。

（7）新兴经济体对外贸易的迅速发展，中国贸易大国地位的日益巩固和提高（见表2-4）。

表2-4　2016年世界货物出口前10位国家和地区　单位：亿美元

出口	2016年排名	出口额	增长（%）	占世界出口总额比重（%）
世界总计		159 550	−3.2	100
其中：				
中国（不含港澳台地区）	1	20 982	−7.7	13.1
美国	2	14 596	−3	9.1
德国	3	13 396	0.7	8.3
日本	4	6 449	3.3	4.0
荷兰	5	5 697	0.4	3.5
中国香港	6	5 167	1.1	3.2
法国	7	5 013	0.8	3.1
韩国	8	4 954	−11.9	3.1
意大利	9	4 615	5	2.9
英国	10	4 094	−11	2.5

资料来源：中国国家统计局. 2017年中国统计年鉴. 北京：中国统计出版社，2017.

美国次贷危机引发的金融危机和经济衰退使经济增长放慢，致使全球贸易大幅下降。

二、发达市场经济国家在国际贸易中的主体地位趋于下降，新兴经济体E11的贸易地位逐渐提高

（一）发达市场经济国家在国际贸易中的主体地位趋于下降

各类国家在世界出口贸易中所占比重如表2-5所示，由此可见，发达市场经济国家在国际贸易中的主体地位趋于下降。

表2-5　各类国家在世界出口贸易中所占比重（%）

年份	1950	1960	1970	1980	1989	1991	1996	2001	2006	2014
世界	100.0	100.0	100.0	100.0	100.0	100.0	100.0	100.0	100.0	100.0
发达市场经济国家	60.8	65.9	70.9	62.6	70.0	72.4	67.4	64.1	58.6	51.33
发展中国家、地区	31.1	21.9	18.4	28.7	21.4	22.8	28.8	31.5	37.3	44.65
转型国家	6.8	10.1	9.8	7.7	6.8	2.6	3.8	4.4	4.1	4.02

资料来源：联合国贸发会议. 国际贸易发展和统计手册（2006—2007年）. 2014年表1-9和表1-10。

发达市场经济国家在世界贸易中占主体地位，这是世界贸易的主要特征之一。这种特征是在19世纪形成的，并在20世纪上半叶保持下来，在当代仍然未变。

在发达市场经济国家中，对外贸易的发展也是不平衡的。一方面表现为德国等欧洲联盟成员国和日本的贸易实力的迅速增长；另一方面表现为英国和美国世界贸易地位的逐渐

衰落和不稳定（见表 2-6）。

表 2-6　　1950—2016 年主要市场经济国家在世界出口中所占比重（%）

年份（年）	世界出口额（亿美元）	美国	英国	德国	法国	意大利	日本
1950	607.00	16.7	10.0	3.3	5.0	2.0	1.4
1960	1 278.70	11.6	8.0	8.9	5.4	2.0	3.0
1970	3 120.70	12.5	6.2	10.3	5.7	4.2	4.9
1980	19 942.87	10.7	5.6	9.4	5.4	3.8	6.3
1989	31 000.00	11.8	4.9	11.0	5.8	4.6	3.9
1992	37 000.00	12.1	5.2	11.6	6.4	4.7	9.2
1995	50 200.00	11.6	4.8	10.1	5.7	4.7	8.8
1996	53 296.57	11.7	4.8	9.7	5.4	4.7	7.7
2001	61 624.00	11.9	4.4	9.2	5.2	3.9	6.6
2003	74 822.00	9.7	4.1	10.0	5.1	3.9	6.3
2004	91 235.00	9.0	3.8	10.0	4.9	3.8	6.2
2005	103 021.00	8.7	3.6	9.3	4.4	3.5	5.7
2006	120 620.00	8.6	3.7	9.2	4.1	3.4	5.4
2007	135 700.00	8.4	3.1	9.5	4.0	3.5	5.1
2008	157 750.00	8.1	2.8	9.1	3.8	3.3	4.9
2009	121 470.00	8.5	3.2	9.0	3.8	3.2	4.7
2011	182 550.00	8.1	2.6	8.0	3.2	2.8	4.5
2012	184 010.00	8.4	2.6	7.6	3.1	2.7	4.3
2013	188 510.00	8.4	2.6	7.2	3.0	2.7	3.8
2014	189 950.00	8.5	2.6	7.8	3.0	2.7	3.6
2015	164 820.00	9.1	2.7	8.0	3.0	2.7	3.7
2016	159 550.00	9.1	2.5	8.3	3.1	2.9	4.0

资源来源：联合国贸易与发展会议．国际贸易与发展统计手册．1993，1996—1997.
关贸总协定 1988 年、1989 年、1992 年年度报告．
世界贸易组织秘书处 1995 年 4 月 4 日和 2002 年 4 月和 2012 年 3 月公布的贸易报告．
中国海关统计 2013 年．
中国统计局．2017 年中国统计年鉴．北京：中国统计出版社，2017.

1. 欧盟是世界最大的经济体

2012 年，无论是出口还是进口方面，欧盟均居世界首位。2012 年欧盟分别以出口 5.80 万亿美元和进口 5.93 万亿美元坐上头把交椅。出口第二、第三位为中国、美国，进口的次席是美国，而后是中国。

2. 美国是当代世界最大的对外贸易国家

2012 年美国的货物贸易进出口总额和服务贸易进出口总额都是全球最大的。

（1）2013 年中国货物进出口总额超过美国，但美国服务贸易进出口总额却大大超过中国，所以美国货物和服务对外贸易总额仍然是世界最大的。据美国商务部统计，2013 年美国货物和服务对外贸易总额为 50 427.2 亿美元。而居第二位的中国，2013 年货物和服务进出口总额为 46 996.4 亿美元，比美国略逊一筹。

（2）美国的货物进口贸易额大于货物出口贸易额。2016 年美国货物进口额为

22 514 亿美元，出口额为 14 546 亿美元，逆差为 7 968 亿美元。

(3) 服务贸易居世界首位。美国是世界服务贸易的最大的出口国和进口国。

3. 德国是欧洲第一大经济体和出口大国

从 2003—2008 年，德国出口贸易额位居世界第一，直到 2009 年被中国超越，2010 年又被美国超越，2015 年居世界第三位。2017 年德国的进出口贸易额均居世界第三位。

4. 日本对外贸易由迅速增长转向缓慢增长

第二次世界大战后日本的对外贸易额增长十分迅速，其中出口贸易额的增长尤为突出。日本出口贸易额由 1950 年的 8.2 亿美元，增长到 1995 年的 4 430 亿美元。出口贸易的平均增长率在 1950—1995 年为 15.8%，超过世界和各类国家的出口年均增长率。日本在世界出口贸易中所占的比重从 1950 年的 1.4%提高到 1980 年的 6.3%，成为仅次于美国和德国的第三大贸易国家。1995 年，这一比重更提高到 8.8%。但自 1996 年起，日本的对外贸易由升转降。2004 年日本商品出口额为 5 655 亿美元，增长 19.8%，低于当年世界年均增长 21.9%的水平，占世界出口总额的比重为 6.2%，名列美国、德国和中国之后，为世界第四大贸易国。2016 年日本商品出口额为 6 449 亿美元，增长 3.3%，占世界出口总额的 4%，名列中国、美国、德国之后，为世界第四大贸易国。

5.《内地与香港关于建立更紧密经贸关系的安排》(CEPA) 助推香港贸易发展

CEPA 是内地最早签署、全面实施并完成世界贸易组织审议的自由贸易协议之一。香港是自由港，对货物进口和服务业投资基本没有限制。在符合 WTO 规则的前提下，与香港签署自由贸易协议会促进香港与内地贸易发展。

(二) 新兴经济体 E11 的贸易地位逐渐提高

新兴经济体 E11 是指二十国集团中的 11 个新兴国，即：阿根廷、巴西、中国、印度、印度尼西亚、韩国、墨西哥、俄罗斯、沙特、南非和土耳其。2002 年以来，E11 的对外贸易进出口总额一直延续良好的上升态势。

2011 年，在全球经济复苏乏力、金融危机和欧洲主权债务危机持续恶化的情况下，E11 的对外贸易进出口取得了不错的成绩，进出口额再创历史新高。2011 年 E11 对外贸易进出口总额达到 91 068.77 亿美元，同比增长 24.88%。其中，E11 出口总额达到 47 173.84 亿美元，同比增长 24.08%；E11 进口总额达到 43 894.93 亿美元，同比增长 25.75%。

2012 年全球贸易增长与世界经济增速放缓趋势一致，相比 2011 年出现了一定幅度的下滑，但新兴经济体的贸易增长表现明显好于发达经济体。世界贸易组织 (WTO) 报告数据显示，2012 年全球贸易实际增长率为 2.4%，低于此前 20 年平均水平的一半，其中新兴经济体出口实际增长率为 3.5%，而发达经济体出口实际增长率仅为 1.5%。新兴经济体对世界贸易增长的贡献日益凸显。

E11 进出口贸易占全球的份额逐年提高，贸易竞争力逐渐增强。伴随全球化进程和经济开放程度的提高，E11 在全球贸易中的地位也在逐渐提高。2012 年 E11 对外贸易额达到 9.46 万亿美元。E11 占全球进出口贸易的比例，从 1991 年的 13.2%上升至 2012 年的 26%，提高了 13 个百分点。

2016 年以来，E11 按贸易额计算的对外贸易增长速度先抑后扬，呈现明显复苏向好态势。IMF 数据显示，2016 年 E11 货物贸易总额为 80 255.58 亿美元，较上年减少 4 952.61

亿美元。其中，出口额为 43 239.01 亿美元，较上年减少 3 092.37 亿美元；进口额为 37 016.57 亿美元，较上年减少 1 860.24 亿美元。2016 年中国货物贸易总额为 37 260.55 亿美元，保持全球第一地位；排在第二位的美国货物贸易总额为 36 428.77 亿美元。2017 年上半年，E11 货物贸易总额达到 42 730.31 亿美元，较上年同期增加 4 826.29 亿美元。其中，出口额为 22 704.30 亿美元，较上年同期增加 2 220.50 亿美元；进口额为 20 026.02 亿美元，较上年同期增加 2 605.79 亿美元。

IMF 数据显示，2016 年 E11 对外贸易总额占全球贸易的份额为 25.1%，较上年下降 0.8 个百分点，其中进口份额为 22.9%，较上年下降 0.5 个百分点；出口份额为 27.3%，较上年下降 1.0 个百分点。2017 年上半年，E11 的货物贸易份额较上年小幅增加 0.2 个百分点至 25.3%，其中出口份额较 2016 年下降 0.2 个百分点，进口份额则增加 0.7 个百分点。

（三）金砖国家的贸易地位迅速崛起

E11 中金砖国家的贸易表现更为突出。金砖国家国土面积占世界总面积 26%，人口占世界总人口 42%，经济结构以实体经济为主，工业化、城镇化方兴未艾，内需增长强劲，在世界经济发展中发挥重要作用。作为世界工厂的中国、世界加油站的俄罗斯、世界办公室的印度、世界原料基地的巴西、非洲桥头堡的南非，互补性强，取长补短，互通有无。从 1991 年到 2012 年其全球出口贸易占比提高了 13 个百分点；进口占比提高了 12 个百分点。与此同时，发达经济体 G7 的对外贸易则呈现出逐步萎缩的发展态势，其出口贸易占比从 1991 年的 51.2%下降至 2012 年的 32.2%，下降了 19 个百分点；进口贸易占比从 51%下降至 36.4%，下降了 15 个百分点。在建立公正合理国际政治经济新秩序已成为新兴和发展中国家普遍诉求的大背景下，作为新兴经济体和发展中国家的成员和代表，金砖国家必然会加强合作，为新兴和发展中国家在国际舞台上争取更多的发言权和决策权。

三、国际贸易结构向高科技产品、服务业发展

（一）在世界货物出口贸易中，工业制成品所占比重超过初级产品

第二次世界大战前，初级产品在世界贸易中所占比重超过工业制成品。二战后，工业制成品在世界贸易中所占比重逐步上升并于 1953 年超过初级产品，而初级产品所占比重逐步下降（见表 2-7）。

表 2-7　　初级产品和工业制成品在世界出口贸易中的比重（%）

年份	1937	1953	1960	1970	1990	1995	2001	2003	2006
总　计	100.0	100.0	100.0	100.0	100.0	100.0	100.0	100.0	100.0
初级产品	63.3	49.7	45.0	42.6	26.0	22.5	18.9	22.5	25.2
工业制成品	36.7	50.3	55.0	55.1	71.1	74.7	78.0	74.5	71.5
其　他				2.3	2.9	2.8	3.1	3.0	3.3

资料来源：联合国贸发会议．国际贸易与发展统计手册．1995，2007.

造成上述现象的主要原因有：(1) 科学技术的发展、产业结构的变化使制造业的发展速度高于农业、矿业的发展速度；(2) 国际分工的深化，国际贸易中的中间产品大大增加；(3) 发达资本主义国家推行农业保护政策和农业工业化，使农产品贸易受到限制；(4) 合成代用品的大量出现；(5) 原料使用率的提高与废料回收和利用能力的加强。

（二）在制成品贸易中，机械产品在世界出口贸易中所占比重不断提高

1953年机械产品（包括运输设备）在世界出口总值中的比重为17.4%，1975年，上升到27.9%。1994年世界机械产品贸易额已突破1.5万亿美元，约占世界出口贸易总额的37%，是世界贸易的第一大类商品。汽车、计算机、半导体和电信设备4种产品的出口额约占世界机械产品出口总额的50%以上。2015年，我国机电产品出口8.15万亿美元，增长1.2%，占当年出口总值的57.7%。

（三）制成品在发展中国家和地区货物出口贸易中所占比重迅速上升

制成品在发展中国家和地区出口中的比重1980年为19.5%，1990年上升到53.6%，2000年达到69.2%。中国在货物出口贸易中，制成品所占比重占绝对主导地位，1980年为46.6%，1990年上升到74.4%，2015年高达94.3%。

（四）高新技术产品在国际贸易中发展迅速

目前以信息技术为中心的科技革命蓬勃发展，使得国际货物贸易的传统产品结构发生转变，高新技术产品，包括自动数据处理设备、办公用机器、电信设备、半导体和电子元件等的出口迅速增长。经济合作与发展组织国家高新技术产品在制成品出口中的比重，从1992年的30%提高到2000年的40%。我国高新技术产品出口与发达国家相比还有差距，但增长迅速。2010年我国高新技术产品出口4 924.1亿美元，增长30.7%，占当年出口总值的31.2%。

（五）服务贸易在国际贸易中的地位不断提高

国际服务贸易在整个世界贸易中的比重日益加大。从1982年到2016年世界服务贸易出口额从3 646亿美元增长到48 080亿美元，34年间增长了12.2倍，占世界贸易出口总额的比重从1/7上升到1/5以上。

四、跨国公司成为世界贸易的主要力量

（一）跨国公司数量剧增

跨国公司总数从1993年的3.5万家，增加到2011年的10万家，在全球拥有的子公司超过89万家。

（二）跨国公司在世界生产、贸易和投资中占主要地位

2004年跨国公司国外子公司生产总值达到39 110亿美元，占当年世界国内生产总值的1/10；2004年跨国公司子公司出口额为36 900亿美元，相当于当年世界出口贸易额的1/3。跨国公司对外直接投资从1990年的17 000亿美元增加到2004年的89 020亿美元。

（三）技术贸易所占比重大

20世纪90年代末，包括跨国公司外部和公司内部贸易在内，涉及跨国公司的贸易大约占全球贸易总额的2/3。跨国公司一般具有技术优势，在跨国公司的内部贸易中，技术贸易所占比重很大。据统计，世界上最大的422家跨国公司掌握和控制了资本主义国家技术生产的90%和技术贸易的75%。

五、区域经济一体化的趋势加强

第二次世界大战后区域经济一体化就已出现，20世纪50年代和60年代形成一批经济贸易集团，70年代到80年代初期处于停顿状态，自80年代后半期又掀起世界范围区域经

济一体化的高潮。

（一）区域经济一体化的进程加快

1. 欧共体向欧洲联盟过渡

1985 年 6 月欧共体委员会发表白皮书，建议欧洲经济共同体于 1992 年建立一个完全统一的欧洲大市场，实现共同体内部商品、劳务、资本和人员自由流动的计划。1986 年 2 月欧洲经济共同体各国签署了《欧洲一体化文件》。该文件规定在 1992 年 12 月 31 日，正式实现 12 个成员国之间以商品、资本、劳务和人员的自由流动为主要内容的统一大市场。白皮书的发表和《欧洲一体化文件》的签署大大加快了欧洲一体化的进程。白皮书规定，消除一切有形的、技术的和税务的边界障碍，真正实现四大要素在共同体内自由流动。这项工作在 1992 年年底已基本完成，统一大市场的目标已基本实现。自 1993 年 1 月 1 日起，欧洲统一大市场正式运转。《马斯特里赫特条约》于 1993 年 11 月 1 日起正式生效，并将欧洲共同体易名为欧洲联盟。这标志着作为经济一体化组织的欧共体已向政治、经济一体化组织欧洲联盟过渡。

2. 北美自由贸易区建立

北美自由贸易区于 1994 年 1 月 1 日起正式建立。1988 年美国和加拿大两国签署《美加自由贸易协定》，1989 年该协定正式生效。协定规定，10 年内逐步取消两国间的关税，实现自由贸易。自《美加自由贸易协定》生效以来，自由贸易区建设进展迅速。1991 年 6 月，美国、加拿大和墨西哥三国开始就北美自由贸易区协议进行谈判，经过 14 个月的磋商，三国于 1992 年 8 月就建立北美自由贸易区达成协议。同年 12 月，美、加、墨三国首脑分别签署了《北美自由贸易区协议》。经三国国会审批通过，北美自由贸易区协议于 1994 年 1 月 1 日起正式生效。协议规定，美国、加拿大和墨西哥三国从协议生效之日起在 15 年内逐步取消货物和服务贸易以及资本流动的所有关税和非关税壁垒。

3. 亚太地区经济合作方兴未艾

1989 年，在时任澳大利亚总理霍克的倡议下，组建起一个由 18 个国家参加的“亚太经济合作组织”（APEC）部长会议。1994 年 11 月 15 日，亚太经济合作组织第二次领导人非正式会议通过了《茂物宣言》，一致同意在未来的 25 年内消除本地区的一切贸易壁垒，以实现区域内的贸易和投资的自由化。1995 年 11 月，该组织通过《大阪宣言》和《行动议程》，把长远的目标推入了行动阶段。1996 年 11 月，又通过《亚太经济合作组织加强经济合作和发展框架宣言》等文件，进一步加快了亚太地区经济合作的步伐。

2014 年 11 月 11 日，亚太经合组织（APEC）第二十二次领导人非正式会议圆满闭幕。会议发表了《北京纲领：构建融合、创新、互联的亚太——亚太经合组织领导人宣言》和《共建面向未来的亚太伙伴关系——亚太经合组织成立 25 周年声明》。

会议通过两份重大的成果性文件，正式启动亚太自贸区进程，并为实现互联互通确定了 2025 年的时间表，在促进自由贸易的历史上留下浓墨重彩的一笔。

4. TPP 与 RCEP 的谈判取得新进展

跨太平洋伙伴关系协定（Trans-Pacific Partnership Agreement，TPP）与区域全面经济伙伴关系协定（Regional Comprehensive Economic Partnership，RCEP）分别以美国和中国为主导，并且同时受到两个国家的高度关注。这两个自由贸易协定在谈判过程中显示出了完全不同的运作安排与发展目标。无论是哪一个 FTA 谈判达成一致并最终实施，都会对亚太区域主要经济体产生重要影响。

（1）跨太平洋伙伴关系协定。

跨太平洋伙伴关系协定最早于 2005 年 5 月由文莱、智利、新西兰、新加坡四国发起。2008 年 9 月美国宣布加入并开始主导 TPP 规则的谈判。2013 年 7 月 23 日随着日本正式签署协议，开始加入 TPP 谈判，TPP 的成员数量扩大到 12 个，分别为美国、加拿大、墨西哥、智利、秘鲁、日本、澳大利亚、新西兰、文莱、新加坡、越南、马来西亚。世界第三大经济体日本的加入，使得 TPP 成员的经济总量（GDP 之和）2012 年达到 27.52 万亿美元，大大超过同期欧盟的 16.57 万亿美元。

至 2013 年年底，TPP 保持着每两到三个月就推进一轮谈判的频率，已经在 2013 年 7 月 23 日结束了第 18 轮谈判，并且在 2013 年 10 月 17 日发表“TPP 领导者声明”。声明表示，TPP 谈判已经进入结束通道，12 个成员在所有领域的法律文本制定方面基本达成一致，包括货物清单、服务、金融服务、政府采购以及临时市场准入等；所有成员对 TPP 寄予厚望，认为 TPP 开创性标准可以成为新的贸易规则，TPP 最终是要建立一个全面的、可以成为新世界协议范本的自由贸易协定，并且以建立亚太自由贸易区（Free Trade Area of Asia Pacific，FTAAP）为最终目标。

（2）区域全面经济伙伴关系协定。

2012 年 11 月 20 日，在柬埔寨金边，东盟领导人系列会议上，东盟十国与中国、日本、韩国、印度、澳大利亚和新西兰 16 国领导人共同发布《启动〈区域全面经济伙伴关系协定〉（RCEP）谈判的联合声明》。此举意味着世界最大自由贸易区正在成形，一旦 16 国最终达成协定，整个亚太地区将“化零为整”，就此将成为能与美国、欧盟分庭抗礼的一大经济集团。

《区域全面经济伙伴关系协定》谈判的正式启动，标志着东亚向更大范围的经济一体化迈出了关键一步，充分展示了中国、日本、韩国、澳大利亚、新西兰、印度、东盟 10 国，加速整合并推进区域经济一体化的坚定决心。数据显示，参与 RCEP 谈判的 16 国约占全球一半人口，占全球产出的 31.6%和贸易额的 28.5%，吸引全球 1/5 的外国直接投资。

（3）上海合作组织。

上海合作组织成立于 2001 年，是第一个以中国城市命名的人口最多的综合性区域合作组织。其成员有中国、俄罗斯、塔吉克斯坦、吉尔吉斯斯坦、乌兹别克斯坦和哈萨克斯坦。

自成立以来，上海合作组织始终保持着旺盛的生命力，国际影响力不断提升，在政治、经济、人文等领域取得诸多成果。

在取得一系列成就的同时，上海合作组织的“大家庭”更加壮大。2017 年 6 月，印度和巴基斯坦成为上合组织正式成员，上合组织开启了八国合作的新模式。在从北冰洋到印度洋，从太平洋到波罗的海这样一个广泛区域中，上合组织覆盖了欧亚大陆 60%，人口占世界近一半，国内生产总值占全球 20%以上。

2013 年，习近平主席提出“一带一路”倡议，为上合组织的蓬勃发展带来新的历史机遇。自此，“上海精神”与“丝路精神”交相辉映，成为各成员国推进经济结构改革、发展优势产业以及积极参与全球经贸合作的重要动力。

2018 年 6 月 10 日，上海合作组织成员国元首理事会第十八次会议在青岛国际会议中心举行。中国国家主席习近平主持会议并发表重要讲话。上海合作组织成员国领导人、常设机构负责人、观察员国领导人及联合国等国际组织负责人出席会议。

习近平在开幕辞中首先感谢各方一年来对中方担任上海合作组织主席国工作的大力支持和密切配合，指出这次峰会是上海合作组织实现扩员以来举办的首次峰会，具有承前启后的重要意义。欢迎印度总理莫迪、巴基斯坦总统侯赛因首次以成员国领导人身份出席峰会。

习近平随后发表题为《弘扬“上海精神” 构建命运共同体》的重要讲话。习近平指出，上海合作组织成立 17 年来，走过了不平凡的发展历程，取得了重大成就。我们以《上海合作组织宪章》《上海合作组织成员国长期睦邻友好合作条约》为遵循，构建起不结盟、不对抗、不针对第三方的建设性伙伴关系。这是国际关系理论和实践的重大创新，开创了区域合作新模式，为地区和平与发展作出了新贡献。今天，上海合作组织是世界上幅员最广、人口最多的综合性区域合作组织，国际影响力不断提升，已经成为促进世界和平与发展、维护国际公平正义不可忽视的重要力量。

习近平强调，“上海精神”是我们共同的财富，上海合作组织是我们共同的家园。我们要继续在“上海精神”指引下，同舟共济，精诚合作，齐心协力构建上海合作组织命运共同体，推动建设新型国际关系，携手迈向持久和平、普遍安全、共同繁荣、开放包容、清洁美丽的世界。

（二）区域经济一体化的规模日益扩大

1. 区域经济一体化组织成员不断增加

尚未加入区域经济一体化组织的国家纷纷要求加入区域经济一体化组织。如《美加自由贸易协定》生效后，美国和加拿大又同墨西哥谈判签署了建立北美自由贸易区协议，使区域经济一体化组织规模进一步扩大。在欧洲，出现了一个申请加入欧共体的热潮。奥地利、芬兰和瑞典从 1995 年 1 月 1 日起成为欧洲联盟新成员国。

2002 年 12 月，欧盟首脑哥本哈根会议就欧盟扩大问题与 10 个候选国达成了全面协议。波兰、匈牙利、斯洛伐克、立陶宛、拉脱维亚、爱沙尼亚、捷克、斯洛文尼亚、塞浦路斯和马耳他已于 2004 年 5 月 1 日成为欧盟正式成员国。2007 年年初，保加利亚和罗马尼亚加入欧盟，使欧盟成员国从 25 个扩大为 27 个。2013 年 7 月 1 日，克罗地亚正式成为欧盟第 28 个成员国。

2. 区域经济一体化组织联合形成更大规模的一体化市场

欧共体与欧洲自由贸易联盟于 1991 年 10 月达成了建立欧洲经济区的协议。协议规定，欧共体 12 国和欧洲自由贸易联盟 7 国从 1993 年 1 月 1 日起，经过 5 年的过渡，实现商品、人员、资本和劳务的自由流通，从而形成一个占世界贸易量 42%的自由贸易市场。经过艰苦的谈判，该协议自 1994 年 1 月 1 日起付诸实施。

（三）区域经济一体化组织的数量增加

区域经济一体化组织已从 20 世纪 80 年代的 80 多个增加到 21 世纪初的 150 多个。截至 2013 年1 月10 日，向世界贸易组织通报的仍在生效的各种区域贸易协定有 354 个，其中近80%是在最近10多年内出现的。

（四）区域经济一体化组织的主要形式是自由贸易区

目前，在已经生效的或正在谈判的区域经济一体化形式中，自由贸易区是主要形式。据世界贸易组织统计，截至2006年10月，向世界贸易组织通报并且仍在生效的区域经济一体化组织达到了214个，其中自由贸易区为197个，占区域经济一体化组织总数的92%。

（五）区域经济一体化组织形成的基础发生变化

从由相邻国家组成区域经济一体化组织走向由跨洲和地区的国家组成区域经济一体化组织；从由社会制度相同国家组成区域经济一体化组织到由社会制度不同国家组成区域经济一体化组织；从由经济发展水平相近国家组成区域经济一体化组织到由经济发展水平相差很大的国家组成区域经济一体化组织。

（六）区域经济一体化组织内部贸易不断扩大

区域经济一体化组织内部通过贸易和投资等方面的自由化，统一市场，使内部贸易不断扩大，区域经济一体化组织内部贸易占其整个对外贸易的比重均在提高。从1980—2006年，区域经济一体化组织内部贸易占区域经济一体化组织对外贸易的比重，亚太经合组织从57.9%提高到69.4%，北美自由贸易区从33.6%提高到53.8%，东盟从17.4%提高到24.9%，欧盟从1980年的61.8%提高到67.6%。

六、世界贸易组织的多边贸易体制加强

第二次世界大战后，为了促进世界经济的恢复与发展，1947年建立了关贸总协定，成为多边贸易体制的组织和法律基础。通过关贸总协定主持下的多边贸易谈判，关税不断削减，非关税壁垒受到约束，推动了关贸总协定缔约方的贸易自由化。经济全球化的发展，要求多边贸易体制加强，1995年建立的世界贸易组织（WTO），取代了关贸总协定，使多边贸易体制更加稳定和完善，使贸易自由化向纵深发展。

第一，截至2016年12月11日，世界贸易组织共有164个成员，世贸组织各成员的贸易额已占世界贸易额的98%以上。

第二，世界贸易组织是个永久性的正式国际组织，具有国际法人地位。

第三，世界贸易组织负责实施管理的贸易协定与协议，从货物延伸到投资、服务贸易和知识产权，把货物、服务、投资与知识产权有机地结合起来。

第四，世界贸易组织对其成员的约束力和贸易争端解决能力均超过关贸总协定。

第五，世界贸易组织更为关注世界可持续发展，以及发展中国家尤其是最不发达国家的贸易发展问题。

七、国际电子商务在世界经济和贸易中发挥着重要作用

根据世界贸易组织电子商务专题报告的定义，电子商务是指通过电信网络进行的生产、营销和流通等活动，它不仅指以互联网为基础进行的交易，而且指所有利用电子信息技术来解决降低成本、增加价值和创造商机问题的商务活动。

电子商务在世界经济和贸易中正发挥着越来越重要的作用。它一方面改变了企业传统的生产、管理和营销模式，以及人们的消费方式；另一方面，也促进了世界产业结构的调

整，推动了国际分工的深化和国际合作的开展，扩大并丰富了国际贸易的内容，促使国际贸易更加便利和快捷，并由此形成一套全新的贸易活动框架。

八、贸易保护主义值得警惕

2008 年国际金融危机爆发后，全球贸易保护主义日益盛行。在金融危机后 10 年的今天，各国政策的保护主义倾向仍然十分严重，保护主义对包括新兴经济体在内的世界各国对外贸易的负面影响仍十分显著。尽管全球主要国家的贸易保护主义措施总体有所减少，但值得注意的是，部分国家仍在不断加大保护主义力度，全球贸易环境的根本好转尚需时日。

一些国家为了自身短期利益加大了贸易保护主义力度，并成为全球贸易保护主义的重要推手。根据全球贸易预警数据库统计资料，2009 年至 2017 年美国实施的贸易保护主义措施高达 1 378 项，居全球首位，平均每年出台 153.1 项贸易保护主义措施；排在第二位的印度为 788 项；德国为 771 项，排名第三；俄罗斯、阿根廷和巴西紧随其后，分别为 595 项、516 项和 464 项。2017 年，全球新增贸易保护主义措施最多的国家为美国，新增 143 项，较上年增加 32 项；其次为印度，2017 年新增 73 项，较上年增加 10 项。在 G20 成员中，墨西哥新增贸易保护主义措施最少，为 6 项，较上年减少 9 项；韩国和沙特也分别仅新增 8 项和 9 项。

◆ 本章小结

本章主要包括三方面的内容：第一，对外贸易的产生、地位与作用；第二，资本主义时期国际贸易的发展；第三，当代国际贸易发展的主要特点。

◆ 思考题

1. 对外贸易产生的条件是什么？
2. 当代国际贸易发展的主要特点是什么？

第三章

中国对外贸易

学习目标

本章主要介绍改革开放以来中国对外贸易发展的主要态势，包括：中国对外贸易的发展规模、进出口商品结构、地理方向、贸易方式和中国对外贸易对全球经济增长的贡献，自由贸易试验区建设，实施自由贸易区战略，“一带一路”建设，以及加快贸易强国建设。目的在于使学生对改革开放以来中国对外贸易的发展有一个全面系统的了解。

1978 年召开的党的十一届三中全会是我国社会主义发展历程的伟大转折点。从此，我国社会主义现代化建设进入了改革开放新时期，国民经济迅速发展，对外贸易也进入了一个新的发展时期。1978 年，中国开启了改革开放的历史进程。改革开放是中国人民用双手书写的国家和民族发展的壮丽史诗，是中国和世界共同发展进步的伟大历程，不仅深刻改变了中国，也深刻影响了世界。

改革开放为我国外贸注入了强大的生机和活力，作为对外开放的重要载体，我国外贸由小到大，由弱变强，走过了丰富多彩、波澜壮阔的 40 年发展历程，取得了令人瞩目的伟大成就。贸易规模实现历史性飞跃，我国跃升为世界贸易大国，在全球经济贸易发展中发挥着越来越重要的作用。

第一节　中国对外贸易发展的主要态势

一、进出口贸易规模迅速扩大

（一）进出口贸易额增长超过世界贸易增长水平，拉动了全球贸易增长

1978 年我国货物进出口贸易总额为 206.4 亿美元，1988 年货物进出口总额突破 1 000 亿美元，达 1 027.8 亿美元，2000 年货物进出口总额达 4 743 亿美元，2001 年在全球经济低速发展的背景下，仍保持了 7.5%的增幅，进出口总额达 5 096.5 亿美元。自 2001 年我

国加入世界贸易组织以来，我国对外贸易增长更为迅速。

据海关总署统计，从 2002 年到 2011 年的 10 年间，我国进出口贸易额从 6 207.7 亿美元增至 36 418.6 亿美元，年均增长 21.7%，较同期全球贸易额年均约 10%的增速高出 1 倍多。我国在全球贸易中的份额由 2002 年的 4.7%逐年上升至 2011 年的 10.4%。

海关总署于 2016 年 1 月 13 日发布的 2015 年全年外贸进出口数据显示，2015 年，我国进出口总值 39 586.4 亿美元，同比下降 8%。外需低迷、大宗商品价格走低、国际贸易保护主义盛行是 2015 年外贸增速下降的主因。

2018 年 1 月 12 日，海关总署发布的数据显示，2017 年，中国货物贸易进出口总值 41 045 亿美元，同比增长 11.4%。其中，出口 23 635.2 亿美元，增长 7.9%；进口 18 409.8 亿美元，增长 15.9%。这不仅扭转了连续两年下降的局面，而且创下 2012 年以来外贸增长新高。

改革开放 40 年来，以美元计算，中国对外贸易额年均增长 14.5%。①

2017 年外贸增速创下 2012 年以来新高，主要有五大原因：一是世界经济温和复苏，外部需求有所回暖；二是国内经济稳中向好，为进口增长奠定基础；三是大宗商品价格同比上涨，推动进口值快速增长；四是"一带一路"建设稳步推进，新兴市场开拓有力；五是前两年外贸增长基数较低，抬高了外贸增速。

2019 年 1 月 14 日，海关总署发布的最新统计数据显示，按美元计价，2018 年中国进出口总额 4.62 万亿美元，增长 12.6%，增速比 2017 年高 1.2 个百分点。其中，出口 2.48 万亿美元，增长 9.9%，增速比 2017 年高 2.0 个百分点；进口 2.14 万亿美元，增长 15.8%，增速比 2017 年低 0.1 个百分点；贸易顺差 3 517.6 亿美元，收窄 16.2%。如表 3-1 所示。

表 3-1　我国货物进出口总值　　单位：亿美元

年度	进出口	出口	进口	同比（%）		
				进出口	出口	进口
1978	206.4	97.5	108.9	39.4	28.4	51.0
1981	440.2	220.1	220.2	—	—	—
1982	416.1	223.2	192.6	−5.5	1.4	−12
1983	436.2	222.3	213.9	4.8	−0.4	10.9
1984	535.5	261.4	274.1	22.8	17.6	28.1
1985	696.0	273.5	422.5	30.0	4.6	54.1
1986	738.5	309.4	429.0	6.1	13.1	1.5
1987	826.5	394.4	432.2	11.9	27.5	0.7
1988	1 027.8	475.2	552.7	24.4	20.5	27.9
1989	1 116.8	525.4	591.4	8.7	10.6	7.0
1990	1 154.4	620.9	533.5	3.4	18.2	−9.8
1991	1 357.0	719.1	637.9	17.6	15.8	19.6
1992	1 655.3	849.4	805.9	22.0	18.1	26.3
1993	1 957.0	917.4	1 039.6	18.2	8.0	29.0

① 国家主席习近平 4 月 10 日在博鳌亚洲论坛 2018 年年会开幕式的主旨演讲．国际商报．2018-04-11.

续前表

年度	进出口	出口	进口	同比（%）		
				进出口	出口	进口
1994	2 366.2	1 210.1	1 156.2	20.9	31.9	11.2
1995	2 808.6	1 487.8	1 320.8	18.7	23.0	14.2
1996	2 898.6	1 510.5	1 388.3	3.2	1.5	5.1
1997	3 251.6	1 827.9	1 423.7	12.2	21.0	2.5
1998	3 239.5	1 837.1	1 402.4	−0.4	0.5	−1.5
1999	3 606.3	1 949.3	1 657.0	11.3	6.1	18.2
2000	4 743.0	2 492.0	2 250.9	31.5	27.8	35.8
2001	5 096.5	2 661.0	2 435.5	7.5	6.8	8.2
2002	6 207.7	3 256.0	2 951.7	21.8	22.4	21.2
2003	8 512.1	4 383.7	4 128.4	37.1	34.6	39.9
2004	11 547.4	5 933.6	5 613.8	35.7	35.4	36.0
2005	14 221.2	7 620.0	6 601.2	23.2	28.4	17.6
2006	17 606.9	9 690.8	7 916.1	23.8	27.2	20.0
2007	21 738.0	12 180.0	9 558.0	23.5	25.7	20.8
2008	25 616.3	14 285.5	11 330.8	17.8	17.2	18.5
2009	22 072.7	12 016.7	10 056.0	−13.9	−16.0	−11.2
2010	29 727.6	15 779.3	13 948.3	34.7	31.3	38.7
2011	36 417.8	18 983.8	174 34	22.5	20.3	24.9
2012	38 667.6	20 489.3	18 178.3	6.2	7.9	4.3
2013	41 600.0	22 100.0	19 500.0	7.6	7.9	7.3
2014	43 030.4	23 427.5	19 602.9	3.4	6.1	0.4
2015	39 586.4	22 765.7	16 820.7	−8	−2.9	−14.1
2016	36 855.7	20 981.5	15 874.1	−6.8	−7.7	−5.5
2017	41 045.0	22 635.2	18 409.8	11.4	7.9	15.9
2018	46 200.0	24 800.0	21 400.0	12.6	9.9	15.8

资料来源：海关统计．http：//www. costoms. gov. cn。

这一亮眼成绩得之不易，毕竟在过去的 2018 年，国际形势错综复杂，中美经贸摩擦也给中国外贸带来严峻挑战，进而一度引发外界对中国外贸增速放缓的担忧。对此，商务部作为外贸主管部门在多个场合发声鼓劲，表示商务部坚决贯彻中央决策部署，推动外贸高质量发展，中国外贸稳中向好的发展态势没有变。

（二）贸易大国地位日益提高

中国对外贸易的持续增长，尤其是出口贸易的高速增长，使中国在世界贸易中的比重不断提高，贸易大国的地位迅速崛起并日益巩固。1978 年中国出口贸易在世界贸易中仅占 0.75%，居世界第 32 位。2003 年中国出口占世界出口总额的 5.9%，居世界第 4 位。2004 年中国出口贸易值占世界出口总值的 6.5%，进口贸易值占世界进口总值的 5.9%，进出口贸易值均居世界第 3 位。2007 年中国货物出口贸易值占世界出口总值的 8.8%，居世界第二位。2008 年中国货物出口贸易值占世界出口总值的 8.9%，继续保持世界第二位。2009 年中国货物出口贸易值占世界出口总值的 9.6%，居世界第一位。2010 年中国货物出口贸易值占世界出口总值的 10.4%，继续保持世界第一位，进口占世界总量的 9.1%，居世界第二位。2012 年中国货物出口和进口贸易值继续保持世界第一和第二位。

根据世界贸易组织秘书处初步统计数据，2013 年中国已成为世界第一货物贸易大国。2013 年，中国货物进出口总额为 4.16 万亿美元，其中出口额 2.21 万亿美元，进口额 1.95 万亿美元。

2014 年 3 月 1 日，商务部新闻发言人姚坚就 2013 年中国成为世界第一货物贸易大国发表讲话。他说，作为发展中国家，我国跃居世界第一货物贸易大国，这是我国对外贸易发展道路上新的里程碑，是我国坚持改革开放和参与经济全球化的重大成果。[①]

截至 2009 年 4 月，我国已有 774 种制成品出口量居世界第一，从具体商品来看，我国已连续多年成为世界上纺织品、服装、鞋、钟表、自行车、玩具、缝纫机等劳动密集型产品的第一大出口国。近年来，机电产品的手机、彩电、DVD、录音机、电扇、电冰箱、摩托车、显示器、空调机、集装箱、磁头等出口也升至世界首位；其中拖拉机占全球生产总量的 83%，集装箱占 83%，日用陶瓷占 70%，摩托车占 50%。2011 年在我国出口的 113 种重点机电产品中，有 58 种出口居全球排名首位。

中国服务贸易出口和进口的世界排名由 1982 年的第 28 位和第 40 位上升到 2017 年的第 5 位和第 2 位。

据世界贸易组织 2013 年 4 月公布的 2012 年各国服务贸易排名，中国服务贸易进出口总额升至世界第 3 位。

“十二五”期间，我国货物出口年均增长 6.5%，占全球份额从 2010 年的 10.4%提升到 2015 年的约 13.2%，明显快于全球主要经济体，服务贸易年均增长超过 13.6%，位居世界第二。[②] 世贸组织数据显示，2017 年，我国货物进出口占全球份额为 11.8%，中国在全球货物贸易进口和出口总额中所占比重分别达到 10.2%和 12.8%，是 120 多个国家和地区的主要贸易伙伴。2001—2017 年，中国货物贸易进口额年均增长 13.5%，高出全球平均水平 6.9 个百分点，已成为全球第二大进口国。自 2009 年以来，中国一直是最不发达国家第一大出口市场，吸收了最不发达国家五分之一的出口。[③]

二、进出口商品结构不断优化

在进出口贸易规模迅速扩大的同时，我国进出口商品结构也不断得到改善。1980 年，初级产品出口占 53.4%，工业制成品占 46.6%，1985 年初级产品出口与工业制成品出口的比例几乎相等，约各占 1/2。随着“七五”计划的实施，出口商品结构顺利实现了以初级产品为主向工业制成品为主的转变，工业制成品超过初级产品，成为出口的主导产品。经过“八五”计划和“九五”计划，我国出口商品结构中初级产品比重进一步下降，工业制成品占据了绝对的主导地位。2000 年，初级产品出口占 10.20%，工业制成品占 89.80%；2002 年，初级产品进一步下降为 8.75%，工业制成品为 91.25%。2004 年我国初级产品出口值为 405.5 亿美元，占当年出口总值的 6.8%，工业制成品出

① 国际商报，2014-03-02.

② 商务部部长高虎城在 2015 年全国商务工作会议上的报告. 国际商报，2015-12-28.

③ 国务院新闻办公室. 中国与世界贸易组织（2018 年 6 月）.

口总值达到5 528.2亿美元，占当年商品出口总值的93.2%。2015年我国工业制成品出口所占比重从1978年的45.2%上升到94.3%。2017年我国工业制成品出口占出口总值的94.8%。

我国出口货物贸易中初级产品和制成品的金额和比重如表3-2所示。

表3-2　我国出口货物贸易中初级产品和制成品的金额和比重　单位：亿美元

年份	出口额	初级产品		制成品	
		金额	比重（%）	金额	比重（%）
1953	10.22	8.11	79.4	2.11	20.6
1975	72.6	40.98	56.4	31.66	43.6
1985	273.5	138.28	50.6	135.22	49.4
1995	1 487.8	214.85	14.4	1 272.95	85.6
2005	7 619.53	490.37	6.4	7 129.16	93.4
2010	15 777.54	816.86	5.2	14 960.69	94.8
2014	23 422.9	1 126.9	4.8	22 296	95.2

资料来源：中国国家统计局.2016年中国统计年鉴.

改革开放以来，我国出口商品结构经历了两次重要飞跃：一次是1986年纺织品和服装取代石油成为我国第一大类出口产品，标志着出口商品从资源密集型为主向劳动密集型为主的飞跃；另一次是1995年机电产品取代纺织品和服装成为第一大类出口商品，标志着出口商品开始从劳动密集型为主向资本技术密集型为主的转变。2003年我国机电产品出口2 274.6亿美元，增长44.8%，高出总体增速10.2个百分点，在总出口中所占比重达51.9%，比上年提高了3.7个百分点，出口净增速703.8亿美元，占全国外贸出口增量的62.4%，拉动全国外贸出口增长21.6个百分点。2009—2014年，机电产品对贸易年均增速为12.4%，2009年我国首次超越美国成为全球第一大机电产品出口国，2011年出口额首次突破1万亿美元，2014年机电贸易额达到历年峰值2.2万亿美元。受全球经济不景气以及国内经济增速放缓等因素影响，2015—2016年，我国机电产品贸易额呈下降趋势。2017年，在国际市场需求向好和国内支持外贸稳增长各项政策加快落地的共同作用下，我国机电产品对外贸易增速呈回稳向好态势。2017年，我国机电产品贸易额约为2.2万亿美元，同比增长9.9%，占我国全部商品贸易总额的53.0%。其中，机电产品出口1.3万亿美元，同比增长9.3%，占全部商品出口的58.4%。

近几年，为了突破我国外贸增长低效局面，引导中国企业“以质取胜”，提升产品科技含量和附加值，我国深入推进1999年提出的“科技兴贸”战略，鼓励企业自主创新和建立自主知识产权。这一战略在2005年正式被纳入商务部的十三项重点工程。此外，政府还通过利用税收调节出口商品结构，限制“两高一资”（高耗能、高污染、资源性）商品出口，同时鼓励自主知识产权和高新技术产品出口。2003年出台了《关于调整出口退税率的通知》，2006年以后对出口退税率的多次调整，均体现了上述政策的目的。

在上述政策的引导和作用下，我国外贸发展模式转型升级取得了显著成效，出口产品结构不断优化，企业核心竞争力日益提高。

“十二五”以来，我国外贸发展方式转变加快，结构不断优化，取得了积极进展，迈向贸易强国步子更加坚实。一是出口主导产业从轻工、纺织、家电等传统优势产业向装备制造业等资本、技术密集型产业转换的势头逐步显现，国际竞争新旧优势正在发生更替，以技术、品牌、质量、服务为核心竞争力的新优势正在加快形成。2014 年我国机电产品、高新技术产品出口占比分别为 56.3%和 28.2%；装备制造业出口额达 2.1 万亿元，占出口总额的 17%。二是货物贸易和服务贸易协调发展。服务贸易占我国对外贸易的比重从 2010 年的 10.3%增至 2014 年的 12.3%。2015 年 1—7 月，我国服务进出口总额为 3 703 亿美元，同比增长 14.1%，占对外贸易的比重为 14.3%。金融保险、物流、咨询设计、广告等与货物贸易紧密相关的生产性服务贸易发展加快。三是跨境电子商务、市场采购贸易、外贸综合服务等新型贸易方式蓬勃发展。

我国进口商品结构的变化相对较小，初级产品和工业制成品的比例较为稳定。1985 年初级产品进口比例为 17.1%，工业制成品为 82.9%，进入 20 世纪 90 年代后，初级产品的比重呈上升趋势，2000 年初级产品进口占 20.8%，工业制成品占 79.2%。2013 年，我国工业制成品进口值占当年进口总值的 66.3%，初级产品进口值占当年进口总值的 33.7%。

“九五”（1996—2000 年）以来，我国进口商品结构发生了新的变化：

第一，短缺的资源性商品和农产品如石油、小麦、大豆、橡胶等大量进口。2000 年我国进口原油创纪录地达到 7 000 万吨，支付外汇近 150 亿美元。2006 年我国进口铁矿砂 3.26 亿吨，增长 18.6%；进口大豆 2 827 万吨，增长 6.3%。2009 年我国进口铁矿砂 6.3 亿吨，增长 41.6%；进口原油 2 亿吨，增长 13.9%；进口大豆 4 255 万吨，增长 13%。2010 年我国原油进口额达 1 351.5 亿美元，占同期我国进口额的 13.4%，增长 51.4%。2015 年我国进口铁矿砂 9.53 万吨，增长 2.2%；进口原油 3.34 亿吨，增长 8.8%。我国进口价格总体下跌 11.6%，对我国有利，可以低价进口所需商品。

第二，以信息、通信类产品为主的高新技术产品进口大增。2013 年我国高新技术产品进口额高达 5 581.9 亿美元，比 2012 年增长 10.1%。2017 年我国机电产品进口 8 545.0 亿美元，同比增长 10.8%，占全部商品进口的 46.4%。

第三，技术引进项目和金额成倍增长，“九五”期间共引进技术 3 万余额，金额 800 多亿美元，分别为“八五”时期的 5 倍和 2.5 倍。

三、多、双边经贸关系全面发展

（一）与欧盟、美国、日本等发达国家和地区的经贸关系继续发展

海关总署 2018 年 1 月发布的全年数据显示，2017 年，欧盟、美国和东盟继续成为中国对外贸易三大贸易伙伴。中国与欧盟、美国和东盟的双边贸易值分别为 6 169.15 亿美元、5 836.97 亿美元和 5 148.16 亿美元，中国与这三大贸易伙伴的双边贸易值占中国外贸总值的比重分别为 15.0%、14.2%和 12.5%。中国与这三大贸易伙伴的双边贸易值合计占中国外贸总值的 40%以上。具体如表 3-3 所示。2018 年，中国与这三大贸易伙伴的双边贸易值继续增加，占中国外贸总值的比重日益提高。

表 3-3　　2017 年中国与主要贸易伙伴进出口值　　单位：亿美元

	双边贸易总值	占中国外贸总值的比量（%）	中国出口	中国进口	贸易差额
中国-欧盟	6 169.15	15.0	3 720.41	2 448.7	1 271.6
中国-美国	5 836.97	14.2	4 297.54	1 539.4	2 758.1
中国-东盟	5 148.16	12.5	2 791.20	2 356.9	434.2
中国-日本	3 029.76	7.4	1 373.23	1 656.5	—283.2

资料来源：中国海关总署网站．

1. 中国与欧盟经贸关系的发展

1975 年，中国和欧盟的前身欧共体建立了正式外交关系，1978 年双方签订了长期贸易协定，并建立了贸易混合委员会制度，为双方经济贸易和科技合作的发展提供了充分的法律依据。

欧盟连续多年保持中国第一大贸易伙伴、第一大出口市场、第一大技术引进来源地、第二大进口市场和累计第四大外资来源地，并于 2009 年当年超过日本跃居中国第三大外资来源地。中国则连续多年保持欧盟第二大贸易伙伴和第一大进口来源地，并于 2009 年超过俄罗斯，跃居欧盟第三大出口市场。

2016 年，欧盟继续保持我国第一大贸易伙伴和第一大进口来源地的位置，而欧盟第一大出口市场的位置被美国取代。据中国海关统计，2017 年中欧贸易额达 6 169.15 亿美元，同比增加 12.7%，占中国外贸总值的 15%。

2015 年欧盟从中国进口占欧盟从非欧盟国家进口总额的 20%，中国成为欧盟最大进口来源国。同年，欧盟向中国出口占欧盟向非欧盟国家出口总额的 10%，仅次于美国。

在 28 个欧盟成员国中，德国是中国最大的贸易伙伴。据德方统计，2014 年德国对中国出口额达 745 亿欧元，几乎占到欧盟对中国出口总额的一半。另据欧盟委员会数据，2014 年欧盟对中国出口总额为 1 647 亿欧元，德国占比约为 45%，而英国占 10%，法国占 9%。此外，德国还是欧盟除芬兰之外唯一一个对中国有贸易顺差的国家。2016 年中德两国贸易额接近 1 700 亿欧元，中国首次成为德国在全球范围内最大的贸易伙伴。

在技术合作方面，欧盟一直是中国累计最大技术引进来源地。2009 年，中国自欧盟引进技术 2 772 项，合同金额 64.3 亿美元，占中国引进技术总额的 30%。中国自欧盟引进技术主要集中在铁路运输、电子设备、新能源等领域。中国正大力发展低碳经济、绿色经济，欧盟在该领域处于领先地位，中欧技术合作有很大发展空间。

德国在华企业多达 8 200 家，投资超过 400 亿美元。中国不仅是德国企业对外投资首选地之一，也是德国机械、汽车、化工等支柱产业最重要的出口市场之一。特别是在汽车制造领域，中国正成为德国大众、宝马和奔驰三大汽车品牌在全球的重要生产基地，更是其最主要的利润来源地，大众在华销售占比甚至达到全球市场的三分之一。

2. 中国与美国经贸关系的发展

中美贸易关系源远流长。特别是 1979 年 1 月，中美两国正式建交，两国贸易关系由此进入一个新的正常发展时期。

以中国加入世界贸易组织为标志，中国经济更加全方位和深层次地融入世界经济，中美经贸关系从货物贸易逐步扩展到服务、投资、经济技术合作等经济生活的各个领域。

从贸易额看，2015 年，双边贸易额已从建交之初的 20 多亿美元增加到近 5 600 亿美元，创历史新高。根据美方统计，2015 年中国首次超过加拿大成为美国最大的贸易伙伴；从投资上看，中美双向投资存量也已超过 1 500 亿美元。中国企业赴美投资已遍及美国 44 个州，创造了 8 万多个直接就业机会；从旅游消费看，2015 年中国赴美旅游人数超过 260 万人次，在美国消费超过 200 亿美元。

据中方统计，2017 年，中美贸易额达 5 836.9 亿美元，同比增长 12.3%，占中国外贸总值的 14.2%。美国是中国的第二大贸易伙伴、第一大出口市场和第四大进口来源地。

3. 中国与日本经贸关系的发展

中日两国的贸易往来有着悠久的历史。新中国成立以后，中日贸易是以民间贸易为基础逐步发展起来的。它经历了 20 世纪 50 年代的民间协定贸易时期、60 年代的友好贸易和备忘录贸易时期。在此期间，由于受两国关系非正常化的影响，双边贸易规模很小，到复交前的 1971 年只有 8.7 亿美元；交换的商品品种也很有限，主要是肉类、农副产品、化学、冶金产品等。

自 1972 年中日两国实现邦交正常化，特别是 1979 年中国实行对外开放政策以来，在良好的政治外交关系的引导下，中日贸易有了突飞猛进的发展。

2010 年中日双边贸易总值为 2 977.7 亿美元，同比增长 30.2%。日本自 2004 年以来已经连续 7 年成为我国第三大贸易伙伴。2009 年我国在日本出口市场中的排名上升了 1 位，成为日本第一大出口市场。日本不仅是中国第三大贸易伙伴，而且是中国吸收外资、技术引进的主要来源国家之一，也是向中国提供政府贷款最多的国家。2016 年，中日双边贸易总值为 2 747.87 亿美元，占中国外贸总值的 7.5%，日本降为中国第五大贸易伙伴。2017 年中日双边贸易额为 3 029 亿美元，增幅达 10.11%，日本为中国第四大贸易伙伴。

（二）与港台地区、东盟和周边国家的贸易增长迅速

中国改革开放后，内地与香港两地贸易额剧增，互为贸易伙伴的地位不断上升。据中国海关统计，两地贸易额从 1997 年的 4 207.7 亿元增长到 2016 年的 2 万亿元，年均增长 8%以上。香港曾多年为内地第一大贸易伙伴，两地贸易额在内地外贸总额中所占比重最高时曾高达 36.6%。内地自 1984 年以来一直保持为香港第一大贸易伙伴，而且双边贸易额在香港对外贸易中所占比重不断提高，已由 1985 年的 25.8%上升到 2014 年的 50.1%。

2010 年在与传统市场保持稳定增长的同时，我国与新兴国家和地区伙伴贸易额高速增长。其中对印度、澳大利亚、俄罗斯和巴西的出口分别增长 38%、31.9%、69%和 73.3%。目前我国已经成为韩国、澳大利亚、东盟、巴西、南非等国家（地区）的第一大出口市场。

2016 年，东盟继续为我国第三大贸易伙伴。我国与东盟双边贸易总值为 4 522.07 亿美元，占我国外贸总额的 12.3%。同时，香港继续成为我国内地第四大贸易伙伴。

（三）中国与其他金砖国家进出口规模不断扩大

“十二五”时期，金砖国家合作不断突破。金砖国家新开发银行（下称金砖银行）的

成立，标志着以金砖国家为代表的新兴经济体将成为未来全球治理和金融秩序完善的重要力量。

金砖银行是由“金砖五国”(BRICS)——巴西、俄罗斯、印度、中国和南非共同出资设立，旨在为成员国以及其他发展中国家的基础设施建设和可持续发展项目提供资金支持的独立国际金融机构。2015 年 7 月金砖银行正式成立，根据协议，该行总部设于上海。金砖银行法定资本 1 000 亿美元，由创始成员国平均出资，初始认缴资本 500 亿美元。金砖银行为发展中国家提供基础设施建设所需资金，进而促进金砖国家经济持续发展。

巴西、俄罗斯、印度、中国、南非这五国曾以经济飞快增长傲视群雄，从“金砖国家”一词足可窥见当年的盛势。

1. 中俄经贸稳定、快速增长

当前，中俄经贸关系总体发展势头良好，继续呈现快速、稳定增长态势。2016 年中国对俄罗斯的进出口额为 695.62 亿美元，比 2015 年增加 2%。

数据显示，2017 年中俄双边贸易额达 840.7 亿美元，同比增长 20.8%，中国已经连续八年保持俄罗斯第一大贸易伙伴国的地位，双边贸易结构持续优化。

2. 中巴经贸向多领域扩展

作为双边战略伙伴关系重要组成部分的中巴经贸关系近年来发展势头迅猛，双边贸易快速增长。

中国对巴西出口产品以机械电子和纺织、服装产品为主，巴西对中国出口产品主要为铁矿石、大豆、原油等。中国已成为巴西第一大贸易伙伴，巴西跃居中国第十大贸易伙伴。

3. 中印应加强对话交流

2015 年，中国在印度出口贸易中居第四位和第一大进口来源地。据印度商业信息统计署与印度商务部统计，2015 年，印度对中国双边货物贸易额为 708.3 亿美元，同比下降 1.1%。2017 年中印双边贸易总额达到 844.4 亿美元，这是近年来中印双边贸易额首次突破 800 亿美元，创下新高。

4. 中南经贸合作持续健康发展

据中国海关统计，2012 年，中南贸易额约 599 亿美元，同比增长 31.8%，是两国建交时的近 40 倍。目前，南非已是我国在非洲最大的贸易伙伴，我国已成为南非全球最大贸易伙伴。

四、跨境电子商务等新型贸易方式蓬勃发展

(一) 跨境电子商务的概念及分类

1. 跨境电子商务的概念

跨境电子商务是指分属不同关境的交易主体，通过电子商务平台达成交易、进行支付结算，并通过跨境物流送达商品、完成交易的一种国际贸易方式。

2. 跨境电子商务的分类

按照流向来划分，我国对跨境电子商务可分为跨境电子商务出口和跨境电子商务进口。其中，跨境电子商务出口模式主要有外贸企业间的电子商务交易(B2B)、外贸企业

对个人零售电子商务（B2C）与外贸个人对个人网络零售业务（C2C），并以外贸 B2B 和 B2C 为主；进口模式以外贸 B2C 以及海外代购模式为主。按照运营模式，我国跨境电子商务可分为跨境 B2B 贸易服务和跨境网络零售两大类。

（二）跨境电子商务在我国的发展概况

近年来，由于受 2008 年全球金融危机、人民币升值和劳动力成本持续上升等因素影响，我国传统的外贸业遭受重创，进出口增速明显下跌。而跨境电子商务是一种新型的贸易方式，它依靠互联网和国际物流，直接对接终端，满足客户需求，具有门槛低、环节少、成本低、周期短等方面的优势，已在全球范围内蓬勃发展，成为我国外贸的重要增长点。

商务部数据显示，2014 年我国跨境电子商务交易规模达 4.2 万亿元人民币，同比增长 33.3%，而同期，我国外贸的总体增速仅为 2.3%。预计到 2016 年，我国跨境电商进出口交易额占进出口总额比例将由 2014 年的 14%上升至 20%。2017 年我国通过海关跨境电商进出口总额达 902.4 亿元，同比增长 80.6%，其中出口 336.5 亿元，增长 41.3%，进口 565.8 亿元，增长 116.4%。

跨境电子商务作为“互联网＋外贸”的创新应用，正成为激活传统外贸乃至整个社会经济转型的新引擎。2015 年 5 月 12 日，国务院出台《关于加快培育外贸竞争新优势的若干意见》，明确指出“要大力推动跨境电子商务发展、积极开展跨境电子商务综合改革试点工作”。2015 年 6 月 10 日国务院常务会议指出，“促进跨境电子商务健康快速发展，用‘互联网＋外贸’实现优进优出，有利于扩大消费、推动开放型经济发展升级、打造新的经济增长点”。

国家的支持取得了积极的成效。具体表现为：一是接受监管的跨境电商规模快速增长，2015 年 6 月以来跨境电商 B2B 已完成出口 6.27 亿美元，B2C 进出口累计超 4.4 亿美元；二是跨境电商发展重点已经从 B2C 向 B2B 转变；三是贸易便利化水平进一步提高；四是跨境电商统计监测体系初步建成。[①]

自杭州综合试验区成为全国唯一一个跨境电商试验区以来，中央领导多次关心综合试验区的工作。国务院总理李克强指出：“跨境电商综试区是一件牵一发而动全身的事，是中国未来新的发动机，是‘大众创业，万众创新’的新渠道。”

五、民营企业显示活力，一般贸易占比提升，加工贸易向“优进优出”转型

（一）民营企业显示活力

2004 年 7 月 1 日开始，进口经营权放开，从审批制过渡到了登记制。有进出口经营权的企业包括国有企业、外资企业、民营企业等。一批拥有自主知识产权和品牌的企业在市场竞争中脱颖而出。2007 年，民营高科技企业首次进入出口 10 强。

2016 年 1 月，我国民营企业出口占全国出口总比重已接近 50%，创历史新高，民营企业出口明显好于国企和外资企业。民营企业和外商投资企业进出口占全国进出口总额的比重由 2001 年的 57.5%上升到 2017 年的 83.7%。2017 年，作为第一大出口经营主体的民营企业出口占比达 46.6%。2018 年民营企业出口占出口总值的 48%，比重提升 1.4 个

① 朱苏琴．“互联网＋外贸”：打破技术门槛　便利大众创业．国际商报，2015－11－05.

百分点，继续保持第一大出口主体地位。

“民营企业出口增速之所以好于国企和外资，主要因为民营企业机制灵活，船小好掉头，数量不断增加，创新能力不断提高。近年来，以华为、海尔、TCL 等为代表的民营企业国际竞争力不断增强。”①

民营企业出口地以新兴市场为主，近年来，民营企业较好地把握住了新兴市场快速崛起的商机。从贸易方式看，民营企业出口以一般贸易为主，根植性强，较为稳定。特别是近年来市场采购、跨境电子商务、综合服务企业等新的商业模式蓬勃兴起，成为外贸出口的重要增长点，其主体就是民营企业。从产品结构看，民营企业的主要出口产品是通信、家电、汽车、照明器材及日用消费品，与其他行业横向比较看，上述行业的市场需求增长总体较好，且日用消费品多为刚需，受市场波动影响小。

（二）一般贸易占比提升

2011 年，我国一般贸易进出口 19 245.9 亿美元，比 2002 年增长 6.2 倍，占同期我国进出口总值的 52.8%，比重较 2002 年增加 10.1 个百分点。2012 年加工贸易进出口增长 3%，大大低于我国外贸总体增速，占我国外贸总值的 34.8%，也呈进一步下降趋势。一般贸易进出口增长 4.4%，占我国外贸总值的 52%。2016 年我国一般贸易进出口值 20 300.5 亿美元，占我国进出口总值的 55%。这表明，贸易方式结构持续改善，一般贸易的比重提高，加工贸易则放缓脚步。

（三）加工贸易向“优进优出”转型

长期以来，加工贸易成为拉动中国外贸高速增长的重要动力。如今，加工贸易却成了拉低外贸增速的一个重要因素。海关总署发布的数据显示，2016 年我国加工贸易进出口额为 11 122.9 亿美元，同比下降 10.6%，占我国外贸总值的 30.2%，比 2015 年同期回落 1.2 个百分点。

面对经济发展新常态，为促进加工贸易创新发展，商务部会同相关部门起草了《关于促进加工贸易创新发展的若干意见》（以下简称《意见》），经中央和国务院批准后于 2015 年 11 月 9 日正式发布，为加工贸易创新发展和优化升级指明了方向。

针对加工贸易创新发展的路径，《意见》明确了“留、来、转”三类情况。“留下来”的，要拓展内涵和外延。在鼓励加工贸易企业加快生产制造环节转型升级的基础上，拓展加工贸易外延，推动制造业由生产型向生产服务型转变，与服务贸易融合，与互联网融合，与智能化生产制造融合。

“引进来”的，应继续加大招商引资力度，明确政策预期，通过引资引智引技相结合，提升加工贸易利用外资水平。同时，要积极参与多双边规则和自由贸易区谈判，为加工贸易发展创造公平竞争的国际经贸环境。

“转出去”的，一方面，加快推动沿海加工贸易优先向内陆沿边地区转移，研究制定支持内陆沿边地区承接梯度转移的差异化政策；另一方面，强调发挥境外合作区平台作用，引导企业有序进行国际产能合作。

《意见》强调，要遵循始终坚持稳中求进、着力推动转型升级、大力实施创新驱动、

① 商务部新闻发言人沈丹阳在 3 月 2 日举行的商务部例行新闻发布会上表示．国际商报，2016－03－03.

合理统筹内外布局、不断优化营商环境的原则，推动加工贸易进一步向全球价值链高端跃升，逐步变“大进大出”为“优进优出”。一是产品技术含量和附加值提升，由低端向高端发展。二是产业链延长，向生产制造与服务贸易融合发展转变。三是经营主体实力增强，由加工组装企业向技术、品牌、营销型企业转变。四是区域布局优化，逐步实现东中西部协调发展和境内外合理布局。五是增长动力转换，由要素驱动为主向要素驱动和创新驱动相结合转变。

六、中国外贸对全球经济增长的贡献

（一）中国对世界经济增长的贡献

国家主席习近平在博鳌亚洲论坛2018年开幕式上的主旨演讲指出，40年来，中国人民坚持聚精会神搞建设、坚持改革开放不动摇，持之以恒，锲而不舍，推动中国发生了翻天覆地的变化。今天，中国已经成为世界第二大经济体、第一大工业园、第一大货物贸易国、第一大外汇储备国。

2018年4月13日，国家统计局发布的数据显示，“十八大”以来，我国经济社会发展取得了举世瞩目的重大成就，主要经济社会总量指标在世界中的分量继续提高，主要经济社会人均指标位次继续前移，国际地位显著提高，国际影响力明显增强。

从经济总量来看，2013—2016年，我国国内生产总值年均增长率为7.2%，远高于世界同期2.7%（世界银行数据）的平均水平，明显高于美、欧、日等发达经济体和巴西、俄罗斯、南非、印度等其他金砖国家。我国依然是世界经济增长的最重引擎，2013—2016年对世界经济增长的贡献率平均为34%左右。

从人均国民总收入来看，“十八大”以来，我国人均国民总收入（GNI）大幅增加，不断迈上新台阶。据世界银行统计，2012年我国人均GNI为5 870美元，2015年增加到约7 880美元。2012—2014年，我国人均GNI年均增速达到7.3%，远高于世界平均增长水平及高收入国家增长水平。①

（二）中国外贸对全球贸易增长的贡献

中国可望在很多方面为全球贸易作出贡献：一是不断增加进口，通过中国国际进口博览会等新的机制保障，更多地进口国内急需的技术和设备；二是旗帜鲜明地维护多边贸易体制，签署更多新的区域自由贸易协定，坚决反对贸易保护主义，提倡自由贸易；三是进一步推动协定实施细则的落地，倡议建立该协定实施的监督机制；四是通过“一带一路”建设提高沿线国家贸易便利化水平，完善基础设施。

（三）中国资本、中国市场和中国改革，成为牵引世界经济发展的新动力

与其他大国崛起的轨迹相同，中国的发展如今已到了越来越多的企业走出国门、为他国发展提供了就业机会。美国荣鼎咨询公司的一份报告显示，到2020年，中国在美投资将达到1 000亿～2 000亿美元，为美国创造20万～40万个就业机会。

2016年伊始，国际并购市场上传来的一系列重磅消息再度展现“中国资本”的力量：大连万达集团以35亿美元收购传奇影业公司；海尔集团以54亿美元收购通用电气公司家电部；中国化工集团宣布拟以430亿美元收购全球最大农药公司瑞士先正达，创下中资企

① 程亚丽．十八大以来，我国经济社会发展成就举世瞩目．国际商报，2016－03－10.

业规模最大的海外收购纪录……彭博新闻社列出了这样一级数据：2016 年第一季度到目前为止，接近 3 940 亿美元规模的全球并购中，与中国公司有关的交易占到了四分之一以上；在全球并购方面，中国的表现仅次于美国，超过中东、非洲、拉美、加勒比国家的总和。

与中国资本同样令世界瞩目的，还有中国市场。一面是全球消费持续低迷，另一面是中国市场持续扩容。从德国叉车到阿根廷红虾，从好莱坞电影到格鲁吉亚葡萄酒，中国市场都有它们的天地；无论对发达国家还是对发展中国家，中国市场都越来越有吸引力。

第二节　自由贸易试验区建设

建设自贸试验区是党中央、国务院在新形势下全面深化改革和扩大开放的战略举措。自 2013 年 9 月上海自贸试验区挂牌运行以来，党中央、国务院又分两批先后批准了 10 个自贸试验区，形成了“1＋3＋7”覆盖东西南北中的联动发展新格局。

2018 年 4 月 13 日，国家主席习近平宣布，党中央决定支持海南全岛建设自由贸易试验区，逐步探索、稳步推进中国特色自由贸易港建设，分步骤、分阶段建立自由贸易港政策和制度体系。

自由贸易试验区（Free Trade Zone，FTZ）属一国（或地区）境内关境外建立的实行特殊优惠税收和特殊监管政策的特定区域，即某一国（或地区）在其辖区内划出一块地盘作为市场开展对外贸易，对该区域内的经济贸易活动不过多干预，同时对外来货物实施免关税或者关税优惠。自由港是设在一国（地区）境内关外、货物资金人员进出自由、绝大多数商品免征关税的特定区域，是目前全球开放水平最高的特殊经济功能区。

一、中国（上海）自由贸易试验区的成立

中国（上海）自由贸易试验区（简称上海自贸试验区），是中国政府设立在上海的区域性自由贸易园区。2013 年 9 月 27 日，《中国（上海）自由贸易试验区总体方案》（以下简称《总体方案》）正式印发。《总体方案》明确提出，上海自贸试验区力争用两到三年时间，建成投资贸易便利、货币兑换自由、监管高效便捷、法制环境规范的自由贸易试验区。该试验区于 2013 年 9 月 29 日上午 10 时正式挂牌。试验区总面积为 28.78 平方千米，范围涵盖上海市外高桥保税区、外高桥保税物流园区、洋山保税港区和上海浦东机场综合保税区 4 个海关特殊监管区域。

（一）上海自由贸易试验区改革方案

2014 年 5 月，海关总署正式向上海海关下发了《中国（上海）自由贸易试验区海关监管服务模式改革方案》（以下简称方案），宣布设立统一管理试验区的“中国（上海）自由贸易试验区海关”。

方案表示，通过实施“信息化、智能化、便利化、法治化和安全化”改革以及机构人员、科技装备和信息化系统的配套改革（以下简称“五化三配套”），形成“简政集约、智能驱动、风险可控、便利高效”的试验区新型海关监管服务机制体制和管理模式，这是本

次改革的总体目标。

在信息化方面，建立统一的试验区海关监管信息化系统，实现内外部信息系统互联互通，推行海关作业全程无纸化，探索试验区电子围网管理；在智能化方面，建立统一的中央监控平台、智能化风险分析机制，实现卡口自动核放和海关作业的智能化；在便利化方面，实施流程再造，创新监管模式，支持功能拓展，探索开展“单一窗口”试点；在法治化方面，完善法规制度，确保有法可依，夯实执法基础，推动执法统一，强化引导和监督规范企业经营管理；在安全化方面，以“科技＋制度”规范权力运行，加强实际监管提升监管效能，依法实施海关知识产权保护，依法维护国家意识形态安全，打击走私违法犯罪。

同时，将上海海关隶属外高桥保税区海关、洋山海关以及浦东国际机场海关负责海关特殊监管区域业务的机构和人员进行整合，设立统一管理试验区的“中国（上海）自由贸易试验区海关”。①

（二）中国（上海）自由贸易试验区条例

2014 年 7 月 25 日，上海市十四届人大常委会十四次会议审议通过了《中国（上海）自由贸易试验区条例》，这是我国第一部关于自贸区的地方性法规，于 2014 年 8 月 1 日起施行。

该条例定位为综合性立法，集实施性法规、自主性法规、创制性法规的性质于一身，堪称自贸试验区建设的“基本法”；共 9 章 57 条，从管理体制、投资开放、贸易便利、金融服务、税收管理，到综合监管、法治环境等方面，对推进自贸试验区建设进行了全面的规范。

该条例亮点纷呈，包括负面清单管理模式、企业注册便利化、海关和检验检疫监管制度改革、国际贸易单一窗口、金融创新、事中事后监管制度等。

（三）上海自由贸易试验区改革成绩

上海市第十四届人大常委会第十四次会议 2014 年 7 月 23 日下午在世博中心举行扩大会议。上海市委副书记、市长杨雄代表上海市政府报告了上半年全市经济社会发展情况，并就人大代表和市民关心的自贸试验区建设工作作了介绍。

杨雄指出，自 2013 年 9 月 29 日自贸区正式挂牌以来，上海市政府聚焦制度创新，突出与国际通行规则相衔接，重点进行了五个方面的制度探索。

第一，在投资管理方面，重点探索落实准入前国民待遇加负面清单管理制度，提高投资便利化水平。2014 年重中之重的工作是修订出台了 2014 年负面清单。与 2013 年版相比，2014 年负面清单有三个特点：一是开放度进一步提高。特别管理措施条款从 2013 年版 190 条措施减少到 139 条，调整率达 26.8%。二是透明度进一步增加。2013 年版中无具体限制条件的 55 条管理措施，大幅缩减为 25 条。三是与国际通行规则进一步衔接。按照准入前国民待遇、内外资一致的原则，2013 年版中 14 条对内外资均有限制或禁止要求的管理措施，不再列入负面清单。

第二，在贸易监管方面，重点借鉴国际经验，提高贸易便利化水平。2013 年，海关

① 刘昕．上海自贸区海关改革方案出炉．国际商报，2014－05－13.

推出18项、检验检疫推出23项改革措施，2014年在区内符合条件的企业全面推开。同时，推进两项制度的创新：一是推进货物状态分类监管模式；二是探索建立国际贸易“单一窗口”管理制度。

第三，在金融开放创新方面，目前金融改革的大部分措施已进入实际操作阶段，一批金融创新业务顺利开展，一批要素市场平台和金融机构入驻。

第四，在事中事后监管方面，主要建立了六项制度。一是安全审查制度，二是反垄断审查机制，三是社会信用体系，四是企业年度报告公示和经营异常名录制度，五是信息共享和综合执法制度，六是社会力量参与市场监督制度。

第五，在拓展改革新领域方面主动开展了一些新试点。一是行政公开透明制度，二是公平竞争制度，三是权益保护制度。①

二、半年来四大自贸试验区建设取得明显成效

2015年3月24日，中共中央政治局会议审议通过了津粤闽自贸试验区总体方案和进一步深化上海自贸试验区改革开放的方案。其中，上海自贸试验区面积由28.78平方千米扩大至120.72平方千米，天津自贸试验区面积达64.5平方千米，福建自贸试验区面积为118.04平方千米，广东自贸试验区面积为116.2平方千米。

2015年4月21日，广东、天津、福建自贸试验区挂牌；4月27日，上海自贸试验区扩展区域启动建设。对于半年以来4个自贸试验区的建设进展情况，商务部新闻发言人沈丹阳在11月4日举行的商务部新闻发布会上回应称，自贸试验区新一轮建设在稳增长、调结构方面都发挥了重要的带动作用。半年来，4个自贸试验区建设在投资管理体制改革、贸易便利化、金融创新等方面取得了明显成效。

（一）外商投资热情高涨

2015年国家出台统一适用于4个自贸试验区的负面清单，进一步提升开放水平，激发了外商投资的热情。数据显示，2015年1—9月，自贸试验区共新设外商投资企业4 639家，90%通过备案设立，吸收合同外资3 461.1亿元人民币。其中，上海自贸试验区新设外商投资企业数同比增长52.6%，广东、天津、福建自贸试验区2015年4月挂牌后新设外商投资企业数同比增长均在3倍以上。

与此同时，自贸试验区新一轮建设在“稳增长、调结构”方面也发挥了重要的带动作用。据沈丹阳介绍，自贸试验区新设企业数同比大幅增长，截至2015年9月底，广东、天津、福建自贸试验区新设企业45万家，同比增长2.2倍；产业结构不断优化，融资租赁、科技研发、创业投资、电子商务、现代物流等高端产业集聚效应日益凸显。天津自贸试验区新增租赁企业1 292家，飞机、船舶、海工设备租赁资产总额累计达330.6亿美元；扩展区域后的上海自贸试验区吸收外商投资项目占全市一半；福建自贸试验区吸收合同外资额同比增长7倍；广东自贸试验区引进注册资本1亿元以上的项目508个，10亿元以上项目145个。

（二）五方面亮点凸显

对于半年来4个自贸试验区建设的成效，沈丹阳介绍，主要体现在以下五个方面：

---

① 新华网，2014-07-23.

一是以负面清单管理为核心的投资管理体制改革逐步深化。广东自贸试验区率先同步实施了内资市场准入负面清单。企业设立的“一口受理”模式普遍推行。福建自贸试验区平潭片区进一步融合政府审批职能，将投资建设审批从立项到验收统一规范为 4 个步骤。上海、广东自贸试验区探索实施“集中登记地”、电子证照卡等创新措施。天津自贸试验区将“一照一码”拓展为“一照一码一章一票一备案”。

二是以国际贸易“单一窗口”为重要抓手的贸易便利化程度不断提高。各自贸试验区不断优化“一线放开、二线安全高效管住”的监管措施。联席会议办公室会同有关部门，在新设立的 3 个自贸试验区复制推广上海自贸试验区国际贸易“单一窗口”建设经验，建设智检口岸、实施智能通关，推出加工贸易“自主核销”、原产地证书管理创新等举措，通关效率提高 50%以上。

三是以资本项目可兑换和金融服务多元化为目标的金融创新措施稳步推出。上海自贸试验区自由贸易账户由人民币服务拓展至外币服务，原油期货、黄金国际板等开始运行，深化上海自贸试验区金融开放创新试点的文件已经印发实施。广东、天津、福建自贸试验区试点推出公募房地产信托投资基金产品、中小微企业贷款风险补偿、“银税互动”免除诚信小微企业贷款担保等，助推“大众创业、万众创新”。

四是以社会信用体系建设为基础的事中事后监管制度持续完善。上海自贸试验区、广东自贸试验区构建政府大数据联合监管平台，天津自贸试验区推行市场主体信用风险分类管理，福建自贸试验区针对开放领域提出了 80 余项风险防控措施。

五是以合作发展为出发点的服务国家战略举措持续推出。天津自贸试验区推出京津冀通关通检一体化等 8 项举措，服务京津冀协同发展；广东自贸试验区创新粤港澳“前店后仓”“港资港货交易中心”“一张证书深港直通”等合作模式；福建自贸试验区推出两岸商品快速验放通关、台湾居民入境免签注等措施，深化两岸合作。广东、福建自留试验区着力建设南沙粤港澳青年创业工场、前海深港青年梦工厂、横琴澳门青年创业谷、两岸青年创业创新创客基地、台湾创业园等，为各地区青年创业创新营造良好环境。①

三、四大自贸试验区建设取得显著成效

国内四大自贸试验区改革试点任务完成情况如何，2016 年 2 月 23 日，国务院新闻办公室召开新闻发布会，商务部部长高虎城就这一热点议题一一作出回应。

高虎城指出，建立自由贸易试验区是党中央、国务院在新形势下为全面深化改革和扩大开放探索途径、积累新经验采取的重要举措。自由贸易试验区的核心是通过制度创新、简政放权，破除制约市场发挥配置资源决定性作用的体制机制障碍。上海自由贸易试验区从设立到现在，时间并不是很长，但我们已经进行了上海自贸试验区的扩区，并新设了广东、天津和福建 3 个自由贸易试验区。

在 2015 年 4 月国务院发布的自贸试验区方案中，国务院各部门承担的试点任务有 366 项，实施率已经超过 80%。2016 年前 5 个月，上海、广东、天津、福建自由贸易试验区共设立企业 69 177 家。四大自由贸易试验区各项试点任务全面铺开，总体方案实施率超

① 工晓．四大自贸区建设成效凸显．国际商报，2015－11－05.

过90%。[①]

总的来看，自由贸易试验区建设进展顺利，围绕制度创新、简政放权，在多个领域取得了显著成效。

2015年4月21日，上海自贸试验区扩容，广东、天津、福建自贸试验区挂牌，目前，这四个自贸区发展成果斐然。

(一) 制度创新优势明显

挂牌以来，天津自贸试验区已经完成128项制度创新，福建落实了160项创新举措，广东也形成了160项制度创新经验。这些关于金融、贸易、投资、行政等方面几百项创新措施体现了政府改革的决心。

(二) 行政效率显著提高

天津自贸试验区三个片区全部建立了集中统一的行政审批机构，承接241项市级审批和服务事项，审批人员减少65%，审批效率却提高75%。福建自贸试验区平潭片区社会投资项目审批申请材料从250项减少到19项左右，项目审批时限从原来平均1年压缩到93个工作日以内。广东自贸试验区也大力推动简政放权，向3个片区下放第一批60项省一级管理权限。

伴随着简政放权，2015年上海自贸试验区新设企业1.8万家；天津自贸试验区新设企业超过1.4万家；广东自贸试验区新设企业超过5.6万家；福建自贸试验区截至3月底新设企业超过2.6万家。

(三) 对外资吸引力增强

现在，自贸区已成为“外资集聚区”。据介绍，上海自贸区外企数量占比从挂牌初期的5%上升到20%，广东自贸区集中了全省超过一半的合同外资。

(四) 外贸便利化程度大幅提升

广东自贸试验区海关平均通关效率提高50%以上，天津自贸试验区报关成本节约70%，福建自贸试验区企业货物申报时间从4小时减至5～10分钟。

(五) 经济拉动力增强

2015年，上海自贸试验区以上海1/50的面积创造了全市1/4的生产总值；天津自贸试验区三个片区所在的经济功能区实现生产总值达全市的11%左右；坐拥自贸片区的南沙拉动广州市外贸增长2.9个百分点；同样拥有自贸片区的福州、厦门拉动全省出口增长0.86个百分点。[②]

2016年9月，党中央、国务院决定，在辽宁省、浙江省、河南省、湖北省、重庆市、四川省、陕西省新设立7个自贸试验区，我国自贸试验区建设进入了试点探索的新航程。11月，国务院印发了《关于做好自由贸易试验区新一批改革试点经验复制推广工作的通知》，复制推广的改革事项达19项。

2018年5月，海南省委出台46条硬措施，扎实推进中国（海南）自由贸易试验区和中国特色自由贸易港建设，探索建立开放型经济新体制。具体举措包括：大幅放宽市场准入，对外资全面实行准入前国民待遇加负面清单管理制度，对标国际通行规则，制定实行

---

① 商务新闻发言人沈丹阳．国际商报，2016-08-03.

② 李鲲．数说中国自贸试验区．国际商报，2016-04-27.

更加精简的负面清单等。党中央决定支持海南建设自由贸易试验区、逐步建设中国特色自由贸易港对推动形成全面开放新格局、加速向南开放、促进“一带一路”建设等有着重要意义。

2018年11月14日，中央全面深化改革委员会第五次会议召开。会议指出，党中央着眼于我国改革开放和社会主义现代化建设全局，赋予海南全面深化改革开放新的使命，支持海南建设全岛自由贸易试验区，逐步探索、稳步推进中国特色自由贸易港建设。

从上海到海南，5年来，中国自贸试验区建设持续推进，从先行先试的探索到一大批可复制、可推广经验的积累，自贸试验区为改革开放制度创新进行了有益尝试，为推动进一步改革开放注入了新的动力。

第三节　加快实施自由贸易区战略

自由贸易区（Free Frade Area）区域经济一体化的主要形式，通常是指签订有自由贸易协定的国家所组成的区域性经济贸易集团，在成员的货物贸易与服务贸易之间彼此取消贸易限制，减免关税和非关税贸易限制，但对非成员仍实施各自的贸易政策。

2015年12月17日，《国务院关于加快实践自由贸易区战略的若干意见》正式发布。这是我国基于既有的实践经验，统筹兼顾国内国际两个大局，对全方位推进实施自贸区战略所作出的顶层设计，对加速新一轮自贸区建设具有指导意义。

《意义》明确指出，中国将加快正在进行的自由贸易区谈判进程，在条件具备的情况下逐步提升已有自由贸易区的自由化水平，并积极推动与周边大部分国家和地区建立自由贸易区。

当前，全球范围内自由贸易区的数量不断增加，涵盖议题快速拓展，自由化水平显著提高。中国经济发展进入新常态，外贸发展机遇和挑战并存，“引进来”“走出去”正面临新的发展形势。加快实施自由贸易区战略是中国适应经济全球化新趋势的客观要求，是贯彻党的十九大精神、全面深化改革、构建开放型经济新体制的必然选择。

一、中国已签订的自由贸易协定

中国已经与多个国家和地区签署了自贸协定。商务部国际司负责人指出，截至2018年5月，中国已签署16个自贸协定，涉及24个国家和地区，自贸伙伴遍及亚洲、拉美、大洋洲、欧洲等地区。这些自贸协定分别是中国与东盟、新加坡、巴基斯坦、新西兰、智利、秘鲁、哥斯达黎加、冰岛、瑞士、韩国、澳大利亚、格鲁吉亚和马尔代夫的自贸协定，中国内地与香港、澳门的《关于建立更紧密经贸关系的安排》（CEPA），以及中国大陆与台湾地区的《海峡两岸经济合作框架协议》（ECFA）。具体如表3-4所示。

表 3-4 中国签订的自由贸易协定概况

已签协定的自贸区	签署时间	签署协定
中国香港、澳门特区	2003 年	内地与中国香港、中国澳门《关于建立更紧密经贸关系的安排》
	2004 年	《补充协议》
	2005 年	《补充协议二》
	2006 年	《补充协议三》
东盟	2002 年 11 月 4 日	《中国-东盟全面经济合作框架协议》
亚太	2001 年 5 月	《曼谷协定》 2005 年 11 月 2 日正式更名为《亚太贸易协定》
智利	2005 年 11 月 18 日	《中华人民共和国政府和智利共和国政府自由贸易协定》
巴基斯坦	2006 年 11 月	《中华人民共和国政府和巴基斯坦伊斯兰共和国政府自由贸易协定》
新西兰	2008 年 4 月 7 日	《中华人民共和国政府和新西兰政府自由贸易协定》
新加坡	2008 年 10 月 23 日	《中华人民共和国政府和新加坡共和国政府自由贸易协定》
秘鲁	2009 年 4 月 16 日	《中华人民共和国政府和秘鲁共和国政府自由贸易协定》
哥斯达黎加	2010 年 4 月 8 日	《中华人民共和国政府和哥斯达黎加共和国政府自由贸易协定》
冰岛	2013 年 4 月 15 日	《中华人民共和国政府和冰岛政府自由贸易协定》
瑞士	2013 年 7 月 6 日	《中华人民共和国政府和瑞士联邦自由贸易协定》
韩国	2015 年 6 月 1 日	《中华人民共和国政府和大韩民国政府自由贸易协定》
澳大利亚	2015 年 6 月 17 日	《中华人民共和国政府和澳大利亚政府自由贸易协定》
格鲁吉亚	2017 年 5 月 13 日	《中华人民共和国政府和格鲁吉亚共和国政府自由贸易协定》
马尔代夫	2017 年 12 月 7 日	《中华人民共和国政府和马尔代夫共和国政府自由贸易协定》

资料来源：国际商报，2013-07-08，2015-10-21，2015-11-23，2017-12-08，2018-01-05.

2017 年，与自贸伙伴的贸易额（不含港澳台）占中国对外贸易总额的 25.9%。已签署的自贸协定中，零关税覆盖的产品范围基本超过 90%，承诺开放的服务部门已从加入世贸组织时的 100 个增至近 120 个。

（一）中国-东盟自由贸易区

2002 年 11 月 4 日，中国国家领导人与东盟 10 国领导人共同签署了《中国-东盟全面经济合作框架协议》，中国-东盟自由贸易区将包括货物贸易、服务贸易、投资和经济合作等内容，其中货物贸易是自由贸易区的核心。《中国-东盟全面经济合作框架协议》规定中国和东盟双方从 2005 年开始正常产品的降税，2010 年中国与东盟老成员，即印度尼西亚、新加坡、泰国、菲律宾、马来西亚和文莱建成自由贸易区，2015 年与东盟新成员，即越南、老挝、柬埔寨和缅甸建成自由贸易区，中国与东盟的绝大多数产品将实行零关税，取消非关税措施，实现双方贸易自由化。

2004 年 11 月 29 日在老挝万象召开的第 8 次中国-东盟领导人会议期间，中国商务部部长与东盟 10 国经贸部长分别代表各自政府签署了中国-东盟自由贸易区《货物贸易协议》和《争端解决机制协议》。

《货物贸易协议》规定双方的产品分为正常产品和敏感产品两大类，从 2005 年 7 月 1 日起，双方将按照商定的时间表全面启动降税进程。协定规定，中国和东盟中的 6 个老成员将在 2010 年把绝大多数正常产品的关税降为零，东盟 4 个新成员则可在 2015 年将绝大多数正常产品的关税降为零。双方对少数敏感产品的关税水平也作了约束和削减。协议还指出，各缔约方不应保留任何与 WTO 不符的进口数量限制。

中国-东盟自由贸易区是世界上拥有消费者最多、覆盖面积最大的自由贸易区，区内人口达到 19 亿，陆地面积 1 408 万平方千米。2004—2009 年，是中国-东盟自贸区初创阶段，2010 年中国-东盟自贸区正式成立，2015 年中国-东盟自贸区全面建成。

2010 年 1 月 1 日，中国-东盟自贸区成立时，区内实行零关税的产品超过 7 000 种。其中，中国对东盟 10 国 91.5%以上产品实行零关税，平均关税从 9.8%降到 0.1%；东盟的文莱、印度尼西亚、马来西亚、菲律宾、新加坡、泰国 6 个老成员国对 90%以上的中国产品实行零关税，平均关税从 12.8%降到 0.6%；而越南、老挝、柬埔寨和缅甸 4 个东盟新成员国，在 2015 年实现了这一目标。

中国-东盟自贸区成立半年多来，零关税推动 11 国间贸易增长迅速。2010 年 7 月底，中国和东盟互为第三大贸易伙伴。

2015 年 11 月 22 日，在国务院总理李克强和东盟十国领导人的共同见证下，中国商务部部长高虎城与东盟十国部长代表中国政府与东盟十国政府，在吉隆坡正式签署中国-东盟自贸区升级谈判成果文件《中华人民共和国与东南亚国家联盟关于修订〈中国-东盟全面经济合作框架协议〉及项下部分协议的议定书》（以下简称《议定书》），2016 年 7 月 1 日正式生效。《议定书》是我国在现有自贸区基础上写成的第一个升级协议，涵盖货物贸易、服务贸易、投资、经济技术合作等领域，是对原有协定的丰富完善、补充和提升，体现了双方深化和拓展经贸合作关系的共同愿望和现实需求。《议定书》的达成和签署，为双方经济发展提供了新的助力，加快建设更为紧密的中国-东盟命运共同体，推动实现 2020 年双边贸易额达到 1 万亿美元的目标，也将促进《区域全面经济伙伴关系协定》谈判和亚太自由贸易区的建设进程。

中国-东盟自贸区是中国对外商谈的第一个也是最大的自贸区，于 2010 年全面建成，有力地促进了双边经贸关系，展现了发展中国家互利互惠、合作共赢的良好模式。2017 年中国与东盟双边贸易总额超过 5 000 亿美元。目前，中国是东盟最大的贸易伙伴，东盟是中国第三大贸易伙伴。

（二）《曼谷协定》（现更名为《亚太贸易协定》）

该协定签订于 1975 年，是在联合国亚太经济社会委员会主持下，在发展中成员国之间达成的优惠贸易安排，我国于 2001 年 5 月正式加入《曼谷协定》，并于 2002 年 1 月 1 日开始实行《曼谷协定》税率。现有成员国为印度、韩国、孟加拉国、斯里兰卡和老挝。《曼谷协定》是我国参加的第一个具有实质意义的区域性优惠贸易安排。2005 年 11 月，在北京举行的《曼谷协定》第一届部长级理事会上宣布此协定更名为《亚太贸易协定》。从 2006 年 7 月 1 日起，各国将提供 4 000 多个税目产品的关税削减。根据 2005 年海关税则计算，我国将向五国的 1 697 项产品提供优惠关税，平均减让幅度为 27%，同时向最不发达成员国孟加拉国和老挝的161项产品提供特别关税优惠，平均减让幅度为77%，我国产品则可享受印度、韩国、孟加拉国和斯里兰卡的优惠关税待遇。

（三）中国-智利自由贸易协定

在2004年11月的亚太经合组织领导人非正式会议期间，中国和智利宣布启动双边自由贸易区的谈判，并于2005年11月正式签署《中华人民共和国政府和智利共和国政府自由贸易协定》。2006年9月，吴邦国委员长在访问智利期间与智利总统巴切莱特共同宣布，自2006年10月起实施该协定。根据该协定，2006年10月和2007年1月，中国先后取消2 806种和1 947种智利产品的关税，智利也于2006年10月将5 891种中国产品的关税降为零。到2015年，占两国税目总数97%的产品均将实现零关税。协定实施后，双方进一步扩大了优势产品向对方的出口，推动了相关产业发展，为企业带来大量商机，为消费者带来许多实惠。

（四）中国-巴基斯坦自由贸易协定

2006年11月中国商务部部长和巴基斯坦商务部部长分别代表两国政府在伊斯兰堡签署了《中华人民共和国政府和巴基斯坦伊斯兰共和国政府自由贸易协定》。该协定是继中国-东盟自由贸易区《货物贸易协议》和《中国-智利自由贸易协定》之后，我国对外签署的第3个自由贸易协定，也是2005年签署的《中巴自由贸易区早期收获协议》的“扩大版”。根据该协定，中巴两国将分两个阶段对全部货物产品实施关税减让。第一阶段在协定生效后5年内，双方对占各自税目总数85%的产品按照不同的降税幅度实施降税，其中，36%的产品关税将在3年内降至零。中方降税产品主要包括畜产品、水产品、蔬菜、矿产品、纺织品等，巴方降税产品主要包括牛羊肉、化工产品、机电产品等。

第二阶段从协定生效的第6年开始，双方将在对以往情况进行审评的基础上，对各自产品进一步实施降税，目标是在不太长的时间内，使零关税产品占各自税目数和贸易量的比例均达到90%。此外，协定就投资促进与保护、投资待遇、征税、损害补偿以及投资争端解决等事项作出了规定。该协定已从2006年7月1日起启动，我国对巴基斯坦实施第一阶段首次降税。2008年10月，两国政府代表再次签署《中国-巴基斯坦自由贸易协定补充议定书》，2009年2月2日，两国政府代表签署了《中国-巴基斯坦自由贸易区服务贸易协定》，从而使两国在2007年7月实施的《中巴自由贸易协定》基础上建成一个涵盖货物贸易、服务贸易和投资等内容的自由贸易区。

（五）中国-新西兰自由贸易协定

2006年4月，温家宝总理访新，与克拉克总理共同确定了1至2年内达成全面、高质量、平衡和为双方所接受的自由贸易协定的目标。2007年，胡锦涛主席和温家宝总理又与克拉克总理多次会晤，不断为谈判注入动力。经过15轮谈判，2007年12月，双方最终就协定涉及的所有问题达成一致。2008年4月7日，在温家宝总理和新西兰海伦·克拉克总理的见证下，商务部部长陈德铭与新西兰贸易部长菲尔·戈夫代表各自政府在北京人民大会堂签署了《中华人民共和国政府和新西兰政府自由贸易协定》。2008年7月下旬，新西兰议会以104票赞成、17票反对的绝对优势通过了该协定。这个协定已于2008年10月1日正式生效。

《中华人民共和国政府和新西兰政府自由贸易协定》（以下简称《协定》）是在WTO

基础上，规范我国与新西兰进一步相互开放市场、深化合作的法律文件。这是我国与发达国家签署的第一个自由贸易协定，也是我国与其他国家签署的第一个涵盖货物贸易、服务贸易、投资等诸多领域的自由贸易协定。

《协定》共214条，分为18章，即初始条款、总定义、货物贸易、原产地规则及操作程序、海关程序与合作、贸易救济、卫生与植物卫生措施、技术性贸易壁垒、服务贸易、自然人移动、投资、知识产权、透明度、合作、管理与机制条款、争端解决、例外、最后条款。此外，《协定》还包含14个附件、5项换文。

《协定》主要包括以下几方面内容：

1. 货物贸易

根据《协定》规定，新西兰在2016年1月1日前取消全部自华进口产品关税，其中63.6%的产品从《协定》生效时起即实现零关税；我国在2019年1月1日前要取消97.2%自新西兰进口产品关税，其中24.3%的产品从《协定》生效时起即实现零关税。

具体而言，双方将降税产品分为普通产品和敏感产品两类。普通产品在2013年1月1日前实现零关税，敏感产品根据其敏感程度，实现零关税的期限适当延长。

2. 服务贸易

根据《协定》规定，中新两国将在WTO基础上向对方服务提供者进一步开放服务贸易市场。

3. 人员流动

中新两国承诺，将进一步便利双方人员往来，为对方人员临时入境建立透明的标准和简化的程序。

4. 投资

在投资领域，《协定》的主要目的是要在互利基础上，鼓励和促进双边投资及双方在投资相关问题上的合作，建立一个有利于双向投资的规则框架，并为对方投资提供保护，促进政府与投资者之间的合作。

根据《协定》规定，中新两国将在投资管理、经营、收益或处置等方面给予对方不低于其本国投资享受的待遇，并确保对方享受的待遇不低于相同条件下任何第三国得到的待遇。

除上述内容外，《协定》还针对中新双方在海关、检验检疫、知识产权等领域的合作做出了制度性规定。

（六）中国-新加坡自由贸易协定

2008年10月23日，在温家宝总理和新加坡李显龙总理见证下，商务部部长陈德铭与新加坡贸工部长林勋强代表各自政府在北京人民大会堂签署了《中华人民共和国政府和新加坡共和国政府自由贸易协定》。同时，双方还签署了《中华人民共和国政府和新加坡共和国政府关于双边劳务合作的谅解备忘录》。中国-新加坡自由贸易区谈判启动于2006年8月，经过8轮艰苦而坦诚的磋商，双方于2008年9月圆满结束谈判。协定涵盖了货物贸易、服务贸易、人员流动、海关程序等诸多领域，是一份内容全面的自由贸易协定。双方在中国-东盟自由贸易区的基础上，进一步加快了贸易自由化进程，拓展了双边自由贸易关系与经贸合作的深度与广度。

《中华人民共和国政府和新加坡共和国政府自由贸易协定》（以下简称《协定》）是在WTO相关规则规范下，并在中国-东盟自由贸易区的基础上，双方进一步相互开放市场、深化合作的法律文件。

《协定》是一项全面的自由贸易协定，共115条，分为14章，即初始条款、总定义、货物贸易、原产地规则、海关程序、贸易救济、技术性贸易壁垒及卫生与植物卫生措施、服务贸易、自然人移动、投资、经济合作、争端解决、例外、总条款和最后条款。此外，《协定》还包含7个附件、2项换文。主要内容如下：

1. 货物贸易

两国将在中国-东盟自贸区《货物贸易协议》的基础上，加快货物贸易自由化进程。根据《协定》规定，新加坡从2009年1月1日起，要取消所有自中国进口产品的关税；我国要在2012年1月1日前取消97.1%自新进口产品的关税，其中87.5%的产品从《协定》生效时起即实现零关税。

2. 服务贸易

在服务贸易方面，双方在WTO服务贸易承诺表和中国-东盟自贸区《服务贸易协议》市场准入承诺清单的基础上，进一步相互扩大市场准入范围。

3. 人员流动

在商务人员入境方面，双方在《协定》中设立了自然人移动章节，明确了商务人员临时入境的纪律和准则，并就居留时间和条件做出了具体承诺，将进一步便利两国人员往来，为自然人临时入境建立透明的标准和简化的程序。与《协定》同时签署的《劳务合作谅解备忘录》，也将对我国赴新劳务人员的管理和维护我国在新劳务人员的权益，产生积极效果。

4. 原产地规则和海关程序

《协定》规定了以区域价值含量增值40%为基本标准的优惠原产地规则。双方还将在自由贸易区合作框架下，加强双方海关在风险管理等方面的合作，简化海关程序，提高货物和运输工具的通关便利。

5. 卫生检验检疫及技术性贸易壁垒

《协定》规定，双方将在卫生检验检疫的标准化及区域化认证、合格评定程序等方面加强合作，建立合作机制，使双方迅速高效地解决双边贸易中产生的问题。

此外，《协议》还强调，双方将在贸易投资促进、旅游合作、促进中国区域经济协调发展、人力资源开发和中国企业“走出去”等方面加强合作。

《协定》的签署是中新双边关系发展历程中新的里程碑，将进一步全面推进中新双边经贸关系的发展，也将对东亚经济一体化进程产生积极影响。同时，在全球共同应对金融动荡的时刻，《协定》的签署有利于维护两国经济与贸易的稳定和增长，为维持世界经济稳定和促进贸易自由化作出积极贡献。

（七）中国-秘鲁自由贸易协定

中国国家主席胡锦涛和秘鲁共和国总统加西亚于2008年11月19日在秘鲁首都利马共同宣布中华人民共和国和秘鲁共和国自由贸易协定谈判成功结束。2009年4月16日，中国和秘鲁在北京签署《中华人民共和国政府和秘鲁共和国政府自由贸易协定》。这是中秘战略伙伴关系的重要内容之一，为促进中秘两国经济贸易的长远发展奠定了坚实基础。

2007年3月，中秘自由贸易区联合可行性研究启动。当年9月7日，中秘自由贸易区谈判正式启动。此后，中秘双方共举行了一次工作组会议和七轮正式谈判，就货物贸易、服务贸易、投资、原产地规则、海关程序、技术性贸易壁垒、卫生和植物卫生措施、争端解决、贸易救济、知识产权、地理标识、合作等议题进行了深入、友好、务实、坦诚的磋商并最终达成一致。

在货物贸易方面，中秘双方将对各自90%以上的产品分阶段实施零关税。中方轻工、电子、家电、机械、汽车、化工、蔬菜、水果等产品和秘方鱼粉、矿产品、水果、鱼类等产品将从中获益。在服务贸易方面，秘鲁将在采矿、研发、中文教育、中医、武术等90个部门进一步对中方开放，中方则在采矿、咨询、翻译、体育、旅游等16个部门对秘方进一步开放。此外，中秘双方还在投资、知识产权、原产地规则、海关程序及贸易便利化、技术性贸易壁垒、卫生与植物卫生措施等方面达成广泛共识。

中秘自由贸易协定覆盖领域广，开放水平高，是中国与拉美国家发展平等互利的全面合作伙伴关系的重要体现。

（八）中国-哥斯达黎加自由贸易协定

2010年4月8日，中国商务部部长陈德铭与哥斯达黎加外贸部长鲁伊斯在北京共同签署了《中华人民共和国政府和哥斯达黎加共和国政府自由贸易协定》（以下简称《协定》）。《协定》涵盖领域广，开放水平高，是我国与中美洲国家签署的第一个一揽子自贸协定。

《协定》主要内容如下。

1. 货物贸易

在货物贸易方面，中哥双方将对各自90%以上的产品分阶段实施零关税。中哥两国的全部货物产品将分为六类实施关税减让。第一类产品在《协定》实施后立即实施零关税，分别约占中、哥税目总数的65.3%和62.9%；第二类产品在《协定》生效5年内线性降税至零，分别约占中、哥税目总数的28.7%和4.0%；第三类产品在《协定》生效10年内线性降税至零，分别约占中、哥税目总数的1.8%和21.4%；第四类产品在《协定》生效15年内线性降税至零，分别约占中、哥税目总数的0.9%和2.5%；第五类产品为例外产品，不作关税减让，保持最惠国关税，分别约占中、哥税目总数的3.3%和8.9%；第六类产品为关税配额产品，配额内实施零关税，哥方实施配额管理的产品共4个，中方无关税配额产品。

《协定》实施后，中方的纺织原料及制品、轻工、机械、电器设备、蔬菜、水果、汽车、化工、生毛皮及皮革等产品和哥方的咖啡、牛肉、猪肉、菠萝汁、冷冻橙汁、果酱、鱼粉、矿产品、生皮等产品将从降税安排中获益。

2. 服务贸易

在服务贸易方面，在各自对WTO承诺的基础上，哥方在电信服务、商业服务、建筑、房地产、分销、教育、环境、计算机和旅游服务等45个部门进一步对中方开放，中方则在计算机服务、房地产、市场调研、翻译和口译、体育等7个部门对哥方进一步开放。

3. 原产地规则和海关程序

在原产地规则方面，以税则归类改变标准作为原产地判定的基本标准，将区域价值成分标准和加工工序标准作为辅助标准。双方据此制定了所有税号产品的原产地规则清单。此外，《协定》还就原产地证书、享受优惠关税货物通关要求、原产地核查等做了规定。

关于海关手续，《协定》对海关合作、风险管理与货物放行、行政裁定、便利化等内容做了规定，旨在简化和协调双方的海关手续，确保双方海关及行政程序实施一致与透明，确保货物和运输工具高效快捷地运转与通关，便利双边贸易。

4. 技术性贸易壁垒、卫生和植物卫生措施

关于技术性贸易壁垒，《协定》就推动双边强制性合格评定结果互认的可行性研究工作，提高贸易政策透明度，通报强制性合格评定产品清单、合格评定程序、时限、收费标准和进口许可程序以及促进贸易便利化等做出了规定，为双方产品出口创造了有利条件。

5. 贸易救济

在贸易救济方面，《协定》规定，双方将保留在世界贸易组织反倾销、反补贴、全球保障措施相关协定下的权利和义务。同时，《协定》还参照世界贸易组织保障措施协定和国际上签署自由贸易协定的通行做法，纳入了双边保障措施条款。这一规定既可帮助两国有效应对双边贸易自由化带来的冲击，又可防止其滥用保障措施。

6. 知识产权

《协定》双方同意在各自法律法规框架内，开展与知识产权有关的交流与合作，采取适当措施保护遗传资源、传统知识和民间传统。

7. 合作

在合作领域方面，《协定》规定，双方应就出口促进、吸引投资、科技、中小企业、农业、文化、体育、减灾、竞争政策等领域开展合作。此外，双方还将加强在教育、卫生、传统医学、基础设施等领域的合作。

（九）中国-冰岛签署自由贸易协定

2013 年 4 月 15 日，在中国国务院总理李克强和冰岛总理西于尔扎多蒂的共同见证下，中国商务部部长高虎城与冰岛外交外贸部长奥叙尔·斯卡费丁松代表各自政府在北京人民大会堂签署了《中华人民共和国政府和冰岛政府自由贸易协定》。该协定是我国与欧洲国家签署的第一个自由贸易协定，涵盖货物贸易、服务贸易、投资等诸多领域。

根据自贸协定规定，冰岛自协定生效之日起，对从中国进口的所有工业品和水产品实施零关税，这些产品占中国向冰岛出口总额的 99.77%；与此同时，中国对从冰岛进口的 7 830 个税号产品实施零关税，这些产品占中方自冰进口总额的 81.56%，其中包括冰岛盛产的水产品。

中冰自贸区建成后，双方最终实现零关税的产品，按税目数衡量均接近 96%，按贸易量衡量均接近 100%。

此外，双方还就服务贸易作出了高于 WTO 的承诺，并对投资、自然人移动、卫生与植物卫生措施、技术性贸易壁垒、原产地规则、海关程序、竞争政策、知识产权等问题作出了具体规定。

（十）中国-瑞士自由贸易协定

2013 年 7 月 6 日，经过 9 轮谈判才最终达成的协定——《中华人民共和国和瑞士联邦自由贸易协定》（FTA）正式签署。这也是中国与欧洲大陆国家缔结的第一个自贸协定。

中国商务部部长高虎城表示，中瑞两国在经济技术结构上具有极强的互补性，中国虽是制造业大国，却不是强国，很多产业仍处于全球产业链中低端；而瑞士则是世界高精尖制造技术聚集的强国，在医药、精密仪器、机械、化工，甚至金融服务领域，极有优势，值得中国学习。

瑞士联邦委员兼经济部长施耐德-阿曼也称，中瑞FTA签署后，瑞士可以更好地把握中国这个正在崛起的大市场；与中国合作，将给瑞士医药、银行业、钟表等各个产业带来益处。

中瑞自贸协定具有三大特点：

一是协定的零关税比例高。瑞方将对中方99.7%的出口立即实施零关税，中方将对瑞方84.2%的出口最终实施零关税。

二是协定为双方产业合作提供了平台。如中方将扩大引进瑞方先进的钟表检测技术，提升中国钟表业发展水平。双方还承诺开展中医药合作对话，推动中医药“走出去”。这有利于双方进行产业对接、开展务实合作、提升产业竞争力、实现共同发展。

三是协定涉及许多新规则并达成共识。对政府采购、环境、劳工与就业合作、知识产权、竞争等中国在以往的自贸谈判中很少遇到的规则问题，即便国际上对这些规则问题没有统一的标准，双方也不回避，而是按照求同存异的原则，达成了许多共识。

（十一）中国-韩国自由贸易协定

2015年6月1日，中国商务部部长高虎城代表中国政府在首尔与韩国产业通商资源部长官尹相直共同签署了中韩自由贸易协定（FTA），中韩领导人在第一时间互发贺电。

习近平在贺信中指出，作为东亚和亚太地区的重要经济体，中韩两国签署自贸协定是一个具有里程碑意义的事件，不仅将推动双边经贸关系实现新的飞跃，给两国民众带来更多实实在在的好处，而且也将为东亚和亚太地区经济一体化进程乃至全球经济发展作出更大贡献。

朴槿惠在贺信中表示，韩中自贸协定是两国未来合作的制度性框架，从长期和战略层面指明了两国未来的合作方向，为两国企业和国民带来更多机会和利益，提升两国在国际社会的地位，成为深化“战略合作伙伴关系”的历史性里程碑。

2015年11月30日，韩国国会表决通过中韩自由贸易协定（FTA）批准案。

2015年12月9日，中国商务部副部长王受文与韩国驻华大使金章洙在商务部交换外交照会，中韩双方共同确认《中华人民共和国政府和大韩民国政府自由贸易协定》将于2015年12月20日正式生效并第一次降税，2016年1月1日第二次降税。这意味着中韩FTA已经完成两国立法机构批准程序。

中韩自由贸易协定是中国迄今为止涉及领域范围最广、国别贸易额最大的高水平自贸协定。协定文本有22章，范围覆盖了货物贸易、服务贸易、投资和规则等17个领域，而且还包含了电子商务、竞争政策、政府采购、环境等“21世纪经贸议题”。

（十二）中国-澳大利亚自由贸易协定

继中韩自贸协定2015年6月初签署完毕后，中国商务部部长高虎城与澳大利亚贸易与投资部部长安德鲁·罗布于2015年6月17日在澳大利亚堪培拉分别代表两国政府正式签署《中华人民共和国政府和澳大利亚政府自由贸易协定》。双方共同确认《中华人民共和国政府和澳大利亚政府自由贸易协定》将于2015年12月20日正式生效并第一次降税，2016年1月1日第二次降税。

中澳自贸协定签署后，澳大利亚最终实现零关税的税目和贸易额占比都将达到100%，且降税过渡期最长不超过5年。协定生效时，实施零关税的农产品的税目和贸易额占比均达到约99%，工业品达到约91%和81%，我国的出口产品和企业都将获得较好的出口机会。

（十三）中国-格鲁吉亚自贸协定

《中华人民共和国政府和格鲁吉亚共和国政府自由贸易协定》于2018年1月1日生效并实施。自该日起，凭中格自贸协定优惠原产地证，中国9 891个产品关税全部降为零，占全部产品的96.5%，降税幅度5%或12%。“中国制造”通往格鲁吉亚的路途更加开阔。

根据协定，中国对格鲁吉亚93.9%的原产出口产品最终实施零关税，其中90.9%的产品（42.7%的进口额）立即实施零关税，其余3%的产品（51.1%进口额）5年内逐步降为零关税；格鲁吉亚对中国96.5%的原产出口产品实施零关税，约占其自中国进口额的99.6%。

（十四）中国-马尔代夫自由贸易协定

2017年12月7日，在中国国家主席习近平和马尔代夫总统阿卜杜拉·亚明·阿卜杜尔·加尧姆共同见证下，商务部国际贸易谈判代表（正部长级）兼副部长傅自应与马尔代夫经济发展部部长穆罕默德·萨伊德，分别代表两国政府在人民大会堂签署《中华人民共和国政府和马尔代夫共和国政府自由贸易协定》。

据悉，中马自贸协定是我国商签的第16个自贸协定，也是马尔代夫对外签署的首个双边自贸协定。根据中马自贸协定生效条款，协定将在双方均书面告知完成国内程序后30日或双方均同意的期限生效。下一步，双方将各自履行国内法律审批程序，推动协定早日生效实施。

中马自贸协定谈判于2015年12月启动，并于2017年9月结束。该协定涵盖货物贸易、服务贸易、投资、经济技术合作等内容，实现了全面、高水平和互利共赢的谈判目标。

据商务部国际司负责人介绍，在货物贸易领域，中马自贸协定实现了高水平关税减让，双方承诺的零关税产品税目数和贸易额比例均超过95%。由于我国是第一个与马尔代夫签署双边自贸协定的国家，协定实施后，我国企业将获得比其他国家更优惠的市场准入待遇。

二、中国正在进行谈判的自贸协定

目前，根据党的十九大提出的“促进自由贸易区建设，推动建设开放型世界经济”的要求，推动自贸区建设取得积极进展，全球自贸网络更趋完善。

（1）新签署了4个协定。2017年中国分别与格鲁吉亚、马尔代夫签署了自贸协定，与智利签署了自贸区升级议定书，还签署了《亚太贸易协定第二修正案》。截至2017年年底，中国共签署了16个自贸协定，涉及24个国家和地区，自贸伙伴遍及亚洲、大洋洲、美洲和欧洲。中国与自贸伙伴的贸易投资额占我国对外货物贸易、服务贸易、双向投资的比重分别达到25%、51%、67%。

（2）启动了4个可行性研究进程。2017年商务部启动了与巴拿马、蒙古、巴勒斯坦的自贸协定联合可行性研究，以及与瑞士自贸协定升级联合研究。

（3）加快推进自贸区配套工作。目前，商务部已基本完成跨境服务负面清单制定工作，下一步将逐步推进以负面清单为基础的自贸协定服务贸易和投资谈判。

商务部国际司负责人强调，下一步，商务部将积极推动《区域全面经济伙伴关系协定》，以及与以色列、斯里兰卡、海合会、巴基斯坦、新加坡等自贸协定的谈判或升级谈判；做好与巴拿马、巴勒斯坦、蒙古、瑞士、秘鲁等国家的自贸协定联合可行性研究或升级联合研究工作，推进《亚太贸易协定》新一轮谈判。

第四节 “一带一路”建设

一、“一带一路”建设的提出

“一带一路”是“丝绸之路经济带”和“21世纪海上丝绸之路”的简称。

2013年，习近平主席在出访哈萨克斯坦和印度尼西亚期间，提出了共建丝绸之路经济带和21世纪海上丝绸之路的重大合作倡议。

“一带一路”是新时期中国对外开放的顶层设计，是我国扩大对外开放的重大战略举措，得到国际社会的广泛认可和许多国家的积极响应及高度关注。

2015年3月，国家发改委、外交部、商务部联合发布了《推动共建丝绸之路经济带和21世纪海上丝绸之路的愿景和行动》。该文件被称为“一带一路”的路线图，为整个倡议提供了明确的实施方向和整体框架。在各方的共同努力下，“一带一路”建设从理念转化为行动，从愿景转变为现实，取得了丰硕的成果，在中国乃至世界经济中发挥越来越重要的作用。

二、“一带一路”建设由蓝图变为现实

五年来，“一带一路”建设推进顺利，取得重要进展，正逐步由蓝图变为现实，积极效应正在逐步显现。五年来，“一带一路”倡议逐步由愿景规划转化为具体行动，已经得到140多个国家和地区的积极响应，呈现出领域更宽、地域更广、程度更深的特点。领域更宽不仅体现在项目建设涉及基础设施、贸易、金融等方面，还体现在增加了很多新领域，比如天气丝绸之路、数字丝绸之路、冰上丝绸之路等。地域更广体现在“一带一路”建设从周边国家延伸到沿线国家再到辐射国家，已经成为一个新型的全球化倡议，并于2016年被写入联合国决议。同时，推进程度也更深，“一带一路”已经进入机制化建设阶段，中国与“一带一路”相关国不断探索出多种合作机制。

（一）合作共识不断深化

2017年，“一带一路”国际合作高峰论坛在北京成功举办，为各方凝聚发展动力、推进务实合作、实现互利共赢搭建了重要平台。高峰论坛凝聚合作共识，取得经贸合作成果，提出了举办中国国际进口博览会和重大援外举措建议，签署了涉及投资、基础设施等

领域经贸合作文件。与83个国家和国际组织共同发布了《推进“一带一路”贸易畅通合作倡议》。2018年有67个国家同中国签署了共建“一带一路”倡议合作文件，截至目前，同中国签署合作文件的国家和国际组织的总数已经达到了152个。各方在互联互通的相关领域进行了密切合作，取得了积极成果，在一些专业领域还建立了多个多边合作机制。这些都表明，“一带一路”倡议顺应了合作共赢的时代潮流。①

（二）投资贸易蓬勃发展

2018年的政府工作报告指出：“五年来，一带一路建设成效显著，对外贸易和利用外资结构优化，规模稳居世界前列。”

2019年3月5日，十三届全国人大二次会议开幕，国务院总理李克强在作政府工作报告时五次提到“一带一路”，回顾2018年取得的成果，同时对2019年工作作出安排。报告指出，2018年，我国对外开放全方位扩大，共建“一带一路”取得重要进展。

数据显示，2017年，中国与“一带一路”沿线国家贸易额达7.4万亿元人民币，同比增长17.8%，增速高于全国外贸增速3.6个百分点。其中，出口4.3万亿元人民币，增长12.1%，进口3.1万亿元人民币，增长26.8%。2018年，中国和“一带一路”沿线国家的进出口贸易总值增长速度高于全国进出口增速3.6个百分点。中国与“一带一路”沿线国家进出口占整个外贸的总比重已升至27.4%。② 在投资方面，中国企业对沿线国家直接投资144亿美元，在沿线国家新签承包工程合同额1 443亿美元，同比增长14.5%。③

（三）投资合作持续深化

放宽外资准入领域，优化营商环境，吸引沿线国家来华投资。同时，引导企业参与沿线国家基础设施建设，带动产品、技术、标准、服务联合走出去。拓展合作领域，加强能源资源和农业合作开放。商务部发布的数据显示，2018年“一带一路”投资合作稳步推进。中国企业对“一带一路”沿线的56个国家实现非金融类直接投资156.4亿美元，同比增长8.9%，占同期总额的13%；在“一带一路”沿线的63个国家对外承包工程完成营业额893.3亿美元，占同期总额的52%。④

（四）自贸区网络加快建设

与格鲁吉亚、马尔代夫签署了自贸协定，与东盟完成了自贸区升级谈判，与斯里兰卡、巴基斯坦等国加快推进自贸协定谈判或升级谈判。与欧亚经济联盟实质性结束经贸合作协议谈判，与欧亚经济伙伴关系协定的联合可行性研究已经启动。

（五）重大项目示范效应凸显

东非铁路网起始段肯尼亚蒙内铁路竣工通车，中老铁路首条隧道全线贯通，中泰铁路一期工程开工建设，匈塞铁路、卡拉奇高速公路等建设顺利。中国-白俄罗斯工业园等园区成为互利合作的典范。

（六）对外援助改善民生

积极为沿线发展中国家提供力所能及的援助，促进当地经济发展和社会进步。稳步推

① 张业遂．在十三届全国人大二次会议记者招待会上发言．国际商报，2019-03-05.

② 刘昕．中国外贸向创新引领要竞争力．国际商报，2019-03-06.

③ 吴力．“一带一路”建设：新阶段新发展．国际商报，2018-01-29.

④ 张敏．让“一带一路”建设走深走实．国际商报，2019-03-07.

动改善民生的援助项目建设，使民众直接受益，夯实“一带一路”建设民意基础。开办南南合作与发展学院，举办专题培训班，帮助受援国提升治理能力。开展对外人道主义紧急援助，展现中国的大国责任与担当。①

共建“一带一路”倡议提出以来，已有 80 多个国家和国际组织同中国签署了合作协议。中国与相关国家深化务实合作，取得了丰硕成果。2013—2017 年，中国同沿线国家贸易总额超过 5 万亿美元，中国企业在这些国家累计投资超过 700 亿美元。截至 2017 年年底，中国企业在有关国家建设 75 个境外经贸合作区，上缴东道国税费超过 16 亿美元，为当地创造了 22 万个就业岗位。自 2018 年起，中国将在 3 年内向参与“一带一路”建设的发展中国家和国际组织提供 600 亿元人民币援助，建设更多民生项目。②

三、以“一带一路”建设为统领，开创对外开放新局面

“十三五”时期是“一带一路”建设全面实施的关键阶段。党的十九大报告指出，要以“一带一路”建设为重点，坚持引进来和走出去并重，遵循共商共建共享原则，加强创新能力开放合作，形成陆海内外联动、东西双向互济的开放格局。要在准确把握“一带一路”深刻内涵的基础上，围绕政策沟通、设施联通、贸易畅通、资金融通、民心相通，坚持共商共建共享原则，扎实推进“一带一路”建设，引领我国新时期的对外开放，为世界和平发展作出贡献。一是加强与相关国家战略对接，把各国发展战略确定的目标、路径和举措深度对接，优势互补，建立更加紧密的互利合作关系；二是通过实施双边、诸边等协定进一步提高贸易投资便利化水平；三是继续完善公共服务体系，更新发布具体国家的投资指南；四是指导企业有效防范和化解风险。③

商务部部长高虎城表示，“十三五”期间，中国将继续奉行互利共赢的开放战略，以“一带一路”建设为统领，丰富对外开放内涵，提高对外开放水平，努力形成深度融合的互利合作格局，开创对外开放的新局面。④

第五节　加快贸易强国建设

一、贸易强国建设的提出

党的十九大报告指出，要拓展对外贸易，培育贸易新业态新模式，推进贸易强国建设。

（一）贸易强国的概念

十九大报告提出拓展对外贸易，推进贸易强国建设，就是要加快转变外贸发展方式，

① 李可：“一带一路”建设阔步前行．国际商报，2017-12-27.

② 国务院新闻办公室．中国与世界贸易组织（2018 年 6 月）.

③ 吴力．“一带一路”建设：新阶段新发展．国际商报，2018-01-29.

④ 任重远．以“一带一路”建设为统领　开创对外开放新局面．国际商报，2016-04-13.

从以货物贸易为主向货物和服务贸易协调发展转变，从依靠模仿跟随向依靠创新创造转变，从大进大出向优质优价、优进优出转变。①

贸易强国是中国在国际贸易领域高质量发展的一种体现，它不是基于量的投入实现的高速增长，而是依靠质的提升带来中高速增长。产品的设计、质量、技术、品牌、国际营销渠道及其占全球市场的份额都将提升，中国在全球价值链的地位要从中低端迈向中高端。作为贸易强国，更需在全球规则制定中发挥引领作用，提升全球经济治理能力，提供更多公共产品。表面上看，贸易强国建设是在全球价值链中地位的改变，实际体现的是全球影响力的提升。

概括地说，贸易强国体现在三方面：一是产品有竞争力；二是企业有竞争力；三是政府拥有贸易话语权，在全球贸易规则制定中能体现本国诉求。②

（二）贸易强国建设的差距

改革开放 40 年，我国对外贸易实现了历史性跨越，但大而不强的问题较为突出，主要是创新能力较弱，出口产品质量、档次和附加值不高。

改革开放以来，中国靠传统竞争优势参与国际合作与竞争，在全球价值链分工中虽已占据重要地位，但一直处于价值链中低端，这与中国经济高质量发展的要求不匹配。需提升外贸发展质量，提升中国在全球价值链中的地位，提升经贸规则话语权，提升全球治理能力，打造贸易强国。

二、建设贸易强国“三步走”战略和采取的措施

在 2017 年岁末召开的全国商务工作会议上，商务部部长钟山提出加速中国外贸由大变强，并明确提出了经贸强国建设的时间表，这也是新时代中国商务改革发展的奋斗目标：2020 年前，进一步巩固经贸大国地位；2035 年前，基本建成经贸强国；2050 年前，全面建成经贸强国。

2018 年，全球金融危机爆发已过十载，中国外贸经历了起伏跌宕、低位徘徊的轨迹后，终于迎来了探底回升、峰回路转的良好趋势，目前正步入稳中向好、创新发展的新时代。

海关总署 2018 年 1 月 12 日发布的数据显示，2017 年，中国进出口总额 22.79 万亿元人民币，同比增长 14.2%。自 2009 年以来，中国出口国际市场份额从 2013 年的 11.7%升至 2016 年的 13.2%，连续保持全球货物贸易第一大出口国和第二大进口国地位。

商务部外贸司负责人分析，2017 年的外贸成绩单呈现出六大亮点：一是增长超出预期，增速创 6 年来新高；二是增速好于世界主要经济体；三是贸易结构不断优化，国际市场更加多元，商品结构进一步升级，各经营主体共同发展，贸易方式进一步优化；四是外贸创新发展的新旧动能转换加快；五是对国民经济社会发展贡献增强；六是对全球经济贸易复苏发挥重要作用。③

---

① 汪洋．推动形成全面开放新格局//本书编写组．党的十九大报告学习辅导百问．北京：党建读物出版社，学习出版社，2017.

② 吴力．三问贸易强国．国际商报，2018-01-04.

③ 吴力．多点发力确保外贸稳定增长．国际商报，2018-01-04.

2018 年，尽管世界经济环境面临复杂多变的不确定性，但中国经济的持续向好为中国外贸稳中求进、进中求质奠定了坚实基础。

2018 年，中国要实现外贸稳定增长，进一步巩固经贸大国地位的预期目标，必须进一步加快转变外贸增长方式，调结构转动力，在巩固和提升外贸传统优势的同时，培育外贸竞争新优势。首先，必须继续在进一步优化国际市场和国内区域市场布局、优化商品结构、优化外贸经营主体和贸易方式等上下功夫，以结构优化和调整促外贸稳定增长。其次，还要在加快外贸转型升级基地建设、培育建设一批高水平的贸易平台以及推进国际营销网络建设、大力推进跨境电商综试区和外贸综合服务企业试点建设等上做文章，多点发力，才能确保外贸稳定增长。

三、全力办好首届中国国际进口博览会

进博会是习近平总书记亲自谋划、亲自提出、亲自部署、亲自推动的，是以习近平同志为核心的党中央着眼推动新一轮高水平对外开放作出的重大决策，是我国主动向世界开放市场的重大举措。

商务部深入贯彻习近平总书记关于“这不是一般性的会展”和“办成国际一流博览会”的重要指示，把办好进口博览会作为 2018 年工作的重中之重，全力精心筹办，圆满完成任务并交上了一份亮眼的成绩单。

首届中国国际进口博览会已于 2018 年 11 月举行。为期 6 天的进口博览会共有 172 个国家、地区和国际组织参加，与会部级以上外方嘉宾超过 400 位，220 多家世界 500 强和行业龙头企业参展，300 多项新产品和新技术首次发布，成交额达 578 亿美元。[①]

随着中国改革开放迈入新时代，以首届中国国际进口博览会为契机，进口将对中国外贸乃至中国经济发挥出不可估量的作用。进口，不仅是中国开放的姿态，更是推动贸易平衡可持续发展的重要举措，是满足新消费需求的民生之策，是加速中国供给侧改革的强大动力，是提升中国在全球影响力的长远之举。同时，举办国际进口博览会会通过进口中间商品，引进先进技术、标准和管理经验，提升国内企业的创新发展水平，将促进中国传统产业升级换代。通过进口优质最终产品，倒逼中国企业降低成本、改进工艺、创新技术，从而提升产业竞争优势，最终实现从贸易大国向贸易强国的转变。

◆ 本章小结

本章主要包括五方面的内容：第一，中国对外贸易发展的主要态势；第二，自由贸易试验区建设；第三，加快实施自由贸易区战略；第四，“一带一路”建设；第五，加快贸易强国建设。

◆ 思考题

1. 改革开放以来，中国对外贸易的发展规模和在世界贸易中的地位有何重大变化？

① 商务部党组书记、部长钟山（2018 年 12 月 22 日）在 2018 年全国商务工作会议上的报告．国际商报，2018-12-24.

2. 中国自由贸易试验区建设取得哪些成效?
3. 中国已经与有关国家和地区签署了多少个自由贸易协定?
4. 何谓“一带一路”建设?它是何时提出的?它对中国对外开放有何意义?
5. 何谓推进贸易强国建设?是何时提出的?其内涵是什么?

第四章

国际分工

学习目标

国际分工是国际贸易的基础，而国际贸易是国际分工的表现。本章系统地分析了国际分工的产生与发展，制约国际分工发展的各种因素，国际分工对国际贸易的影响及各种国际分工理论。目的在于了解和掌握国际分工与国际贸易的相互关系。

第一节　国际分工概述

一、国际分工的概念及与社会分工的区别

（一）国际分工的概念

国际分工是指世界上各国之间的劳动分工。它是社会分工发展到一定历史阶段，国民经济内部分工超越国家界限发展的结果，是国际贸易和世界市场的基础。各国货物、服务、生产要素等的交换和世界市场的发展变化是其表现形式。

（二）国际分工与社会分工的区别

社会分工是指社会不同部门之间和各部门内部的分工，是各种社会形态所共有的；而国际分工是在生产力发展到一定阶段才出现的，特别是在资本主义大机器工业建立以后才形成的。

国内社会分工的商品交换是通过国内贸易进行的；而国际分工的商品交换则是通过国际贸易进行的。

国内社会分工的商品交换受国内价值规律的制约；而国际分工的商品交换则受国际价值规律的制约。

国内的商品交换受到的限制比较少，相对来说，是比较自由的；而国际分工之间的商品交换则受种种限制，如对外贸易政策、各国的货币政策、贸易壁垒、限制性商业惯

例等。

二、国际分工的产生与发展

（一）地理大发现开启了国际分工的萌芽阶段（16—18世纪中期）

在15世纪末至16世纪上半期的地理大发现之后，世界市场的产生和世界贸易的迅速扩大促进了生产力的发展和手工业生产向工场手工业生产的过渡，也促进了在工场手工业生产基础上的国际分工的产生和发展。在这个时期，西欧殖民主义者一方面加强了对本国人民的剥削；另一方面，用暴力手段和超经济的强制手段，在拉丁美洲、亚洲和非洲进行掠夺。他们开矿山，建立种植园，发展了以奴隶劳动为基础的为世界市场而生产的农场主制度，从而建立了早期的资本主义国际专业化生产。1699年英国贸易与种植园高级专员指出，我们的意图就是要把种植园安排在美洲，那里的人民应该专门生产那些英国不生产的产品。

当时盛行一时的三角贸易（即由西非提供奴隶劳动力，由西印度群岛生产蔗糖和烟草，由英国生产并出口工业品的贸易）是宗主国与殖民地间分工的典型表现形式。

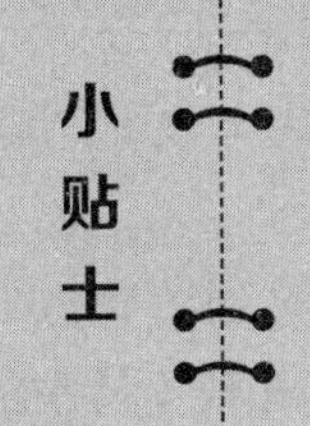

小贴士

地理大发现

地理大发现是西方史学家对15世纪末16世纪初欧洲航海者开辟新航路和发现新大陆的通称。主要包括：1492年哥伦布从西班牙出发经大西洋发现美洲；1498年达·伽马从欧洲绕过非洲南端的好望角到达印度；1519—1522年麦哲伦第一次完成环球航行。

（二）第一次产业革命开启了国际分工的发展阶段（18世纪60年代—19世纪60年代）

这个阶段发生的第一次产业革命，首先出现在英国，接着迅速扩展到其他国家。伴随着产业革命的完成，资本主义经济体系得以确立。它加快了商品经济和社会分工的发展，促进了国际分工的发展。

这个时期国际分工的主要特点如下所述。

1. 大机器工业的建立为国际分工的发展奠定了物质基础

大机器工业的建立，交通运输业的发展，电报及海底电缆的铺设，对于国际分工、国际贸易和世界市场的发展具有十分重要的意义。在产业革命以前，一个国家的工业主要是加工本国的原料。英国纺织工业加工的是本国所生产的羊毛，德国加工本国的麻，法国加工自己的丝和麻，印度加工本土所生产的棉花。但是技术的进步使机器工业越来越摆脱本身所需原料的地方局限性，使工业加工的原料大部分来自海外。过去结合在一个家庭里的织布工人和纺纱工人，这时被机器分开了，由于有了机器，现在纺纱工人可以住在英国，而织布工人可能住在其他国家。大机器工业生产的产品不仅供应本国的消费，而且同时供应世界各地的消费；靠本国产品来满足的旧的需要，被要靠遥远的国家和地带的产品来满足的新的需要所代替了。大机器工业生产物的低廉价格与变革了的运输方法，既是征服国外市场的武器，也是破坏外国的手工业生产，从而强迫地使外国变为自己的原料产地的武器。例如，这时的印度已成为英国生产棉花、羊毛、亚麻、黄麻、蓝靛的地方，澳大利亚变为英国的羊毛殖民地。正如资产阶级使乡村屈服于城市的统治一样，它也使亚洲、非洲和拉丁美洲国家从属于西方。这样，原来的一国范围内的城市与农村的分工，工业部门与农业部门之间的分工，就逐渐演变成世界城市与世界农村的分离与对立，演变成以先进技术为基础的工业国与以自然条件为基础的农业国之间的分工。

2. 国际分工以英国为中心

这时英国是“世界的工厂”，并且垄断了世界贸易。“英国是农业世界的大工业中心，是工业太阳，日益增多的生产谷物和棉花的卫星都围着它运转。”① 英国的商船队几乎垄断了世界的航运，英镑是当时的世界货币。当时一位英国学者对英国在国际分工中的地位曾作了如下描述：

“在实质上，世界的1/5是我们的自愿的进贡者。北美大平原和俄国是我们的谷物种植园；芝加哥和敖德萨是我们的谷仓；加拿大和波罗的海诸国是我们的森林；我们的羊群的牧场在澳洲；我们的牛群在美洲；秘鲁把它的白银提供给我们；加利福尼亚和澳洲把自己的黄金提供给我们；中国人为我们种茶；而从印度把咖啡、茶叶和香料运到我们的海岸；法国和西班牙是我们的葡萄园；地中海沿岸是我们的果园；我们从北美合众国以及其他国家获得棉花。”②

这是英国在国际分工体系中所占地位的最高峰时期的情况。

3. 世界市场上交换的商品种类发生了变化

随着国际分工的变化，世界市场上交换的商品的种类也改变了。那些满足地主贵族阶级和商人阶级需要的奢侈品，已不再是国际贸易中的主要商品了。它们已被国际贸易中的大宗商品所代替。这些商品包括小麦、棉花、羊毛、咖啡、铜、木材等。

这时期建立的国际分工体系是一种垂直型的国际分工体系。一头是以英国为首的国家，另一头是沦为世界农村的广大的亚非拉国家和殖民地。

（三）第二次产业革命开启了国际分工的形成阶段（19世纪中期至第二次世界大战）

这个时期，资本主义世界中爆发了第二次产业革命，机械、电气工业发展迅速，石油、汽车、电力、电器工业的建立，交通运输工具的发展，特别是苏伊士运河（1869年）和巴拿马运河（1913年）的建成，电报、海底电缆的出现，都大大促进了资本主义生产的迅速发展，促进了新的国际分工体系的迅速发展。在这个时期，垄断代替了自由竞争，资本输出成为主要的经济特征之一。过去，亚非拉国家只被卷入国际商品流通，而现在则被纳入世界资本主义生产，从而使宗主国同殖民地、工业品生产国同初级产品生产国之间的分工日益加深，形成了国际分工新体系。这个阶段，国际分工的特点主要有：

1. 世界各国对国际分工的依赖性加深

随着国际分工体系和世界市场的形成，参加国际分工和世界市场的每一个国家都有许多生产部门首先是为世界市场而生产的，而每一个国家所消费的许多食品、原料和工业制

① 马克思，恩格斯．马克思恩格斯选集：第4卷．2版．北京：人民出版社，1995：425.

② 姚曾荫．国际贸易概论．北京：人民出版社，1987：92.

成品，不论是直接的或间接的，全部的或部分的都包含着许多国家的工人和农民的劳动。罗萨·卢森堡曾就德国对其他国家在经济上的依赖作了以下的描述："德国的产品大部分是输往其他国家及其他大陆的，以供他国居民需要，其数额逐年不断增大。德国铁制品不仅销售到欧洲邻近诸国，而且远达南美与澳洲。皮革及革制品由德国输往所有欧洲国家；玻璃制品、砂糖、手套输往英国；……麦酒、人工蓝靛、氨基苯及其他柏油制颜料、药品、纤维胶、金属品、煤气焰罩、棉制品和毛织品，以及衣服、铁轨，几乎行销全世界所有经商的国家。……另一方面，德国国民不管在生产上或日常消费上，每一步都免不了依赖其他国家的产品。如我们吃俄国谷物制成的面包，匈牙利、丹麦及俄国家畜的肉类；我们消费的米，是从东印度及北美运来的；烟草是从荷领东印度群岛及巴西运来的；我们还从西非获得可可豆；从印度获得胡椒；从美国获得猪油；从中国买到茶叶；从意大利、西班牙、美国买到水果；从巴西、中美、荷领东印度群岛买到咖啡……"①

2. 亚非拉国家变为畸形片面地发展单一作物的国家

亚非拉国家经济殖民地化的一个突出的表现，就是单一作物、单一经济。殖民主义者通过人为的强制手段和市场力量，最后通过资本输出，逐渐地把亚非拉国家变为畸形地、片面地发展单一作物的国家。它们的主要作物和出口货只限于一两种或两三种产品，而这些产品又大部分销售到工业发达国家的市场上。因此造成了亚非拉国家的两种依赖性：一是经济生活对少数几种产品的依赖性；二是对世界市场，特别是对工业发达国家市场的高度依赖。

3. 分工的中心从英国变为一组发达国家

此阶段完成产业革命的法国、德国、日本、美国等也进入国际分工中心国家的行列。

4. 发达国家之间出现部门之间的国际分工

例如，挪威专门生产铝，比利时专门生产铁和钢，芬兰专门生产木材和木材加工产品，芬兰和丹麦专门生产农产品（主要是肉类和乳品），美国成为谷物的生产大国。

第二节 当代国际分工的发展

一、当代国际分工发展的背景

（一）第三次科技革命发生

第二次世界大战后，发生了第三次科技革命，出现了电子、信息、服务、宇航、生物工程等新兴产业，渗透到经济生活的各个方面，产业分工更加细化。

（二）经济全球化深入发展

以科技进步和生产要素全球配置为基础的全球化趋势日益发展。过去几十年的实践证明，全球化使各国得到的利益总体大于损失。从现有的国际分工体系看，全球化的基础仍

① ［德］卢森堡．国民经济学入门．北京：三联书店，1962：18－19.

然存在。各国通过高水平的产业内贸易、公司内贸易紧密联系在一起。在此背景下，全球已经形成了不断深化、相互依赖的国际分工合作体系，贸易投资自由化便利化进程将得到加强。

（三）殖民体系瓦解

第二次世界大战后，殖民地和落后国家纷纷取得政治独立，开始发展民族经济，需要国外的资本和技术。

（四）市场经济体制被普遍接受

20 世纪 90 年代以后，市场经济体制为世界绝大多数国家所接受，为各国市场的相互融合和分工提供了基础。

（五）各国增长模式加快调整

当前各国经济增长模式的调整主要集中在两个方面：一是“亚洲生产、美国消费”模式的再平衡；二是发达国家的“再工业化”。两者相互影响，密切相关。美国靠消费拉动、亚洲国家资源流向制造业部门的增长格局难以根本转变。

（六）世界经济结构在转型

2008 年国际金融危机发生后，发达国家普遍提出实行“再工业化”，其主要方向是发展新能源和低碳产业，以培育新的经济增长点。欧盟、美国、日本、加拿大、澳大利亚等国家和地区纷纷制订“低碳经济”计划，并投以巨资。这些战略和政策调整，有可能使发达国家继信息技术之后，加快形成以新能源产业为特征的第四次技术革命，产生新的经济增长点和竞争优势，并促进相应产品和服务出口。但应看到，发达国家“再工业化”不会终止国际产业转移，发达国家在低端制造业特别是劳动密集型制造业上已几乎没有比较优势。因此，发达国家在加快发展新能源、环保、高科技产业过程中，客观上会加快传统产业对外转移。

（七）全球性和区域性金融贸易体制的建立与加强

第二次世界大战后初期，国际货币基金组织和世界银行建立，1995 年世界贸易组织建立，取代了 1947 年关税与贸易总协定，成为世界多边贸易体制的组织和法律基础。自 20 世纪 90 年代以来，以自由贸易区为主要形式的区域经济一体化组织的大量建立，也促进了经贸集团内部分工和贸易的发展。

二、当代国际分工的特点

（一）发达国家居国际分工的主导地位

在国际分工的发展和形成过程中，发达国家一直居主导地位。第二次世界大战后，虽然国际分工出现多种类型，但发达国家在国际分工中的主导地位仍未改变。这是由于：

（1）发达国家处于科技发展的领先地位，科技是第一生产力，发达国家一直处于世界生产力发展的最高水平。发达国家产业结构的纵深发展，使社会分工向广度和深度发展。

（2）以发达国家为母国的跨国公司成为当代国际分工的开创者。跨国公司通过直接投资建立的全球性生产体系和营销体系，把世界各国纳入这些体系中。

（3）发达国家是世界科技、贸易、金融和信息中心，是经济全球化的带头人。

（4）以发达国家为中心的区域性经济贸易集团在众多的区域性经济贸易中效益最为显著，影响也最大，它们的内部分工又影响着国际分工。

（二）国际分工类型多样化

1. 垂直型国际分工（Vertical International Division of Labour）

即经济发展水平不同的国家之间的纵向分工，主要指发达国家与发展中国家之间制造业与农、矿业的分工。19 世纪形成的传统国际分工就属于垂直型分工。当时少数欧美国家是工业国，而绝大多数亚非拉地区的国家则沦为殖民地、半殖民地，成为农、矿业国。第二次世界大战后，这种类型的分工有所削弱，但仍然是发达国家与发展中国家之间的一种重要分工类型。

2. 水平型国际分工（Horizontal International Division of Labour）

即经济发展水平基本相同的国家之间的横向分工，主要指发达国家之间在工业部门上的分工。从历史上看，这些国家的工业发展有先有后，技术水平存在差异，工业部门发展不平衡，因而形成了这种类型的分工。第二次世界大战后，由于科技进步与工业迅速发展，这种类型的分工也进一步发展，深化到产业内部，形成了国家间工业部门内部的分工。其表现形式如下。

（1）同一产品不同型号、不同规格产品的专业化分工。

一般说来，同样产品往往具有不同的型号和规格，不同国家对同一类产品按不同型号或规格进行分工，从事专业化生产，以适应国内外市场的需要。它是指同一种类不同规格、型号的产品在各国的专业化生产。技术发明使新产品层出不穷，更新换代源源不断，例如电视、冰箱、汽车、电脑等产品。从世界各国范围来看，同一种类不同规格、型号的产品在各国相同部门内部的分工迅速发展。例如，在拖拉机制造业中，美国着重发展较大马力的轮式和履带式拖拉机，英国生产中型的轮式拖拉机，德国生产小马力的拖拉机。在小轿车的生产中，美国、日本、德国和法国等在轿车的舒适性、节能性、耐用性和美观程度等方面各具特色。

（2）零配件和部件生产的专业化分工。

它是指不同国家对同一种产品的不同零部件进行专业化生产，然后相互交换，生产最终产品。由于各国科技和工艺水平的差异，一国对某一种零配件或部件的生产具有优势，另一国对另一种零配件或部件的生产具有优势，因此就产生了零配件或部件的专业化生产。第二次世界大战后，各国企业之间相互供应产品，利用别国生产的零部件来组装整机，建立了零部件之间越来越紧密的分工协作关系。这种形式的专业化生产在许多产品的生产中得到了广泛的发展。在喷气式飞机、原子能发电站设备、电子计算机、汽车、拖拉机、收音机、电视机等大批量生产时所需的各种零部件往往在不同国家中进行专业化生产。

（3）工艺流程的专业化分工。

它是指不同国家对同一种产品的生产过程的不同阶段进行专业化生产。有的产品不是由零部件组装而成，而是在生产过程的不同阶段采用不同工艺加工而成，如药品和食品的生产。这类产品通过国际化的工艺流程生产出最终产品，以满足市场需要。例如，德国的拜耳公司就以它所生产的中间产品提供给世界各地上万家企业，制造各种化学成品。可口可乐的国际化生产也属于工艺流程的专业化。

3. 混合型国际分工（Mixed International Division of Labour）

即垂直型与水平型混合起来的国际分工。例如，德国是典型的混合型国际分工的代表，它对发展中国家是垂直型，而对其他发达国家是水平型。

4. 外包型国际分工

外包型国际分工由业务流程外包和信息技术外包组成，这种服务外包逐渐成为新的国际分工形式。

20 世纪 80 年代后，世界范围内的公司治理结构出现了重大变化，一些具有一定技术优势的跨国公司逐渐认识到：卷入范围太广的多种经营，虽然可以在短期实现高速扩张，但无助于公司的长期经营和竞争力的提高，技术、知识才是公司最重要的资产和决定公司长期竞争力的关键，为提高长期竞争力，公司应该更专注于这些核心资产的经营。因此，世界范围内出现了一股通过剥离非核心资产，重新回到专业化经营（Refocus on Core Business）道路上的经营浪潮。与这一浪潮相适应，国际分工中出现了“大脑-手脚”型分工这样一种新型的分工模式。所谓“大脑-手脚”型分工，是指随着产业或企业中专门从事管理和创造技术、知识产权等核心资产的功能部门日益独立为专门化的企业和子产业，在这种新型的企业或子产业与其他企业或其他子产业之间形成的分工关系。在这种分工模式中，凭借着对知识产权的掌握，这些企业和子产业在一定程度上可以操纵和控制其他企业和子产业的行为，这就犹如大脑与手脚的分工，故将其称为“大脑-手脚”型分工。

这种分工在企业和产业两个不同层次上都有所体现。比如，以生产运动鞋而闻名于世的耐克（Nike）公司，其本身并不拥有传统意义上的生产手段，而仅拥有耐克这个商标权牌号和一些专门从事设计、研究和营销的研究管理人员，公司将与知识产权有关的核心部分留在美国（如产品的设计和市场营销），而将与知识产权相关程度较低的生产活动以特许生产的方式分配到全球各地其他公司，这就是公司层次上的“大脑”和“手脚”的分工。再如，在计算机制造业，美国集中精力生产计算机的核心部分——操作软件和微处理器，而将其他硬件和配件的生产让其他国家（如东亚国家和地区）来完成，这便是产业层次上的“大脑”和“手脚”的分工。

信息技术外包包括承接信息管理、数据处理、财会核算、技术研发、工业设计等国际服务外包业务。发达国家和地区是主要的服务外包输出地，在全球外包支出中，美国占了约 2/3，欧盟和日本占近 1/3，其他国家所占比例较小。发展中国家是主要的服务外包业务承接地，其中亚洲是承接外包业务最多的地区，约占全球外包业务的 45%。目前，印度是亚洲的外包中心，2003 年印度就已经成为世界计算机和信息服务出口第二的国家；墨西哥是北美的外包中心；东欧和爱尔兰是欧洲的外包中心；中国、菲律宾、巴西已经逐步成为区域性或全球性服务外包中心。

5. 网状型国际分工

这是跨国公司通过直接投资进行全球性生产和经营所形成的网状国际分工体系。其特点如下：

（1）这种类型的国际分工在投资过程中，充分考虑东道国本身的比较优势和特长。

（2）母公司和子公司的经济、贸易活动是有组织、有计划地进行的。一方面，子公司受制于母公司；另一方面，母公司与子公司的业务在分工协作基础上融为一体，相辅相成。

(3) 跨国公司在世界经济的各个领域全面地进行资本、商品、人才、技术、管理和信息等交易活动，是在母公司控制之下进行的，其子公司也像外国企业一样参加当地的生产和经营。

(4) 许多经济贸易活动通过所设立的全球生产体系和销售体系进行，通过“转移价格”进行公司内部的交易，通过“限制性商业惯例”维护编制的网络分工体系。

(5) 跨国公司通过网状分工体系，获取各种分工效益，实现利润最大化。

(三) 发达国家与发展中国家间工业分工的形式发生变化

其变化主要表现在两个方面：一方面，发达国家与发展中国家按产品所含的劳动、资本、技术等生产要素多少进行分工。其主要表现为：发达国家高、精、尖的复杂加工工业与发展中国家简单的加工工业（如食品工业、胶合板工业、工艺品工业、农矿原料的初步加工工业等）的分工；发达国家资本技术密集型制成品生产与发展中国家劳动密集型制成品生产的分工；发达国家资本技术密集型零部件生产或工艺与发展中国家劳动密集型零部件生产或工艺之间的分工。另一方面，第二次世界大战后，随着发展中国家的经济发展，出现了新兴的工业化国家和地区，它们成为制成品出口的主要国家和地区，其中包括：巴西、中国、印度、韩国、马来西亚、墨西哥、菲律宾、新加坡、泰国和土耳其。在与发达国家间的分工形式上，形成了初步的水平型分工。

(四) 区域性经贸集团内部分工加强

第二次世界大战后，世界性经济一体化和区域性经济集团化的趋势并存，在世界性经济一体化不断发展的同时，区域性经济集团化的进程也明显加快。经贸集团内部通过贸易和投资等的自由化，通过各种计划、协调和扩大成员内部产业之间的分工，使内部贸易占整个对外贸易的比重逐步提高。例如，至 2004 年，欧盟的 25 个成员，其内部贸易占整个对外贸易的比重从 1980 年的 60.9%提高到 2004 年的 67%。

(五) 跨国公司的内部分工成为国际分工的重要组成部分

第二次世界大战后，跨国公司迅速发展。发达国家集中了跨国公司对外直接投资的 75%以上，这使得发达国家之间的分工和协作不断加强，并促进了它们之间贸易的发展。另外，跨国公司在发达国家大举对新兴工业部门投资的同时，也向发展中国家大量转移夕阳产业，使发展中国家产业结构发生变化。再有，工艺流程的国际专业化通常是通过跨国公司在世界范围内配置企业生产实现的。跨国公司根据各国在投资、税收、企业管理等方面的法规不同，技术优势的侧重点不同，常常把与某种生产过程有关的各道工序分别配置在若干国家中，然后通过跨国公司内部贸易把这些生产工序联系在一起。据《2002 年世界投资报告》统计，在 20 世纪 90 年代后半期，包括跨国公司之间和公司内部贸易在内，涉及跨国公司的贸易大约占全球贸易总额的 2/3。

(六) 国际分工向全球价值链高端跃升

1985 年美国学者波特（Porter）在其著作《竞争优势》中首次提到“价值链”这一概念，认为公司的价值创造过程，主要通过基本活动（生产、营销、运输和售后服务等）和支持活动（原材料供应、技术、人力资源和财务等）两部分来完成。这些活动在公司价值创造过程中相互联系，由此构成公司价值创造的行为链条称之为价值链。[①]

联合国工业发展组织将全球价值链定义为“实现商品或服务价值而连接生产、销售、回收处理等过程的全球性跨企业网络组织，涉及从原料采购和运输，半成品和成品的生产和分销，直至最终消费和回收处理的整个过程”。[②] 全球价值链定义表明全球价值链本身既包括商品价值链，也包括服务价值链，而在商品价值链环节中，服务都是不可或缺的重要组成部分。

过去20多年，全球价值链的发展曾为亚洲的工业化进程和贸易提供了巨大的动力。全球价值链从设计、中间品的采购、加工到销售等全过程，把亚洲经济体的生产环节与美欧市场的最终生产与销售环节紧密联系成为一体，形成覆盖全球、分工协作的高效率国际生产网络，是过去二十年全球和亚洲贸易高速增长的关键因素。[③]

中国改革开放的历史实际上就是融入全球价值链的历史，中国以引进外资和对外贸易等方式融入全球价值链，40年来中国在全球价值链中的角色处于逐渐转变之中。中国改革开放40年的发展历程在很大程度上成为全球价值链理论和政策研究的生动样本。

首先，改革开放40年是中国坚持融入全球价值链的40年。

其次，改革开放40年是中国从全球价值链中获益的40年。40年来，中国对外贸易实现规模质量双提升。2013—2015年，中国的货物贸易连续3年居世界第一位，出口稳居世界第一，进口稳居世界第二，服务贸易规模跃居世界第二。高铁、船舶、航空航天、通信设备等高附加值产品出口稳步增长，成为一张张“中国制造”新名片。

再次，改革开放40年是中国深刻影响全球价值的40年。40年来，中国从被动参与到逐步成为全球价值链的重要枢纽之一。

第三节　国际分工发展的制约因素

国际分工的产生和发展的制约因素很多，主要取决于两种条件：一种是社会经济条件，其中包括各国的科学技术水平、知识的分布状况、生产力的发展水平、国内市场的大小、人口的多寡和社会经济结构的差异；另一种是自然条件，其中包括气候、土壤、资源禀赋、国土面积的大小和地理位置等。而国际分工的性质则是由国际生产关系所制约的。

一、社会生产力是国际分工形成和发展的决定性因素

（一）生产力促进国际分工发展

一切分工，其中包括国际分工，都是社会生产力发展的结果。历史上三次科学技术革命都深刻地改变了许多物质生产领域，不断地改善生产技术工艺过程和生产过程，是促使

① 卢进勇，等．中国跨国公司发展报告（2015）．北京：对外经济贸易大学出版社，2015：25.

② 同①159.

③ 博鳌亚洲论坛．亚洲经济一体化进程2016年度报告．北京：对外经济贸易大学出版社．2016.

国际分工发展变化的最重要的因素。18世纪蒸汽机时代的国际分工不同于在这以前的手推磨和手纺机时代的国际分工。19世纪铁路、轮船、内燃机时代的国际分工又不同于18世纪的国际分工。当代，原子能、电子计算机、机器人、人造卫星和航天飞机时代的世界分工也不同于过去一切时代的国际分工。

（二）各国生产力水平决定其在世界分工中的地位

历史上英国最先完成产业革命，生产力得到巨大发展，这使其成为“世界工厂”，并在国际分工中占据了主导地位。欧美其他资本主义国家继英国之后也完成了产业革命，生产力得到迅速发展，与英国一起成为国际分工的中心力量。第二次世界大战后，一些殖民地半殖民地国家在取得政治上的独立后，努力发展民族经济，生产力得到较快的发展。一些新兴的工业化国家经济迅速发展，如中国改革开放后经济快速增长，它们在国际分工中的地位在逐步改善。

（三）生产力的发展决定国际分工的广度、深度和形式

随着生产力的发展，各种经济类型的国家和经济集团都加入国际分工的行列。国际分工已把各个国家、地区和集团紧密地结合在一起，形成了世界性的分工。各国参加分工的形式从“垂直型”向“水平型”过渡，出现了多类型、多层次的分工形式。

（四）生产力的发展决定了国际分工的产品内容

随着生产力的发展，特别是科学技术的发展，一部分天然原料被人工合成原料所代替，如人造纤维代替棉麻丝等天然纤维，人造橡胶代替天然橡胶，塑料代替木材、钢铁等。新产业、新产品，其科技含量不断提高，如目前生产的芯片，其价值的98%是科学技术，原材料只占2%。生产工艺日益改进，国际贸易中的工业制成品、高精尖产品不断增多；中间产品、技术贸易大量出现，服务部门分工也出现在国际分工中。

二、自然条件是国际分工产生和发展的基础

自然条件是一切经济活动的基础，没有一定的自然条件，进行任何经济活动都是困难的，如矿产品只能在拥有大量矿藏的国家生产和出口。自然条件是多方面的，像地理条件、地质条件、资源状况、气候、国土面积等，它们都对国际分工起着十分重要的作用。如巴西生产咖啡，古巴生产甘蔗，加纳生产可可等。

但应注意的一点是，随着生产力的发展，自然条件对国际分工的作用正在逐渐减弱。因此，自然条件只提供国际分工的可能性，不提供现实性，要把可能性变成现实性，需要一定的生产力条件。

三、人口、劳动规模和市场规模制约着国际分工发展

（一）人口分布的不均衡会使分工和贸易成为一种需要

人口稀少、地域广阔的国家往往偏重发展农业、牧业、矿业等产业，而人口多、资源贫乏的国家往往大力发展劳动密集型产业。于是，在国家间就有交换产品、进行国际分工和国际贸易的必要。

（二）劳动规模或生产规模也制约和影响着国际分工

现代大规模的生产，使分工成为必要的条件，这种分工跨越了国界，就产生了国际分工。随着劳动规模越来越大，分工也越来越细，任何一个国家都不可能包揽所有的生产，

必须参与国际分工。

（三）市场规模影响着国际分工

国际商品市场规模制约着国际分工发展。国际商品市场的规模取决于：投入交换的商品数量，有支付能力的人口密度，交换距离。

四、资本流动国际分工深入发展的关键

资本国际化促进了国际分工的迅速发展。第二次世界大战后，跨国公司的迅猛发展，发展中国家和经济转型国家对外资的开放都大大加速了资本国际化进程，使国际分工向深度和广度发展，出现了世界性分工。

五、国际生产关系决定国际分工性质

国际生产关系主要包括：生产资料所有制的形式，各个国家各个民族在世界物质和劳务生产中的地位，以及它们在国际分配、交换和消费中的各种关系。生产资料所有制的形式是最重要的国际生产关系，是国际生产关系的基础。它决定着国家间商品的生产、分配、交换和消费。在当代国际分工中，资本主义的生产关系居支配地位。

六、经济体制贸易政策可以促进和延缓国际分工的形成和发展

经济体制决定各国的对外贸易政策。通常，自给自足的经济体制采取的是保护贸易政策，计划经济体制采取的是国家高度垄断的保护贸易政策，市场经济体制倾向采取自由贸易政策。

贸易政策对国际分工的促进作用主要表现在：（1）建立国际性的经济组织，如世界贸易组织、国际货币基金组织和世界银行等，调节相互的经济贸易政策，促进国际分工的发展。（2）实行对外开放政策，制定自由贸易政策、法令，推行自由贸易，加快国际分工的步伐。

贸易政策对国际分工也可起延缓作用，如制定保护贸易政策，闭关锁国，会阻碍国际分工的发展。另外，通过建立关税同盟、共同市场、经济联盟等经济集团，加强内部分工的做法，也在不同程度上会延缓世界性国际分工的发展。

第四节　国际分工对国际贸易的影响

国际分工是各国对外贸易的基础，各国参与国际分工的形式和格局决定了该国的对外贸易发展速度、地区分布、地理方向、商品结构和贸易政策的制定。

一、国际分工影响国际贸易的发展速度

从国际贸易发展来看，在国际分工发展迅速的时期，国际贸易也发展迅速；相反，在国际分工发展缓慢的时期，国际贸易也发展较慢或处于停滞状态。因此，国际分工是当代国际贸易发展的主动力。在资本主义自由竞争时期，由于形成了以英国为中心的国际分工

体系，国际贸易得到了迅速发展。从贸易量来看，世界贸易年均增长率，从1780—1800年的0.27%增加到1860—1870年的5.53%。相反，1913—1938年，世界生产发展缓慢，国际分工处于停滞状态，国际贸易在这个时期年平均增长率只有0.7%。第二次世界大战后，国际分工又有了飞速的发展，国际贸易的发展速度也相应加快，并快于以前各个时期。1950—1991年，世界贸易年均增长率为11.3%。1998—2008年，世界货物出口贸易量年均增长率为5.7%。

二、国际分工影响国际贸易的地区分布

国际分工发展的过程表明，在国际分工处于中心地位的国家，在国际贸易中也占据主要地位。从18世纪到19世纪末，英国一直处于国际分工中心国家的地位，它在资本主义世界对外贸易中一直独占鳌头。1820年，英国在资本主义世界对外贸易总额中所占比重为18%，1870年上升到22%，随着其他国家在国际分工中地位的提高，英国的地位逐步下降，但直到1925年它在国际贸易中约占15%。从19世纪末以来，发达资本主义国家成为国际分工的中心国家，它们在国际贸易中的地位一直居于支配地位。发达资本主义国家在世界出口中所占比重1950年为60.8%，1985年为69.9%，1991年又上升到72.4%，2006年为58.6%。

三、国际分工影响国际贸易的地理方向

各个国家的对外贸易地理方向是与它们的经济发展及其在国际分工中所处的地位分不开的。第一次科技革命后，形成了以英国为核心的国际分工。这种国际分工的结果是英国对世界贸易的垄断。这次科技革命在欧美各国完成后，英、法、德、美四国在国际贸易中的地位显著提高，它们在世界贸易中所占的比重从1750年的34%提高到1860年的54%。第二次世界大战后，由于第三次科技革命，发达国家之间工业部门内部分工成为国际分工的主导形式。因而，西方工业发达国家的对外贸易得到了迅速发展。改革开放后，中国在国际分工中的地位显著提高，对外贸易增长迅速，2013年货物进出口居世界第一位。

四、国际分工影响国际贸易的商品结构

随着国际分工的发展，国际贸易的商品结构与各国的进出口商品结构不断发生变化。第二次世界大战后，这种变化表现在以下几个方面。

（一）工业制成品在国际贸易中所占比重超过初级产品所占比重

第二次世界大战前，由于殖民主义宗主国与殖民地落后国家的国际分工以垂直型分工为主，故初级产品在国际贸易中的比重一直高于制成品。从1953年起，工业制成品贸易在国际贸易中所占比重超过初级产品贸易所占比重。

（二）发展中国家出口中的工业制成品增长

随着发达国家与发展中国家分工形式的变化，发展中国家出口中的工业制成品不断增加。

（三）中间性机械产品的比重提高

随着国际分工的深化和跨国公司在国际分工中地位的提高和作用的加强，产业内部、公司内部贸易增加，中间性机械产品在整个机械工业制成品贸易中的比重不断提高，在各主要发达国家制成品贸易中约占70%以上。

（四）服务贸易发展迅速

服务贸易在近年来，特别是在发达国家有了迅速的发展。服务贸易在各发达国家对外贸易中都占很大比例。世界服务贸易出口额从 1982 年的 3 646 亿美元剧增到 2016 年的 48 080亿美元。

五、国际分工影响各个国家对外贸易政策的制定

一个国家对外贸易政策的制定，不仅取决于它的工业发展水平及其在世界市场上的竞争地位，还取决于它在国际分工中所处的地位。第一次科技革命后，英国首先完成了产业革命，建立了大机器工业，形成了以英国为核心的国际分工。在资本主义自由竞争时期，在国际分工的基础上，产生了适应工业资产阶级利益的对外贸易政策。各国由于工业发展水平不同，在世界市场上和国际分工中所处的地位不同，因而也就采取了不同的对外贸易政策。当时，英国工业水平最高，它的商品不怕其他国家的竞争，它需要以工业制成品的出口换取原料和粮食的进口，所以实行自由贸易政策。而美国和西欧的一些国家工业发展水平落后于英国，它们为了保护本国的幼稚工业，避免遭到英国竞争的冲击，便采取了保护贸易政策。第二次产业革命后，资本主义从自由竞争阶段过渡到垄断阶段，垄断代替了自由竞争。帝国主义通过资本输出把殖民地半殖民地卷入资本主义生产中去，使后者成为前者的商品销售市场、投资场所和原料来源地，使国际分工进一步深化，在对外贸易政策上，便由自由贸易政策和保护贸易政策过渡到帝国主义的超保护贸易政策，这种政策具有更大的侵略性和扩张性。第二次世界大战后，西方工业国家虽然继续实行超保护贸易政策，但其表现形式却发生了变化，即从 20 世纪 70 年代中期以前的贸易自由化到 70 年代中期以后的贸易保护主义抬头。西方国家之所以采取这种形式的贸易政策，原因是多方面的，其中一个重要原因是和二战后国际分工进一步向纵深和广阔发展分不开的。

第五节　国际分工理论

西方经济学家的国际分工理论主要有亚当·斯密的绝对利益理论、大卫·李嘉图的比较成本说、赫克歇尔-俄林的要素禀赋说以及里昂惕夫反论。

一、亚当·斯密的绝对利益理论

亚当·斯密（Adam Smith）是资产阶级政治经济学古典学派的主要奠基人之一，也是国际分工理论的创始者。他是从工场手工业向机器大工业过渡时期的英国经济学家，其代表著作是 1776 年出版的《国民财富的性质和原因的研究》（*Inquiry into the Nature and Causes of the Wealth of Nations*，以下简称《国富论》）。在《国富论》中，他提出了国际分工与自由贸易的理论，并以此作为他反对重商主义的“贸易差额论”和保护贸易政策的重要武器，对国际分工和国际贸易理论作出了重要贡献。

亚当·斯密在《国富论》中十分强调分工的利益，他认为分工可以提高劳动生产率，

增加国家的财富。原因是：(1) 分工能提高劳动的熟练程度；(2) 分工使每个人专门从事某项作业，可以节省与生产没有直接关系的时间；(3) 分工有利于发明创造和改进工具。他还以制造业中手工工场的例子来说明分工可以提高劳动生产率。斯密认为根据当时的情况，在没有分工的情况下，一个粗工每天最多只能制造 20 根针，甚至连 1 根针也制造不出来。而在有了分工以后，10 个人每天可以制造 48 000 根针。[①] 每个工人的劳动生产率提高了几千倍。因此，他认为在生产要素不变的条件下，依靠分工劳动生产率可以得到提高。

亚当·斯密因此推论出，分工既然可以极大地提高劳动生产率，那么每个人专门从事一种物品的生产，然后彼此进行交换，对每个人都是有利的。他指出，如果人们以较小的花费就能买到某些物品的话，谁也不会亲自制造它们。裁缝不为自己做靴子，鞋匠也不为自己缝衣服，农民既不打算为自己做靴子，也不打算缝衣服。他们都会认识到，如果把自己的全部劳动时间用于生产一种产品，并且用这种产品来交换自己所需要的其他产品，那是有利的。从每一个个人看来是合算的事情，对于整个国家来说也不可能是不合理的。[②]

在亚当·斯密看来，适用于一国内部的不同职业之间、不同工种之间的分工的原则，也适用于各国之间。他主张如果外国的产品比自己国内生产的要便宜，那么最好是输出本国在有利的生产条件下生产的产品去交换外国的产品，而不要自己去生产。他举例说，在苏格兰，人们可以利用温室生产出很好的葡萄，并酿造出同国外进口的一样好的葡萄酒，但要付出 30 倍高的代价。他认为如果真是这样做，那就是明显的愚蠢行为。[③] 斯密认为每一个国家都有其适宜于生产某些特定产品的绝对有利的生产条件，如果每一个国家都按照其绝对有利的生产条件（即生产成本绝对低）去进行专业化生产，然后彼此进行交换，则对所有交换国家都是有利的。各国按照各自的有利条件进行分工和交换，将会使各国的资源、劳动力和资本得到最有效的利用，将会大大提高劳动生产率和增加物质财富。

斯密的国际分工-国际贸易理论以后被称为绝对利益理论。在绝对利益条件下的国际分工-国际贸易，可举例如下：在国际分工发生以前，英美两国所使用的劳动日数各为 200 天，总数为 400 天（见表 4-1）。两国小麦的总产量为 100 吨、布为 40 匹。在国际分工发生以后，这两个国家所耗费的劳动日数仍为 400 天，小麦的总产量仍为 100 吨，但布的总产量增加到 80 匹，即比过去增加了 40 匹（见表 4-2）。这就是国际分工的利益所在。

表 4-1　在进行国际分工以前

国家	小麦		布	
	劳动日数（天）	产量（吨）	劳动日数（天）	产量（匹）
美国	100	50	100	20
英国	150	50	50	20
总数	250	100	150	40

① ［英］亚当·斯密．《国民财富的性质和原因的研究》（上）．北京：商务印书馆，1972：6.

② ［英］亚当·斯密．《国民财富的性质和原因的研究》（下）．北京：商务印书馆，1972：28.

③ 同②29-30.

表 4-2　在进行国际分工以后

国家	小麦		布	
	劳动日数（天）	产量（吨）	劳动日数（天）	产量（匹）
美国	200	100		
英国			200	80
总数	200	100	200	80

斯密用国际分工有益的论点给自由贸易政策以理论上的支持。他认为只有在自由贸易的条件下，一种适宜的国际分工体系才能建立起来。斯密认为：自由贸易会引起国际分工，国际分工的基础是有利的自然禀赋，或后天的有利生产条件。它们都可以使一国在生产上和对外贸易方面处于比其他国家有利的地位。如果各国都按照各自的有利生产条件进行分工和交换，将会使各国的资源、劳动力和资本得到最有效的利用，将会大大提高劳动生产率和增加物质财富。

由于这个理论是按各国绝对有利的生产条件进行国际分工，所以，他的分工理论又叫地域分工说（Theory of Territorial Division of Labour）或绝对成本理论（Theory of Absolute Cost）。

二、大卫·李嘉图的比较成本说

大卫·李嘉图（David Ricardo）是英国产业革命深入发展时期的经济学家。他的主要著作是 1817 年出版的《政治经济学及赋税原理》(*On the Principles of Political Economy and Taxation*)。

（一）比较成本说的产生

比较成本说是在英国资产阶级争取自由贸易斗争中产生与发展起来的。

1815 年英国政府为维护地主贵族阶级的利益而修订实行了“谷物法”。“谷物法”颁布后，英国粮价上涨，地租猛增，它对地主贵族有利，却严重损害了产业资产阶级的利益。昂贵的谷物使工人货币工资被迫提高，成本增加，利润减少，削弱了工业品的竞争能力。同时，昂贵的谷物也扩大了英国各阶层的吃粮开支，而减少了对工业品的消费。“谷物法”还招致外国以高关税阻止英国工业品对他们的出口。为了废除“谷物法”，工业资产阶级在全国各地组织“反谷物法同盟”，广泛宣传“谷物法”的危害性，鼓吹谷物自由贸易的好处。而地主贵族阶级则千方百计维护“谷物法”。他们认为，既然英国能够自己生产粮食，根本不需要从国外进口，那么就不需要在谷物上自由贸易。

这时，工业资产阶级迫切需要从理论上论证谷物自由贸易的优越性。于是，作为工业资产阶级代言人的李嘉图提出了比较成本说。他认为，英国不仅要从外国进口粮食，而且要大量进口。这是因为英国在纺织品生产上所占的优势比在粮食生产上的优势更大。因此，英国应专门发展纺织品的生产，并以纺织品的出口来换取本国所需要的粮食。

（二）比较成本说的主要内容

李嘉图的比较成本说是在亚当·斯密绝对利益理论基础上发展起来的。亚当·斯密认为国际分工应按由于地域、自然条件不同而形成的商品成本绝对差异而形成，即一个国家输出的商品一定是生产上具有绝对优势、生产成本绝对低于他国的商品。李嘉图发展了这个观点，他认为在国际分工-国际贸易中起决定作用的，不是绝对利益，而是比较利益

(比较成本)，并且把比较利益学说作为国际分工的理论基础。他还认为每个国家不一定生产各种商品，而应集中力量生产那些利益较大或不利较小的商品，然后通过对外贸易进行交换，这样在资本和劳动力不变的情况下，生产总量将增加。如此形成的国际分工对贸易各国都有利。为了说明这个理论，李嘉图沿用了英国和葡萄牙的例子，但对条件做了一些变化（见表 4-3）。

表 4-3 国际分工的利益

国家		酒产量（单位）	所需劳动人数（人/年）	毛呢产量（单位）	所需劳动人数（人/年）
分工前	英国	1	120	1	100
	葡萄牙	1	80	1	90
	合计	2	200	2	190
分工后	英国			2.2	220
	葡萄牙	2.125	170		
	合计	2.125	170	2.2	220
国际交换	英国	1		1.2	
	葡萄牙	1.125		1	

从表 4-3 中看出，葡萄牙生产酒和毛呢，所需劳动人数均少于英国，从而英国在这两种产品的生产上都处于不利地位。根据斯密的绝对成本理论，两国之间不会进行国际分工。而李嘉图认为，葡萄牙生产 1 单位酒所需劳动人数比英国少 40 人，生产 1 单位毛呢只少 10 人，即分别少 1/3 和 1/10；显然，葡萄牙在酒的生产上优势更大一些，虽然它在毛呢生产上也具有优势；英国在两种产品生产上都处于劣势，但在毛呢生产上劣势较小一些。根据李嘉图的比较成本理论，应“两利取重，两害取轻”，即英国虽都处于绝对不利地位，但应取其不利较小的毛呢的生产，葡萄牙虽都处于绝对有利地位，但应取有利较大的酒的生产。按这种原则进行国际分工，两国产量都会增加。

从表 4-3 可知，分工后两国所需劳动人数较分工前并未增加，但酒从 2 单位增加到 2.125 单位，增加了 0.125 单位；而毛呢从 2 单位增加到 2.2 单位，增加了 0.2 单位。葡英两国再进行交换，均有利。

（三）对比较成本说的评价

比较成本说在历史上曾起过进步作用。它为自由贸易政策提供了理论基础，促进了当时英国资本积累和生产力的发展。在这个理论影响下，1846 年英国议会终于废除谷物法。这是 19 世纪英国自由贸易政策所取得的最伟大的胜利。

比较成本说未能揭示出国际分工形成和发展的主要原因。国际分工发生和发展的最重要因素是社会生产力，劳动力、自然条件等因素对国际分工的形成有一定的影响，但不是唯一的和根本的因素。

这个理论把世界看做是永恒的、不变的，这是不符合历史事实和经济发展规律的。

这个理论的分析方法属于静态分析，提出的假定只考虑两个国家、两种商品，坚持劳动价值论等因素，作为论述的前提条件，把多变的经济状况抽象为静态的，是不客观的。

三、赫克歇尔-俄林的要素禀赋说

古典学派的国际分工和国际贸易理论在西方经济学界占支配地位达一个世纪之久，到了20世纪30年代，才受到两位瑞典经济学家的挑战。他们就是赫克歇尔（Eli Filip Heckscher）和他的学生俄林（Beltil Gotthard Ohlin）。俄林的代表著作是《域际和国际贸易》，他曾于1977年获诺贝尔经济学奖。由于他的理论采用了其师赫克歇尔的主要观点，创立了较完整的要素禀赋说（Factor Endowment Theory），因此又叫做赫克歇尔-俄林原理（The Heckscher-Ohlin Theorem），或简称赫-俄原理（H-O原理）。

古典学派认为商品的价值是由生产商品所费劳动时间决定的，而以俄林为代表的新古典学派则反对这一学说。他们用在互相依赖的生产结构中的多种生产要素的理论代替了古典学派的单一生产要素的劳动价值理论。李嘉图认为国内价值的决定不能适用于国际贸易，而俄林则把国内价值理论扩大到域际贸易和国际贸易上。

古典学派认为国际贸易发生的原因是各个国家在生产各种商品时劳动生产率的差异，而且各国劳动生产率及其差异都是固定不变的。俄林则在他的生产要素禀赋理论中，假定各个国家在生产商品时所使用的生产技术是一样的，因而排除了各国劳动生产率的差异。

（一）要素禀赋说的一些假定

要素禀赋说的假定包括以下内容：

（1）在各个域际或国家内部，生产诸要素是完全自由流动的，但在区域和国家之间，它们是不能自由流动的；

（2）假定货物流通中的一切限制都不存在；

（3）假定只有商品贸易，贸易是平衡的，出口恰恰足以支付进口；

（4）假定生产诸要素是完全可以分割的，单位生产成本不随着生产的增减而变化，因而没有规模经济的利益；

（5）假定只有两个区域或两个国家；

（6）假定两国技术水平相同，生产函数相同。

（二）要素禀赋说的主要内容

要素禀赋说有狭义和广义之分。所谓狭义的要素禀赋说是指生产要素供给比例说，它通过对相互依存的价格体系的分析，用不同国家的生产诸要素的丰缺解释国际分工和国际贸易产生的原因和一国进出口商品结构的特点。所谓广义的要素禀赋说，除了生产要素供给比例说之外，还包括要素价格均等化说。该学说研究国际贸易对要素价格的反作用，说明国际贸易不仅使国家间商品价格趋于均等化，还会使各国生产要素的价格趋于均等化。

俄林的生产要素供给比例说是从商品价格的国际绝对差开始逐层展开的，然后分析了成本的国际绝对差，又探讨了不同国家内不同的成本比例，进而探讨了生产诸要素的不同的价格比例，最后分析了生产诸要素的不同的供给和需求比例。

他认为，在这个链条中，供给比例是最重要的环节，即各国所拥有的各种要素的数量、价格是不同的。国际贸易就是建立在各个国家各种生产要素的多寡不同和价格的高低不同的基础上。各个环节之间的互相依赖的关系决定了每一个国家的价格结构。而各个国家的价格结构决定了它们在国际分工和国际贸易体系中的比较利益，同时这也就构成了国际分工和国际贸易的基础。

（三）要素禀赋学说的三个主要结论

第一，按要素丰缺和比例进行地区和国家之间的分工。每个区域或国家利用它的相对丰富的生产诸要素（土地、劳动力、资本等）从事商品生产，就处于比较有利的地位，而利用它的相对稀少的生产诸要素从事商品生产，就处于比较不利的地位。因此，每个国家在国际分工和国际贸易体系中生产和输出前面那些种类的商品，输入后面那些种类的商品。

第二，区域贸易或国际贸易发生的直接原因是价格差别，即各个地区间或国家间商品价格不同。

第三，商品贸易一般趋向于消除工资、地租、利润等生产要素收入的国际差别，导致国家间商品价格和要素价格趋于均等化。

（四）对要素禀赋学说的评价

1. 积极的方面

（1）在各国参加国际分工和专业化生产的依据上，要素禀赋学说比李嘉图的“比较成本说”更为深入和全面。

（2）正确地指出了生产要素在各国对外贸易中的重要地位。在各国对外贸易竞争中，土地、劳动力、资本、技术等要素的结合起着重要的作用。它们结合构成的价格，对一国对外贸易起着重要的作用。

2. 严重的缺陷

（1）以要素比例说来反对李嘉图和马克思的劳动价值论，抹杀了劳动收入和财产收入的区别，使比例成本理论庸俗化了。李嘉图还以劳动价值理论来解释其理论，而赫-俄原理则完全违背了劳动价值论。

（2）要素禀赋说与当代发达国家间贸易迅速发展的实际情况不符。按照他们的理论，国际贸易应发生在要素禀赋不同和需求格局相异的工业国家与初级产品生产国之间。但当代贸易的一个特点却是，大量贸易发生在要素禀赋相似、需求格局接近的工业国之间，而发达国家同发展中国家间贸易发展却比较缓慢。

四、里昂惕夫反论

第二次世界大战后，在第三次科技革命的推动下，世界经济迅速发展，国际分工和国际贸易都发生了巨大变化，传统的国际分工和国际贸易理论更显得脱离实际。在这种形势下，一些西方经济学家力图用新的学说来解释国际分工和国际贸易中存在的某些问题，这个转折点就是里昂惕夫反论（The Leontief Paradox），或叫里昂惕夫之谜。

美国经济学家里昂惕夫（Wassily W. Leontief），由于他的投入-产出分析法对经济学的杰出贡献，获得了1973年诺贝尔经济学奖。他的主要著作有《投入-产出经济学》《生产要素比例和美国的贸易结构：进一步的理论和经济分析》等。

里昂惕夫对赫-俄原理确信无疑，按照这个理论，一个国家拥有较多的资本，就应该生产和输出资本密集型产品，而输入在本国生产中需要较多地使用国内比较稀缺的劳动力要素的劳动密集型产品。基于以上认识，他利用投入-产出分析方法对美国的对外贸易商品结构进行具体计算，其目的是对赫-俄原理进行验证。他把生产要素分为资本和劳动力两种，对200种商品进行分析，计算出每百万美元的出口商品和进口商品所使用的资本和劳动量，从而得出美国出口商品和进口商品中所含的资本和劳动的密集程度。计算结果显示，美国出口商品具有劳动密集型特征，而进口商品更具有资本密集型特征。这个验证结论正好与赫-俄原理相反。正如里昂惕夫的结论所说：“美国之参加国际分工是建立在劳动密集型生产专业化基础上，而不是建立在资本密集型生产专业化基础上。”①

里昂惕夫发表其验证结论后，西方经济学界大为震惊，因而将这个不解之谜称为里昂惕夫之谜，并掀起了一个验证和探讨里昂惕夫之谜的热潮。一些经济学家仿效里昂惕夫的做法对一些发达国家的对外贸易状况进行验证发现，其他国家也存在这个“谜”。

里昂惕夫之谜所引起的解释和所产生的大部分新学说，不是对比较成本说和赫-俄原理的全盘否定，也不是对这些传统理论的全盘继承，而是针对第二次世界大战后国际分工和国际贸易的新变化，在继承这些传统理论的基础上，有所创新，有所扩展，对这些理论做了一些修整补充的工作。它们把定性分析和定量分析结合起来，把理论研究和实践论证结合起来，把静态分析和动态转移过程结合起来，这些都是它们与西方传统理论不同之处，它们起到了对传统理论的修整补充的作用。但由于它们从各自不同的角度来解释或论述上述问题，因此，在一些理论体系上难免存在片面性和不完整性。

◆ 本章小结

1. 国际分工是国际贸易的基础，国际贸易是国际分工的表现，二者相辅相成，互相制约，互相促进。在资本主义生产方式下，国际分工随着市场经济和技术革命的发展，不断向纵深发展。“地理大发现”开始了国际分工的萌芽阶段，第一次产业革命开始了国际分工的发展阶段，第二次产业革命开始形成了国际分工体系。

2. 当代国际分工是在第三次科技革命、经济全球化迅猛发展、市场经济体制被普遍接受、世界经济结构正在转型和各国经济增长模式加快调整等背景下发展的。当代国际分工的主要特点是：发达国家居主导地位，国际分工类型多样化，发达国家与发展中国家间工业分工的形式发生变化，区域性经济集团内部分工加强和跨国公司的内部分工成为国际分工的重要组成部分。国际分工向全球价值链高端跃升。

3. 国际分工的产生和发展的制约因素，主要取决于两种条件：一种是社会经济条件，包括各国的科学技术水平、生产力的发展水平、国内市场的大小、人口的多寡、经济结构、经济体制和经济贸易政策等；另一种是自然条件，包括气候、资源禀赋、国土面积大小等。而国际分工的性质则是受国际生产关系所制约的。

4. 国际分工理论主要有亚当·斯密的绝对利益理论、大卫·李嘉图的比较成本说、赫克歇尔-俄林的要素禀赋说和里昂惕夫反论。

◆ 思考题

1. 什么是国际分工？第二次世界大战后国际分工深化发展具有哪些特点？
2. 国际分工产生和发展的主要制约因素是什么？
3. 国际分工对国际贸易有何影响？
4. 李嘉图“比较成本说”的主要内容是什么？
5. 赫-俄原理的主要内容是什么？
6. 什么是里昂惕夫反论？

---

① ［美］里昂惕夫．国内生产与对外贸易：美国资本状况的再检验．美国哲学学会会议录，1953（9）．

第五章

世界市场

学习目标

世界市场与国际贸易是世界各国参与国际分工的表现。本章系统地分析世界市场的确立与形成，当代世界市场的主要特点和世界市场上的交易方式。目的在于从实务的角度了解国际贸易活动的具体情况。

第一节　世界市场概述

一、世界市场的概念

世界市场是世界各国交换商品、服务和生产要素的场所，是国际分工的表现，由世界范围内通过国际分工联系起来的各个国家内部以及各国之间的市场综合组成。

可见，世界市场这一概念是由其外延和内涵两方面构成的。世界市场的外延指的是它的地理范围。世界市场的地理范围要比一国的市场范围大，前者包括世界各国之间的商品、服务和生产要素交换，后者只包括一国疆域之内的商品、服务和生产要素交换。世界市场的内涵指的是与交换过程有关的内容、条件和交换的结果，包括商品、服务、技术、资金、运输、保险等业务，其中商品是主体，其他业务是为商品交换服务的。

二、世界市场的产生与发展

世界市场的产生与发展是和资本主义生产方式的产生与发展密切联系在一起的。

世界市场是随着地理大发现而萌芽，随着第一次产业革命的胜利而迅速发展，最后又随着第二次产业革命的进展而最终形成的。

（一）世界市场的萌芽时期

这个时期包括16、17世纪和18世纪的大部分年份。15世纪末和16世纪初期的地理大发现促进了西欧各国的经济发展。马克思和恩格斯指出：“美洲的发现、绕过非洲的航行，给新兴的资产阶级开辟了新天地。东印度和中国的市场、美洲的殖民化、对殖民地的贸易、交换手段和一般商品的增加，使商业、航海业和工业空前高涨”①。地理大发现使世界市场进入萌芽阶段。

（二）世界市场的迅速发展时期

这个时期从18世纪60年代到19世纪70年代。在这个时期内发生了产业革命，建立了大机器工业，资本主义生产方式成为占统治地位的生产方式，世界市场进入迅速发展的时期。

大机器工业需要一个不断扩大的市场，它只有在经常扩大生产、不断夺取新市场的条件下才能存在，它的发展取决于市场的规模。资本家为了追求高额利润，经常要超越已有的市场范围，到国外去寻找新市场，不断夺取广泛的市场，为大工业开拓更广阔的领域。

大机器工业不仅需要一个不断扩大的世界销售市场，也需要日益扩大的原料供应来源，以使市场交换的商品种类日益增多。

资本主义大机器工业的发展使工业和人口不断地向城市集中，形成许多大机器工业中心和大的食品销售市场。这些食品不但要从本国各地区运来，而且往往要从世界市场上源源不断地输入。

资本主义大工业的发展和世界人口的移动，扩大了世界劳动市场，也扩大了世界商品销售市场和原料、食品来源。

大工业的发展促进了铁路、轮船、通信事业的发展，为扩大各国国内市场和世界市场，加强国内和国际上经常性的经济联系所需要的交通运输工具提供了物质技术基础。

（三）世界市场的形成

世界市场的形成开始于19世纪80年代，结束于20世纪初。这个时期，垄断代替了竞争，发生了第二次产业革命，资本主义生产力得到飞跃性的发展，资本输出成为争夺世界市场的一个重要手段。世界市场形成的标志有以下几点。

1. 多边贸易多边支付体系的形成

多边贸易是指两国间贸易在进出口相抵后总有余额，用对某些国家的出超支付对另一些国家的入超，在若干国家之间进行多边支付与结算的贸易。

由于国际分工的发展，世界城市和农村的出现，西欧大陆和北美这些经济发达国家从经济不发达的初级产品生产国购买了越来越多的原料和食物，出现了大量的贸易逆差。与此同时，英国继续实行自由贸易政策，从西欧大陆和北美的新兴工业国输入的工业品持续增长，经常呈现大量的逆差。但英国又是经济不发达国家工业品的主要供应国，呈现大量的贸易顺差。这样，英国就用它对经济不发达国家的贸易顺差所取得的收入来支付对其他经济发达国家的贸易逆差。而经济不发达国家，又用对西欧大陆和北美的贸易顺差来弥补对英国的贸易逆差。英国此时成为多边支付体系的中心。这个体系为所有贸易参加国提供购买货物的支付手段；同时使国家之间债权债务的清偿、利息和红利的支付能够顺利完成，有助于资本输出和国家间短期资金的流动。

---

① 马克思，恩格斯．马克思恩格斯选集：第1卷．北京：人民出版社，1995：273.

2. 国际金本位制度的建立与世界货币的形成

在这一时期，建立了国际金本位制度。它也是世界多边贸易多边支付体系发挥作用的货币制度。这个制度的作用，主要有两个：(1) 它给世界市场上各种货币的价值提供了一个互相比较的尺度，并能使各国货币间的比价（汇价）保持稳定。(2) 它给世界市场上各国的商品价格提供一个互相比较的尺度，从而使各国的同一种商品的价格保持一致，把各国的价格结构联系在一起。

世界市场的发展与世界货币的发展紧密联系在一起。只有在世界市场充分发展和在参加世界市场交易的人们普遍感到必须有一个在任何国家都能够通用的一般等价物以后，作为国家间的交换媒介和作为世界货币的黄金的职能，才能充分展开。一般来说，作为世界货币的黄金，有三种职能：一是作为国际上一般通用的支付手段；二是作为国际上一般的购货手段；三是作为国际上财富的一般体现物。其中最重要的作用是充当支付手段以平衡国际收支差额的职能。这几项职能都是与世界市场上商品的买卖、资本的转移和无形项目的交易直接或间接联系在一起的。可见，黄金被最后确立为世界货币，是世界市场形成的标志，是资本主义生产方式和交换方式国际化的表现，也是本时期内世界市场的基本特征之一。

3. 资本主义的各种经济规律制约着世界市场的发展

资本主义社会中各种固有的规律，如基本经济规律、经济发展不平衡的规律、价值规律等在世界市场上居于主导地位，制约着世界市场的发展。

4. 比较健全固定的销售渠道的形成

形成了大型的固定的商品交易所、国际拍卖市场、博览会，建立健全了航运、保险、银行和各种专业机构，建立了比较固定的航线、港口、码头等。这一切都使世界市场有机地结合在一起。

在世界市场上，参与交换的国家一般可分为发达市场经济国家、发展中国家和经济转型国家。世界市场交换的内容随着市场的发展而不断丰富，从以货物为主，发展到货物和服务并重，并且出现了知识产权和生产要素的跨国界流动。世界商品市场的经营主体既包括专门从事贸易活动的流通企业、从事生产和贸易的工贸企业，也包括国家机关和部门，它们从事政府采购等业务。除了这些直接参与贸易的经营主体外，货物贸易的交换还离不开运输、保险、银行和咨询等部门的服务。

三、世界商品市场的交易形式

世界商品市场是指世界各国之间所进行商品交换的场所，即通过国际上的买卖而使各国国内市场相互联系起来的交换领域。按交易进行的形式，它可分为有固定组织形式的国际市场和无固定组织形式的国际市场。

（一）有固定组织形式的国际市场

它是指在固定场所按照事先规定好的原则、规章和程序进行商品交易活动的市场。这种市场主要包括商品交易所、国际拍卖、国际贸易博览会和展览会等。

1. 商品交易所

商品交易所是世界市场上进行大宗商品交易的一种典型的具有固定组织形式的市场。它与普通市场不同，其经营活动是根据交易所法和交易所规定的条例进行的。商品交易所一般具有以下特点：(1) 必须在规定的时间和地点进行交易。(2) 必须通过交易所内特定的交易人员直接进行交易。(3) 通常是根据商品的品级标准或样品进行交易。成交后，无须交割实物，卖方只是把代表商品所有权的凭证转让给买方。

世界最早的商品交易所是 1531 年在比利时的安特卫普建立的。商品交易所主要设在发达国家的城市。交易所交易的商品主要是大宗初级产品，如谷物、棉花、食糖、油料、黄麻、橡胶、羊毛、茶叶、可可、咖啡、有色金属等。国际上有 50 多种农产品和原料是在交易所进行交易的，其成交额占世界出口贸易额的 15%～20%。世界上最大的两个商品交易所设在美国的纽约和英国的伦敦。世界性的大宗商品交易所，每天开市后第一笔交易的成交价格（即开盘价格）和最后一笔交易的成交价格（即收盘价格），以及全天交易中的最高、最低价格，均被刊载于重要的报刊上，作为市场价格动态的重要资料。因此，世界性商品交易所价格，即交易所牌价，一般被公认为是世界市场价格的重要参考数据。在交易所中进行商品买卖，必须严格遵守交易所的规章制度，其一般方法是在大厅里口头喊价公开交易。有资格进场做交易活动的，应是交易所的会员。会员除进行自己商品交易外，往往还充当经纪人，替非会员进场交易，以获得佣金收入。

在交易所中进行的商品买卖，基本可以分为实物和期货交易两种。实物交易可以是现货交易，也可以是未来交货；期货交易是指对正处于运输途中，或者需经一定时间后才能装运的货物的期货合同进行的交易。实物交易的特点是进行实际商品的买卖活动，合同的执行是以卖方交货、买方收货付款来进行的。期货交易绝大多数只是期货合同的倒手，因此人们又把这种交易称为纸合同交易。目前，交易所期货合同交易从性质上看主要有两类：一是投机，即买空卖空，从两次交易中的价格差额中牟利；二是在期货市场上抛出或购进期货合同，以临时替代实际货物的交易，转移价格变动的风险，这就是套期保值，又叫“海琴”交易（Hedging）。目前，商品交易所进行的交易中约 80%是期货交易。

2. 国际拍卖

(1) 拍卖的概念。

拍卖（Auction）是由专营拍卖业务的拍卖行接受货主的委托，在一定的时间和地点，按照一定的章程和规则，以公开叫价竞购的方法，由拍卖人把货物卖给出价最高的买主的一种现货交易方式。以拍卖方式进入世界市场的商品，大多数为品质不易标准化，易腐烂不耐贮存，生产厂家众多，产地分散或需要经过较多环节才能逐渐集中到中心市场上进行交易的商品，如羊毛、鬃毛、毛皮、茶叶、烟草、蔬菜、水果、鱼类、工艺品、地毯、石油、黄金等，一些外国政府在处理库存物资或海关及其他机构处理罚款没收货物时，也常采用这种交易方式。

(2) 拍卖的特点。

1) 拍卖是在一定的机构内有组织地进行的。拍卖一般是由拍卖行定期组织，集中在一定时间和地点，买卖某种特定商品。

2) 拍卖是一种公开竞买的现货交易。成交后，买主即可付款提货。

3) 拍卖具有自己独特的法律和规章。拍卖不同于一般的进出口交易，在交易磋商的程序和方式、合同的成立和履行等问题上，都有其特殊的规定。拍卖行也各有其不同的章程和规则。

(3) 拍卖的出价方法。

1) 增价拍卖。这是一种最常见的拍卖方式。拍卖人按照拍卖目录规定的顺序，宣布预定的货物起叫价，由竞买者按规定的增价额度竞相加价，当主持人认为无人再出更高价格时，即以击锤方式宣布成交，将货物卖给出价最高的买主。

2) 减价拍卖。减价拍卖又称荷兰式拍卖 (Dutch Auction)，是由拍卖人先宣布最高价，无人接受就逐渐降低叫价，直到有竞买者认为已降到可以接受的价格，并以规定的方式表示接受时为止。

以上两种方法都是公开竞买并当场成交的。

3) 密封递价拍卖。密封递价拍卖又称招标式拍卖，具体做法是由拍卖人公布每批商品的具体情况和拍卖条件，然后由买主在规定的时间内将自己的出价递交拍卖人，再由拍卖人选择条件最适合的达成交易。这种方式已失去了公开竞买的性质，采用这一方式，拍卖人有时要考虑价格以外的其他因素。有些国家的政府或海关在处理库存物资或没收货物时往往采用这种拍卖方法。

目前，主要通过拍卖成交的商品都设有固定的国际拍卖地。如羊毛的国际拍卖地为伦敦、利物浦、开普敦、墨尔本、悉尼；毛皮的国际拍卖地为纽约、伦敦、蒙特利尔、哥本哈根、奥斯陆、斯德哥尔摩等；茶叶的国际拍卖地为伦敦、加尔各答、科伦坡等；烟草的国际拍卖地为纽约、阿姆斯特丹、不来梅、卢萨卡等。

3. 国际贸易博览会、展览会

国际贸易博览会又称国际集市，是开展国际贸易和经济交流的重要场所，是指在一定的地点定期举办的有众多国家、厂商参加，展、销结合的国际市场。它是由区域性的集市发展演变而成的一种定期定点的展销市场。举办博览会的目的是使参加者展示科技成就、商品样品，以便进行宣传，发展业务联系，促成贸易。展览会一般是不定期举办的，它与博览会的区别在于只展不销，通过展览会促成会后的交易。

从商品和举办范围来看，博览会和展览会大致可分为以下几种：

(1) 综合性国际博览会。它是有许多国家和厂商参加的，包括工、农、林、牧、服务业等各方面产品均可参展并洽谈交易的博览会，如历史悠久的米兰、莱比锡、巴黎等地的国际博览会。世界著名的国际博览会，一般多属综合性的博览会。这种博览会规模较大，产品齐全，且会期较长。

(2) 样品国际博览会。这是一种看样成交的集市。参展国家、厂商以参展样品达成交易。国际上较大的莱比锡博览会、里昂博览会的正式名称就是样品集市。

(3) 主要工业部门产品国际博览会。这类博览会规模较大，是各种新技术、新产品荟萃展销的市场。每年在世界各地举办的航空航天、汽车、电子、自动化设备等博览会都属于这种博览会。

(4) 一般工业部门产品展销会和集市。这类博览会规模可大可小，展品多属衣帽鞋类、玩具、照相用品等。

(5) 专业性国际博览会。是指仅限于某类专业性产品参展和交易的博览会，其规模较小，会期也较短。世界上比较著名的专业性国际博览会，如科隆博览会，每年举行两次，一次展销纺织品，一次展销五金制品。

再如，计算机代理分销业展览会（Computer Distribution Exposition，COMDEX），它创办于1979年，每年秋季在美国拉斯维加斯举办。

COMDEX展览会是目前世界上规模较大、影响力较强的IT展会，COMDEX的组织者以其领先的技术产品、良好的组织运作和优质的服务展示活动，每年都吸引着数以千计来自世界各地的参展企业，并已成为世界性的专业品牌展览会。

（6）国别展览、展销会。这是指一个国家在另一个国家举办的综合性展览会或各行业各类产品的展销会。

（7）独家公司展览、展销会。这是指大企业跨国公司专门为本企业的产品举办的展览、展销会。

4. 中国的国际经济贸易博览会

（1）中国进出口商品交易会（又名广州进出口商品交易会，简称广交会）。

中国出口商品交易会于1957年创建，每年4月和10月中旬在广州举行，是我国进行对外开放和中外交流，展示我国科技、经济贸易发展成果的重要窗口，半个多世纪来，为我国对外贸易的发展发挥了重要作用。

无论是20世纪50年代末60年代初的经济困难时期、“文化大革命”时期，还是亚洲金融风暴影响、“非典”危机的冲击，一年两届的广交会，从未间断过，广交会历经50年风雨，在2006年10月15日迎来第100届盛会。当日，温家宝总理在开幕式上宣布，从第101届开始，中国出口商品交易会正式更名为中国进出口商品交易会。虽然两者只有一字之差，但它却折射出中国外贸政策的变迁，显示出我国在外贸经营模式上的一个重大的战略性调整。百届广交会是一个分水岭式的重大盛会。前50年代表注重出口的岁月已经告一段落，50年后代表出口与进口并重的更加辉煌的岁月开始。

广交会被视为外贸的晴雨表与风向标。2018年5月5日，第123届广交会闭幕。数据显示，截至5月3日，第123届广交会累计出口成交1 891.97亿元人民币，同比增长3.1%，为4年来春交会最高水平。采购商到会203 346人，同比增长5.3%，为5年来最高水平，并且来源国家地区由213个增至214个。其中，欧美、“一带一路”沿线国家采购商均有较大幅度增长，占比不断提升；新采购商增幅达8.12%。第123届广交会以习近平新时代中国特色社会主义思想为指导，深入学习贯彻党的十九大精神，坚定不移贯彻新发展理念，牢牢把握高质量发展的总要求，全面提升国际化、专业化、市场化和信息化水平，更好地发挥全方位对外开放平台作用，为推动中国开放型经济发展和经贸强国建设作出了新的贡献。

（2）中国国际投资贸易洽谈会。

中国国际投资贸易洽谈会是经国务院批准，由商务部主办，联合国贸发会议、联合国工业发展组织、经济合作与发展组织、世界银行国际金融公司、世界投资促进机构协会和中国国际投资促进会协办，福建省人民政府、厦门市人民政府、商务部投资促进局承办，全国各省、自治区、直辖市和国务院有关部门及全国性商（协）会作为成员参与筹备和举办的，以促进双向投资为目的的全国性国际投资促进活动，也是目前唯一通过全球展览业协会认证的全球规模最大的国际投资促进类展会。

中国国际投资贸易洽谈会（原名为中国投资贸易洽谈会）创建于1987年，每年9月8

日至 11 日在中国厦门举行会议。洽谈会是中国开展以促进双向投资为目的的全国性国际投资促进活动，以“引进来”和“走出去”两方面内容为主题，围绕中国吸收外资政策导向，全面宣传外商投资的政策法律和投资环境，同时积极鼓励中国企业“走出去”，并邀请境外政府机构、商会、协会及企业前来介绍其吸收外资的政策、投资环境及引资项目，与中国的企业交流，探讨合作。

2004 年 11 月，经我国国务院批准，“中国投资贸易洽谈会”正式更名为“中国国际投资贸易洽谈会”。增加“国际”二字，意味着办成具有全球重要影响的国际投资博览会成为其发展目标。

2005 年，经济合作与发展组织（OECD）正式加盟协办投洽会，成为第五个加盟协办投洽会的重要国际经济组织。OECD 是全球资本流动中主要的对外投资国，也是中国外资的主要来源地。OECD 的加盟，不仅有利于进一步拓展投洽会招展、招商渠道，也有利于提升投洽会的国际影响。投洽会其他四大参与协办的国际经济组织是联合国贸发会议（UNCTAD）、联合国工业发展组织（UNIDO）、世界银行国际金融公司（IFC）、世界投资促进机构协会（WAIPA）。

前十届投洽会，全球共有 144 个国家和地区的近 10 万名境外客商参加，近 70 个国家和地区的 1 000 多个境外机构（企业）参展，13 000 多个“引进来”和“走出去”项目在投洽会上成功签约。

2018 年 9 月 8 日—11 日第二十届中国国际投资贸易洽谈会在厦门举办。本届投洽会吸引了全球近 50 个国家和地区参展，超过 110 个国家和地区 1 000 多个工商团组、约 5 000 家企业的超过 12 万名客商参会。2018 年正逢“一带一路”倡议提出五周年和中国改革开放 40 周年，“贯彻新发展理念，融入‘一带一路’，促进双向投资”成为本届投洽会的主题。

（3）中国 2010 年上海世界博览会。

中国 2010 年上海世界博览会于 5 月 1 日在上海世博园正式开幕，本届世博会是由 246 个国家和国际组织参加的史上最大规模的世博会，159 年来首次由发展中国家主办的综合类世博会。

世界博览会是由一个国家政府主办，有多个国家或国际组织参加，以展现人类在社会、经济、文化和科技领域取得成就的国际性大型展示会。举办世博会，不仅给参展国家带来发展的机遇，扩大国际交流和合作，促进经济的发展，而且给举办国家创造了巨大的经济效益和社会效益，宣传和扩大了举办国家的知名度和声誉，促进了社会的繁荣和进步。国家主席胡锦涛等领导人希望通过世博会这一北京奥运会之后的举国盛事弘扬国威，向海内外彰显中国作为世界大国的存在感。本次世博会的主题为“城市，让生活更美好”，时间为 2010 年 5 月 1 日至 10 月 31 日。

184 天，中国圆百年之梦，世界各国竞展风姿。这届世博会参展方最多，园区面积最大，参观人数最多，达7 308.44万人次……上海世博会创造了一个个历史之最，以精美绝伦的展示带给世界人民巨大的精神享受和智慧启迪。

（4）中国国际高新技术成果交易会（简称深圳高交会）。

深圳高交会于 1999 年创办，每年在深圳举行，是中国规模最大、最具影响力的科技类展会。高交会以“国家级、国际性、高水平、大规模、讲实效、专业化、不落幕”的特点，成为中国高新技术领域对外开放的重要窗口，在推动高新技术成果商品化、产业化、国际化以及促进国家、地区间的经济技术交流与合作中发挥着越来越重要的作用。

（5）中国国际进口博览会。

2017年5月14日，中国国家主席习近平在出席“一带一路”国际合作高峰论坛并发表主旨演讲时宣布，中国将从2018年起举办中国国际进口博览会。

2017年6月26日，时任中央全面深化改革领导小组组长的习近平主持召开中央全面深化改革领导小组第三十六次会议并发表重要讲话。会议审议通过了《中国国际进口博览会总体方案》。会议指出，举办中国国际进口博览会，是党中央着眼推进新一轮高水平对外开放作出的一项重大决策，是我们主动向世界开放市场的重大举措。要坚持政府引导、市场运作、企业经营，加强同世界各国和国际组织的合作，调动部门、地方、企业的积极性，努力办成国际一流的博览会。

2018年4月10日，习近平主席在博鳌亚洲论坛2018年年会开幕式主旨演讲中再次宣布，2018年11月将在上海举办首届中国国际进口博览会。习近平主席强调，这是个大平台，今后要年年办下去。这不是一般性的会展，而是中国主动开放市场的重大政策宣示和行动。

（6）深圳文博会。

第十四届中国（深圳）国际文化产业博览交易会于2018年5月10日—14日在深圳举行。本届文博会以习近平新时代中国特色社会主义思想为指导，深入宣传贯彻党的十九大精神，围绕庆祝改革开放40周年的主题和“一带一路”倡议、供给侧改革等国家战略，集中展示我国文化体制机制改革成果和文化产业发展成就。

本届文博会共有2 308个政府组团、企业和机构参展，比上届增加6个。全国31个省（区、直辖市）及港澳台地区全部参展。海外参展单位130个，比上届增加13个，来自42个国家和地区。其中，“一带一路·国际馆”共有40个国家和地区参展，比上届增加5个。本届文博会共有21 386名海外采购商参加，比上届增加1 370人，主要来自美国、英国、法国、德国、加拿大、澳大利亚、匈牙利、以色列、立陶宛等101个国家和地区。参与本届文博会主会场、分会场、相关活动的总参观人数达733.258万人次，相比上届增加67.152万人次，同比增加10.08%。

本届展会突出展示改革开放40年来我国文化产业发展所取得的成就，中国“文化产业第一展”的地位进一步巩固；突出深化中外文化交流合作，国际化程度进一步提升；突出创意设计内涵，更加贴近人民群众对美好生活的需求；突出展示“文化+”新业态，产业引领示范效应不断提升；突出提升专业化服务水平，引领产业高端发展作用进一步增强。

（7）中国（北京）国际服务贸易交易会。

由中华人民共和国商务部和北京市人民政府共同主办的中国（北京）国际服务贸易交易会（简称京交会）自2012年以来已成功举办五届，为我国服务业和服务贸易发展及经济结构转型升级发挥了重要作用，为服务业扩大开放作出了重要贡献，成为国际服务贸易领域传播理念、衔接供需、共享商机、共促发展的重要平台。

第五届京交会于2018年5月28日至6月1日在北京举办。设置5万平方米展览展示，举办130场论坛会议和洽谈交易活动，特色突出、亮点纷呈：

- 服务"一带一路"，促进"一带一路"服务领域合作；
- 突出开放主题，促进服务业和服务贸易开放发展；
- 注重创新引领，促进服务业和服务贸易创新发展；
- 深化融合发展，促进行业跨界融合与区域协同发展；
- 强化平台作用，推动服务领域达成更多成果。

（二）无固定组织形式的国际市场

除了有固定组织形式的国际市场外，通过其他方式进行的国际商品交易，都可以纳入无固定组织形式的国际市场。这种市场大致上分为两大类：一类是逐笔售定的单边进口或单边进口；另一类则是与其他因素结合的商品购销形式，如三来一补、投标招标、易货贸易、租赁贸易等。

第二节 当代世界市场的主要特点

一、国内外市场融合加速

20 世纪 90 年代以后，世界各国国内市场与世界市场的融合在加速。其融合途径表现在以下几方面：

第一，市场经济体制逐步趋同。20 世纪 80 年代，首先是印度，然后是中国，都逐步摆脱计划经济体制。20 世纪 90 年代，东欧和中亚的前社会主义国家摆脱计划经济体制转向市场经济体制。

第二，1995 年建立的世界贸易组织取代 1947 年的关税与贸易总协定成为多边贸易体制的组织和法律基础。世界贸易组织成员根据世界贸易组织负责实施管理的协定与协议修正本国的贸易规则。贸易壁垒在下降，关税税率不断下调，非关税壁垒受到约束和规范，扩大货物贸易的市场准入。

第三，在科技革命作用下，世界的通信、运输、物流网络不断完善，把各国市场有机地结合起来。

第四，在跨国公司作用下，形成了世界性的生产网络和销售网络，出现了"无国界经济"。

第五，区域性经济贸易集团大量出现，通过内部的自由化，加速成员之间市场的融合。

二、世界市场容量在波动中不断扩大

随着各国国内市场与世界市场融合的加速，世界市场的容量在不断扩大，具体表现为世界出口贸易额的迅速增加。世界出口贸易额 1980 年为 20 320 亿美元，2000 年为 64 441 亿美元，2012 年为 184 010 亿美元。世界货物贸易量年增长率高于世界经济的增长率。据世界贸易组织统计，2010 年世界货物出口贸易量增长 14.5%，而世界经济仅增长 3.6%。

与此同时，世界服务出口贸易额增加很快，1982 年为 3 646 亿美元，1990 年为 7 805

亿美元，2012 年为 43 000 亿美元。

但自 2008 年全球金融危机爆发后，世界市场的形势却发生了急剧变化。它突出表现在全球贸易增速放缓。据统计，1990 年以来，全球贸易量年均增速为 5.1%，但 2012—2014 年，全球贸易量增速连续 3 年低于 3%，年均增速仅为 2.4%。2015 年 9 月，世界贸易组织发布的报告预测，2015 年全球贸易为 2.8%，较 4 月该组织预测值下调 0.5 个百分点。① 据世界贸易组织统计，2015 年 1—9 月全球 71 个主要经济体（占全球贸易总额 93%左右）合计出口下降 11.1%，进口下降 13.1%。全球贸易已连续四年低于全球经济增速。② 2017 年，全球货物贸易量增速改变自 2010 年以来增速低于世界产出的状况，全球贸易量增长 3.6%，远高于 2016 年的 1.3%。

总的来看，世界市场的规模在日益扩大，但是，它的发展也不是一帆风顺的。有的时候发展得比较快，有的时候发展得比较慢，起伏不定。这是与第二次世界大战后的科技发展和世界政治经济形势的变化分不开的。第二次世界大战后第三次科技革命的深入、国际分工的深化、资本国际化进程的加快、交通和通信工具的进步、各种新的贸易方式的出现，以及国际经济贸易组织的建立都促进了世界市场的扩大。而与此相反，世界性的经济危机、金融危机、能源危机的频繁爆发和世界性的政治事件和军事行动，例如，1979 年苏联出兵阿富汗，1990 年伊拉克入侵科威特，20 世纪 90 年代初苏联、东欧的剧变，1995 年墨西哥金融危机，1997 年东南亚金融危机，2001 年美国“9·11”的恐怖事件以及 2007 年美国次贷危机引发的金融危机、全球经济衰退、石油高价等都引起了世界市场的动荡，使世界市场发生波动与萎缩。尤其是 2009 年，在金融危机肆虐全球的背景下，全球货物贸易值下降 23%，全球货物贸易量缩减 12%。

三、中国等新兴经济体的贸易地位日益提高

新兴经济体是指 20 国集团中的 11 个新兴国（E11），即阿根廷、巴西、中国、印度、印度尼西亚、韩国、墨西哥、俄罗斯、沙特、南非和土耳其。

2011 年，在全球经济复苏乏力、金融危机和欧洲主权债务危机持续恶化的情况下，E11 的对外贸易进出口取得了不错的成绩，进出口额再创历史新高。2011 年对 E11 对外贸易进出口总额达到 91 068.77 亿美元，同比增长 24.88%。

2012 年，新兴经济体的对外贸易增长明显好于发达经济体。据世界贸易组织 2012 年 9 月报告预测，2012 年全球贸易实际增长率为 2.5%，其中新兴经济体出口实际增长率为 3.5%，而发达经济体出口实际增长率仅为 1.5%。随着对外贸易的增长，新兴经济体在全球贸易中的地位日益提高。E11 占全球出口贸易的比例，从 1991 年的 13.2%上升至 2012 年的 26%，而与此同时，发达经济体 G7 的对外贸易比例则呈现出逐步下降的态势，其出口贸易所占的比例，从 1991 年的 51.2%下降至 2012 年的 32.2%。

在新兴经济体中，中国的对外贸易增长尤为突出。从 2002 年到 2011 年的 10 年间，我国进出口贸易额从 6 207.7 亿美元增至 364 186 亿美元，年均增长 21.7%，较同期全球贸易额年均约 10%的增速高出 1 倍多。我国在全球贸易中的份额，由 2002 年的 4.7%逐年上升至

① 国际商报，2015 - 10 - 28.

② 商务部外贸司解读前两个月外贸数据．国际商报，2015 - 12 - 31.

2015 年的 13.8%，自 2013 年起中国已连续多年稳居全球第一货物贸易大国的地位。

四、中国改革开放为全球化提供新航向

40 年前，改革开放将中国带入了快速发展的轨道。经过 40 年持续对内深化改革、对外扩大开放，中国经济社会发展实现了世界经济史上空前的增长奇迹。与此同时，改革开放对世界也具有重要意义，影响着经济全球化进程。第一，中国改革开放积累的经验具有世界意义。第二，改革开放 40 年来向国际敞开中国市场，带动了世界经济发展。第三，中国 40 年来政治经济保持稳定也是对世界的贡献。随着中国不断融入和推动全球化发展、积极参与国际规则制定，中国为世界提供了更多的发展市场与机会、更好的公共产品与服务，"一带一路"、金砖国家、上海合作组织等机制使新兴经济体和发展中国家可以更好地从自由贸易和开放市场中获益，中国坚持改革开放与互利共赢的理念为新型全球化提供了新航向。[①]

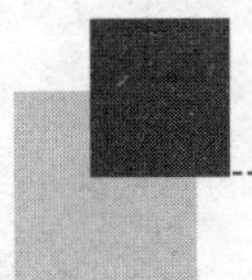

第三节　世界市场上的国际贸易方式

世界市场上的国际贸易方式是指国际上商品流通可采取的形式和具体做法。它包括逐笔售定的单边进口或单边出口、经销、代理、寄售、招标投标、期货交易、对销贸易、补偿贸易、加工贸易、电子商务等。

一、逐笔售定的单边进口或单边出口

这种贸易方式是指交易双方不通过固定市场而进行的商品买卖活动，它是通过独立洽商而进行的。这种方式的一般原则为：买卖双方自由选择成交对象，对商品的品质、规格、数量、价格、支付、商检、装运、保险、索赔、仲裁等方面都要进行谈判，在相互意见一致的基础上签订成交合同。这种贸易方式是世界市场上最为普遍的国际商品贸易方式。

二、经销

（一）经销的含义及做法

国际贸易中的经销（Distribution）是指进口商（即经销商，Distributor）根据他与国外出口商（即供货商，Supplier）达成的协议，承担在规定的期限和地域内购销指定商品的一种做法。按照经销商权限的不同，经销方式分为两种：一种是独家经销（Sole Distribution），也称包销（Exclusive Sales），它是指经销商在协议规定的期限和地域内，对指定的商品享有独家专营权的经销方式。另一种是一般经销，也称定销。在这种方式下，经销商不享有独家专营权，供货商可在同一时间、同一地区内，委派几家商号来经销同类商品。

① 何芬兰．互利共赢理念为全球化提供新航向．国际商报，2018-06-01.

（二）独家经销业务中当事人之间的关系

独家经销业务中的两个当事人——供货人和包销人之间是一种买卖关系，即供货人是卖方，包销人是买方。双方通过订立独家经销协议确立对等的权利和义务。从法律上讲，供货人和包销人之间是货主对货主（Principal to Principal）的关系。在这种关系下，供货人按照协议规定向包销人供应指定的商品，包销人是以自己的名义买进商品，自行销售，自负盈亏，承担货价涨落及库存积压的风险。包销人在协议规定的区域内转售这些商品时，也是以自己的名义进行的。接受转售商品的当地客户与外国供货人之间不存在合同关系。

（三）独家经销协议的主要内容

独家经销协议是供货人和包销人之间订立的确立双方法律关系的契约。独家经销协议的内容可繁可简，这要由订约双方根据商品的特点、销售地区的情况以及双方当事人的意图加以决定。在实际业务中，许多独家经销协议只原则地规定双方当事人的权利义务和一般交易条件，以后每批货的交付要依据经销协议订立具体买卖合同，明确价格、数量、交货期甚至支付方式等具体交易条件。

三、代理

（一）代理的概念及性质

国际贸易中的代理（Agency）是以委托人（Principal）为一方，委托独立的代理人（Agent）为另一方，在约定的时间和地区内，以委托人的名义与资金从事业务活动，并由委托人直接负责由此而产生的权利与义务。在国际经贸往来中的代理大都是委托代理。在国际货物买卖中的代理一般是指卖方作为委托人通过其委派的代表，即代理人在国外向客户招揽生意、订立合同，或办理与交易有关的其他事宜的销售代理。代理人根据委托人授权进行活动所产生的权利和义务，直接对委托人发生效力。

在出口业务中，销售代理与包销有相似之处，但从当事人之间的关系来看，两者却有根本的区别。包销商与供货人之间是买卖关系，包销商完全是为了自己的利益购进货物后转售，自筹资金，自负盈亏，自担风险。而在代理方式下，代理人只是代表委托人从事有关行为，二者建立的契约关系属于委托代理关系。代理人一般不以自己的名义与第三者订立合同，只居间介绍，收取佣金，并不承担履行合同的责任，履行合同义务的双方是委托人和当地客户。

（二）代理的种类

国际货物买卖中的代理按委托人授权的大小可分为以下几种。

1. 总代理

总代理（General Agent）是委托人在指定地区的全权代表，他有权代表委托人从事一般商务活动和某些非商务性的事务。

2. 独家代理

独家代理（Sole Agent or Exclusive Agent）是在指定地区和期限内单独代表委托人从事代理协议中规定的有关业务的代理人。委托人在该地区内不得委托其他代理人。

3. 一般代理

一般代理（Agent）又称佣金代理（Commission Agent），是指在同一地区和期限内委托人可同时委派几个代理人代表委托人行为，代理人不享有独家经营权。

代理按行业性质和职责分类，又分为销售代理、购货代理、运输代理、保险代理、广告代理、诉讼代理等多种类型。

（三）销售代理协议的主要内容

代理协议是明确协议双方，即委托人和代理人之间权利与义务的法律文件。其主要内容包括代理的商品和地区、代理人的权利与义务、委托人的权利与义务、佣金的支付等。其中，佣金条款是代理协议中最重要的条款之一。

四、寄售

（一）寄售的概念和性质

寄售（Consignment）是一种委托代售的贸易方式，寄售人（Consignor）先将准备销售的货物运往国外寄售地，委托当地代销人（Consignee）按照寄售协议规定的条件代为销售后，再由代销人向货主结算货款。

寄售是按双方签订的协议进行的，寄售人和代销人之间不是买卖关系，而是委托与受托关系，寄售协议属于信托合同性质。代销人也是一个赚取佣金的受托人，其权利义务与代理人相似，但又有区别。最主要的区别是代理人在从事授权范围内的事务时，可以用委托人的名义，也可以用自己的名义，但代销人只能用自己的名义处理信托合同中规定的事务，而且受托人同第三方从事的法律行为不能直接对委托人产生效力。由此可见，寄售既不同于包销，又与一般的代理业务有区别。

（二）寄售的特点

寄售与正常的出口销售相比，具有以下特点：

第一，寄售人与代销人是委托代售关系。代销人只能根据寄售人的指示代为处置货物，在货物售出前所有权仍属寄售人。

第二，寄售是由寄售人先将货物运至寄售地，然后再寻找买主，因此，它是凭实物进行的现货交易。

第三，寄售方式下，代销人不承担任何风险和费用，货物售出前的一切风险和费用均由寄售人承担。

（三）寄售商品的作价方法

寄售商品的作价方法，大致有以下四种。

1. 规定最低限价

代销人在不低于最低限价的前提下，可以任意出售货物，否则，必须事先征得寄售人同意。

2. 随行就市

代销人可在不低于当地市价的情况下出售寄售货物，寄售人不作限价。这种做法，代销人有较大的自主权。

3. 售前征得寄售人同意

代销人在得到买主的递价后，立即征求寄售人意见，确认同意后，才能出售货物。

4. 规定结算价格

货物售出后，代销人与寄售人依据协议中规定的价格进行结算。

五、招标投标

招标投标是一种传统的贸易方式，经常用于国际工程承包和大宗物资的采购业务。

（一）招标投标的含义及特点

1. 招标投标的含义

招标和投标是一种贸易方式的两个方面。招标（Invitation to Tender）是指招标人（买方）发出招标通知，说明拟采购的商品名称、规格、数量及其他条件，邀请投标人（卖方）在规定的时间、地点按照一定的程序进行投标的行为。投标（Submission of Tender）是指投标人（卖方）应招标人的邀请，按照招标的要求和条件，在规定的时间内向招标人递价并争取中标的行为。

2. 招标投标的特点

（1）不经过磋商。招标与投标是一种不经过磋商的贸易方式，只按照招标人发出的招标通告所规定的招标条件由多家卖主投标，最后由招标人从中选择对他最有利的条件购买。而一般进出口贸易方式是买卖双方通过函电或谈判进行磋商，达成交易，签订合同。

（2）没有讨价还价的余地。招标与投标是由招标人邀请递价（Call for Bid），投标人应邀递价，中标与否、是否有竞争性、能否被招标人所接受，取决于投标人所报出的条件，一般没有讨价还价的余地。而在一般进出口贸易中通常多由卖方主动报价，买卖双方经多次讨价还价，最后按双方同意的价格成交。

（3）在规定的时间、地点，众多投标人公开竞争。招标与投标一般是在规定的时间和地点公开进行的，由于有国内外多家卖主同时参加投标，投标人之间的竞争十分激烈，往往都报出尽可能优惠的条件，以争取中标，故招标人可以争取到比较有利的条件；而一般进出口贸易的做法不具有这样的特点。

（二）招标投标的基本做法

商品采购中的招标投标业务，基本上包括四个步骤，即招标、投标、开标和签约。

1. 招标

国际招标有公开招标和非公开招标两种。公开招标是指招标人在国内外报刊上发布招标通告，使所有合法的投标者都有机会参与竞争，这种做法又称为无限竞争性招标。公开招标通常要对投标人进行资格预审。非公开招标又称选择性招标，是指招标人不公开发布招标通告，只是根据以往的业务关系和情报资料或由咨询公司提供的投标者的情况，向少数客户发出招标通知，这种做法也称为有限竞争性招标。非公开招标多用于购买技术要求高的专业性设备或成套设备，应邀参加投标的通常是经验丰富、技术装备优良、在该行业中享有一定声誉的企业。招标在法律上是一项邀请发盘。

2. 投标

投标人首先要取得招标文件，认真分析研究之后，编制投标书。投标书实质上是一项有效期至规定开标日期为止的发盘，内容必须十分明确，应包括中标后与招标人签订合同所要包含的重要内容。投标人在有效期内不得撤回标书、变更标书报价或对标书内容作实质性修改。投标书应在投标截止日期之前送达招标人或其指定的收件人，逾期无效。

3. 开标

开标有公开开标和不公开开标两种方式，招标人应在招标通告中对开标方式作出规定。

公开开标是指招标人在规定的时间和地点当众启封投标书、宣读内容，投标人都可参加，监视开标。不公开开标则是由开标人自行开标和评标，选定中标人，投标人不参加。

开标后，招标人进行权衡比较，选择最有利者为中标人。

4. 签约

招标人选定中标人之后，要向其发出中标通知书，约定双方签约的时间和地点。中标人签约时要提交履约保证金，取代原投标保证金，用以担保中标人将遵照合同履行义务。

六、期货交易

期货交易是一种特殊的交易方式。早期的期货交易产生于11—14世纪的欧洲，在17世纪的日本得到了发展。现代期货市场起源于19世纪后期的美国。

（一）期货交易的含义

期货交易（Futures Trading）是指在期货交易所内，按一定规章制度进行的期货合同的买卖。

（二）期货交易与现货交易的区别

期货交易与现货交易在下列方面存在较大的区别。

1. 交易的标的物不同

现货交易买卖的是实际货物；而期货交易买卖的是期货交易所制定的标准期货合同。

2. 成交的时间和地点不同

现货交易中交易双方可以在任何时间和任何地点达成交易；而期货交易必须在期货交易所内，按交易所规定的开市时间进行交易。

3. 成交的形式不同

现货交易基本上是在封闭或半封闭的双边市场上私下达成的，交易双方在法律允许的范围内按“契约自主”的原则签订买卖合同，合同条款是根据交易双方的情况而订立的，其内容局外人是不知道的；而期货交易是在公开、多边的市场上，通过喊价或竞价的方式达成的。期货合同的条款是标准化的（除交易数量、交割月份和价格由交易双方达成），而且达成交易的信息，包括价格是对外公布的。

4. 履约方式不同

在现货交易中，无论是即期现货交易，还是远期现货交易，交易双方都要履行买卖合同所规定的义务，即卖方按合同规定交付实际货物，买方按规定支付货款。而在期货交易中，双方成交的是期货合同，卖方可以按期货合同的规定履行实际交货的义务，买方也可以按期货合同规定接受实际货物。但期货交易所都规定，履行期货合同不一定要通过实际交割货物来进行，只要在期货合同到期前，即交易所规定的该合同最后交易日前，交易者做一笔方向相反、交割月份和数量相等的相同合同的期货交易，交易者就可解除其实际履行合同的义务。值得注意的是，绝大多数期货交易并不涉及货物的实际交割。在美国，期货交易中实际货物交割的数量只占整个交易量中的很小比例，约5%以下。

5. 交易双方的法律关系不同

在现货交易中，买卖双方达成交易，就固定了双方的权利与义务，交易双方之间产生直接的货物买卖的法律关系，任何一方都不得擅自解除合同。而期货交易双方并不相互见面，合同履行也无须双方直接接触。清算所的替代功能使参加交易者通过有交易所会员资格的期货佣金商来代买或代卖期货合同，实际货物的交割、交易的清算和结算一律由清算所对交易双方负责。交易达成后，期货交易双方并不建立直接的法律关系。

6. 交易的目的不同

在现货交易中，交易双方的目的是转移货物的所有权，从卖方讲，是出售货物，取得货款；从买方讲，是取得具有一定经济价值的实际商品。而参加期货交易的人可以是任何企业或个人。不同的参加者进行期货交易的目的不同，有的是配合现货交易，利用期货交易转移价格变动的风险；有的是在期货市场上套取利润；有的是专门从事投机，获取利润。

（三）期货交易的特点

期货交易的特点可以概括为以下几个方面。

1. 以标准期货合同作为交易的标的

标准合同是由各商品交易所制定的。商品的品质、规格、数量以及其他交易条件都是统一拟定的，买卖双方只需洽定价格、交货期和合同数目。

2. 特殊的清算制度

商品交易所内买卖的期货合同由清算所进行统一交割、对冲和结算。清算所既是所有期货合同的买方，也是所有期货合同的卖方。交易双方分别与清算所建立法律关系。

3. 严格的保证金制度

清算所要求每个会员必须开立一个保证金账户，在开始建立期货交易时，按交易金额的一定百分比缴纳初始保证金。以后每天交易结束后，清算所都按当日结算价格核算盈亏，如果亏损超过规定的百分比，清算所即要求追加保证金。该会员须在次日交易开盘前交纳追加保证金，否则清算所有权停止该会员的交易。

七、对销贸易

对销贸易（Counter Trade）又称返销贸易、反向贸易或互抵贸易等。它是在古老的易货贸易的基础上发展起来的。从20世纪60年代末70年代初以来，对销贸易迅速发展，到80年代，它已成为一种全球性的贸易方式。

（一）对销贸易的含义

对销贸易（Counter Trade）是指在互惠的前提下，由两个或两个以上的贸易方达成协议，规定一方的进口产品可以部分或者全部以相对的出口产品来支付。

（二）对销贸易的特点

对销贸易不同于单边进出口贸易，实质上是进口和出口相结合的方式，一方商品或服务的出口必须以进口为条件，体现了互惠的特点，即相互提供出口机会。但这种以进口抵补出口的贸易方式又不是易货的简单重复，它常常伴随着借贷资本甚至商品资本化的运动。

（三）对销贸易的种类

对销贸易有多种形式，但归纳起来主要有三种，即易货贸易（Barter Trade）、反购或互购（Counter Purchase）和回购（Buyback）。

1. 易货贸易

易货有狭义的易货和广义的易货之分。狭义的易货是纯粹的以货换货方式，不用货币支付。现代的易货贸易即所谓广义的易货，都采用比较灵活的方式，双方将货值记账，相互抵冲，或通过对开信用证来结算货款。需要说明的是，这种做法仍是以货换货，而非现汇交易。

2. 反购或互购

反购或互购是指出口方在出售货物给进口商时，承诺在规定的期限内向进口方购买一定数量或金额的商品。互购贸易涉及两个既独立又相互联系的合同，每个合同都以货币支付，金额不要求等值。

3. 回购

回购又称补偿贸易（Compensation Trade），是指交易的一方在向另一方出口机器设备或技术的同时，承诺购买一定数量的由该项机器设备或技术生产出来的产品。这种做法是产品回购的基本形式。有时双方也可通过协议，由机器或设备的出口方购买进口一方提供的其他产品。

八、补偿贸易

（一）补偿贸易的含义

补偿贸易又称产品返销（Product Buyback）。其基本含义是指交易的一方在对方提供信贷的基础上，进口设备或技术，而用进口设备或技术所生产的直接产品或相关产品或其他产品或劳务所得的价款分期偿还进口价款。

（二）补偿贸易的特点

第一，补偿贸易必须是在提供信贷的基础上进行的。这是构成补偿贸易的前提条件。

第二，设备供应方必须承诺履行回购产品或劳务的义务。这是构成补偿贸易的必备条件，也是补偿贸易与延期付款的根本区别。

（三）补偿贸易的作用

1. 对设备进口方的作用

（1）补偿贸易是一种较好的利用外资的形式。我国目前之所以要开展补偿贸易，其目的之一也就是想通过这种方式来利用国外资金，以弥补我国建设资金的不足。

（2）通过补偿贸易，可以引进先进的技术和设备，发展和提高本国的生产能力，加快企业的技术改造，使产品不断更新及多样化，增强出口产品的竞争力。

（3）通过对方回购，还可在扩大出口的同时，得到一个较稳定的销售市场和销售渠道。

2. 对设备供应方的作用

对于设备供应方来说，进行补偿贸易，有利于突破进口方支付能力不足，扩大出口；在当前市场竞争日益激烈的条件下，通过承诺回购义务加强自己的竞争地位，争取贸易伙伴，或者在回购中取得较稳定的原材料来源，或从转售产品中获得利润等方面，也能起到积极的作用。

九、加工贸易

（一）加工贸易的含义与性质

加工贸易是指一国的企业利用自己的设备和生产能力，对来自国外的原材料、零部件或元器件进行加工、制造或装配，然后再将产品销往国外的贸易方式。加工贸易又分为进料加工和来料加工两种。两者的共同点是“两头在外”，即原料来自国外，成品又销往国外。

1. 进料加工

进料加工一般是指从国外购进原料，加工生产出成品再销往国外。由于进口原料的目的是扶植出口，所以，又可称为以进养出。

2. 来料加工

来料加工在我国又称为对外加工装配业务，是指由外商提供一定的原材料、零部件、元器件，由我方按对方的要求进行加工装配，成品交与对方，我方按照约定收取工缴费作为报酬。

对外加工装配业务不属于货物买卖。因为原料和成品的所有权始终属于委托方，并未发生转移，我方只提供劳务并收取约定的工缴费。因此，可以说对外加工装配属于劳务贸易的范畴，是以商品为载体的劳务出口。

目前来料加工的主要做法有：(1) 来料加工。即加工一方按照对方的要求，把对方提供的原辅料加工成制成品交与对方以收取加工费。(2) 来样加工。即对方只提出各方面要求并提供样品，加工方全部采用国产原辅料加工，成品交与对方。(3) 来件装配。即对方提供零部件或元器件，加工方进行装配并将成品交与对方。

来料加工与进料加工方式都是两头在外的加工贸易方式，但两者又有明显的不同：第一，来料加工在加工过程中均未发生所有权的转移，原料运进和成品运出属于同一笔交易，原料供应者即是成品接受者；而在进料加工中，原料进口和成品出口是两笔不同的交易，均发生了所有权的转移，原料供应者和成品购买者之间也没有必然的联系。第二，在来料加工中，我方不承担销售风险，不负盈亏，只收取工缴费；而在进料加工中，我方赚取从原料到成品的附加价值，要自筹资金、自寻销路、自担风险、自负盈亏。

（二）加工贸易对我国的作用

加工贸易业务对我国有积极的作用：

第一，可以发挥我国的生产潜力，补充国内原材料的不足，为国家增加外汇收入。

第二，引进国外的先进技术和管理经验，有利于提高生产、技术和管理水平。

第三，有利于发挥我国劳动力众多的优势，增加就业机会，繁荣地方经济。

对委托方来讲，来料加工业务也可降低其产品成本，增强竞争力，并有利于委托方所在国的产业结构调整。

十、电子商务

（一）电子商务的概念

电子商务（Electronic Commerce，EC），包括两个方面的内容：电子方式和商贸活动。

1997 年 11 月国际商会对电子商务的定义为：电子商务是指实现整个交易活动的电子化，即交易双方以电子方式进行的各种形式的商业交易。现在，电子商务主要是指通过 EDI（电子数据交换）、Internet（互联网）来进行的商务活动。

（二）电子商务的分类

根据 1997 年 11 月国际商会的世界电子商务会议，电子商务可以按不同商务活动群体的业务性质分为以下四类。

1. 商业机构对商业机构的电子商务

商业机构对商业机构的电子商务（B to B或B2B）指的是企业与企业之间进行的电子商务活动，如工商企业利用计算机网络向它的供应商进行采购。

这一类电子商务已经存在多年，早在20世纪60年代就出现了通过增值网络进行的EDI。EDI是英文Electronic Data Interchange的缩写。联合国国际贸易法委员会EDI工作组于1994年10月14日在维也纳举行的第28届会议上通过了EDI的法律定义：EDI是计算机之间信息的电子传递，而且使用某种商定的标准来处理信息结构。通俗地说，EDI就是将数据和信息规范化和格式化，并通过计算机和网络进行交换和处理。

随着互联网技术的发展，越来越多的B2B的电子商务转到了互联网上。这样不仅能降低投资和运营成本，使相对进入的障碍减少，吸引更多小企业，从而扩大交易伙伴的范围，而且使电子商务的参与形式多种多样，接入也更灵活方便，速度也更快。

2. 商业机构对消费者的电子商务

商业机构对消费者的电子商务（B to C或B2C）主要指企业利用互联网向消费者提供服务或产品。这类电子商务发展很快，潜力巨大。就目前发展看，这类电子商务仍将持续发展，是推动其他类型电子商务活动的主要动力之一。

3. 商业机构对行政机构的电子商务

商业机构对行政机构的电子商务（B to A或B2A）仍处于起步阶段，一个典型的例子是政府采购，也就是政府将采购的细节在互联网上公布，通过网上竞价方式进行招标，企业也要通过电子的方式进行投标。其主要目的是降低成本，使政府支出和内部管理更有效率。

除此之外，政府还可以通过此类电子商务实施对企业的行政上网管理，如政府用电子的方式发放进出口许可证、开展统计工作，企业可以通过网络交税和退税等。

4. 消费者对行政机构的电子商务

消费者对行政机构电子商务（C to A或C2A）是指政府通过互联网来管理国民，如通过网络来发放养老金、收税、进行车辆年检等。

（三）电子商务的影响

1. 电子商务对有关国家和国际组织的影响

许多国家和国际组织充分认识到电子商务的重要性，积极制定了电子商务发展规划和相关法律法规，为实施电子商务创造更好的环境。

世界贸易组织从1998年起将电子商务作为全球贸易的一部分来对待，并于同年3月发布了《电子商务和世界贸易组织的角色》的报告，强调电子商务为世界各国，尤其是为发展中国家提供了巨大的发展潜力和机遇。亚太经合组织（APEC）在1999年的部长会议上通过了“APEC电子商务行动计划”。2001年10月，在上海召开的第13届部长级会议上，各成员部长们充分认识到电子商务在全球的发展前景，认为就此制定一个法规和政策框架以促进电子商务的充分发展并创造出新的贸易机会非常重要，并批准了成立电子商务工商联盟的倡议。这些都表明电子商务已成为国际贸易发展中新的交易方式。

2. 电子商务对企业的影响

（1）电子商务可以降低进货成本。这对于采购方来说，供应商越多，竞争越激烈，进货成本就越有可能降低。美国通用电气公司通过实施电子商务采购方式使采购人工成本节省了30%～60%，原材料采购成本平均下降了20%。

（2）电子商务可以减少库存。一个公司库存越多，经营费用就越多，利润就会随之降低。互联网可以帮助公司及时掌握仓库的物流信息，便于减少库存，这对一个公司而言十分重要。

（3）电子商务可以降低营销成本。实施电子商务以后，企业可以把一些必要的信息以可读的形式放在网上，由消费者自己上网查阅，这样，企业能把这部分营销成本转移给消费者。

（4）电子商务可以扩大商业机会。互联网没有时间和空间的限制，它每天运行24小时，触角伸向世界每一个地方。因此，利用互联网做贸易可以远及过去靠人进行销售或依靠广告销售所不能有效到达的市场。

3. 电子商务对消费者的影响

（1）电子商务可以增加顾客的选择。消费者发现他们的购物行为不再被距离或邮购行为所限制。通过在线方式，消费者可以在其他城市、其他国家，甚至传统意义上不存在的商店进行购物。

（2）电子商务可以方便购物。消费者经常把方便视为在线购物的首要原因。在线可以节省时间，消费者没有必要逛商店或根据商店的营业时间来调整自己的日程安排。

（3）电子商务可以得到满意的服务。在传统的生产方式下，消费者是被动地接受制造商生产出的产品，他们的选择范围很小。但实施电子商务使得消费者可以在更大范围选择自己需要的商品，得到满意的服务。

◆ 本章小结

1. 世界市场与国际贸易是世界各国参与国际分工的表现。它是随着地理大发现而萌芽，随着第一次产业革命的胜利而迅速发展，最后又随着第二次产业革命的进展而最终形成的。当代世界市场按交易国家可划分为发达市场经济国家市场，发展中国家市场和经济转型国家市场；按交易内容可划分为货物市场、服务市场和技术市场；按交易商品形式可划分为有固定组织形式的国际市场和无固定组织形式的国际市场。当代世界市场的特点主要有：国内外市场融合加速，世界市场容量在波动中不断扩大，中国等新兴经济体的贸易地位日益提高，中国改革开放为全球化提供新航向。

2. 世界市场上的交易方式是指国际上商品流通的做法和渠道。它包括逐笔售定的单边进口或单边出口、经销、代理、寄售、招标投标、期货交易、对销贸易、加工贸易、电子商务等。

◆ 思考题

1. 世界市场形成的标志是什么？
2. 当代世界市场主要特点是什么？
3. 世界市场上的主要交易方式有哪几种？

第六章

世界市场价格

学习目标

世界市场价格是世界市场商品交换的基础。本章系统地分析了世界市场价格的基础，世界市场价格的形成、决定因素与种类，国际贸易商品价格的职能与作用以及贸易条件。目的在于使学生了解世界市场价格的形成与变化及其对贸易的影响。要求学生掌握世界市场价格的含义，世界市场价格的决定因素，世界“封闭市场”价格，世界“自由市场”价格，国际贸易商品价格的职能，贸易条件的概念。

第一节　世界市场价格概述

一、世界市场价格的含义

世界市场价格是商品国际价值的货币表现，即以货币表现的商品的国际价值。

二、国际价值的形成

（一）商品国际价值形成的基础

商品的国际价值是在国别价值的基础上形成的。任何国家所生产的商品的价值内容，都是由抽象的社会劳动所决定的。当资本主义破坏了分散的自然经济，并把地方市场结合成全国市场，随后又结合成世界市场之后，社会劳动便获得全面的发展。它不仅是作为个别国家的劳动，而且是作为世界上一切国家的劳动。当商品交换变成世界性交换的时候，社会劳动便具有普遍的国际性质。

（二）国别价值和国际价值质的同一性和量的差别性

商品的国别价值和国际价值作为一般人类劳动的凝结物，在本质上是完全相同的，而在量上则是不同的。国别价值量是由该国生产该商品的社会必要劳动时间所决定的。“社会必要劳动时间是在现有的社会正常的生产条件下，在社会平均的劳动熟练程度和劳动强度下制造某种使用价值所需要的劳动时间。”①

在世界市场上，商品的价值（即国际价值）不是取决于各国的社会必要劳动时间，或国民平均劳动时间，而是决定于“世界劳动的平均单位”。这个劳动的平均单位，就是在世界的平均技术条件下，在各国劳动者的平均劳动强度下，生产某种商品时所需要的世界社会必要劳动时间。马克思说：“国家不同，劳动的中等强度也就不同；有的国家高些，有的国家低些。于是各国的平均数形成一个阶梯，它的计量单位是世界劳动的平均单位。”② 因此，强度较大的国民劳动比强度较小的国民劳动，会在同一时间内生产出更多的价值，而这又表现为更多的货币。马克思在这里所说的劳动的中等强度是指在一国国内生产一单位产品时所花费的国民平均劳动或社会必要劳动。衡量各个国家的劳动的中等强度或国民平均劳动的高低或大小，需要有一个计量单位或尺度。这个计量单位和尺度，就是“世界劳动的平均单位”。

三、影响国际价值量变化的主要因素

（一）劳动生产率

商品的国际价值量是由生产这种商品的国际社会必要劳动时间决定的，因此，国际价值量随国际社会必要劳动时间的变化而变动。国际社会必要劳动时间是随着世界各国的社会必要劳动时间变化而变化的，假如各国的社会必要劳动时间缩短了，则国际社会必要劳动时间也将随之缩短；反之，则扩大。各国生产商品的社会必要劳动时间是随着劳动生产率的改变而改变的。

劳动生产率的变化，必然会引起生产商品的社会必要劳动时间的变化，从而引起商品价值量的变化。劳动生产率越高，单位时间内生产的商品越多，则生产单位商品所需要的社会必要劳动时间越少，单位商品的价值量就越小；反之，劳动生产率越低，单位时间内生产的商品越少，则生产单位商品所需要的社会必要劳动时间便越多，单位商品的价值量便越大。“商品生产的一般规律是：劳动生产率和劳动创造的价值成反比。”③

（二）劳动强度

国际价值量还受各国劳动强度的影响。劳动强度是指劳动的紧张程度，也就是指同一时间内劳动力消耗的程度。单位时间消耗的劳动多，劳动强度就大；反之，则小。劳动强度即劳动消耗量与价值量是成正比例的。

（三）贸易参加国的贸易量

国际社会必要劳动时间的形成与参加国际贸易国家的贸易量有着密切关系。

（1）如果绝大多数国际贸易商品是在大致相同的正常的各个国家的社会必要劳动时间下生产出来的，则国际社会必要劳动时间就是该商品各个国家的社会必要劳动时间。在这种情况下，商品国别价值与国际价值基本上是一致的。

（2）假定投到国际市场上的该商品的总量仍旧不变，然而在较坏条件下生产的商品的

---

① 马克思．资本论：第 1 卷．北京：人民出版社，1975：52.

② 同①614.

③ 马克思．资本论：第 2 卷．北京：人民出版社，1975：168.

国别价值，不能由较好条件下生产的商品的国别价值来平衡，导致在比较坏的条件下生产的那部分商品，无论同中间生产条件生产的商品相比，还是同较好条件下生产的商品相比，都构成一个相当大的量，那么，国际价值就由在较坏条件下生产而出口的大量商品来调节。

（3）假定在高于中等条件下生产的商品的出口量，大大超过在较坏条件下生产的商品的出口量，甚至同中等条件下生产的商品的出口量相比也构成一个相当大的量，那么，国际价值就由在较好条件下生产的那部分商品来调节。

第二节 世界市场价格的形成与种类

一、供求关系决定世界市场价格

商品的世界市场的供求关系是指一定时期市场上产品供应与产品需要之间的关系。商品国际市场价格是由国际市场商品的供求关系决定的。

马克思曾经指出，商品的价格是由买主和卖主之间的竞争即供求关系决定的。这种竞争包括三个方面，即卖主之间的竞销、买主之间的竞购、买主与卖主之间的竞争。各方面竞争的结果，使一切已知的同一种和品质相同的商品逐步取得相同的国际市场价格，使得国际市场价格接近国际生产成本。

当世界市场需求扩大时，商品价格趋涨；当市场需求萎缩时，商品价格趋跌；当商品供给减少时，商品价格趋涨；当商品生产过剩时，商品价格趋跌；当商品需求扩大，供给同时缩减时，价格急剧上升；当商品需求下降，供给同时增加时，价格急剧下跌。

二、供求变动的主要因素

（一）垄断

1. 垄断组织对市场的控制

垄断组织为了夺取最大限度的利润，采取各种办法控制世界市场价格。

2. 国家垄断

为了经济安全和保证国民生活的需要，一些国家对涉及国计民生的行业进行垄断，由政府主管部门直接确定价格。

一些生产石油的国家，为了保证本身的权益，利用他们的储藏优势和难以替代的特点，组织石油输出国组织通过限制产量来控制石油价格。

（二）经济发展周期

马克思指出，资本主义的生产要经过一定的周期性的循环，“沉寂状态、逐渐活跃、繁荣、生产过剩、崩溃、停滞、沉寂状态等等”①，商品的市场价格和市场利润率都随着这些阶段而变化。资本主义经济危机是有周期性的。在危机期间，生产猛然下降，大批商品

① 马克思．资本论：第3卷．北京：人民出版社，1975：404.

找不到销路，存货积压，一般来说，价格会下跌。危机过去之后，生产逐渐上升，对各种产品的需求增加，价格又开始上涨。

（三）各国政府采取的政策措施

第二次世界大战结束后，各国政府采取了许多政策措施来支持本国经济贸易发展，如支持价格政策、出口补贴政策、进出口管制政策、外汇政策、税收政策、战略物资收购及抛售政策等，对世界市场商品的供求有很大的影响。

（四）商品的质量与包装

在国际市场上一般都是按质量和包装论价的。

（五）商品销售中的各种因素

商品销售中的各种因素包括：定价技巧、付款条件的难易、运输交货是否适时、销售季节的赶前与错后、是否名牌、使用货币的币种、成交数量的多少、地理位置的远近、广告宣传的效果、服务质量的高低、电子商务的运用、国际物流的管理等。它们对世界市场的供求都有影响。

（六）其他因素

其他因素包括季节变化、自然灾害、政治和经济上的突发事件等。

三、世界市场价格种类

（一）代表性的世界市场价格

1. 成交价格

成交价格是指贸易厂商在日常交易中所达成的合同价格。它能够迅速而准确地反映世界市场价格的动态和水平。但是这一价格通常只有买卖双方知道。

2. 交易所价格

在商品交易所成交的价格被称为交易所价格。许多大宗初级产品的交易在交易所进行。交易的价格通过激烈的市场竞争而达成，是许多国家签订合同确定价格的主要依据。

交易所的交易可分为两类：现货交易和期货交易。两者的价格是不同的，前者接近实际成交价格，后者是一段时间以后的价格。

初级产品的现货交易中心多位于商品的产地，如一些发展中国家；而期货市场则多设在主要的国际金融中心，如芝加哥、伦敦、纽约等。许多商品的交易可以参照商品交易所的价格，如铜、铅、锌、锡等金属交易可以参照伦敦商品交易所的价格，天然橡胶可参照新加坡商品交易所的价格，玉米、燕麦等谷物产品可参照芝加哥商品交易所的价格。

3. 拍卖价格

拍卖是商品交易的一种方式。拍卖价格就是以拍卖方式进行交易时形成的价格。它也是一种实际成交价，并且是现货成交价。拍卖价格不附带什么特别条件，能反映某些商品市场行情的变化和水平。拍卖市场有的在销售地，如伦敦有茶叶和猪鬃等的拍卖市场；也有的在产地，如印度、斯里兰卡、东非各产茶国的茶叶拍卖市场，澳大利亚的羊毛拍卖市场等。

4. 开标价格

某一国家或大企业为购进大批物资，有时以公告方式向世界承销商招标，通过招标而成交。如摩洛哥的茶、印度的烧碱、东南亚某些国家购买化肥等大多都采用这种方式。而开标价格就是通过招标投标方式进行交易时达成的价格。由于参加投标者众多、竞争性强，所成交的价格往往低于一般成交价格。

5. 参考价格

参考价格是指经常在各种期刊和批发价格表上公布的价格。参考价格变化较缓慢，因此实际交易中的参考价格是通过加价或折扣来适应市场变化的。在将参考价格应用到实际中时，必须注意运用外贸中所惯用的折扣办法，如现金折扣、数量折扣、季节性折扣等。

（二）企业市场营销价格

1. 出口报价

其中包括：销往国外市场的商品成本；与出口相关的运营成本（调研、额外的运输与保险、通信和促销支出）；市场进入成本（关税、商业、政治和外汇风险）。

2. 国外市场定价

其中包括：公司目标；成本；顾客行为和市场条件；市场结构；环境约束。

3. 协议价格

协议价格是指大公司之间通过协商达成的价格。当一个市场由数家公司产品控制时，它们通过协商，订立一个大家都可以接受的价格来控制市场价格，日本一些企业有时采取这种价格，减少彼此竞争，获得“保证利润”。

4. 调拨价格

调拨价格又称转移价格，是指跨国公司成员之间的交易所采用的定价。其目的是：保持在国际市场上的竞争力，减少关税和其他税收的负担，更好地管理现金流，使汇率风险降到最小，避免与本国和东道国政府之间的冲突，保持内部协调。

5. 倾销价格

倾销价格是指企业为了打开国外市场，以低于国内市场正常价值把产品销往国外市场的价格。

6. 垄断价格

垄断价格是指国际垄断组织利用其经济力量和市场控制力量决定的价格。在世界市场上，国际垄断价格有两种：一种是卖方垄断价格，另一种是买方垄断价格。前者是高于商品的国际价值量的价格，后者是低于商品的国际价值量的价格。在两种垄断价格下，均可取得垄断超额利润。垄断价格的上限取决于世界市场对于国际垄断组织所销售的商品的需求量，下限取决于生产费用加国际垄断组织所在国的平均利润。由于垄断并不排除竞争，故垄断价格也有一个客观规定的界限。

（三）国家和集团干预价格

1. 国家垄断价格或管理价格

它是指国家通过国内外贸易与法规干预和影响价格。在当今世界市场上，国家干预价格有两种做法。

(1) 国家机构对商品市场的单方面干预。

国家机构对商品市场的单方面干预在农业方面表现得最为突出。为了保护农业，世界各国尤其是发达国家通过以下方法对农产品价格进行干预：收购；限制产量；按照保证价格与市场价格之间差额数给予补贴；管理进出口；国家经营收购业务和进出口贸易。这些做法，自然影响世界市场价格。

（2）政府间贸易协定。

政府间的贸易协定不管是双边或多边的，都对世界市场价格产生一定的影响。如国际商品协定、多种纤维安排、生产输出国组织等。

2. 区域性经济贸易集团内的价格

第二次世界大战后，世界上成立了许多区域性的经济贸易集团。在这些经济贸易集团内部，形成了区域性经济贸易集团内价格。如欧洲经济共同体的共同农业政策中的共同农产品价格。共同农产品价格的主要内容是：（1）共同体内部农产品实行自由贸易；（2）对许多农产品实行统一价格来支持农场主的收入；（3）通过规定最低的进口价格来保证农产品价格稳定，并对内部生产提供一定支持；（4）征收进口差价税以保证最低价格的实施；（5）对过剩农产品采用补贴出口加速国内消费。

第三节　国际贸易商品价格的职能与作用

一、国际贸易商品价格的职能

（一）表现商品的国际价值

这是价格的基本职能，也是价格的本质所在。无论在世界市场上，还是在国内市场上，物化在商品中的劳动量不可能用直接的必要劳动时间来计算。各个商品生产者使用在商品生产上的个别劳动，必须转化为价值，才能成为社会劳动或国际社会劳动的一部分。因此，商品的国内价格或世界市场价格承担着表现社会劳动或国际社会劳动的职能。

（二）核算经济效果

在市场经济条件下，任何一个经济和企业单位，都必须计算经济活动的耗费与效果，评价其经济活动的效益。在价值还无法直接计算的情况下，作为价值的货币表现形式的价格，就成为世界各国外贸计量经济活动效益的一个工具。

（三）调节生产和消费

当价格高于价值、商品利润较多时，生产规模就会扩大，供给就会增加；当价格低于价值、商品无利或亏损时，生产规模就会缩小，供给也就相应减少。价格对于需求的作用正好与上述情况相反。价格通过市场供应来调节生产、流通和消费。

在国际贸易中，世界各国进出口商品国内价格与世界市场价格的高低、差价，都会直接或间接调节贸易参加国的社会生产、流通和消费。

二、国际贸易商品价格的作用

（一）调节国际分工

1. 调节早期的垂直型国际分工的形成

在历史上，欧美资本主义国家利用廉价的工业品摧垮经济不发达国家的民族工业，形成了有利于自己的国际分工。在资本主义初期，特别是建立了采用机器技术和蒸汽发动机的大工业国家，其劳动生产率大大提高，其工业品的价值大大低于不发达国家手工制造的手工业品价值。这样，发达资本主义国家利用其“价廉物美”的工业品冲破一切经济不发达国家的“万里长城”，使这些国家的手工业者与农民破产，被迫从事工业国所需要的农业生产、矿业生产，仅生产几种或一两种原料、食品或矿产品，形成“单一经济”。

第二次世界大战以后，随着生产和资本国际化过程的加强，发达国家与发展中国家的国际分工形式发生了变化。发达国家利用劳动者的熟练程度和高度的科学技术发展与应用，发展那些高精尖且用料少、污染轻的资本集约工业；而把一般用料多、污染重的工业放到发展中国家，其重要原因是前者的国际价值量远远高于后者，从两者交换中可以得到更多的利益，这就刺激了新型分工的形成。

2. 调节发达国家之间的分工

在资本主义各国，产业资本家总是面对着世界市场，并且不仅将自己的成本价格同国内的市场价格相比较，而且同全世界的市场价格相比较。比较的结果会出现以下几种情况：（1）当其成本价格低于世界市场价格时，无疑会继续生产该种商品。（2）当其成本价格高于世界市场价格时，通过改进生产技术，提高劳动生产率，使其生产成本等于或低于世界市场价格。（3）科学文化技术高度发达的国家生产那些高精尖的所谓“资本集约”和“知识集约”产品；资源比较丰富的国家从事各种资源集约型产品的生产。（4）利用各自的长处，相互分工和协作，从事项目巨大的研究与发展，把产业各部门之间的分工向各个部门内部的分工发展，取得规模经济效益、节约时间的经济效果。

3. 社会主义国家参加国际分工的重要依据

社会主义国家在参加国际分工时，既要从宏观经济的角度考虑其利益，也要从微观经济角度重视其利益。这就是要考虑对外贸易的经济营利性。考虑这种营利性的重要依据就是本国出口商品的本国价值与国际价值之间的比例关系。生产效能大于国际水平的本国劳动在世界市场上被看做是比较集约的劳动，即在单位时间内能创造更大数量的价值的劳动。出口这种产品的数量和比重越大，其本国价值越是小于国际价值，则通过对外贸易实现社会劳动的节约就越大。就商品进口而言，只有在进口商品的国际价值小于该商品的本国价值时，才能取得社会劳动的节约。因此，社会主义国家在参加国际分工时，应充分考虑国际贸易商品价格的作用。

（二）促使贸易各国改进出口和销售技术

商品的国际价值，不是取决于生产商品的国别社会必要劳动时间，而是取决于国际社会必要劳动时间。因此，那些劳动生产率较高，国别社会必要劳动时间较少，即商品的国别价值较低的国家，按照由国际社会必要劳动时间决定的国际价值出售产品，便可以获得较多的利益；反之，那些劳动生产率较低，国别劳动耗费较多，从而商品的国别价值较高的国家，按照国际价值出售产品，便很难取得收益。另外，那些国别价值较低的国家，还可以在国际价值以下来出售商品。这样不仅可以获利，而且还可以打击竞争对手。

因此，各参加贸易的国家为了获得较多的利益，并在竞争中争得主动地位，便采用各种办法，提高劳动生产率，降低商品生产成本。

此外，竞争还迫使各个参加贸易的国家在降低生产成本的同时，在商品的质量、装潢、外形、包装，消费者的现代需求和趣味，销售条件，交货条件，信贷的提供上下功夫，其结果是改进了国际的交换手段，使之更为现代化。

（三）是各国制定对外贸易政策的重要依据

资本主义国家在制定对外贸易政策时，除政治因素外，都要考虑其出口商品价格的竞争能力。经济发达、生产力水平高、商品竞争能力强的国家都主张或执行自由贸易政策；一旦其商品竞争能力减弱时，即转而采取保护贸易政策。经济比较落后、生产力不发达、商品竞争能力弱的国家基本上都采取或执行保护贸易政策；在其出口商品竞争能力提高后，它们又放弃保护贸易政策，鼓吹“自由贸易”政策。价值规律的作用成为资本主义国家制定和改变贸易政策的重要基础。

第四节　贸易条件

一、贸易条件的含义

贸易条件（Terms of Trade）又称贸易比价或交换比价，是指一定时期内一国出口商品价格指数与进口商品价格指数之间的对比关系。

各国常以贸易条件衡量贸易的利弊。

一定时期内，若一国一定量商品出口所能换得的进口商品数量增加，即出口商品价格相对上升，该国的贸易条件便得到改善，贸易利益也随之增加；反之，贸易条件恶化，贸易利益也减少。在基期确定后，如比较期的贸易条件指数大于100，则该时期的贸易条件与基期相比有利；反之，如比较期的贸易条件指数小于100，则比较期的贸易条件不利。所以贸易条件是个相对的概念。在一定程度上，贸易条件能反映出该国的价格优势和竞争能力变化趋势。

二、贸易条件的种类

在国际贸易中，贸易条件有以下几种：

（一）净贸易条件

它是出口价格指数与进口价格指数之比。其计算方法是：

$$N=\frac{P_X}{P_M}\times 100$$

式中：N——净贸易条件；

P_X——出口价格指数；

P_M——进口价格指数。

例如：假定某国净贸易条件以2005年为基期，指数是100，2015年时出口价格指数下降5%，为95；进口价格指数上升10%，为110。那么这个国家2015年的净贸易条件为：

$$N=\frac{95}{110}\times 100=86.36$$

这表明该国从2005年到2015年间，净贸易条件从2005年的100下降到2015年的

86.36，2015 年与 2005 年相比，贸易条件恶化了 13.64。

（二）收入贸易条件

收入贸易条件是在净贸易条件的基础上，把贸易量加进来。计算方法是：

$$I=\frac{P_X}{P_M}\times Q_X$$

式中：I——收入贸易条件；

Q_X——出口数量指数。

还以上例说明。在进出口价格指数相同的条件下，该国的出口数量指数从 2005 年的 100 提高到 2015 年的 120。在这种情况下，该国 2015 年收入贸易条件为：

$$I=\frac{95}{110}\times 120=103.64$$

它说明尽管该国净贸易条件恶化了，但由于出口量的上升，本身的进口能力 2015 年比 2005 年增加了 3.64，也就是收入贸易条件好转了。

（三）单项因素贸易条件

单项因素贸易条件是在净贸易条件基础上，考虑出口劳动生产率提高或降低后贸易条件的变化。计算公式为：

$$S=\frac{P_X}{P_M}\times Z_X$$

式中：S——单项因素贸易条件；

Z_X——出口商品劳动生产率指数。

说明：假定进出口商品价格指数与上例同，而该国出口商品的劳动生产率由 2005 年的 100 提高到 2015 年的 130。则该国的单项因素贸易条件为：

$$S=\frac{95}{110}\times 130=112.27$$

这说明，从 2005 年到 2015 年期间，尽管净贸易条件恶化，但此期间出口商品劳动生产率提高，不仅弥补了净贸易条件的恶化，而且使前项因素贸易条件好转。它说明出口商品劳动生产率提高在贸易条件改善中的主要作用。

（四）双项因素贸易条件

双项因素贸易条件不仅考虑到出口商品劳动生产率的变化，而且考虑到进口商品的劳动生产率的变化。其计算公式为：

$$D=\frac{P_X}{P_M}\times\frac{Z_X}{Z_M}\times 100$$

式中：D——双项因素贸易条件；

Z_M——进口商品劳动生产率指数。

假定上例中进出口价格指数不变，出口商品劳动生产率指数不变，而进口商品劳动生产率的指数从 2005 年的 100 提高到 2015 年的 105，则双项因素贸易条件为：

$$D=\frac{95}{110}\times\frac{130}{105}\times 100=106.93$$

这说明，如果出口商品劳动生产率指数在同期内高于进口商品劳动生产率指数，则贸易条件仍会改善。

三、贸易条件变化的影响因素

（一）选择的年份不同

选择不同年份的基期和比较期的出口价格指数与进口价格指数，直接关系到贸易条件的变化。在净贸易条件中，如选择出口价格最高、进口价格最低的年份作为基期，则比较期的贸易条件肯定不利；反之，如选择出口价格最低、进口价格最高的年份为基期，则比较期的贸易条件肯定有利。因此，选择出口价格和进口价格适中的年份作为基期，能比较客观地反映实际的变化情况。

（二）出口价格和进口价格的变化

影响贸易条件变化的基础是出口价格和进口价格。

对一个国家来说，如出口价格一直很高，进口价格一直很低，则贸易条件会一直有利；如出口价格一直偏低，进口价格一直偏高，则贸易条件会一直不利；如出口价格时高时低，则贸易条件有时有利，有时不利。

（三）出口数量指数、出口与进口商品劳动生产率指数的变化

在计算收入贸易条件时要考虑出口数量指数的变化；在计算单项因素贸易条件时，要考虑出口商品劳动生产率指数的变化；在计算双项因素贸易条件时，除考虑出口商品劳动生产率指数变化外，还要考虑进口商品劳动生产率指数的变化。

◆ 本章小结

1. 世界市场价格是世界市场上各种商品、服务进行交换的基础，也是贸易产生的具体原因。

2. 世界市场价格产生的基础是贸易商品的国际价值量，而商品国际价值量来源于国别价值，劳动生产率和劳动强度决定商品国别价值的大小。

3. 世界市场上的商品价格最终由商品的供求关系决定的，影响供求变动的主要因素有垄断、经济周期、生产者和消费者的收入与需求、各国汇率的变化和政府采取的政策措施等。世界市场价格包括代表性的世界市场价格、企业市场营销价格和国家集团干预价格。

4. 贸易条件是指一定时期内出口商品价格指数与进口商品价格指数之间的对比关系。它包括净贸易条件、收入贸易条件、单项因素贸易条件和双项因素贸易条件。

◆ 思考题

1. 世界市场价格与商品国际价值有何关系？
2. 世界市场价格分为几类？
3. 世界市场价格对贸易各国有何作用？
4. 贸易条件有几种？

第七章

国际服务贸易

学习目标

本章主要介绍国际服务贸易的分类与特征、第二次世界大战后国际服务贸易和中国服务贸易发展的特点以及《服务贸易总协定》的主要内容。目的是了解与掌握国际服务贸易的发展趋势及国际服务贸易的重要性。要求学生掌握：国际服务贸易的概念、分类与特征；第二次世界大战后国际服务贸易和中国服务贸易发展的特点。

第一节　国际服务贸易的分类与特征

一、国际服务贸易的分类

（一）国际服务贸易的概念

国际服务贸易（International Trade in Service）是指不同国家之间所发生的服务交易的活动。这种服务是指以提供活劳动的形式而满足他人需要并获取外汇报酬的活动。正如马克思所指出的："一般地说，服务这个名词，不过是指这种劳动所提供的特殊使用价值，就像其他一切商品也提供自己的特殊使用价值一样；但是，这种劳动的特殊使用价值在这里取得了'服务'这个特殊名词，是因为劳动不是作为物，而是作为活动提供服务的。"①贸易一方向另一方提供服务并获得收入的过程称为服务出口或服务输出，购买他人服务的一方称为服务进口或服务输入。

（二）服务贸易的分类

乌拉圭回合服务贸易谈判小组通过征求各谈判方的提案和意见，提出了以部门为中心的服务贸易分类方法，将服务贸易分为 12 大类。

---

① 马克思，恩格斯．马克思恩格斯全集：第 26 卷．北京：人民出版社，1972：435.

1. 商业性服务

商业性服务是指在商业活动中涉及的服务交换活动，包括以下 6 种服务，其中既包括个人消费的服务，也包括企业和政府消费的服务。

（1）专业性（包括咨询）服务。它涉及的范围包括法律服务、工程设计服务、旅游机构提供服务、城市规划及环保服务、公共关系服务等，以及涉及上述服务项目的有关咨询服务活动、安装及装配工程服务。

（2）计算机及相关服务。这类服务包括计算机硬件安装的咨询服务、软件开发与服务、数据处理服务、数据库服务及其他。

（3）研究与开发服务。这类服务包括自然科学、社会科学及人类学中的研究与开发服务。

（4）不动产服务。即不动产范围内的服务交换，但不包括土地的租赁服务。

（5）设备租赁服务。主要包括交通运输设备，如汽车、飞机、船舶和计算机、娱乐设备等的租赁服务。

（6）其他服务。包括：生物工艺学服务；翻译服务；展览管理服务；广告服务；市场研究及公众观点调查服务；管理咨询服务；与人类相关的咨询服务；技术检测及分析服务；与农、林、牧、采掘业、制造业相关的服务；与能源分销相关的服务；人员的安置与提供服务；调查与保安服务；与科技相关的服务；建筑物清洁服务；摄影服务；包装服务；印刷、出版服务；会议服务；其他服务等。

2. 通信服务

通信服务是指所有有关信息产品、操作、储存设备和软件功能等的服务。通信服务由公共通信部门、信息服务部门、关系密切的企业集团和私人企业间进行信息转接和服务提供。主要包括：邮电服务；信使服务；电信服务，包括电话、电报、数据传输、电传、传真；视听服务，包括收音机及电视广播服务；其他电信服务。

3. 建筑服务

建筑服务主要是指工程建筑从设计、选址到施工的整个服务过程。

4. 销售服务

销售服务是指产品销售过程中的服务交换。主要包括：商业销售，主要指批发业务；零售服务；收取与销售有关的代理费用及佣金等；特许经营服务；其他销售服务。

5. 教育服务

教育服务是指各国在高等教育、中等教育、初等教育、学前教育、继续教育、特殊教育和其他教育中的服务交往，如互派留学生、访问学者等。

6. 环境服务

环境服务是指污水处理服务、废物处理服务、卫生及相关服务等。

7. 金融服务

金融服务主要是指银行和保险业及相关的金融服务活动。

8. 健康及社会服务

健康及社会服务主要是指医疗服务、其他与人类健康相关的服务、社会服务等。

9. 旅游及相关服务

旅游及相关服务即指旅馆、饭店提供的住宿服务、餐饮服务、膳食服务及相关的服务；旅行社及导游服务。

10. 文化、娱乐及体育服务

文化、娱乐及体育服务即指不包括广播、电影、电视在内的一切文化、娱乐、新闻、图书馆、体育服务，如文化交流、文艺演出等。

11. 交通运输服务

交通运输服务主要包括：货物运输服务，如航空运输、海洋运输、铁路运输、管道运输、内河和沿海运输、公路运输服务，也包括航天发射以及运输服务，如卫星发射等；客运服务；船舶服务（包括船员雇用）；附属于交通运输的服务，主要指货物装卸服务、仓储服务、港口服务、起航前查验服务等。

12. 其他

未包括的服务。

二、国际服务贸易的特征

国际服务贸易自身的复杂性及其与货物贸易的差异，使其具有以下几方面的主要特征。

（一）国际服务贸易中大多数服务具有无形性

众所周知，就货物贸易而言，在特定的时间和确定的地点，人们可以看见货物、资本或信息的跨国界移动。但是，人们要想亲眼看见服务出口或进口却是相当困难的。因为服务的物质及组成服务的元素在很多情况下是无形的。随着科学技术的发展，虽然相当一部分服务可以借助现代科技表现出来，但是我们很难亲眼看见服务出口或进口，比如一个人跨国界到国外讲学、发表演讲、演出、提供咨询服务等，如果不作广泛调查，边境人员是无法知道什么是服务的出口或进口的。

另外，我们在认识服务的无形性时，一定要区分服务本身和服务加以表现的形式。比如，厨师的烹调行为是服务，但是厨师使用的原料并不是服务，而是服务所借助的物质，烹调出来的菜也不是服务，而是服务的成果，服务正是通过这种成果表现出来的。

（二）国际服务贸易中部分服务具有生产和消费的同时性

一般来说，与货物贸易相比，服务贸易中部分服务贸易的交换的标的物——服务，是不能储存的，服务的生产过程与消费过程同时进行。服务消费在生产过程中完成，并要求服务提供者和使用者存在某种形式的接触。如果没有消费者接受服务，那么原则上服务并不发生。比如开演唱会，在演唱会结束后，服务提供完毕，而作为服务消费者的听众消费也就完毕。因而，服务的使用价值不能脱离服务出口者（生产者）和服务进口消费者而固定于某一耐久货物中。当然，有些服务，或者说有些服务活动或劳动也可能体现在某一货物中，或者说可以和生产者、服务出口者分离。但是，服务贸易的不可储存性仍然广泛存在。

（三）国际服务贸易交易标的物呈现多样化

国际服务贸易与货物贸易比较，其交易标的物不是单纯的货物，而是呈现出多样化的特点。例如，技术贸易作为服务贸易的内容之一，其交易标的物是专利、商标及专有技术。除此之外，很多服务贸易的交易标的物难以以货物贸易形式的标的物体现。如运输服务、旅游服务、金融服务、保险服务，这类服务贸易的交易标的物我们自然不能认为是提供运输服务的承运人或飞机、轮船、火车、汽车，也不能认为交易标的物是旅游景点等。

所以，国际服务贸易交易标的物具有多样化和无形性的特点。

（四）国际服务贸易服务具有质量的差别性

国际货物贸易货物的品质和消费效果通常是相同的，同一品牌的家电或汽车，除去假冒产品，其品质和消费效果基本上没有差异。而同一种服务的质量和消费效果往往存在显著差别。这种差别来自供求两方面：第一，服务提供者的技术水平和服务态度，往往因人、因时、因地而异，他们的服务随之发生差异；第二，服务消费者对服务也时常提出特殊要求。所以，同一种服务的一般与特殊的差异是经常存在的。统一的服务质量标准只能规定一般要求，难以确定特殊的、个别的需要。

（五）国际服务贸易涉及法律的复杂性

国际服务贸易与货物贸易相比，涉及的法律要复杂得多。货物贸易主要适用合同法、买卖法、国际货物销售合同公约等，相对而言较简单。但是，国际服务贸易涉及的国内外法律及国际法要广泛得多、复杂得多。例如技术贸易合同所涉及的法律，除了适用货物买卖法、合同法外，还要受工业产权法、专利法、商标法、反托拉斯法、公平贸易法、高技术出口管制法等法律规范的约束。国际服务贸易是通过国内法、国际法规定进行管理的，管理的对象主要是服务提供者，这主要涉及市场准入和管理外国投资等主权问题。因此，国际服务贸易涉及的法律较为复杂。

（六）国际服务贸易标的物的使用权和所有权呈现复杂性

与货物贸易相比，国际服务贸易标的物的使用权与所有权在交易过程中比较复杂。在货物贸易中，交易过程一旦结束，货物的使用权和所有权同时转让，即卖方失去对货物的所有权和使用权，卖方无权支配和使用该货物。但是，在国际服务贸易中却比较复杂。一般来说，国际服务贸易中服务提供者与消费者原则上是一种标的物的所有权和使用权相分离的贸易。例如，技术贸易是技术许可方（服务出口者）在一定条件下，将技术贸易的标的物的使用权转让给技术接受方（服务进口者）使用，而没有将其所有权转让给服务进口者。知识产权的交换都存在这种特点。然而，由于服务贸易标的物又存在无形性的特征，很多国际服务贸易标的物很难用所有权与使用权的分离加以判定。例如国际旅游中，作为服务消费者的旅客所消费的服务是涉及旅游的各种服务内容，在消费过程中实现和满足他的服务要求。但是，我们却很难用一种物化的媒介物说明该服务消费者获得了某种使用权或所有权。

第二节　当代国际服务贸易的发展

一、当代国际服务贸易发展的特点

（一）当代国际服务贸易发展迅速

第二次世界大战前，服务贸易随着交通运输、金融、通信等行业的发展而有所发展，但其发展速度和规模以及在世界经济中的地位和作用均不显著。第二次世界大战后，尤其是 20 世纪 60 年代后，科学技术革命推动了生产力的发展，促进了社会分工的扩大和深化，加强了各经济部门之间和各经济部门内部的相互依赖，这种情况要求有一种非生产的“要素”加入生产过程中，以便协调各生产经营活动环节之间的关系，合理配置生产要素。服务行业就是所需要的这种要素，它应时崛起，成为生产经营活动不可缺少的成分。经济的发展，人民的物质生活水平不断提高，刺激了对高消费的服务需求。这些因素使战后服务贸易有了惊人的增长。从 1980 年到 2012 年世界服务贸易出口额从 3 650 亿美元增加到 43 000 亿美元，32 年间增长了近 11 倍，占世界贸易出口总额的比重从 1/7上升到近 1/5。

服务贸易已经成为世界经济增长的重要推动力。2012 年，世界贸易总额为 453 426 亿美元，其中服务贸易额为 84 526 亿美元，占比 18.6%。虽然服务贸易占比还不到 20%，但服务贸易额占世界贸易总额的比例在逐年增长，且全球贸易增长近 50%来自服务贸易。2015 年世界服务贸易进出口总额进一步增长，达 92 450 亿美元。进出口规模前五位国家分别为美国、中国、英国、德国、法国。2016 年世界服务贸易进出口额略有增长，达 94 385 亿美元。中国服务贸易进出口额于 2012 年首次进入世界第三位，2014 年上升至第二位，2017 年世界服务贸易进出口额为 104 430 亿美元，中国服务贸易进出口总额继续保持世界第二位。

（二）世界服务贸易结构发生很大变化

20 世纪 80 年代以来，世界服务贸易结构发生了很大变化。世界服务贸易结构逐渐向新兴服务贸易部门倾斜，以通信、计算机和信息服务、金融、保险、专有权利使用和特许为代表的其他服务类型所占比重从 1980 年的 34.8%逐步增长到 2013 年的 55.7%。旅游、运输等传统服务贸易部门保持稳定增长，但所占比重下降。1980—2013 年，运输服务占世界服务贸易的比重从 36.8%下降到 19.4%，旅游服务所占比重从 28.4%下降到 25.4%。

（三）旅游贸易引领全球服务贸易增长

旅游服务贸易正成为国际贸易增长的重要驱动器，也成为服务贸易最大的组成部分。

2018 年 1 月 12 日，中国社会科学旅游研究中心发布的《世界旅游经济趋势报告(2018)》显示，2016 年，国际旅游服务成为国际服务贸易中的最大组成部分。旅游服务贸易占服务贸易总额的 25.1%，领先于建筑服务贸易 2.3 个百分点，高出交通服务贸易 7.3 个百分点。这一趋势在 2017 年得以延续。

这一势头主要表现在四个方面：一是全球旅游总人次快速增长，达到全球人口总规模的 1.6 倍。全球范围内，参与旅游的群体不断扩大，旅游消费已经成为全球民众的重要生活方式。二是全球旅游总收入超过 5 万亿美元，相当于全球 GDP 的 6.7%。旅游对推动全球经济增长的作用更加明显。三是全球旅游总人次和旅游总收入的增速均超过 2016 年，分别增长 6.8%和 4.3%。四是 2017 年全球旅游总收入和旅游总人次增速持续高于 GDP 增速。国际货币基金组织和世界银行对 2017 年全球 GDP 实际增长的预测分别为 3.5%和 2.7%，而全球旅游总收入增速比其分别高出 0.8 个百分点和 1.6 个百分点。①

近年来，全球信息技术革命的不断发展增强了服务活动及其过程的可贸易性，通信、计算机和信息服务、咨询等新兴服务行业不断扩张。同时，与近年来出现的大型呼叫中

① 孟妮．旅游贸易引领全球服务贸易增长．国际商报，2018-01-18.

心、数据库服务、远程财务处理等一样，新的服务贸易业务逐渐衍生出来。世界服务贸易正逐渐由以自然资源或劳动密集型为基础的传统服务贸易转向以知识技术密集型为基础的现代服务贸易。国际服务贸易竞争的重点将集中于新兴服务行业，以电子信息技术为主和以高科技为先导的一系列新兴服务将成为未来各国国民经济发展的主要支柱和强大动力。

（四）发达国家在国际服务贸易中占主导地位

由于当代世界各国经济和服务业发展严重不平衡，各国的对外服务贸易水平及在国际服务市场上的竞争实力悬殊，与国际货物贸易领域相比，全球各地区和各国服务贸易发展的不对称性更加突出。近年来，虽然发展中国家在世界服务贸易中的地位趋于上升，但发达国家仍占主导地位。

从全球范围来看，服务贸易位居全球前30位的国家和地区主要是发达国家和地区，其中美国、英国、意大利、比利时、日本、法国、德国等国的服务贸易出口额已占各自国家GDP的10%以上。2012年世界上第一大服务贸易大国——美国，其服务贸易进出口额达到10 197亿美元，占其对外贸易总额的20.8%，实现贸易顺差2 080亿美元。

目前，广大发展中国家已经充分意识到抓住新一轮国际产业转移对本国经济发展的重要性，并开始利用比较优势大力发展服务业和服务贸易。发展中国家除在劳务输出、建筑工程承包、旅游等传统服务贸易中继续保持一定优势外，在通信、计算机和信息服务方面也在加大投入，发掘区位优势、人力资源优势和政策优势，积极承接发达国家的外包业务。从世界范围来看，发展中国家的服务贸易出口竞争力正在增强。

（五）服务外包成为新的服务贸易形式

近年来，随着跨国公司的战略调整以及系统、网络、存储等信息技术的迅猛发展，由业务流程外包（BPO）和信息技术外包（ITO）组成的服务外包正逐渐成为服务贸易的重要形式，给世界经济注入了新的活力。世界发达国家和地区是主要的服务外包输出地，在全球外包支出中，美国占了约2/3，欧盟和日本占近1/3，其他国家所占比例较小。发展中国家是主要的服务外包业务承接地，其中亚洲是承接外包业务最多的地区，约占全球外包业务的45%。

美国通用电气（GE）曾提出，公司外包业务的70%将采用离岸模式。部分跨国公司已经在扩大外包业务范围。这表明跨国公司的经营理念将进一步发生变革，非核心业务的离岸外包将成为大的趋势。在世界最大的1 000家公司中，大约70%的企业尚未向低成本国家外包任何商务流程，服务外包市场潜力巨大。

商务部统计数据显示，2012—2017年，中国离岸服务外包年均增长近20%。2017年，中国新增服务外包企业4 173家，为好莱坞等客户提供了大量的特效制作服务。

（六）商业存在成为服务贸易的主要方式

由于服务产品的无形性、不可储存性，在消费国内部通过商业存在提供服务，有利于服务提供者的批量生产，取得规模效益，降低成本和价格。因此，随着经济全球化进程的加速，世界范围的产业结构调整和转移进一步升级，跨国直接投资以高于世界经济和货物贸易的速度增长，国际产业转移的重点由制造业转向服务业。20世纪90年代以来，全球FDI（Foreign Direct Investment，外商直接投资）总额的一半以上流向了服务业。截至2005年年底，服务业在全球FDI总存量中占60%，在每年FDI新增流量中约占2/3。金融、保险、旅游和咨询等服务业是国际产业转移的重点领域。从 20 世纪 70 年代开始，由外国直接投资产生的，通过外国商业存在所实现的国际服务贸易规模迅速扩大，在一些发达国家已经超过了跨境方式。在进口方面，美国境内的外国附属机构服务贸易规模从 1990 年起就已经开始超过跨境服务贸易规模；在出口方面，美国海外附属机构服务贸易规模从 1996 年开始超过跨境服务贸易规模。1995 年，美国通过商业存在方式实现的服务贸易总规模首次超过跨境贸易。2003 年，美国公司海外附属机构所从事的服务产品销售额达到4 770亿美元，而根据当年美国的国际收支平衡表，记录的服务出口只有 2 920 亿美元。因此，2003 年美国仅通过商业存在发生的服务贸易额大约是国际收支平衡表所反映贸易额的 1.6 倍。

二、第二次世界大战后国际服务贸易迅速发展的原因

（一）服务业在各国经济中的地位上升

服务贸易的迅速发展反映了服务业交换的扩大，也是服务业在国民生产总值（GNP）或国内生产总值（GDP）中比重上升的客观反映。20 世纪 60 年代以来，世界各国经济结构的重心开始转向服务业，2009 年世界服务业的产值占世界国内生产总值的比重已达到 69%，其中发达国家服务业的产值占 GDP 的比重为 77%以上，美国近 80%，发展中国家这一比重约为 54%。服务业吸收劳动力就业比重，发达国家普遍在 70%左右，少数国家达 80%以上。

（二）科学技术的发展使服务业日益专业化

许多服务项目由制造业分离出来而成为独立的服务行业，其目的是应对国内和国际市场上激烈的非价格竞争。以知识密集型服务为例，由于面临国内与国际市场的激烈竞争，知识密集型服务必须不断地把技术进步转化为生产能力和国际竞争力，因而在生产的各阶段不断出现对专门服务的需求。在生产的“上游”阶段，要投入的专门性服务有可行性研究、产品概念与设计、市场调研等。在生产的“中游”阶段，有的服务与货物生产本身相结合，如质量控制、设备租赁、后勤供应、保存和维修；有的服务与生产“中游”并行出现。公司运行需要各种专门服务，如会计、人事管理、电信、法律、保险、金融、安全、伙食供应等。在生产的“下游”阶段，需要广告、运输、销售、人员培训等。

一个生产企业在世界市场上保持竞争地位的关键是保持“上游”、“中游”和“下游”三个阶段服务的反馈，以保证其产品的生产和销售的扩大。

（三）跨国公司的迅速发展加强了服务的国际化

跨国公司的大量增加，提高了服务国际化的速度。信息技术的发展有助于加速服务范围的扩大，对外国市场更便于提供服务。跨国公司在金融、信息和专业服务上都是重要的供应者，其中许多公司迅速扩大，向全球提供服务。2005 年《财富》500 强共涉及 51 个行业，其中 28 个属于服务行业，从事服务业的跨国公司有 281 家；在其他 500 强制造业企业中其服务业务的收入已经接近或超过了制造业的收入。

（四）国际服务合作的扩大促使服务贸易扩大

国际服务合作是指拥有工程技术人员和劳动力的国家和地区，通过签订合同，向缺乏工程技术人员和劳动力的国家和地区提供所需要的服务，并由接受服务的一方付给报酬的一种国际经济合作形式。国际服务合作主要有以下几种方式：（1）承包外国各类工程；（2）劳务输出；（3）各种技术性服务出口或生产技术合作，如出口各种技术、专利、科技

知识、科研成果、工艺等知识形态的服务；（4）向国外出租配有操作人员的各种大型机械；（5）向国外提供咨询服务等。

（五）国际旅游业的迅猛发展加快了服务贸易的发展

第二次世界大战后，旅游业的发展速度超过了世界经济中的许多部门，成为蓬勃发展的行业。

第三节　中国服务贸易的发展

一、中国服务贸易发展的特点

（一）服务贸易规模迅速扩大

党的十八大以来，我国服务贸易保持稳健发展，贸易规模迅速扩大，国际地位不断上升，已成为全球服务贸易的重要国家。

根据商务部数据，2017 年中国服务贸易进出口总额为 6 956.8 亿美元，同比增长 5.1%，其中出口 2 280.9 亿美元，同比增长 8.9%，进口 4 675.9 亿美元，同比增长 3.4%，这是 7 年来出口增速首次超过进口增速。

从中国服务贸易占世界服务贸易的比重来看，1982 年中国服务贸易占世界服务贸易的比重只有 0.6%，随着中国服务贸易规模的快速增长，中国服务贸易占世界服务贸易的比重也实现持续增长，1997 年这一比重为 2.0%，入世后达到 2.7%，2015 年达到 8%，比 2011 年提高了 1.1 个百分点。

2017 年中国服务贸易进出口总额达 6 957 亿美元，2017 年中国服务贸易年均增长 7.8%，规模跃居世界第一。

中国服务贸易进出口历年情况如表 7－1 所示。

表 7－1　中国服务贸易进出口历年情况表　金额单位：亿美元

年份	中国出口额	中国出口占世界比重（%）	世界出口额	中国进口额	中国进口占世界比重（%）	世界进口额	中国进出口额	中国进出口占世界比重（%）	世界进出口额
1982	25	0.7	3 646	19	0.5	4 028	44	0.6	7 674
1983	25	0.7	3 543	18	0.5	3 829	43	0.6	7 372
1984	28	0.8	3 656	26	0.7	3 963	54	0.7	7 619
1985	29	0.8	3 816	23	0.6	4 011	52	0.7	7 827
1986	36	0.8	4 478	20	0.4	4 580	56	0.6	9 058
1987	42	0.8	5 314	23	0.4	5 439	65	0.6	10 753
1988	47	0.8	6 003	33	0.5	6 257	80	0.7	12 260
1989	45	0.7	6 566	36	0.5	6 855	81	0.6	13 421
1990	57	0.7	7 805	41	0.5	8 206	98	0.6	16 011
1991	69	0.8	8 244	39	0.5	8 510	108	0.6	16 754
1992	91	1	9 238	92	1	9 471	183	1.0	18 709
1993	110	1.2	9 413	116	0.2	9 596	226	1.2	19 009

续前表

年份	中国出口额	中国出口占世界比重（%）	世界出口额	中国进口额	中国进口占世界比重（%）	世界进口额	中国进出口额	中国进出口占世界比重（%）	世界进出口额
1994	164	1.6	10 332	158	1.5	10 438	322	1.6	20 700
1995	184	1.6	11 849	246	2.1	12 015	430	1.8	23 864
1996	206	1.6	12 710	224	1.8	12 697	430	1.7	25 407
1997	245	1.9	13 203	277	2.1	13 056	522	2.0	26 259
1998	239	1.8	13 503	265	2.0	13 350	503	1.9	26 853
1999	262	1.9	14 056	310	2.2	13 883	571	2.0	27 939
2000	301	2.0	14 922	359	2.4	14 796	660	2.2	29 718
2001	329	2.2	14 945	390	2.6	14 941	719	2.4	29 886
2002	394	2.5	16 014	461	2.9	15 793	855	2.7	31 807
2003	464	2.5	18 340	549	3.0	18 023	1 012	2.8	36 363
2004	621	2.8	21 795	716	3.4	21 328	1 337	3.1	43 123
2005	739	3.1	24 147	832	3.5	23 613	1 571	3.3	47 760
2006	914	3.4	27 100	1 003	3.8	26 200	1 918	3.6	53 300
2007	1 217	3.7	32 600	1 293	4.2	30 600	2 510	3.9	63 200
2008	1 465	3.9	37 300	1 580	4.5	34 700	3 045	4.2	72 000
2009	1 290	3.9	33 100	1 580	5.1	31 150	2 870	4.4	64 250
2010	1 762.5	4.6	36 650	1 921.7	5.5	35 050	3 684.2	5.0	71 700
2011	1 821	4.4	41 400	2 370	6.1	38 600	4 191	5.2	80 000
2012	1 904	4.4	43 000	2 802	6.8	41 000	4 706	5.6	84 000
2013	2 105.9	4.6	46 250	3 290.5	7.6	43 400	5 396.4	6.0	89 650
2014	2 191	4.6	47 800	4 328	8.1	46 800	6 519	6.3	94 600
2015	2 174	4.5	47 900	4 357	9.7	44 550	6 531	7.0	92 450
2016	2 083	4.3	48 080	4 524	9.7	46 305	6 607	6.98	94 385
2017	2 281	4.3	53 046	4 676	9.1	51 384	6 957	6.6	104 430

注：根据 WTO 有关服务贸易的定义，中国的服务贸易数据剔除了其中的政府服务。

数据来源：WTO 国际贸易统计数据库（International Trade Statistics Database），国家外汇管理局《国际收支平衡表》。

（二）服务贸易行业结构日趋优化

我国的服务贸易以传统的服务贸易行业为主体，而高附加值服务贸易行业增速迅猛。

1. 旅游运输是拉动服务贸易进出口增长的第一大行业

2017 年服务贸易结构的优化有了实质性进展，虽然传统服务行业依旧占比较大，但新兴服务行业增速远超传统服务业。全年服务贸易进出口总额最大的为旅行服务，达到 2 935.9 亿美元，同比下降 3.9%，同期旅行服务占服务贸易总额的 42.2%；其次为运输服务，达到 1 300.5 亿美元，同比增长 13.7%，这与我国货物贸易增长 14.2%带动国际运输服务有关，同期运输服务贸易占服务贸易总额的 18.7%。2016 年我国旅游运输服务贸易进出口额在我国服务贸易进出口总额中合计占 70.6%。

2. 旅游经济平稳运行

据世界旅游组织出版的 2013 年第二期《世界旅游业晴雨表》，2012 年中国出境旅游消费 1 020 亿美元，在世界各国排名第一，超出第二名德国和第三名美国近 200 亿美元。2015 年，我国接待国内外旅游人数超过 41 亿人次，其中，国内旅游人次近 40 亿，中国居民出境旅游 1.2 亿人次，连续 4 年居世界首位，入境旅游为 1.22 亿人次，[①] 旅游总收入达

① 孟妮．中国旅游站上世界舞台．国际商报，2016－05－13.

4.13 万亿元；国内旅游消费、境外旅游消费均列世界第一。2017 年全球旅游总人次达 119 亿，全球旅游总收入 5.3 万亿美元。在 2017 年全球旅游总人次排名中，中国位列第一，印度第二；在全球排名总收入中，美国第一，中国第二。

3. 高附加值行业服务贸易出口增势迅猛

全球软件和信息技术的快速发展，国际产业分工的日益深化，国际市场需求的持续递增，为我国软件和服务外包出口提供了机遇，通信服务、计算机和信息服务、专有权使用费和特许费、其他商业服务等高附加值服务贸易行业出口增势迅猛。

2017 年，中国服务贸易结构进一步优化，电信、计算机及信息服务，个人文化娱乐，金融服务等新兴服务领域进出口 14 600.1 亿元，增长 11.1%，高于整体增速 4.3 个百分点。

2018 年 6 月，商务部在第十六届大连软交会期间发布了《中国数字贸易和软件出口报告 2017》。报告中说，“十三五”以来，中国软件出口规模实力明显提升，价值链持续向高端跃升。2017 年，中国软件出口执行金额 375.56 亿美元，同比增长 9.72%。

（三）服务外包实现跨越式发展

在国家一系列鼓励政策的引导和支持下，我国服务外包产业国际竞争力进一步增强，吸纳就业能力进一步提升，在调整经济结构、转变外贸发展方式、促进大学生就业等方面发挥了重要作用。商务部发布的统计数据显示，2017 年，中国企业承接服务外包合同额 12 182.4 亿元人民币，执行额 8 501.6 亿元，均创历史新高，同比分别增长 26.8%和 20.1%；截至 2017 年年底，中国服务外包的业务范围遍及五大洲 200 多个国家和地区，服务外包执行额超 1 亿元的国家和地区达 130 个。

2017 年服务外包产业离岸执行额达 5 369.8 亿元，同比增长 14.7%，离岸服务外包占新兴服务出口的比重达到 73.3%，成为拉动服务贸易出口增长的引擎。

“一带一路”建设带动了中国服务外包发展壮大，成为中国服务外包产业发展的亮点。商务部服贸司负责人表示，2017 年，在“一带一路”倡议的引领下，中国与沿线国家加强在信息技术、工业设计、工程技术等领域的服务外包合作，执行额达 1 029.3 亿元，首次突破 1 000 亿元，同比增长 27.7%，带动中国高铁、核电、通信、移动支付等世界领先的技术和标准加快“走出去”。

（四）服务贸易伙伴高度集中

我国服务贸易伙伴高度集中，服务进出口主要集中于中国香港、欧盟、美国、日本、东盟等国家（地区）。其中，中国香港一直是内地最大的服务出口目的地、进口来源地和顺差来源地，双边服务贸易占中国内地服务贸易进出口总额的比重达 1/4。

（五）中国服务贸易发展不平衡

我国服务贸易稳步发展，但由于起点低、底子薄，仍处于发展的初级阶段，总体水平与发达国家相比差距较大，国际竞争力仍然较弱，存在五个不平衡需解决。

一是我国服务贸易和货物贸易发展水平不平衡。与我国的货物贸易相比，服务贸易发展水平较低。2011 年我国服务进出口与货物和服务进出口总额之比为 10.35%，低于同期 18%的世界平均水平；从我国服务贸易总额占世界服务贸易总额的比重来看，水平也较低，2015 年该比值仅为 7.7%。同期，我国货物进出口总额占世界货物进出口总额的比重则为13.8%。

二是服务出口与服务进口发展不平衡。我国服务贸易处于逆差状态，2015年逆差额为1 366.2亿美元。逆差行业主要集中在运输服务、旅游和保险服务以及专有权利使用和特许费等领域，反映了国内经济和货物贸易发展所产生的国际航运、货运保险、先进技术等方面的竞争力不强。

三是服务贸易行业结构不平衡。计算机和信息服务、保险服务、金融服务、咨询服务等高附加值服务贸易在服务进出口总额中的比重仍然偏低，运输、旅游、建筑等传统服务贸易仍占据我国服务贸易的主导地位。

四是技术引进的主要来源地和地区不平衡。欧盟、日本和美国等发达国家和地区仍是技术引进的主要来源地；技术引进的地区较集中，主要集中在东部沿海地区；技术出口领域较集中，主要是软件出口。

五是服务贸易区域发展不平衡。东部沿海发达地区在运输、保险、计算机和信息服务、咨询服务和广告宣传等领域较内陆地区具有明显优势，目前是我国服务贸易的主要出口地区。2015年，85%的服务贸易集中在东部11个省市，其中北京、上海和广东合计占60%。

二、中国服务贸易快速发展的原因

（一）国内服务业的发展为服务贸易奠定了坚实的产业基础

近年来，我国服务业发展迅速，为服务贸易发展奠定了基础。2001—2007年，服务业增加值年均增长10.8%，占国内生产总值（GDP）的平均比重为40.4%，对GDP增长的年均贡献率达42.3%。2012年，中国服务业产值23.162 6万亿元，占GDP比重逐年提高，达到44.6%。2015年我国第三产业增加值占GDP比重为50.5%。

（二）服务贸易领域对外开放程度的深化推动了服务贸易进出口的快速增长

入世后，我国按照在服务贸易领域做出的开放承诺，在深化服务贸易市场对外开放程度的同时，引进了服务贸易发展所需的资金、技术和管理经验，推动了服务贸易的快速发展。

（三）货物贸易的快速增长促进了服务贸易的协同发展

服务贸易和货物贸易之间的高度依存关系，决定了货物贸易和服务贸易发展总体趋势的趋同性。货物贸易依托于运输、通信、保险、金融、商业等服务贸易形式，而相当份额的服务贸易也是附加于货物贸易的。

（四）政策体系的逐步完善有力地保障和推动了服务贸易的发展

党中央、国务院高度重视发展服务贸易，并制定了一系列政策、措施支持服务业和服务贸易的发展。《国务院关于加快发展服务业的若干意见》把大力发展服务贸易作为转变外贸增长方式、提升对外开放水平的重要内容，并提出发展壮大国际运输，继续大力发展旅游、对外承包工程和劳务输出等具有比较优势的服务贸易，从政策上支持了服务贸易的发展。党的十九大报告明确提出“扩大服务业对外开放”。

2009年1月15日，国务院办公厅下发了《关于促进服务外包产业发展问题的复函》，批复了商务部会同有关部委共同制定的促进服务外包发展的政策措施。经国务院批准，将北京、天津、上海等21个城市确定为中国服务外包示范城市，深入开展承接国际服务外包业务，促进服务外包产业发展。国家在21个试点城市实行一系列鼓励和支持措施，包括税收优惠、财政资金支持、实用人才培训、特殊劳动工时、金融支持、知识产权保护和改善投资环境等，把促进服务外包产业发展作为推进中国产业结构调整、转变外贸发展方式、增加高校毕业生就业机会的重要途径。

除国家制定一系列政策、措施支持服务业和服务贸易的发展外，有关部门也制定了相应的政策、措施，推动服务贸易的发展。

第四节　《服务贸易总协定》的主要内容

一、《服务贸易总协定》的产生与结构

（一）《服务贸易总协定》的产生

近年来，世界服务贸易发展十分迅速，尤其是在发达国家，服务业在其经济结构中已占据主导地位。发达国家在服务贸易上的竞争优势促使它们进行多边服务贸易谈判，以便在这一新的贸易领域尽快制定国际竞争规则；而发展中国家参与制定一个全面多边的服务贸易规则，有利于它们在其中体现自身利益，还有助于其利用这样的规则，预防发达国家在这一新的贸易领域对它们采取单方面的行动，或是防止在区域贸易安排中出现对它们不利的歧视性做法。此外，多边贸易体制为协调世界各经济实体之间的贸易关系，必须扩展其管辖范围，而货物贸易经过多轮多边谈判，磋商空间日渐缩小；服务贸易则与此相反，缺少既定的国际游戏规则。在这一背景下，多边服务贸易谈判被提到了议事日程。

美国在1982年关贸总协定部长级会议上提出了进行服务贸易多边谈判的提议，但由于发达国家和发展中国家服务贸易的发展水平不同，对谈判有关问题争执不下，该提议未予采纳。1986年9月，在发动乌拉圭回合多边贸易谈判的部长级会议上，各国做出相应的妥协，最终一致同意在新一轮多边谈判中就服务贸易举行谈判，并在其发布的《乌拉圭回合部长宣言》的第二部分中明确表示，服务贸易谈判属于乌拉圭回合的组成部分，但它是独立于GATT之外的一项重要议题。

1993年12月15日，经各成员方的努力，乌拉圭回合谈判终于达成了服务贸易总协定。1994年4月15日，在摩洛哥的马拉喀什由111个国家和地区的代表正式签署《服务贸易总协定》，并规定其于1995年1月1日生效。这标志着迄今世界第一套有关国际服务贸易的、具有法律效力的多边的国际服务贸易规范体系正式建立起来。

（二）《服务贸易总协定》的结构

《服务贸易总协定》由以下3个主要部分组成（见表7-2）：

（1）适用于所有成员的基本义务的框架协定，即《服务贸易总协定》条款。

（2）根据《服务贸易总协定》第29条成为《服务贸易总协定》有机组成部分的涉及各服务部门的特定问题和供应方式的附件，以及第2条“豁免”的附件。

（3）根据《服务贸易总协定》第20条的规定应附在《服务贸易总协定》之后，并成为《服务贸易总协定》重要组成部分的具体承诺表。

表 7－2　《服务贸易总协定》的主要组成部分

第一部分	服务贸易总协定条款（共 29 条具体条款）
第二部分	附件（共 8 个） 包括：豁免附件；根据本协议自然人移动提供服务的附件；空运服务的附件；金融服务附件一；金融服务附件二；海运服务谈判附件；电信服务的附件；基础电信谈判附件
第三部分	各国提交的具体承诺表（共 94 个）

除上述 3 个主要部分外，服务贸易总协定还有 9 项有关文书，包括部长决定和金融服务承诺谅解书，以及 4 项组织机构决定和 1 项关于服务贸易与环境的决定。

二、《服务贸易总协定》的主要内容

（一）《服务贸易总协定》的宗旨与目标

《服务贸易总协定》的序言说明了缔结该协定的宗旨、目标和总原则。具体表现在以下几方面：

（1）谈判各方希望在透明度和逐步自由化的条件下，建立一个有关服务贸易的原则和规则的多边框架，以促进贸易各方的经济增长和发展中国家的经济与社会发展。

（2）在尊重各国政策目标的前提下，本着在互利的基础上，提高各参与方利益的目的和确保各方的权利和义务，希望能通过多轮多边谈判以促进服务贸易自由化的早日实现。

（3）希望能通过增强其国内服务业的能力、效率和竞争性来促进发展中国家在国际服务贸易中的更多参与和服务出口的增长。

（4）对最不发达国家在经济、发展、贸易和财政需求方面的特殊困难予以充分的考虑。

（二）《服务贸易总协定》的范围与定义

《服务贸易总协定》适用于成员影响服务贸易的各种措施，适用于“服务部门参考清单”所列 12 种服务部门的服务贸易，既涉及私有企业，也涉及政府所有（或控制）的公司，前提是这些部门的服务业是基于商业目的的。

《服务贸易总协定》对服务贸易下了较为准确的定义，服务贸易包括以下四种“提供方式”：

（1）“跨境提供”，即从一缔约方境内向境外任何缔约方提供服务。如通过视、听等为对方提供服务，又如远洋运输、国航运输等。一家航空公司可以飞越国境为另一成员的居民提供服务，其特点是服务提供者和消费者分处不同国家。这是典型的跨国界可贸易型服务，是国际服务贸易的基本形式。

（2）“境外消费”，即在一缔约方境内向任何其他缔约方的服务消费者提供服务。诸如涉外旅游服务，为外国病人提供医疗服务等。

（3）以“商业存在”方式提供服务，即一缔约方在其他缔约方境内通过商业存在提供服务，即服务提供者在外国建立商业机构为消费者服务。例如，一缔约方在其他缔约方开设百货公司、银行、保险公司、运输公司、咨询公司、律师或会计师事务所、饭店、宾馆等。这种服务贸易往往与对外直接投资联系在一起。

（4）以“自然人流动”方式提供服务，即一缔约方的自然人在其他任何缔约方境内提供服务。如歌唱家等文艺工作者到其他国家或地区去演出等。

《服务贸易总协定》对国际服务贸易的定义具有一定权威性和指导性，并为各国所接受。

（三）《服务贸易总协定》的普遍义务与原则

这是《服务贸易总协定》的核心部分之一，包括从第 2 条到第 15 条共 14 条内容，规定了各成员必须遵守的普遍义务与原则，本部分条款是各方一旦签约就须普遍遵守的。

1. 最惠国待遇

最惠国待遇义务普遍适用于所有的服务部门，要求每一成员给予另一成员的服务或服务提供者的待遇，应立即无条件地以同样的待遇方式给予任何其他成员方相同的服务或服务提供者。《服务贸易总协定》规定一个成员可以在 10 年的过渡期内维持与最惠国待遇不符的措施，但要将这些措施列入一个例外清单。

2. 透明度

《服务贸易总协定》要求各成员方政府必须公布所有与服务贸易有关的法律和规定，无论是由中央或地方政府作出的，还是由政府授权的非政府组织作出的，都应最迟在它们生效前予以公布；任何成员方也必须公布其已参加的所有影响服务贸易的其他国际协定。

《服务贸易总协定》要求每一个成员必须在 WTO 成立后两年内（即 1997 年年底前）在政府机构中建立一个或多个服务业政策的咨询点，其他成员的企业和政府便可利用这些咨询点获得有关任何服务部门的法律法规信息。此外，对于已作出具体承诺的服务部门所适用的法律法规，各国政府还必须将任何的变动情况通知 WTO。

3. 发展中国家的更多参与

此条款包括三层含义：

（1）有关成员应作出具体承诺以促进发展中国家国内服务能力、效率和竞争性的增强；促进其对技术的有关信息的获取；增加其产品在市场准入方面的自由度。

（2）发达国家应在《服务贸易总协定》生效后的 2 年内建立“联系点”，以使发展中国家的服务提供者更易获取有关服务供给的商业和技术方面的信息，有关登记、认可和获取专业认证方面的信息，服务技术的供给方面的信息。

（3）对最不发达国家予以特殊优惠，准许这些国家不必作出具体的开放服务市场方面的承诺，直到其国内服务业具有竞争力。

4. 经济一体化

此条款的主要内容是：不阻止各成员参加有关服务一体化协议，但不能阻碍服务贸易自由化的推进；对发展中国家之间的有关协议采取较为灵活的政策，允许其按发展水平达成某些协议；参加有关协议的各方对该协议以外的成员不应采取提高壁垒的措施；任何成员决定加入某一协议或对某一协议决定进行重大修改时，都应迅速通知各成员，而各成员可组成工作组对其进行检查；如果某一成员认为某个协议损害了自己的利益，则通过贸易争端机制解决。

5. 尊重国内法，但要考虑其他成员方利益

首先，尊重各成员方的国内规定，赋予各国以一定的权利。其中包括当局引进新规定以管理服务的权利，并对发展中国家作出优待安排，准许发展中国家设立新的规定，在某

些部门为了实现国家政策目标而采取垄断性授权；允许各成员对服务和服务的提供者提出要求以使其满足某些规定，但这类要求必须建立在合理、客观和非歧视的基础之上，不能给国际服务贸易带来负担和阻碍。其次，对各成员当局提出了一些义务要求。如要求各方建立起司法、仲裁和管理机构的程序，以便对服务消费者的要求迅速做出反应；要求各成员对服务提供者的授权申请迅速做出决定，不得拖延；当两个成员的有关规定发生了抵触时，双方协商解决；成员不应利用限制措施来阻碍《服务贸易总协定》的执行；等等。

6. 相互认可

一成员可以与其他成员就某些有关服务提供的准则达成协议以促进国际服务贸易的进行。而这些协议应该可以允许别的成员加入，其执行也应建立在合理、客观和公正的基础上。另外，协议的参加方应在协议生效之后的 12 个月之内就其协议内容通知各成员，并允许别国加入，而有关协议的任何重大修改也应及时通知各成员。

（四）具体承诺

1. 市场准入

《服务贸易总协定》规定：当一成员方承担对某个具体部门的市场准入义务时，它给予其他成员方的服务和服务提供者的待遇应不低于其在具体义务承诺表中所承诺的待遇，包括期限和其他限制条件。若在一成员的具体义务承诺表上给出了不止一种的有关服务提供的准入途径，那么别的成员的服务提供者可以自由选择其所乐意的那一种。该条款要求在承担市场准入义务的部门中原则上不能采取数量限制的措施阻碍服务贸易的发展。

2. 国民待遇

《服务贸易总协定》中的国民待遇不是适用于所有部门的，而是只针对每一成员方在承担义务的计划表中所列的部门。在《服务贸易总协定》中，每个行业规定的国民待遇条款不尽相同，而且一般要通过谈判才能享受，所以各国在谈判中给予其他成员方国民待遇时，都有附加条件。

根据规定，每一成员方应在其承担义务的计划表所列的部门或分部门中，根据该表所述条件与资格，给予其他成员方的服务和服务提供者以不低于其本国相同服务和服务提供者所得待遇。

上述具体承诺中的市场准入和国民待遇条款是《服务贸易总协定》的最重要条款，是各方争论的焦点。《服务贸易总协定》在结构上的一个重要特征就是将市场准入和国民待遇不是作为普遍义务，而是作为具体承诺与各个部门或分部门开放联系在一起。这样可以使分歧较小的部门早日达成协议。发展中国家在谈判中应以“发展中国家的更多参与”这一原则作为先决条件，并且发展中国家可以把互惠不局限在发达国家占优势的部门，可以谋求部门间的妥协来获取在自己较愿意开放的部门中达成有利的协议。同时，发展中国家应在发达国家坚持资本在国家间流动自由时坚持劳动力的流动自由，以利于自己劳动力优势的发挥。各国在进行部门开放谈判时，应充分考虑到各国发展水平的不同和实际情况，以及各国竞争优势的不同，本着“利益互惠”的原则来达成市场准入方面的具体承诺。

◆ 本章小结

本章包括三方面内容：第一，国际服务贸易的分类与特征；第二，当代国际服务贸易和中国服务贸易的发展；第三，《服务贸易总协定》的主要内容。

◆ 思考题

1. 与国际货物贸易相比较，国际服务贸易有何特征？
2. 当代国际服务贸易发展有哪些特点？
3. 中国服务贸易发展有何特点？
4. 《服务贸易总协定》规定各成员必须遵守的普遍义务与原则是什么？

第八章

国际投资

学习目标

本章系统地介绍了国际投资的主要形式、特点和迅速发展的原因，以及国际投资对国际贸易的影响。目的在于了解国际投资与国际贸易有着密切的联系。要求学生掌握：国际投资的概念、主要形式；第二次世界大战后国际投资的主要特点及其对国际贸易的影响。

第一节　国际投资概述

一、国际投资的概念

国际投资是指资本从一国或地区跨越国界向别的国家或地区转移，进行生产和金融方面的经济活动，目的是获取比国内更大的经济效益。它是资本主义发展到垄断阶段后的重要经济现象，在当代世界经济中居于重要的地位。

二、国际投资的分类

（一）按投资时间长短区分

按投资时间，国际投资可分为长期投资和短期投资两类。通常，期限在五年以上的投资称为长期投资，期限在五年以下的投资称为短期投资。

（二）按资本的来源区分

按资本来源，国际投资可分为公共投资和私人投资。公共投资一般是指由政府或国际组织出于公共利益的目的而进行的投资，如政府贷款兴建公共设施、修路或兴修水利工程，或由国际金融组织贷款进行上述项目的发展，均属公共投资范围。私人投资是指投资的资本是由私人筹集，为谋取投资利益的一种投资，通常由一国的自然人、法人或其他经济组织进行。

（三）按资本的特性区分

按资本特性，国际投资可分为对外直接投资和对外间接投资。

三、对外直接投资

对外直接投资是一个国家的投资者输出生产资本直接到另一个国家的厂矿企业进行投资，并由投资者直接对该厂矿企业进行经营和管理，即投资者对于所投资的实体具有管理控制权。

对外直接投资主要有以下几种分类方式。

（一）按投资组建方式分类

1. 创建方式

创建方式也称为绿地投资，是指通过投资建立新企业。这种方式的好处在于企业可按照投资者的愿望控制资本投入量、确定企业规模和选择厂址；另外可以按照投资者的计划，实施一套全新的适合技术水准和投资企业管理风格的管理制度。但是，这种方式进入目标市场缓慢，创建工作比较烦琐。

在对外直接投资的新建和并购项目两种方式中，中国近年来一直是世界上最大的新建项目投资吸收国。跨国公司在中国进行新项目所投的资金远远高于用于并购企业的投资。在 2001 年的 470 亿美元的外国投资中，属于新项目投资的有 445 亿美元。对于发展中国家来说，新项目投资比单纯的企业并购行为具有更为重要的意义，它可以直接为东道国创造生产和技术能力，有利于东道国实现产业结构的调整，填补某些产业的空白，打破传统的行业垄断，增强市场的竞争力。

2. 兼并与收购

兼并与收购的方式是指一个企业通过购买另一个现有企业的股权而接管该企业的方式。这种方式的优点是：

（1）快速进入市场。

投资者能以最快的速度完成对目标市场的进入，尤其是对制造业这一优势更为明显，它可以省去建厂时间，迅速获得现成的管理人员和生产设备，迅速建立国外产销据点，抓住市场机会。

在对外直接投资中，由于并购方式有投资速度快和数量大的特点，因而近年来得到很大的发展。1996 年跨国兼并与收购总额为 1 630 亿美元，占全球外国直接投资流入总额的 47%。欧美企业之间跨国并购尤为突出。1996 年，大量流向美国的外国直接投资是通过企业兼并和收购进行的，企业并购投资占流向欧盟的外国直接投资的一半。

1999 年全球范围内的企业兼并和收购活动增长 50%，其中 3/4 的并购活动与欧洲有关。1999 年全球共发生 5 000 余起跨国并购案，其中 2 785 起为欧洲企业所为，1 808 起为美国或加拿大公司所为。1999 年全球用于跨国并购企业的费用总计达 7 670 亿美元，其中英国超过美国居第一位，并购金额高达2 460亿美元；美国次之，为 1 450 亿美元；德、法两国分居第三和第四位。2000 年跨国并购总额为 11 440 亿美元，占当年外国直接投资流入总额 12 710 亿美元的 90%，比 1999 年增长 49.3%。2016 年全球跨国并购收购案例共发生 10 725 宗，比 2015 年减少 75 宗，收购金额 8 686 亿美元，同比增长 18.2%。

(2) 有利于投资者得到公开市场上不易获取的经营资源。

首先，收购发达国家的企业，可获得该企业的先进技术和专利权，提高公司的技术水平。其次，收购方式可直接利用现有的管理组织、管理制度和管理人员。最后，收购可以利用被收购企业在当地市场的分销渠道及其同当地客户多年往来所建立的信用，迅速占领市场。

(3) 可以廉价购买资产。

企业可以低价收购外国现有企业已折旧的不动产实际价值；低价购买不赢利或亏损的企业；利用股票价格暴跌乘机收购企业。

但是，这种方式会因各国会计准则不同和信息难于收集，在价值评估和对被收购企业实行经营控制方面存在困难。

3. 合作经营

合作经营是指国外投资者根据投资所在国法律与所在国企业通过协商签订合作经营合同而设立的契约式合资企业，也称为合作企业或契约式合营企业。签约各方可不按出资比例，而按合同条款的规定，确定出资方式、组织形式、利润分配、风险分担和债务清偿等权利和义务。

(二) 按投资者对投资企业拥有的股权比例的不同分类

1. 开办独资企业

它是指投入的资本完全由一国提供，外资股份占95%以上的企业。包括设立分支机构、附属机构、子公司等。它可以采取收买现有企业或建立新企业的方式来进行。

2. 与投资所在国合办合资企业

它是指两国或两国以上的投资者在一国境内根据投资所在国的法律，通过签订合同，按一定比例或股份共同投资建立、共同管理、分享利润、分担亏损和风险的股权式企业。合资企业可分为股份公司、有限责任公司或企业、无限共同责任公司，并具有法人地位。

从投资者的角度看，合资企业主要有以下几个好处：

(1) 合资各方可以在资本、技术、经营能力等方面相互补充，增强合资企业的竞争力；

(2) 可利用合资对象的销售网和销售手段进入特定地区市场或国际市场，开拓国外市场；

(3) 可以扩大企业的生产规模，较快地了解国外市场信息和满足国外市场的需求变化；

(4) 可更好地了解东道国的经济、政治、社会和文化，有助于投资者制定正确的决策；

(5) 可获取税收减免等优惠待遇。

当然，合资企业也有一些不利因素，主要表现在投资各方的目标不一定相同，经营决策和管理方法上的不一致等方面，可能导致投资者之间产生分歧，甚至摩擦。

(三) 按投资者的投资部门结构的不同分类

对外直接投资还可分为垂直型对外直接投资和水平型对外直接投资两种。

1. 垂直型对外直接投资

垂直型对外直接投资又分为两种：一种是一国投资者为了在生产过程的不同阶段实行专业化而将生产资本直接输出到另一国进行设厂或建立新企业的投资活动。这种对外直接投资在资源的开采、提炼、加工和制成品制作过程中使用较多。另一种是把劳动密集型产品的某些生产阶段采用投资的方式转移到劳动力成本较低的国家或地区进行。这种投资方式在西方发达国家或一部分新兴工业化国家与地区进行产业结构调整时经常采用。如电子元器件和产品的设计、制造由美国或日本的电气公司完成，而将其运到中国、韩国的附属公司进行组装。这种类型的垂直型对外直接投资一般是依据每一生产阶段的不同特点和要求，利用有关国家或地区的资源、加工条件、优惠措施等进行的。

2. 水平型对外直接投资

水平型对外直接投资是指一国的公司或企业作为投资者将生产资本输出到另一国，在投资所在国设立子公司，从事某种产品的设计、规划、生产和销售等全部经营活动。

（四）对外直接投资的其他方式

1. 利润再投资的方式

《1999 年世界投资报告》称，1994—1995 年，美国对外直接投资中一半以上属于利润再投资。每年中国实际使用的外资金额中有 1/3 来自外商投资企业的利润再投资。这一方面说明跨国公司经营的利润率提高，母公司要求境外分支机构汇回利润的要求降低；另一方面也说明境外分支机构利用自己所赚得的利润扩大自己在境外的经营。

2. 合作开发方式

合作开发是国际直接投资的新形式，是指资源国利用国外投资开发本国资源的一种国际经济合作形式。通常由资源国政府（或政府经济机构、国有企业等）与国外投资者共同签订协议、合同，在资源国指定的区域内，在一定的期限内，与国外投资者共同勘探、开发自然资源，共同承担风险、分享利润。合作开发适用于大型自然资源的（如石油、天然气、矿石、煤炭和森林等）开发和生产项目。第二次世界大战后，许多资源国纷纷利用合作开发形式开发本国自然资源，如苏联与日本签订合作开发西伯利亚木材、煤炭、石油和天然气等协议，印度与美孚石油公司签订石油开发协议，伊朗与美孚石油公司签订石油开发协议，英国和其他国家开发北海石油等。合作开发最大的特点是高风险、高投入、高收益。

我国在石油资源开采领域的对外合作中采用了这种方式。合作开发一般采用国际招标方式，外国公司可以单独也可以组成集团参与投标，中标者与中方签订石油合作勘探开发合同，确定双方的权利和义务，合同期一般不超过 30 年。该合同须经过对外经济贸易主管部门批准后生效。合作开发一般分为三个阶段，即勘探、开发和生产阶段。勘探阶段由外方承担全部勘探费用，并承担勘探阶段的全部风险。如果在勘探期内，在合同确定的区域里没有发现有开发价值的油气田，合同即告终止，中方不承担任何补偿责任。如果在合同期发现有开发价值的油气田，合同即进入开发阶段，中方可以参股与外方共同开发，由双方按商定的投资比例共同出资，但中方参股比例一般最高不超过 51%。油田在投入商业性生产后，首先须按政府规定缴纳有关税收和矿区使用费，然后中外方按合同确定的分油比例，以实物形式回收投资和分配利润。如所得不足以回收全部投资并获取相应的利润，由各方各自承担风险。

3. BOT 投资方式

BOT 是英文 Build-Operate-Transfer 的简称，即“建设—经营—移交”。典型的 BOT

形式，是政府同外商投资的项目公司签订合同，由项目公司筹资和建设基础设施项目。项目公司在协议期内拥有、运营和维护这项设施，并通过收取使用费或服务费用，回收投资并取得合理的利润。协议期满后，这项设施的所有权无偿移交给政府。BOT 方式主要用于发展收费公路、发电厂、铁路、废水处理设施和城市地铁等基础设施项目。BOT 方式在实际运用过程中，还演化出几十种类似的形式。

在 BOT 方式中，项目公司由一个或多个投资者组成，通常包括工程承包公司和设备供应商等。项目公司以股本投资的方式建立，也可以通过发行股票以及吸收少量政府资金入股的方式筹资。BOT 项目所需的资金大部分通过项目公司从商业金融渠道获得。

BOT 项目千差万别，但是每个项目的完成一般都要经过以下几个阶段：项目确定、准备、招标、合同谈判、建设、经营、产权移交。

四、对外间接投资

对外间接投资包括证券投资和借贷资本输出，其特点是投资者不直接参与所投资企业的经营和管理。

（一）证券投资

证券投资是指投资者在国际证券市场上购买外国企业和政府的中长期债券，或在股票市场上购买上市的外国企业股票的一种投资活动。由于属于间接投资，证券投资者一般只能取得债券、股票的股息和红利，对投资企业并无经营和管理的直接控制权。

（二）借贷资本输出

借贷资本输出是以贷款或出口信贷的形式把资本借给外国企业和政府。一般有以下方式。

1. 政府援助贷款

政府援助贷款是各国政府或政府机构之间的借贷活动。这种贷款通常带有援助性质。一般是发达国家对发展中国家或地区提供的贷款。这种形式的贷款一般利息较低（年利率3%～5%），还款期较长，可达 20～30 年，有时甚至是无息贷款。这种贷款一般又有一定的指定用途，如用于支付从贷款国进口各种货物或用于某些开发援助项目上。

2. 国际金融机构贷款

国际金融机构主要指国际货币基金组织、世界银行、国际开发协会、国际金融公司、各大洲的银行和货币基金组织以及联合国的援助机构等。

国际金融机构的贷款条件一般比较优惠，但并不是无限制的。如世界银行只贷款给其成员国政府或由政府担保的项目，其贷款重点是发展公用事业、教育和农业。国际货币基金组织贷款主要用于弥补成员国经常项目收支而发生的国际收支的暂时不平衡。国际开发协会属于世界银行的下设机构，又称第二世界银行，专门从事对最不发达国家提供无息贷款业务。世界银行的成员国均为国际开发协会的成员国。国际金融公司是世界银行的另一附属机构，专门从事对成员国私营部门的贷款业务，向发展中国家的私营部门提供中长期贷款是该公司的主要业务。该公司的投资活动分为两种形式：一是贷款，二是参股。

3. 国际金融市场贷款

国际金融市场分为货币市场和资本市场，前者是经营短期资金借贷的市场，后者则是经营长期资金借贷的市场。货币市场是经营期限在 1 年以内的借贷资本市场；资本市场是经营期限在1年以上的中长期借贷资本市场。中期贷款一般为1～5年期的贷款，长期贷款为5年以上的贷款，最长期限可达10年。一般国际金融市场贷款利率较高，但可用于借款国的任何需要，对贷款用途无限制。

4. 出口信贷

出口信贷是指一个国家为了鼓励商品出口，加强商品的竞争能力，通过银行对本国出口厂商或外国进口厂商或进口方的银行所提供的贷款。有关内容可参见相关章节。

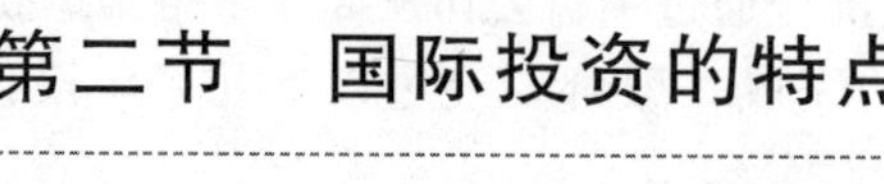

第二节　国际投资的特点和原因

一、第二次世界大战后国际投资的特点

第二次世界大战后，国际投资较之第二次世界大战前发生了很大的变化，主要有以下特点。

（一）国际直接投资占主导地位，投资规模扩大

在第二次世界大战后的国际投资中，对外直接投资占主导地位。这与第二次世界大战前相比发生了明显变化。1914年，国际投资的90%是以国际间接投资的形式进行的。第二次世界大战后，主要工业发达国家国际投资的75%左右是对外直接投资。

第二次世界大战后，对外直接投资增长很快，年均增长速度超过国民生产总值和国际贸易增长速度。1986—1990年国际直接投资年均增长率为24.3%，而同期国内生产总值和出口的年均增长率仅为11.5%和15.8%。1991—1995年国际直接投资增长速度放慢。而1996—2000年国际直接投资增长更为迅速，年均增长率达36.7%，同期国内生产总值和出口的年均增长率则仅为1.2%和4.2%。

2000年全球外国直接投资流出量为11 499亿美元，相当于1989—1994年全球外国直接投资流出量平均数2 283亿美元的5倍。

据联合国贸发会议《2007年世界投资报告》，2006年全球外国直接投资流入量连续三年增长达13 060亿美元，比2005年增长38%，是2000年以来增幅最高的一年。据联合国贸发会议《2008年世界投资报告》，虽然世界金融危机已于2007年下半年开始显现，但就2007年整体来说，跨国公司向国外投资的能力所受影响似乎不大。2007年全球外国直接投资流入量增加了30%，达到创纪录的18 330亿美元。该报告指出，世界范围的经济增速放缓预示着2008年外国直接投资流量将有所降低。联合国贸发会议《2010年世界投资报告》称，全球外国直接投资流量在2009年下半年跌至谷底，并认为2008年以来，全球外国直接投资流量格局出现了重大变化，并将在中短期内保持这一变化趋势。首先，2009年全球外国直接投资有一半流入发展中国家和转型经济体，全球外国直接投资流出量中有1/4来自发展中国家和转型经济体。作为外国直接投资的目的地和来源地，发展中国家和转型经济体的相对作用还会进一步增强。其次，服务业和第一产业吸收的外国直接投资所占比例不断增加，制造业比重不断下降。最后，尽管此次金融危机使得跨国公司销售额和附加值下降，但是外国直接投资存量和资产仍在不断增加。该报告称2009年全球

跨国直接投资流量1.1万亿美元，下降将近40%，中国实际吸收外资达到900亿美元，仅下降了2.6%，2009年中国仍是全球吸收外资规模仅次于美国的第二大国家。2010年全球外国直接投资持续低迷，仅为1.38亿美元，比2009年增长1%。流入发达经济体的外国直接投资进一步萎缩，2010年为5 270亿美元，比2009年下降7%。

根据联合国贸易和发展会议2011年1月17日公布的数据，2010年，尽管流入发达经济体的外国直接投资（FDI）继续下降，流入发展中经济体的外国直接投资却强劲增长，首次超过全球外国直接投资总量的一半，达到53%；中国2010年吸引外资首次超过1 000亿美元，仅次于美国，位居世界第二、发展中国家第一。

据联合国贸易和发展会议统计，1996—2016年全球外国直接投资总额从3 500亿美元增加至1.75万亿美元。中国是世界第二大吸引外资国和对外投资国。

根据2017年8月联合国贸易和发展会议发布的数据，在2015年全球FDI流入额较上年大幅增长34.0%至1.774万亿美元后，2016年全球FDI流入量同比下降1.6%，降至1.746亿美元。2018年1月23日联合国贸易和发展会议发布的《全球投资趋势监测报告》显示，2017年全球外国直接投资较2016年下降16%，降至约1.52万亿美元。这与全球GDP及贸易增长显著改善形成了鲜明对比。

（二）国际投资的格局持续演变

第二次世界大战后，国际投资格局的主体与第二次世界大战前相同，仍是西方发达国家。

1995年五大对外直接投资国——美国、德国、英国、日本和法国，其对外直接投资约占世界对外直接投资的2/3。

1996年发达国家对外直接投资总额为2 950亿美元，占当年国际直接投资总额3 490亿美元的84.5%。

2012年在全球投资整体出现下降的同时，全球外国直接投资的格局持续演变，呈现出一些值得注意的特点。

首先，发展中国家吸收的外国直接投资有史以来首次超过发达国家，多出1 300多亿美元。流入发展中经济体的外国直接投资达6 800亿美元，仅下降3%，表现出较好的韧性。

其次，流入发达国家的外国直接投资急剧下降到十年前的水平，从2011年的8 078亿美元下降到5 489亿美元。2012年全球外国直接投资减少了3 000亿美元，近90%是由发达国家外国直接投资下降造成的。

最后，跨境并购大幅下挫，2012年全球跨境并购额下降了41%，为2009年以来的最低水平，但发展中国家海外并购逆势上涨。

值得注意的是，跨境并购数据显示，发达国家投资者大量减持海外资产，而发展中国家投资者则在海外大举并购，在全球跨国并购中的份额上升到37%，创造了历史新高。2012年，英国、卢森堡、葡萄牙、澳大利亚和法国等发达国家跨国公司大幅撤回海外资产。例如，ING集团出售了在美国和加拿大的约120亿美元的资产，BP出售了在墨西哥湾油田的56亿美元资产。相反，发展中经济体跨国公司的境外收购达到1 150亿美元，较大的并购包括：中国海洋石油有限公司收购加拿大尼克森公司（约为151亿美元）；马来西亚国家石油公司收购加拿大 Progress 能源资源公司（54 亿美元）。

总的来看，无论是吸引外资还是对外投资，发展中国家在全球外国直接投资格局中均占据了前所未有的地位。2012 年，全球外国直接投资十大流入国家和地区依次为：美国、中国、中国香港、巴西、英国、法国、新加坡、澳大利亚、加拿大和俄罗斯。发展中经济体占据了半壁江山。一些经济大国如德国、日本吸收外资额远低于许多发展中国家。

2013 年，流向发达经济体、发展中经济体和转型经济体的外国直接投资均出现上升。

流入发达国家的 FDI 占全球比重连续两年处于历史低位（39%）。尽管其总额增加了 12%，达 5 760 亿美元，但仅为 2007 年峰值的 44%。

2013 年流向发展中经济体的 FDI 达到 7 590 亿美元的新高，占全球 FDI 流入量的 52%。流入拉丁美洲和加勒比地区以及非洲的 FDI 上升；亚洲发展中经济体吸收的 FDI 与 2012 年流入量相近，仍为全球最大的 FDI 流入地。

流向转型经济体的 FDI 亦创新高，达 1 260 亿美元，较上年增长 45%，占全球 FDI 流入量的 9%。

2017 年，发展中经济体的外国直接投资流入保持稳定。发展中亚洲国家以及拉丁美洲和加勒比地区的外资流入略有上升，非洲保持平稳。发展中亚洲国家重新成为全球吸引外资最多的地区，其次是欧盟和北美。

转型经济体 2017 年外国直接投资流入下降 17%，降至 550 亿美元，为 2005 年以来的最低水平，主要是俄罗斯外国直接投资流入下降，大多数独联体国家也表现低迷。

（三）国际投资的流向发生了重大变化

从第二次世界大战后到 20 世纪 60 年代，国际资本移动的方向主要是由发达资本主义国家流向发展中国家和一些前属领地。20 世纪 60 年代末 70 年代初以来，国际资本移动逐步发展成为发达国家相互间的对流型移动，并且发达国家间的双向投资比重仍在继续提高。据估计，西欧、日本的对外投资中，对北美国家的投资就占其对外投资总额的 50%以上。与此相类似的是美国对发达国家和地区的直接投资占其对外直接投资总额的 70%以上。1950—1990 年，美国对发达国家直接投资累计额由 57.1 亿美元增至 3 121.9 亿美元，增长了 53.7 倍；而对发展中国家和地区的直接投资由 57.7 亿美元增至 1 057.2 亿美元，增长了 17.3 倍。发展中国家和地区在美国对外直接投资中的比重急剧下降，1960 年降至 34.9%，1970 年降至 25.4%，1990 年为 25.1%。相反，美国对发达资本主义国家直接投资累计额所占比重从 1955 年的 55.1%上升到 1990 年的 74.1%。据联合国贸易和发展会议 2007 年 1 月 9 日发表的统计报告，2006 年全球外国直接投资增长 34%，总额达 1.2 万亿美元。其中，流入发达国家的外国直接投资增长约 48%，达 8 007 亿美元。对发展中国家的外国直接投资仅增长 10%，为3 677亿美元。近年来，发展中国家和转型经济体作为外国直接投资的目的地和来源地的相对作用在不断增强。2009 年全球外国直接投资有一半流入发展中国家和转型经济体。

（四）对外直接投资的部门结构发生了显著变化

20 世纪 50 年代，外国直接投资集中于初级产品部门和资源加工型产业；随着各国服务业的发展，外国直接投资越来越集中在服务业和技术密集型制造业。20 世纪 70 年代初，世界外国直接投资中有 25%投放在服务行业，20 年以后，这一比重增加到近 55%，每年的投资流量中，有55%～60%投向于服务行业。

二、第二次世界大战后国际投资迅速发展的原因

（一）跨国公司大量活动的结果

21世纪初，世界上有6万多家跨国公司，拥有80多万家国外子公司，而对外直接投资总存量已达6万多亿美元。2001年仅国外子公司的全球销售额就约为全球出口额的2.2倍，约为全球GDP的50%，2001年国外子公司的全球总产值约为全球GDP的1/10。2007年全球外国直接投资存量已经达到15万亿美元，7.9万家跨国公司拥有约79万个外国分支机构，其2007年的销售额和出口额分别增加了21%和15%。对外直接投资（FDI）和国际贸易越来越多地成为跨国公司进行获取资源、生产、分销等活动的决策的一部分。跨国公司为了实现其规模全球经济最大化而将其生产设施分布于世界各地，这种区位选择的结果导致了跨国公司对国际贸易的参与并日益占据主导地位，同时，也使对外投资大量增加。

（二）区域经济一体化和贸易集团化趋势加强

在世界经济中，区域经济一体化和贸易集团化趋势加强。集团化在贸易上呈现出排他性和对非成员国的歧视性，迫使各国为维护自身经济利益而竞相在对方国家扩大直接投资，争夺对方有利的投资领域。这在一定程度上客观地造成了国际直接投资规模的进一步扩大。另外，贸易集团内部关税减免，市场扩大，有利于吸收外资。

（三）国家垄断资本的输出促进了私人资本的输出

第二次世界大战后，发达国家政府干预经济的表现形式之一就是通过对外“援助”和贷款迫使受援国开放本国的商品和资本市场，允许外国资本的自由移动；同时政府还把“援助”和贷款投入到一些私人资本不愿意或不容许投入的交通、通信等公共事业部门，为私人资本的投资创造了良好的投资环境。

（四）投资体制的自由化

1991—1996年，各国政府对外国直接投资管理体制作出了599次调整，其中95%是朝着投资自由化方向调整的。政府间广泛地缔结双边投资保护协定，有力地促进了外国直接投资的快速增长。根据《1997年世界投资报告》，截至1997年年初，世界162个国家（地区）间共签订了1 330个双边投资保护协定。联合国贸发会议《2003年世界投资报告》指出，2002年在70个国家和地区的248项政策变动中，95%是为了使投资框架对跨国公司及其投资更为有利。同时，有迹象表明，对大型外国直接投资项目的财政激励和优惠日益上升，投资促进机构的注意力不仅放在新的投资者上，而且更多着眼于改善对现有投资者的后续服务上。

（五）跨国银行和区域性金融投资机构的兴起与发展，促使国际资本市场进一步扩大，为资本移动提供了良好的环境

第二次世界大战后，跨国银行通过其海外的分支机构、参股银行、国际联合银行等形式来经营国际性的金融投资业务。国际联合银行的建立分散了独家从事大规模国际借贷活动的风险，这扩大了国际资本移动的规模和活动范围，有力地促进了国际资本的移动。

（六）国际市场竞争加剧，贸易保护主义盛行

第二次世界大战后初期已出现争夺市场的贸易摩擦。20世纪70年代中期以来，以非

关税壁垒为特征的新贸易保护主义迅速泛滥，各国纷纷采取贸易保护的政策，保护本国国内市场，使贸易摩擦进一步加剧。因此，各国纷纷通过直接投资，提高在当地生产的比重，以便占据对方市场，绕开贸易对手设置的贸易壁垒，同时可以减缓贸易摩擦。

此外，兼并与收购也成为推动外国直接投资增长的重要因素。

第三节 中国吸收外资和对外投资

一、中国吸收外资

（一）中国吸收外资的规模稳步扩大

引进外资是中国对外开放基本国策的重要组成部分，不断提高引进外资的质量和水平，对于推动全方位、多层次、宽领域对外开放格局的形成具有深远的意义。

据联合国贸发会议《1994年世界投资报告》，1992年中国吸收了111亿美元的外国直接投资，其对外直接投资达到40亿美元，中国成为发展中国家中最大的外资接受国和对外投资来源国。中国吸收到的外资约占1992年流向发展中国家外国直接投资的1/5。不仅如此，有的年份中国吸收外资超过美国。据《2003年世界投资报告》，2002年中国成为世界吸引外资最多的国家，实际使用外资527亿美元，超过美国，跃升全球首位。据经济合作与发展组织（OECD）2004年7月发表的《外国直接投资趋势和近期发展》报告，2003年全球接受外国直接投资最多的国家是中国，达530亿美元；其次为法国，470亿美元；之后是美国，399亿美元。据《2008年世界投资报告》，中国继续成为发展中国家吸收外国直接投资最多的国家，2007年吸收外资835亿美元。

截至2011年年底，中国累计设立外商投资企业73.8万家，实际使用外资超过1.2万亿美元。与2002年相比，2011年中国实际使用外资金额增长了120%，年均增长9.2%，在全球排名中由第四位上升至第二位，并继续保持发展中国家首位。

2018年1月23日，联合国贸易和发展组织发布了最新一期《全球投资趋势监测报告》。贸发会议报告显示，中国2017年吸引的外国直接投资为1 440亿美元，达到历史新高，仍是吸引外资最多的发展中国家，也是继美国之后的全球第二大外资流入国。

（二）中国吸收外资的结构日益优化

中国吸引外资将更多地从量的增长转向质量和结构的提升与优化。高附加值、高技术含量的外国投资以及高端制造业和服务业吸引的外资比重将进一步上升。

2010年外资产业结构更加优化，外商投资产业结构进一步调整，呈现出以下几个特点：

（1）制造业比重首次下降到50%以下，为46.9%。制造业新设立外商投资企业11 047家，同比增长13.11%，实际使用外资金额495.91亿美元，同比增长6.03%。

（2）在制造业中，实际吸收外资最多的三个行业是：通信设备、计算机及其他电子设备制造业（占制造业的17%），电气机械及器材制造业（占11.16%），通用设备制造业（占6.97%）；增幅最大的三个行业是：石油加工、炼焦及核燃料加工业（增长

116.06%），农副食品加工业（增长37.95%），饮料制造业（增长37.91%）；降幅最大的三个行业是：黑色金属冶炼及压延加工业（下降69.39%），造纸及纸制品业（下降25.42%），化学纤维制造业（下降20.45%）。

（3）服务业与制造业吸收投资比重几近相等，为46.1%，服务业中房地产业吸收外资额近半，除房地产业以外，服务业中实际吸收外资最多的三个行业是分销服务业（占11.27%）、计算机应用服务业（占5%）、运输服务业（占4.61%）。

2012年以来，制造业吸收外资结构日益优化，通用设备制造、集成电路制造、通信网络设备及计算机外设制造等高技术领域吸收外资增速居前，中航通用航空电子、三星电子等一批高端制造项目落户中国，与此同时，服务业吸收外资占全国外资比重继续提高，电信和其他信息传输服务、居民服务、教育、科学研究领域吸收外资大幅增长。

2017年，外资产业结构持续优化。高技术产业实际吸收外资同比增长61.7%，占比达28.6%。高技术制造业实际使用外资665.9亿元，同比增长11.3%；高技术服务业实际使用外资1 846.5亿元，同比增长93.2%。

（三）区域分布继续改善，中西部地区比重略有提高

全国吸收外资仍然集中于东部地区。2010年，东部地区实际使用外资898.55亿美元，同比增长15.81%，扭转了2009年下降0.96%的局面；占全国实际使用外资金额的84.98%，比2009年下降1.2个百分点。全国吸收外资最多的五个省市是江苏、广东、上海、辽宁和浙江，这五省市实际使用外资合计695.44亿美元，占全国的65.77%。

中部和西部地区增幅较大，比重略有提高。中部地区实际使用外资65.58亿美元，同比增长28.55%，扭转了2009年下降28.26%的局面；占全国实际使用外资金额的6.49%，比2009年提高0.56个百分点。西部地区实际使用外资90.23亿美元，同比增长26.91%，增幅比2009年高19.5个百分点；占全国实际使用外资金额的8.53%，比2009年提高0.63个白分点。中部和西部地区实际使用外资增幅均高于全国平均水平。西部地区实际使用外资金额已连续两年高于中部地区。

值得注意的是，在外资区域布局上，2017年中部地区表现亮眼，实际使用外资共561.3亿元，同比增长22.5%，增速领跑全国；西部地区新设立外商投资企业同比增长43.2%。自贸试验区的试验田作用进一步凸显。2017年11个自贸试验区新设外商投资企业6 841家，其中以备案方式新设企业占99.2%；实际使用外资1 039亿元人民币，同比增长18.1%，高于全国增幅10个百分点。

（四）改善投资环境，提高投资便利化水平

我国商务部多次举办在华外商投资企业经营情况交流会、跨国公司投资性公司和地区总部发展需求座谈会，倾听解决外企经营中遇到的问题，并督促地方商务主管部门维护外商投资企业合法权益，加强知识产权保护力度。另外，启动中国与美国双边投资保护协定谈判，积极推进中国与新加坡、丹麦、爱尔兰、比利时、奥地利等双边投资促进机制发挥实效。我们也发布了《2012年中国吸收外商投资报告》，全面展示我国吸收外资情况，增信释疑。与此同时，我国商务部出台了《商务部关于涉及外商投资企业股权出资的暂行规定》，修订了《外国投资者对上市公司战略投资管理办法》；实施在线审批试点，初步完成“外商投资在线行政许可系统”建设工作；进一步取消涉及外商投资的行政审批项目2个、

下放管理层级项目18个；建立全口径外商投资管理信息系统，整合和充实各类外商投资数据，提高政务信息化水平。

2017年中国吸收外资形势较为严峻，国务院先后推出42条措施改善营商环境，推动放宽准入、财税支持、权益保护等具体措施落实到位。

二、中国对外投资

我国对外投资是伴随着改革开放而发展起来的一项新兴事业。30多年间，这项事业走过了从无到有、从小到大、从弱到强的不平凡的发展历程。

（一）对外投资规模不断扩大，对外投资存量大幅增加

改革开放初期，我国对外投资规模很小。世纪之交，中央提出实施“走出去”战略，我国企业对外投资步伐明显加快。

2012年，中国对外直接投资创下了840亿美元的历史纪录，中国已经成为世界第三大对外投资国，仅次于美国和日本。2013年，我国对外非金融类直接投资901.7亿美元，同比增长16.8%。2016年中国境内投资者共对全球164个国家和地区7 961家境外企业进行了非金融类直接投资，累计实现投资11 299.2亿元人民币（折合1 701.1亿美元，同比增长44.1%），不仅增速达到了2015年的3倍，而且投资规模首次超过万亿元大关，连续两年位列世界第二，仅次于美国。[①] 商务部统计数据显示，2017年全年，我国境内投资者共对全球174个国家和地区的6 236家境外企业新增非金融类直接投资，累计实现投资1 200.8亿美元，同比下降29.4%，非理性对外投资得到切实有效遏制。2017年前10个月，我国对外直接投资额同比降幅为39.1%，前11个月降幅收窄至32%，全年降幅进一步收窄至29.4%。[②]

截至2017年年底，对外直接投资存量超过1.4万亿美元，境外资产总额5万亿美元。目前，中国企业已经在国外建立了99个经贸合作区，投资324亿美元，为当地创造24.7万个就业岗位。在非洲累计实施基础设施项目1 100多个，具有建设的埃塞东方工业园等园区填补了许多非洲国家的工业空白。

（二）对外投资区域广泛

从分布区域来看，我国对外直接投资在亚洲、非洲地区投资覆盖最高，分别达到90%和81.4%。投资区域从欧美和港澳逐步拓展到亚非拉170多个国家和地区。从境外企业的地区分布看，亚洲是中国设立境外企业最为集中的地区，其次为欧洲，非洲位居第三。值得注意的是，2009年我国对欧洲、北美洲、拉丁美洲投资快速增长，其中对欧洲投资33.5亿美元，增长282.8%；对北美洲投资15.2亿美元，增长3.2倍；对拉丁美洲投资73.3亿美元，增长1倍。2017年，我国与“一带一路”沿线国家投资合作稳步推进，共对“一带一路”沿线的59个国家新增投资合计143.6亿美元，占同期总额的12%。2010—2016年，中国对欧投资增长强劲。2017年中国对欧洲直接投资看似稳健，达到810亿美元，上升76%，但此增长主要得益于中国化工对瑞士农业科技企业先正达创纪录的近440亿美元收购推迟完成。

---

① 卢进勇，等．中国跨国公司发展报告（2017）．北京：对外经济贸易大学出版社，2017.

② 国际商报，2018-01-18.

（三）对外投资领域日益拓宽

我国企业对外投资，初期主要从事进出口贸易、简单加工和餐饮等行业，近年来逐步拓展到设计研发、生产制造、资源开发、航运物流和农业合作等众多领域，2009 年我国境外企业分布的主要行业依次为制造业、批发和零售业、租赁和商业服务业、建筑业及农、林、牧、渔业，其中，制造业、批发和零售业分别占 30.2%、21.9%。对外承包工程在 20 世纪 80 年代初主要是承接劳动力密集的房建、修路等土建项目，20 世纪 90 年代后，业务范围逐步扩展到交通、建筑、电力、石化、冶金、煤炭、通信、地质勘探、港口设施等各个领域，市场分布也从西亚北非地区少数国家扩展到全球 180 多个国家（地区）。外派劳务人员的构成，也从初期以建筑、纺织等普通劳务为主逐步扩展到海员、空乘、医护、教师、工程师等各领域人才，目前已形成行业种类齐全，低、中、高级劳务完备的劳务输出格局，各类劳务人员广泛分布在五大洲 160 多个国家和地区。

（四）跨国并购成为中国对外投资的重要方式

2012 年属于中国并购市场历史上较为活跃的一年，大型国企、民营企业、私募股权投资（PE）机构纷纷参与其中，出境交易成为 2012 年的一大亮点。

2012 年中国并购市场宣布交易案例数量 3 555 起，较 2011 年下降 23%；披露交易规模 3 077.9 亿美元，环比上升 37%，达近 6 年最高值。从具体完成交易来看，能源及矿业、互联网、金融行业和制造业居前，跨境并购交易占比约为三成，呈现增长态势。

自 2011 年欧债危机蔓延，国外企业整体估值偏低，国内企业纷纷抓住难得机遇出境展开大规模收购。2012 年国内大型企业出境并购主要集中于能源、工程机械、电网及基础设施等行业。

2012 年重大的交易案例中，出境大规模交易无疑成为年度的最大亮点，其中国有的中海油、中石化等接连发生的大规模交易较为引人关注，如中国海洋石油公司以 151 亿美元收购加拿大全球性能源公司尼克森全部流通股及 43 亿美元债务，已获加拿大监管层通过；7 月 24 日，中石化宣布已同意斥资 15 亿美元收购加拿大塔里斯曼能源英国分公司 49%权益；11 月 9 日，中石化拟以 25 亿美元收购欧洲第三大油气公司道达尔 20%股权等；12 月 12 日，中石油宣布以 16.3 亿美元现金收购必和必拓澳大利亚 Browse 液化天然气项目股份。

2017 年我国企业共实施完成并购项目 341 起，分布在全球 49 个国家和地区，实际交易总额 962 亿美元。

（五）对外投资技术水平不断提高，影响力不断增强

通过境外投资和跨国并购，我国机械制造、个人电脑等行业的技术水平和生产规模有了明显的提升。对外承包工程企业承建了一批轨道交通、航运枢纽、隧道桥梁、工业生产等综合性项目和标志性建筑，在业界产生了广泛的影响。我国已经成为建筑、纺织和海员劳务的重要输出国，“中国效率”世界有口皆碑。

◆ 本章小结

本章包括三方面内容：第一，国际投资的概念及分类；第二，当代国际投资的特点；第三，中国的吸收外资和对外投资。

◆ 思考题

1. 什么是对外直接投资？它与间接投资有何区别？
2. 当代国际投资有哪些特点？
3. 中国吸收外资和对外投资有何特点？

第九章

跨国公司

跨国公司在当今国际贸易发展中占有重要地位。本章系统地介绍了跨国公司的形成与发展，跨国公司的内部贸易，跨国公司与国际技术贸易和有关跨国公司的理论。要求学生掌握：跨国公司的定义及跨国公司应具备的三要素，跨国公司的经营特点；跨国公司内部贸易及采用的调拨价格；国际技术贸易的概念、方式及国际技术贸易与国际货物贸易的区别。

第一节　跨国公司概述

一、跨国公司的定义

跨国公司（Transnational Corporation），又称多国公司（Multinational Corporation）、国际公司（International Enterprise）和宇宙公司（Cosmo Corporation）等。1974 年联合国经社理事会对跨国公司的内涵作了限定，1986 年联合国的《跨国公司行为守则草案》又对它作了综合、补充和完善。

1986 年联合国《跨国公司行为守则》（*United Nations Code of Conduct on Transnational Corporations*）对跨国公司的定义是：

“本守则中使用的跨国公司一词系指在两国或更多国家之间组成的公营、私营或混合所有制的企业实体，不论此等实体的法律形式和活动领域如何，该企业在一个决策体系下运营，通过一个或一个以上的决策中心使企业内部协调一致的政策和共同的战略得以实现，该企业中各个实体通过所有权或其他方式结合在一起，从而其中的一个或多个实体得以对其他实体的活动施行有效的影响，特别是与别的实体分享知识、资源和责任。”

根据1986年联合国《跨国公司行为守则》，符合跨国公司标准必须具备以下三个基本要素：

其一，跨国公司必须是一个经营实体，组成这个企业的实体在两个或两个以上的国家经营业务，而不论其采取何种法律形式经营，也不论其在哪一经济部门经营。

其二，跨国公司必须具有一个统一的决策体系，有共同的政策和同一的战略目标。

其三，企业中各个实体分享信息、资源和分担责任。

这里的“跨国公司”一词，包括母公司、子公司和附属企业整体。“实体”一词，既指母公司，又指子公司和附属企业。

跨国公司是由母公司及其国外子公司构成的股份有限企业或非股份有限企业。[①] 因此，当今跨国公司的建立包括股权安排和非股权安排两类方式，跨国公司的定义和范围已经不仅仅局限于制造业的跨国公司，也包括大量的服务业的跨国公司。

可见，跨国公司是指以母国为基地，通过对外直接投资和其他形式，在两个或更多的国家建立子公司或分支机构，从事国际化生产或经营的企业。

现实中的跨国公司绝大多数是由一国垄断资本建立，有极少数公司是由两个或更多国家的垄断资本联合建立的，如英荷壳牌石油公司。跨国公司由母公司（总公司）和分布在各国的一定数量的分公司、子公司组成。跨国公司的来源国称为母国，子公司所在国为东道国，母公司是在本国政府注册登记的法人实体，子公司是在东道国政府依法注册登记的法人实体。子公司受母公司领导，子公司的资产所有权由母公司控制，并服从母公司的全球战略。子公司的高级管理人员由母公司任命，一般的管理人员子公司可自行聘用，子公司的管理机构要定期向母公司报告其计划完成和经营活动情况。跨国公司的活动有相当大部分是在母公司与子公司之间进行的。

二、跨国公司的形成与发展

（一）跨国公司的起源

跨国公司是垄断资本主义高度发展的产物，跨国公司的出现与资本输出密切相关，可以说，资本输出是跨国公司形成的物质基础。

早期跨国公司起源于19世纪60年代，当时在发达资本主义国家，一些大型企业通过对外直接投资，在海外设立分支机构和子公司。当时具有代表性的是3家制造业企业：1865年，德国弗里德里克·拜耳化学公司在美国纽约州的奥尔班尼开设的一家制造苯胺的工厂；1866年，瑞典制造甘油炸药的阿佛列·诺贝尔公司在德国汉堡开办的炸药厂；1867年，美国胜家缝纫机公司在英国的格拉斯哥建立的缝纫机装配厂。胜家缝纫机公司开始以格拉斯哥的产品供应欧洲和其他地区的市场，到1880年，又在伦敦和汉堡等地设立销售机构，负责世界各地的销售业务。这家公司可以称得上是美国第一家以全球市场为目标的早期跨国公司。

美国的威斯汀豪斯电气公司、爱迪生电气公司、伊斯特曼·柯达公司以及一些大石油公司也都先后到国外活动。英国的龙尼莱佛公司、瑞士的雀巢公司、英国帝国化学工业公司等都在这一时期先后到国外投资设厂，开始跨国性经营，成为现代跨国公

① 联合国贸发会议．1997年世界投资报告（中译本）．北京：对外经济贸易大学出版社，2001：511.

司的先驱。

两次世界大战期间，由于战争和经济危机，跨国公司发展速度放慢，但仍有一些大公司进行海外直接投资，并且此时，由于一些主要资本输出国限制企业的海外投资活动，美国海外直接投资的地位逐渐上升，跨国公司迅速发展。据统计，1913 年，美国 187 家制造业大公司在海外的分支机构有 116 家，1939 年增为 715 家。

（二）第二次世界大战后跨国公司的发展

第二次世界大战后，对外直接投资的迅速发展直接促进了跨国公司的发展，1986—1995 年国际直接投资流出总额达 27 300 亿美元。1996 年外国直接投资总额增长了 10%，达到 3 490 亿美元。跨国公司的对外直接投资占主要资本主义国家对外投资的 70%以上，而且主要为私人对外直接投资，跨国公司成为私人对外直接投资的物质载体。2006 年发达国家的跨国公司对外直接投资占全球投资流出量的 84%。1968—1969 年，主要资本主义国家拥有跨国公司母公司为7 276家，跨国公司国外分支机构27 300家。到 20 世纪 90 年代初，全球有跨国公司母公司 37 000 家，其中 24 000 家集中在 14 个主要资本主义国家，它们在国外的分支机构达 170 000 家。据《2008 年世界投资报告》，2007 年全球拥有跨国公司母公司 7.9 万家，其拥有国外分支机构约 79 万家。根据联合国贸发会议公布的统计数据，2011 年全球拥有跨国公司超过 10 万家，其拥有国外分支机构超过 89 万家。

（三）第二次世界大战后跨国公司迅速发展的原因

1. 第三次科技革命和社会生产力的发展

第二次世界大战后，发生了第三次科技革命，这次科技革命是以原子能、电子计算机、高分子、航天航空、光纤等技术的广泛使用为标志的，它使社会生产力大大提高。社会生产力的发展导致一系列新兴工业部门的出现，发达国家的经济发展日益受到资源与市场的约束，企业为解决资源供应和产品销售问题，大举向外投资。日本在这两方面的表现尤为突出：一方面，日本资源匮乏，为获取海外资源供应必须大量对外投资；另一方面，日本的汽车、电视机、商船制造和半导体等产品的 30%以上都要靠国外市场来销售，为绕过进口国家的贸易壁垒，也必须在海外投资设厂就地生产、就地销售。同时，社会生产力的发展改进了运输工具和信息沟通方式，为跨国公司国际化生产和经营提供了物质条件。这些都直接促进了第二次世界大战后跨国公司的发展。

2. 绕开贸易壁垒扩大市场份额

各国为了扩大市场份额，一方面竭力扩大海外销售，另一方面又设置各种关税和非关税壁垒限制其他国家商品的进入。在这种条件下，发达国家的跨国公司借助于直接投资的方式，进入出口受阻的国家或地区，在当地生产，就地销售产品，绕开贸易壁垒以扩大市场份额。

3. 发达国家政府的积极推进

跨国公司的迅速发展也是第二次世界大战后政府加强对经济生活的干预、支持本国企业向外扩张的结果。第二次世界大战后各发达国家政府制定了各种各样的政策措施，为跨国公司的海外投资活动提供条件。(1) 政府通过与他国签订避免双重课税协定、投资安全保证协定来减轻跨国公司的纳税负担，保证跨国公司海外投资的利益与安全。通过与他国缔结贸易条约，使本国企业在缔约国享受尽可能充分的国民待遇。（2）政府通过设立的专门银行向公司提供各种优惠贷款和参股贷款，为公司的海外扩张提供资金。通过税收优惠资助企业的研究与开发活动，以提高其产品的竞争力。（3）政府还动用自身的力量为公司的海外投资创造条件。最为突出的是美国，第二次世界大战后美国执行帮助欧洲经济复兴的马歇尔计划，它的附加条件就是要求受援国实行资产非国有化，允许外资自由进入。

4. 跨国银行的发展

第二次世界大战后，跨国银行的迅速发展对跨国公司的迅速发展起着推动作用。一种情况是跨国银行通过投资或参股，本身成为跨国公司；另一种情况是跨国银行运用自己庞大的金融资产和遍及全世界的信贷网络为跨国公司融资，使跨国公司的发展突破资金限制。

5. 放宽对外资的限制

第二次世界大战后，各种类型的国家都相继实行对外资开放的政策，以改善国内投资环境，这也成为跨国公司迅速发展的一个促进因素。

三、跨国公司的经营特点

（一）跨国公司向全球公司转型

在经济全球化潮流推动下，全球企业界发生了巨大的变化，其中最引人注目的是跨国公司（Transnational Corporations）向全球公司（Global Corporations）的转型。按照联合国有关机构的定义，简要地说，跨国公司是在两个或两个以上的国家建立分支机构，由母公司统筹决策和控制，从事跨国界生产经营活动的经济实体。全球公司则是跨国公司全球化发展的新阶段。与跨国公司相比，全球公司的跨国指数（海外资产、海外销售和海外雇员与总资产、总销售和总雇员的比例）超过50%，有的公司的股权也高度全球化，全球公司形成了全球性的发展战略、管理结构和理念文化。

（1）从跨国经营向全球经营转变。面对迅速形成的全球市场，一批跨国公司从过去的多国经营转向全球经营。它们或者在全球最适宜的地点设置采购中心、制造组装中心、研究开发中心，或者把价值链若干环节外包，或者通过并购其他企业，打造全球产业链。全球经营已经成为企业经营的常态。

（2）从中心辐射向全球管理网络转变。跨国公司的管理结构从母国为中心辐射若干国家子公司的中心辐射式的结构转变为多中心多结点的网络管理模式。

（3）从股东价值最大化向全球责任转变。跨国公司承担的责任从过去的股东价值最大化提升到强化包括股东、社会和环境责任在内的全面的公司责任。它们不仅为总部所在母国的社会和环境负责，而且也为海外子公司所在地的社会和环境负责。

经过战略、结构和理念三方面的调整，一批跨国公司转型为全球公司。与一般跨国公司相比，全球公司的全球化程度大大增加。根据联合国贸发会议的统计，1994 年到 2008 年，全球最大的 100 家跨国公司海外资产占其总资产比例从 41.1%上升到 57%，海外销售占其总销售的比例则从 45.6%增加到 62%，海外雇员占总雇员比例从 43.6%增加到 58%（见表 9－1）。2018 年全球最大 100 家跨国公司跨国指数为 59%。

表 9-1　全球最大 100 家跨国公司全球化程度的变化

	1994 年	1999 年	2008 年
海外资产占总资产比例（%）	41.1	41.7	57
海外销售占总销售比例（%）	45.6	49.2	62
海外雇员占总雇员比例（%）	43.6	45.6	58

注：根据历年《世界投资报告》整理。

资料来源：《国际商报》，2011-02-19。

联合国贸发会议出版的《2017 年世界投资报告》中公布了“2017 世界跨国公司 100 大”及跨国指数，皇家壳牌石油公司、丰田汽车公司、英国石油公司、道达尔今司、百威英博、大众汽车、雪佛龙公司、通用电气公司、埃克森美孚、软银公司荣列“2017 世界跨国公司 100 大”前 10 名。“2017 世界跨国公司 100 大”海外资产总额达到 82 697 亿美元，比 2016 年增长 3.76%；“2017 世界跨国公司 100 大”海外营业收入达到 47 689 亿美元，比 2016 年下降 3.09%；“2017 世界跨国公司 100 大”海外员工总数达到 9 282 031 人，比 2016 年增长 1.24%；“2017 世界跨国公司 100 大”入围门槛为 371.58 亿美元，比 2016 年增长 5.78%。“2017 世界跨国公司 100 大”的跨国指数为 61. 31%，比 2016 年提高 0.3 个百分点。

当一个公司超过一半的资产在海外，超过一半的销售来自海外，超过一半的雇员在海外就业时，这家公司的思维方式和经营模式就与一般跨国公司存在巨大的差异。海外利益成为企业主要采源，海外经营成为公司经营的重心。海外经营的重要性不断上升，母国经营的重要性则相对下降。这种情况在瑞士、荷兰等小国的跨国公司，如飞利浦、诺基亚、雀巢、ABB 等公司中特别明显。

事实上，拥有全球战略、全球管理和全球责任并且跨国程度超过 50%的公司已经不是原来意义的跨国公司，而是新型的全球公司了。正如 IBM 公司总裁帕米萨诺所说：“跨国公司……正悄然地呈现新的形式。从企业的角度来看，这种新型企业将被人们透彻地理解成‘全球性的’，而不再只是‘跨国性的’了。”

（二）实行全球战略

所谓全球战略，是指跨国公司将其全球范围的经营活动视为一个整体，其目标是追求这一整体利益的最大化，而不考虑局部利益的得失。跨国公司在做出经营决策时，所考虑的不是一时一地的局部得失，而是整个公司在全球的最大利益。要求在全球范围内实现资源的最佳配置，即以最低的成本生产，以最高的价格销售，尽可能提高全球市场占有率和全球利润率。跨国经营的主要方式是商品贸易、直接投资和技术转让。为实现公司全球利益最大化，公司要合理地安排生产，在世界范围考虑原料来源、劳动力雇用、产品销售和资金利用；要充分利用东道国和各地区的有利条件；要应付世界市场上同行业的垄断竞争。这在客观上就要求公司把商品贸易、直接投资、技术转让三者结合起来，相互利用，从公司的整体利益以及未来发展着眼，进行全面安排。

（三）公司内部实现“一体化”

总公司与子公司、子公司与子公司之间相互配合协作，从而形成一个整体。跨国公司的管理体制多种多样，但原则上都是集中决策，分散经营。为实现公司全球战略，需要统一指挥，协调步骤，以符合公司整体利益，形成整体效应。为适应东道国的投资环境及各市场变化，也需要子公司能够灵活反应。公司在海外设立的大量子公司受控于母公司，在分工协作的基础上，一方面通过分级计划管理落实公司的全球战略安排，另一方面通过互通情报、内部贸易来共担风险。

（四）实行限制性商业做法

跨国公司凭借其经济实力和垄断地位，在国际贸易中广泛采用限制性商业惯例，打击局外企业，加强在国外市场的垄断和竞争，保证谋取垄断利润。

限制性商业惯例（Restrictive Business Practice，RBP）又称限制性商业做法。1980 年 4 月联合国贸易与发展会议达成的《管制限制性商业惯例多边协议的公平原则和规则》，对“限制性商业惯例”所下的定义为：“凡是企业具有下述的行为和行动，即通过滥用或谋取滥用市场力量的支配地位，以限制进入市场或以其他方式不适当地限制竞争，从而对国际贸易，特别是发展中国家的国际贸易及其经济发展造成或可能造成不利影响；或通过企业之间正式的或非正式的、书面的或非书面的协议或安排，造成同样的影响的都称为限制性商业惯例。”

限制性商业惯例在国际技术转让中采用得比较多。在大多数情况下，跨国公司无论在实现技术转让的内循环，即向子公司转让技术，还是向局外企业转让技术，其技术转让合同中一般都包含这样或那样的限制性规定或条款，如限购条款、搭售条款、市场限定条款、技术反馈条款等。这些条款都在很大程度上限制了公平竞争，加强了跨国公司的垄断地位。

（五）向综合型多种经营发展

跨国公司废弃单一的产品生产，实行多种产品生产的产业结构。综合型多种经营，是指母公司内部、母公司和子公司各自生产不同种类的产品，甚至经营彼此毫不相干的不同行业。20 世纪 70 年代以来，综合型多种经营的跨国公司迅猛发展，其业务经营范围，形象地说，就是“从方便面条到导弹”，几乎无所不包。

这种综合型多种经营的特点，是根据生产、销售过程内在的需要，将有关联的生产联系起来，进而向其他行业渗透，形成生产多种产品的综合体系。

（六）建立跨国公司联盟

近年来，跨国公司的发展出现了跨国公司联盟的新趋势，实行国内公司集团化、国际市场竞争联合化。国际市场竞争联合化可以分担研究与开发费用，分散投资风险，共同开拓市场。跨国公司联盟的形式主要有下列两种。

1. 若干个势均力敌的大跨国公司相互结盟

许多大跨国公司通过发挥各自的优势形成互补关系，共同研究和开发新技术、新产品，从单项合作发展到航空、航天、电子、汽车等部门，从生产到销售的多环节合作。国际商用机器公司建立了 40 多个伙伴公司。跨国公司联合方式的最新发展是国际性战略联盟，它由两个国家以上的跨国公司围绕共同的战略目标而建立互相补充、互相衔接、共同开发、共担风险、共享收益的合作关系。跨国公司间缔结国际战略联盟最早于 1979 年在汽车行业中出现。当时，美国福特汽车公司与日本马自达汽车公司结成世界上第一家国际战略联盟。20 世纪 80 年代以来，跨国公司结成跨国联盟以增强自己的竞争力成为一股潮流。这种战略联盟多出现在重大的新技术、新工艺、新产品、新市场、新资源的研制与开发、应用和开拓市场的联合方面。而且，其战略合作包括从科研、开发到生产、销售和服务的全过程。

2. 发展跨国公司群

由一家大的跨国公司和一批中小跨国公司组成跨国集团通过合资企业、分包合同、销售协议、生产协作、技术转让等多种方式联合在一起，发挥各自最具优势的方面，提高整体竞争力。

（七）“当地化”

1. “当地化”的内容

“当地化”战略的主要内容包括：外籍管理人员当地化；人才开发当地化；零部件生产当地化；产品销售当地化；研究开发当地化；营运管理当地化。以中国为例，1993 年以来，国外著名跨国公司开始实施“当地化”战略。如摩托罗拉公司，中国员工人数达到 1 万人，本地经理人员比例近 80%，每年为本地人员提供 2.7 万个培训日，设立 170 种面向中国的课程，仅在 2000 年，该公司从中国本地采购的配套产品及各项服务费达 8.68 亿美元，在华有 700 多个供货商，其产品的平均国产化率达到 65%。

2. “当地化”的效果

“当地化”战略在一定程度上迎合了发展中国家和地区发展民族工业的愿望，受到东道国的欢迎；有利于比较优势的发挥和国民待遇的取得；“人才当地化”有利于克服文化、语言上的差异，建立良好的人际关系，可以迅速打开市场，拓宽销售渠道。

（八）广泛使用电子商务

当今世界，网络技术的进步，带动了网络经济的迅猛发展。互联网以及企业内部网络的建立，使网络在世界经济发展中的作用越来越大。充分运用电子商务已成为跨国公司的重要战略。电子商务给跨国公司带来如下的好处：

（1）借助电子商务，跨国公司的触角超越了传统。它将公司之间的业务往来包容在自己业务范围之内，使得各种决策信息在总部与分布在世界各个角落的全球性公司或其分公司之间及时地传递和交流，从而给跨国公司带来了无限的商机，加大了“无国界经济”。

（2）电子商务推动了跨国公司组织结构的调整。电子商务使跨国公司的组织结构出现两大变化。第一，跨国公司从命令型、金字塔型等级控制结构向网络型多边横向联系转变。第二，跨国公司从上下级之间实行命令和控制转向以知识型专家为主的信息型结构，集中决策和直接命令的工作方式日益向分散决策和灵活反映转变。

（九）构筑全球性的生产和销售网络

（1）跨国公司在世界范围内优化资源结构和资源组合。充分利用东道国的优势，把一个产品的资金、原料、技术、劳动力，产品的各种零部件分散到不同的国家企业进行供应和生产。

（2）跨国公司根据全球经济贸易发展战略和目标分工原则，在许多国家分工生产制造零部件，集中装配，定向销售。

（3）进行“离岸外包”业务。为使跨国公司高层主管集中时间与精力，集中公司的资源，加强研究与发展等业务，21 世纪初以来，跨国公司纷纷将非核心业务外包到发展中国家，形成全球瞩目的“离岸外包”（Offshore Outsourcing）浪潮。全球外包公司集中在美欧日等发达国家（地区）的跨国公司，每年“离岸外包”业务的总价值达到 5 500 亿美元。如波音与麦道两家飞机公司合并以后，为了更快地发展新型飞机，将外包协作的重要零部件由 25 种增加到 55 种，其中 70%的业务由发展中国家的中小企业承包。软件行业的“离岸外包”业务比例最大。

“离岸外包”可为跨国公司带来低成本的竞争优势。如 2000 年，一个中等规模开发项目的软件功能点的成本在美国是 895 美元，在德国是 1 150 美元，而在印度是 90 美元，在中国是 74 美元。

四、跨国公司在中国的发展

2010 年世界 500 强企业中，已经有 480 多家在中国投资设厂，跨国公司在华设立研发中心约 1 400 家，其中不少已在中国建立了地区总部，还有不少企业追加投资。

500 强外商投资企业的投资来源分布于 30 多个国家和地区，其中中国香港特区投资企业以 170 余家居于首位，日本投资企业、维尔京群岛投资企业、美国投资企业、韩国投资企业、新加坡投资企业分别以 60 余家、40 余家、30 余家、20 余家分别排在第 2 位至第 6 位。欧洲地区投资企业将近 70 家，部分自由港投资企业 60 余家，包括中国香港在内的亚洲周边其他国家和地区投资企业超过 300 余家。

此外，跨国公司的投资还呈现出一些特点。首先，高新技术含量不断提高。其次，跨国公司在华设立的研发中心越来越多，2010 年跨国公司在华设立研发中心 194 家，同比增长 24.36%，截至 2010 年跨国公司在华共设研发中心达 1 400 余家。最后，跨国公司投资逐渐带来了产业积聚效应，这一点在高科技产业中显得尤为突出。

五、中国在境外的跨国公司

据商务部和国家统计局统计，截至 2011 年年底，经国家主管部门核准备案的国内 1.35 万家投资主体在境外 177 个国家和地区投资设立海外分支机构 1.8 万个，中资企业境外投资存量近 4 250 亿美元。据中国商务部统计，截至 2014 年年底，中国 1.85 万家境内投资者设立对外直接投资企业近 3 万家，分布在全球 186 个国家（地区）。中国企业的国际化经营不仅使中国在经济全球化和新的国际分工格局中占据有利地位，还将为实现中国资本项下的国际收支平衡、缓解人民币升值压力发挥更大的作用。

中国跨国公司已取得较大进步，在“2017 中国跨国公司 100 大”有 6 家公司达到 2017 世界跨国公司的入围门槛，有 1 家公司的跨国指数达到 2017 世界跨国公司的平均跨国指数，有 43 家公司达到 2016 发展中经济体跨国公司的入围门槛，有 14 家公司的跨国指数达到 2016 发展中经济体的平均跨国指数。而世界级跨国公司是在世界范围内跨国化程度高、拥有全球行业领导地位、全球资源配置高效的跨国公司。具体来说，世界级跨国公司的一般标准包括：跨国化程度高（体现为跨国指数不低于 30%），在品牌营销、技术创新、商业模式、管理水平、服务能力等方面在全球行业拥有领先地位，有能力高效配置和重组全球资源，具有较强的企业软实力或影响力。按照上述标准衡量，中国跨国公司还存在较大差距，国际化程度远远落后于世界平均水平。

“2017 中国跨国公司 100 大”的平均跨国指数只有 14.54%，不仅远远低于“2017 跨国公司 100 大”的平均跨国指数 61.31%，而且也低于“2016 发展经济体跨国公司 100 大”的平均跨国指数 36.14%。“2017 中国跨国公司 100 大”中跨国指数在 30%以上的只有22家，有20%的企业的跨国指数没有超过5%。[①] 除此之外，中国跨国公司100大的海外资产、海外营业收入、海外员工的比例都亟须提高，海外经营业绩也亟待改善。

第二节 跨国公司的内部贸易

一、跨国公司内部贸易在世界贸易中的地位

跨国公司的内部贸易是指跨国公司的母公司与子公司、子公司与子公司之间的贸易，即在跨国公司内部进行的产品、原材料、技术与服务的交换。它包括三种类型的交易：母公司对其国外子公司的销售；国外子公司对其母公司的销售；同一跨国公司体系在一国的子公司向另一国子公司的销售。跨国公司的内部贸易发展很快，在整个世界贸易中和一些发达国家的对外贸易中，都占到很大的比重。1966年跨国公司的内部贸易占到世界贸易的22%，1980年这个比例上升到25%。在20世纪80年代初期，跨国公司的内部贸易在资本主义世界贸易中所占的比重已达到30%～40%。1993年跨国公司的内部贸易约占世界贸易的1/3。跨国公司除了进行内部贸易外，还与局外企业进行大量的贸易。两项合计，则跨国公司全部贸易额在世界贸易中所占的比重应当超过以上数字。据联合国贸易与发展会议秘书处估计，在20世纪70个代中期，跨国公司的贸易在世界贸易中所占的份额超过1/2，可能高达2/3。

二、第二次世界大战后跨国公司内部贸易发展的原因

（一）跨国公司交易成本较低

与直接向外部市场购买和销售相比，它可以更好地控制供给和销售，减少交易过程中谈判、签约、履行合同所发生的各种费用，在技术贸易交易中尤为明显。

（二）便于实行跨国公司的全球战略，实现全球利益最大化

跨国公司体系内贸易的规模和定价，有助于跨国公司实现全球战略，并且通过内部转移价格谋取高额利润。

（三）适应规模经济和高技术产品生产的需要

在电子、汽车、电信等行业中，规模经济和技术密集程度需求都很高，跨国公司实行国际化生产和经营可以扩大生产规模，降低成本，提高产品质量。

（四）降低风险

在完全受市场自发力量支配的情况下，企业经营活动面临着投入供应的数量、质量、价格等不确定的许多风险。跨国公司的内部贸易可以大大降低外部市场造成的经营不确定的风险。另外，可以回避技术等中间产品的外部市场失灵问题。

三、跨国公司内部贸易价格

跨国公司为了实现其全球战略目标，协调企业内部各部门、各公司之间的关系，实行

① 卢进勇，等．中国跨国公司发展报告（2017）．北京：对外经济贸易大学出版社，2018.

内部定价策略。它集中体现在调拨价格上。

调拨价格又称转移价格，是指跨国公司根据其全球战略目标，在母公司与子公司、子公司与子公司之间进行商品、劳务或技术交易时所采用的内部价格。其制定不受市场一般供求关系的影响，而以实现公司的全球战略、追求全球最大利润为目标。

跨国公司运用转移价格的主要目的有以下几方面：

（1）减少税负。减少税负通常是跨国公司制定转移价格时所考虑的主要目标。减少税负主要包括减少所得税和关税两种。各东道国的所得税税率高低不一，跨国公司利用转移价格可以降低账面利润，以减少税款，同时也可以把盈利从高税率国家的子公司转移到低税率国家的子公司，以减少公司的纳税总额。另外，向高关税国家的子公司销售商品时，以较低的转移价格供货，可以减少子公司的进口税负担。

（2）转移资金。跨国公司在其全球经营中，不仅要充分利用众多的资金市场进行筹资和投资，还需要在整个公司体系内统筹调度资金，使多余的资金能得到集中使用，投往获利较高的地方。但不少东道国，尤其是发展中国家，对外资的调度都作了许多限制性规定，如对利润汇出的限制等。跨国公司可以运用转移价格，以较高的转移价格向设在某东道国的子公司发货或以高利贷款方式将资金以利息的形式调出，绕过东道国对资金移动的限制。

（3）调节利润水平。根据经营需要，通过制定转移高价或转移低价来调整跨国公司的账面利润水平。利润水平过高会招致东道国政府要求分享盈利，诱使竞争者进入市场，工会要求提高工资，还会引起当地居民的反感。利润水平过低则不易在当地取得信贷、筹集资金和销售证券。

（4）增强子公司在国际市场上的竞争能力。跨国公司也将转移价格作为促进国外子公司建立与发展的手段。如果子公司在当地遭遇到强有力的竞争，或要取得新市场，跨国公司就采用转移低价，降低子公司的成本，以提高子公司的竞争能力。同时低价高利也可以提高子公司在当地的信誉，便于子公司在当地发行证券或取得信贷。

（5）减少或避免风险。可以减少或避免汇率的风险。如果预测某一子公司所在国货币可能贬值，跨国公司就可以采取子公司高进低出的办法，将利润和现金余额抽回，以减少因货币贬值造成的损失。

第三节　跨国公司与国际技术贸易

一、第二次世界大战后国际技术贸易的发展与原因

（一）国际技术贸易的概念

国际技术贸易是指技术供应方（许可方）按一般商业条件，通过签订技术贸易合同或协议的方式，将某种技术的使用权越出国界转让给技术的受让方（接受方）使用的一种行为。它包括技术输出和技术引进两方面，是国际技术转让（International Technology Transfer）的重要组成部分。

国际技术转让一般分为非商业性技术转让和商业性技术转让。前者系以政府援助、交换技术情报、学术交流、技术考察等形式进行的技术转让，它通常是无偿的；后者系指不同国家的企业、经济组织或个人之间，按一般商业条件，将其技术的使用权授权出售或购买的行为。

我们一般将政府机构或企业之间按照商业条件签订技术协议或合同进行的有偿技术转让视为技术贸易。

（二）第二次世界大战后国际技术贸易的迅速发展

第二次世界大战后，国际技术贸易随着科技革命的发展而迅速发展。在国际技术贸易中，发达国家的技术贸易占世界技术贸易额的80%以上，在国际技术贸易中居主导地位。这些国家的跨国公司是世界技术贸易最活跃、最有影响的力量，它控制了资本主义世界工艺研制的80%，生产技术的90%。国际技术贸易绝大部分掌握在这些大公司手中，国际技术贸易的75%以上属于与跨国公司有关的技术转让。在发达国家对发展中国家进行的技术贸易中，90%是通过跨国公司实现的。

1955年，国际技术贸易额仅为5亿～6亿美元，1985年增加到约500亿美元，1999年达到了5 400亿美元，而到了2014年突破1万亿美元。自20世纪60年代以来，国际商品贸易年均增长10.5%，而同期国际技术贸易年均增长16.5%，其增长速度超过了国际商品贸易的增长速度。

在国际技术贸易中，美国、日本及西欧各国的技术贸易约占世界技术贸易总额的80%；苏联及东欧约占10%；发展中国家大约占10%。

长期以来，美国一直是国际上最大的技术市场和最大的技术出口国，而且长期保持技术贸易顺差。美国技术的70%～80%转让给了西欧、日本、加拿大和拉美一些国家。英国在食品、纤维、纸张等一般工业上，技术贸易有顺差；而在高新技术贸易，如精密机床、精密仪器等制造方面，有大量逆差。法国在专利和专有技术许可证贸易中长期处于逆差，而在技术协作、技术咨询等方面，一直保持顺差。德国技术贸易的主要领域是电子、电气、化工、金属生产和金属加工工业。日本在第二次世界大战后积极引进技术，20世纪80年代以来，日本在引进新技术的同时，积极扩大技术出口，技术贸易差额日趋平衡。拉丁美洲30多个国家是传统的技术引进国。20世纪70年代以后，一些工业较发达的发展中国家也开展技术出口，其中墨西哥、巴西、阿根廷等国是拉美的主要技术贸易市场。在亚洲地区的发展中国家中，韩国、泰国、印度是主要的技术贸易国家。

（三）第二次世界大战后国际技术贸易迅速发展的原因

1. 第三次科技革命为技术贸易的迅速发展奠定了基础

第二次世界大战后，以工业发达国家为主体的科学技术革命一直在进行，并取得一系列突破性进展，但是发展很不平衡，使世界科学技术的资源差别很大，需要相互利用，取长补短。随着生产国际化程度的不断提高和国际分工的深化与扩大，国家之间的经济联系日益密切，促使国际技术贸易迅速发展。

2. 技术输出国通过技术输出可获很大的经济利益

第一，通过出售技术，收取盈利或补偿研究所用的投资。第二，寻求新的贸易机会，开拓新市场。尤其是对于对进口采取严格限制的国家，可通过技术输出打破贸易壁垒，扩大市场。第三，由于现代技术更新速度加快，产品转换周期大大缩短，在这种情况下，技术淘汰率提高，出现技术相对过剩状况，势必迫使技术发达国家加强技术输出。第四，出口技术可以刺激技术更新，促进智能革命，有利于挖掘科技智力的潜力。第五，能够获取较高的外汇收入。

3. 技术引进有利于促进国家的经济发展

第一，引进国外先进科技成果可以节省研究与发展费用，弥补本国科研力量的不足。第二，通过技术引进，再加以吸收、消化和创新，可以加速本国科技的发展，促进经济结构的改造与优化。第三，引进国外先进技术可以带动设备投资的扩大，有利于提高劳动生产率，降低生产成本，改进产品质量，增加产品的花色品种，增强出口商品的竞争能力，扩大出口。

4. 各国都将引进技术作为本国科技、经济发展的一项长期战略

技术引进可以加速本国国民经济部门的技术改造和发展速度，特别有利于促进产业结构的升级换代和优化组合。此外，可以缩短研制时间，节省研制费用，提高产品质量，增强综合国力和竞争力。这种长期战略促进了跨国公司技术贸易的迅速发展。

二、国际技术贸易与国际商品贸易的区别

国际技术贸易与国际商品贸易相比有很大区别，主要有以下几个特征。

（一）贸易标的物内容不同

国际技术贸易是一种以无形的技术知识，即知识产权作为贸易标的物进入市场并进行转让的贸易活动。技术贸易的标的物主要是专利（Patent）、商标（Trademark）和专有技术（Know-how）。专利贸易主要指拥有专利权的所有方将其专利技术通过签订专利许可协议或合同方式转让给另一方使用。商标贸易指商标所有人通过商标许可协议或合同方式将商标转让给另一方使用。专有技术通常是生产某种产品所需的不公开的技术秘密和经验。专有技术贸易是拥有专有技术的一方将其专有技术通过签订专有技术许可协议或合同方式转让给另一方使用。与技术贸易不同的是，商品贸易的标的物是有形商品，如消费品、初级原材料、机械设备等。这些商品均是看得见、摸得着的有形商品。因此，两者的贸易标的物不同。

知识产权

知识产权（Intellectual Property）是指公民或法人对其在科学技术、文化、艺术等领域的发明、成果和作品依法享有的专有权，也就是人们对自己通过脑力活动创造出来的智力成果所依法享有的权利。世贸组织《与贸易有关的知识产权协定》所指的知识产权包括：版权及相关权利、商标权、地理标识权、工业品外观设计权、专利权、集成电路布图设计权、未披露信息专有权。

（二）贸易标的物的使用权和所有权不同

技术贸易是技术所有方或供应方在一定条件下将技术贸易的标的物的使用权转让给接受方使用。但是，技术的所有权并没有转移给技术的接受方。因此，技术贸易原则上是一

种标的物的所有权和使用权相分离的贸易。商品贸易中，商品的使用权和所有权同时转让，卖方失去对商品的所有权和使用权，卖方无权继续支配和使用该商品。

（三）贸易双方当事人关系存在差异

国际技术贸易双方当事人签订的技术转让合同的履约期一般较长，通常是5～7年，最长可达10年。在合同期内，双方当事人在转让和技术使用方面组成了长期的技术合作和技术限制、反限制的关系。与此不同的是，商品贸易合同的履约期通常较短，商品贸易双方当事人不存在技术合同中的那种合作与反限制的关系。

（四）贸易标的物作价原则存在差异

在国际技术贸易中，技术的接受方一般采用利润分成方式进行技术贸易标的物的作价原则，即利润越大，技术使用费越高；反之，利润越小，则技术使用费越低。商品贸易标的物的价格制定通常在商品成本基础上加上一定数量的利润，与利润的高低不一定成正比。

（五）贸易所涉及的法律存在差异

国际技术贸易涉及的法律，除了适用于各国货物买卖法、合同法外，更要受工业产权法、专利权法、商标法等国际保护知识产权的公约或法律管辖。商品贸易合同则主要适用于各国货物买卖法、合同法、国际货物销售公约等。因此，国际技术贸易所涉及的法律、公约较之商品贸易合同更加广泛，更为复杂。

（六）在国际收支平衡表中两者存在差异

国际技术贸易的收入和支出属于无形的商品贸易，一般不列入该国的对外贸易收支平衡表中，它通常反映在一国的国际收支平衡表的经常项目中。商品进出口则是一国贸易收支平衡表的重要项目。

三、国际技术贸易的方式

随着国际技术贸易的发展，贸易方式也呈现出多样化，主要有以下几种。

（一）直接投资

这是跨国公司进行技术转让的主渠道。跨国公司通过这种方式将资金、技术一并投入新设立的子公司，可以牢牢地控制技术的使用，维持对技术的垄断。

（二）许可贸易

许可贸易（Licensing）又称许可证贸易，是技术许可方将其交易标的物的使用权通过许可协议或合同的方式转让给技术接受方的一种贸易方式。

许可贸易的标的物可以包括专利技术、商标和专有技术三方面中的一项、两项或全部项目。国际许可协议主要有以下几种。

1. 独占许可证协议

即技术的接受方在协议有效期内在特定地区内对许可协议规定的技术拥有独占的使用权；同时技术的许可方不得在该地区使用该技术制造和销售商品，更不能把该技术再授予该地区的任何第三方。正因为如此，技术的接受方付出或支付的技术转让费也就更多。

2. 排他性许可协议

即技术的许可方和接受方在许可协议有效期内在特定地区对许可项下的技术都有使用权，许可方不得将此种权利授予该地区的任何第三方，不得与第三方签订该技术的许可协议。排他性许可协议与独占许可协议相比较，接受方所付的使用费相对较少。

3. 普通许可协议

即技术接受方在许可协议项下在规定的地区内使用所转让的技术，但对许可方无任何限制，它仍可以在该地区使用或向任何第三方转让该技术的使用权。普通许可协议所索取的技术使用费比独占许可协议和排他性许可协议更少。

4. 分许可协议

即在许可协议的有效期内，技术的接受方有权以自己的名义把协议项下的技术转让给第三方。这类许可也属普通许可协议。

5. 交叉许可协议

即许可协议的双方当事人以各自拥有的技术相互进行交换，一般不收取使用费。

（三）咨询服务和技术服务

咨询服务和技术服务是双方当事人通过签订协议或技术合同，由技术的提供方就某项工程技术课题、人员培训、企业管理和产品销售等向技术接受方提供咨询或传授技术、技巧等的商业营利性服务。

（四）合作生产

合作生产是本国企业和外国企业依据共同签订的协议或合同，分别生产同一产品的不同零部件，然后由一方或双方装配成为成品出售，或者双方按协议或合同规定的规格、品种、数量，分别制造双方所需的零部件，相互交换，然后各自组装成自己的产品出售。因此，合作生产对双方当事人都有利。

合作生产所使用的技术可以由一方提供，也可由双方相互提供，有时甚至可由双方共同研究、共同设计、共同确定零部件的规格，在技术上双方相互合作，共同提高。合作生产方式比较灵活，一般是在生产领域内合作，也可包括销售方面的合作，双方各自经营，分别核算。所以，合作双方可以比较容易达成协议。

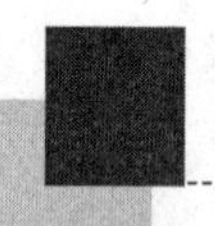

第四节　跨国公司理论

20世纪60年代以来，西方海外直接投资理论的发展大致可以分为两个阶段：早期阶段以海默与金德尔伯格的垄断优势理论和弗农的产品生命周期理论为代表，这些理论主要解释美国企业第二次世界大战后急剧向海外扩张的对外直接投资行为；后期则以巴克利、卡森及拉格曼的内部化理论和邓宁的国际生产折中理论为代表。

20世纪80年代后，随着世界市场竞争加剧，跨国公司为了生存和发展，纷纷采用联盟的战略形式，提高公司的竞争力和生命力，出现了跨国公司的战略联盟理论。

一、垄断优势理论

这一理论是由对外直接投资理论的先驱、美国学者海默（Stephen Herbert Hymer）创立，由金德尔伯格加以完善。海默在他的博士论文《民族企业的国际经营：对外直接投资研究》中，正式阐述企业的跨国经营应该拥有特定的垄断优势。海默认为，东道国的民族企业比跨国经营企业至少具有以下三方面的优势：

第一，民族企业更能适应本国政治、经济、法律、文化诸因素所组成的投资环境；

第二，民族企业常能得到本国政府的优惠和保护；

第三，民族企业不必承担跨国经营企业所无法逃避的各种费用和风险，如直接投资的各种开支、汇率波动的风险等。

因而，一家企业对外直接投资必须满足两个条件：

一是企业必须拥有竞争优势，以抵消在与当地企业竞争中的不利因素；

二是不完全市场的存在，使企业拥有和保持这些优势。

海默在研究中发现，美国从事海外直接投资的企业主要分布在资本相对密集、技术相对先进的行业。随后，金德尔伯格直接将市场不完全或不完全竞争市场作为企业对外直接投资的决定因素，并列出市场不完全的几种形式：

第一种，产品市场不完全。产品市场不完全是指存在产品差异、商标专有、销售技术独特等，使跨国企业拥有对产品的垄断力量，实施价格垄断。

第二种，资本和技术等要素市场不完全。要素市场不完全是指企业垄断了资本、技术等要素，使企业在进入要素市场的能力方面存在差异。

第三种，规模经济。规模经济是指企业可以利用专业化大规模生产取得规模经济的优势，获取低成本，以达到限制竞争者介入的目的。

第四种，政府的关税等贸易限制措施造成市场分割和扭曲。

垄断优势理论只是解释了企业为什么进行海外直接投资，主要原因是市场不完全使企业在专有技术、管理经验、融资能力、销售渠道等方面拥有优势，企业可以利用这些优势抵消与当地企业竞争中的劣势，从事有利的海外直接投资活动。至于企业为什么不采取商品直接出口或转让特许权的方式扩展海外势力，垄断优势理论没作应有的解释。

二、内部化理论

内部化理论是由英国学者巴克利（Peter J. Buckley）和卡森（Mark O. Casson）提出，由加拿大学者拉格曼（A. M. Rugman）进一步加以发展的。

内部化理论形成于20世纪70年代中期。在这之前的对外直接投资理论多以美国企业的海外直接投资为研究对象，通常依靠经验研究进行分析，因而缺乏普遍的理论意义。这就需要研究各国和各行业企业海外直接投资的共同特点，吸取传统理论对企业海外直接投资决定因素的分析，建立企业海外直接投资的一般理论。巴克利和卡森从研究跨国经营企业配置其内部资源的机制入手，首先提出了内部化理论。此后，拉格曼又深入分析了内部化与企业海外直接投资的关系，扩大了内部化理论的研究范围，并利用内部化理论来解释企业跨国经营的三种方式，即出口、对外直接投资及技术贸易或特许权交易选择的根据。

该理论认为，中间产品（指知识、信息、技术、商誉、零部件、原材料等）市场是不完全的，这种不完全是由某些市场失效及中间产品的特殊性质所致，如信息具有公共物品性质，在外部市场上转让容易扩散，这是典型的市场失效。中间产品的这种特性导致交易的不确定性及价格的不确定性，因此，企业正常经营活动所需要的中间产品市场是不完全的。这种缺乏企业之间交换产品的市场，或某些市场经营效率低下的最终结果都导致企业的市场交易成本增加。为追求最大利润，企业必须建立内部市场，使外部市场内部化，利用企业管理手段协调企业内部资源的流动与配置，避免市场不完全对企业经营效率的影响。企业内部化超越国界的过程就是企业对外直接投资的过程，因此，决定企业内部化的因素就变为决定企业对外直接投资的因素，也就是说，企业对外直接投资是为了避免外部市场不完全性对企业经营效率的不利影响。

巴克利和卡森认为，有四种因素影响中间产品市场的交易成本，从而促使企业实现中间产品市场的内部化：（1）行业特定因素。主要包括中间产品的特性、外部市场结构等。（2）国别特定因素。即东道国政府的政治、法律、经济状况。（3）地区特定因素。即地理位置、社会心理、文化差异等。（4）企业特定因素。即企业的组织结构、管理经验、控制和协调能力等。同时，他们还认为，中间产品市场不完全有两种基本形式：一是技术等知识产品市场不完全；二是零部件、原材料中间产品市场不完全。前者产生水平一体化的跨国公司；后者产生垂直一体化的跨国公司。知识产品内部化是第二次世界大战后跨国公司发展的最基本的动因。

但是，内部化的实现也是有条件的，即一方面内部化避免较高的外部市场交易成本，提高企业经营效率；另一方面内部化过程也会带来追加成本，如内部化分割外部市场后引起企业经营规模收益下降，公司内部成本增加，东道国的干预也会增加成本。因而，企业是否实现内部化，内部化是否跨越国界需由外部市场交易成本和企业内部交易成本的均衡决定。

总之，避免外部市场不完全性及市场内部化的条件是企业对外直接投资的决定因素。但是，内部化理论没有论证企业进行国外投资的区位选择。

三、国际生产折中理论

国际生产折中理论是由英国里丁大学的邓宁提出的。他认为以往的理论只能对国际直接投资作出部分解释，并且它们无法将投资理论与贸易理论结合起来，客观上需要一种折中理论。邓宁建立的所谓国际生产折中理论是对西方经济理论中的厂商理论、区位理论、产业组织理论等进行兼容并包，并吸收了国际经济学中的各派思潮，包括海默以来诸人的思想，创立了一个关于国际贸易、对外直接投资和非股权转让三者一体的理论——通论。

通论认为，企业要对外直接投资需要三种优势：

第一，所有权优势。

它包括来自对有形资产和无形资产的占有产生的优势、生产管理上的优势、规模经济所产生的优势、由于多国经营所形成的优势。

第二，内部化优势。

企业通过扩大自己的经营活动，将优势的使用内部化要比将优势的使用外部化更有利。这种外部化是指通过与其他独立企业进行市场交易。企业使其优势内部化的动机是避免外部市场的不完全性对企业经营的不利影响，保持和利用企业技术创新的垄断地位。市场不完全可分为结构性的与知识性的。前者指竞争壁垒等障碍；后者指获得生产与销售信息很困难或成本很高，因而在技术等无形产品的生产与销售领域，以及在某些产品的生产与销售领域，企业对其优势实行内部化，避开外部市场机制不完全，可以获得最大收益。

因而企业将其优势内部化的能力成为企业进行竞争的关键影响因素。

第三，区位优势。

如果企业所有权优势与内部化优势皆有，那么，对该企业而言，把这些优势与当地要素，即区位因素结合必然使企业有利可图。而这些因素是指东道国不可移动的要素禀赋优势及东道国政府对外国企业的鼓励或限制政策等。要素禀赋一般是指东道国的自然资源、人力资源、市场容量等。

区位优势具体表现为：东道国市场的地理分布状况、生产要素的成本及质量、运输成本、通信成本、基础设施、政府干预范围与程度、各国的金融制度、国内外市场的差异程度，以及由于历史、文化、风俗偏好、商业惯例而形成的心理距离等。企业从事国际生产必然要受这些因素的影响。它决定着企业从事国际化生产的区位选择。

由此可见，企业必须同时兼备所有权优势、内部化优势和区位优势才能从事有利的海外直接投资活动。如果企业仅有所有权优势和内部化优势，而不具备区位优势，就意味着缺乏有利的海外投资场所，因此企业只能将有关优势在国内加以利用，而后依靠产品出口来供应当地市场；如果企业只拥有所有权优势和区位优势而无内部化优势，则说明企业拥有的所有权优势难以在内部加以利用，只能将其转让给外国企业；如果企业具备了内部化优势和区位优势而无所有权优势，则意味着企业缺乏对外直接投资的基本前提，海外扩张无法成功。

四、战略联盟理论

关于这一理论，比较权威性的理论分析是邓宁的观点。邓宁在《解释国际生产》一书中对跨国公司热衷于建立战略联盟的原因做了分析。他认为，20 世纪 80 年代以来，有三个因素促成跨国公司在竞争战略上的转变：

其一，技术的进步。许多高科技的应用是为了实现多种目的，而不是单一的，如机器人、微芯片与计算机相关的通信技术等。这些新技术还有另一种特性，即它的有效利用常要求与其他技术结合，而且许多技术创新需要大量人才、物力、资本，为了使其得到有效的利用，要求跨国公司必须与不同大小以及不同地理位置的其他公司建立联盟。

其二，倾向与东道国合作。跨国公司认识到它们的未来越来越不取决于国内而是取决于世界经济的发展趋势，与此同时，跨国公司也意识到所有经济体仍然是各个国家，协调它们的经济政策以保持国际经济正常运行是符合自己利益的。因此，跨国公司倾向于与东道国进行合作。20 世纪 80 年代末新兴工业化国家出现了全球竞争态势的苗头，跨国公司之间随之出现了建立战略联盟进行竞争的态势。为了加强本身的竞争力，新型公司就积极通过建立联盟寻求合作者。在当代世界经济中，决定一个国家和一个公司国际竞争地位的是技术、人力资源和组合系统，而不是自然要素禀赋。而技术创新和组织上的进步使跨国公司在选择它们投资、经营活动的区位时，有了更大的自由。它们究竟在哪个国家和地区落户，通常不受有无资源及其成本的限制，而是受技术质量、人的技能以及通信设施等的制约。

其三，企业活动范围的变化。20 世纪 80 年代以前，跨国公司的界限被认为是受它们自身创业的视野、技术能力、财政资源以及组织能力的限制。在 20 世纪 80 年代以后，形势发生了很大变化。跨国公司为使它们经营链条的各个环节以最低交易成本进行，越来越要求在供应商和顾客之间采取更加合作的姿态，在某些情况下，已经接近准一体化的水平和阶段。在某些国家（如美国），这种关系的条件可以正式规定在有法律约束的合同中，也可以建立在道义承诺、相互容忍、相互信任和共同维护声誉的基础上。

跨国公司建立战略联盟要付出高投入，也能取得更大的收益。高投入包括为建立联盟而提供的研究开发设备和人力资本，投资于新的培训项目以及销售和批发设施，等等。更大的收益包括分享研究与开发成果，降低生产成本，提高技术能力，减少风险，开拓新市场，吸纳新见解，改善经营和管理技术，缩小文化差异，交流经营方法等。这一切可相对增强公司的综合竞争能力，实现由联盟经营扩大而带来的节约或一体化。

◆ 本章小结

本章包括四方面内容：第一，跨国公司的定义、形成、发展及经营特点；第二，跨国公司的内部贸易；第三，跨国公司与国际技术贸易；第四，跨国公司理论。

◆ 思考题

1. 什么是跨国公司？跨国公司的经营特点是什么？
2. 什么是跨国公司内部贸易？跨国公司运用内部交易价格的目的何在？
3. 国际技术贸易与国际商品贸易的区别是什么？
4. 战略联盟理论形成的主要因素是什么？

第十章

对外贸易政策

学习目标

对外贸易政策是世界各国发展对外贸易的重要手段。本章系统地介绍了对外贸易政策的类型及演变情况。目的是了解贸易政策的制定和变化的依据。要求学生掌握：对外贸易政策的含义与目的；对外贸易政策的类型与演变；对外贸易政策的制定与执行；第二次世界大战后对外贸易政策的发展与变化。

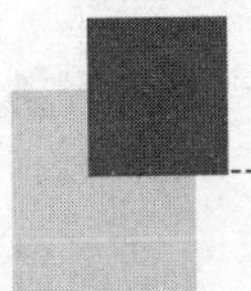

第一节　对外贸易政策概述

一、对外贸易政策的目的、构成与层次

（一）对外贸易政策的目的

对外贸易政策是一国在一定时期内根据国家发展总的战略目标和其参加的有关的贸易条约、协定，对货物和服务等对外贸易活动进行协调、组织与管理所制定的法规、原则和措施。

对外贸易政策的目的有：

（1）优化本国进出口商品结构，提高出口产品质量及其在国际市场上的竞争能力，扩大本国产品的出口市场。

（2）吸引外国资本，发展加工贸易，扩大本国进出口贸易。

（3）引进国外先进的技术知识、管理经验、经营方法和生产技术，改善本国的产业结构，获取规模经济效益，促进生产力的发展。

（4）通过对外贸易政策调整，增加国家财政收入，维持国际收支平衡，提高国家的经济福利，实现经济增长。

（5）完善市场经济体制。世贸组织成员大多以市场经济体制作为经济的运作方式。经过实践检验，市场经济体制逐渐为世界各国认同。实施与世界接轨的对外贸易政策，既能促进一个国家积极参与经济全球化，又能不断完善市场经济体制。

（6）维护良好的国际经济与政治环境。对外贸易政策在调整、改善、巩固国与国之间经济与政治关系方面起着重要作用。一国贸易政策的制定与实施必须考虑国际环境，包括世界贸易组织多边贸易体制的发展与影响和与贸易伙伴之间的经济与政治关系。

（二）对外贸易政策的构成

1. 对外贸易总政策

包括进口总政策和出口总政策。它是一国从整个国家经济出发，在一个较长时期内实行的政策。

2. 进出口商品政策和服务贸易开放政策

它是根据对外贸易总政策和经济结构、国内市场状况而分别制定的政策。

3. 对外贸易国别政策

它是根据对外贸易总政策和对外政治和经济关系而制定的国别和地区的对外贸易政策。

（三）对外贸易政策的层次

各国在管理对外贸易活动中，可以制定、实施自主的对外贸易政策，也可以实施协定的对外贸易政策。因此，对外贸易政策可以分为以下几个层次：

（1）单边贸易政策。也称为自主贸易政策，是由各国政府完全自主制定的外贸政策。

（2）双边贸易政策。这是由双边政府通过签订双边贸易条约和协定协调双方管理贸易的政策。

（3）诸边贸易政策。这是由多个政府通过签订诸边贸易条约和协定协调各方管理贸易的政策。这也称为区域层次上的贸易政策。

（4）多边贸易政策。一般是指世界贸易组织制定的贸易和投资自由化规则。这是由世贸组织 160 多个成员方通过签订多边贸易条约和协定协调各方管理贸易的政策。

一个国家管理贸易活动的政策是以上几个层次的组合。各国政府以此进行管理。

二、对外贸易政策的类型与演变

（一）对外贸易政策的类型

从对外贸易产生与发展以来，基本上有两大类型的对外贸易政策，即自由贸易政策和保护贸易政策。但是在不同的时期、不同的国家，其自由程度与保护程度有所不同。

1. 自由贸易政策

自由贸易政策的主要内容是：国家取消对进出口商品和服务贸易等的限制和障碍，取消对本国进出口商品和服务贸易等的各种特权和优待，使商品自由进出口，服务贸易自由经营，在国内外市场上自由竞争。

2. 保护贸易政策

保护贸易政策的主要内容是：国家广泛利用各种限制进口和控制经营领域与范围的措施，保护本国产品和服务在本国市场上免受外国商品和服务等的竞争，并对本国出口商品和服务贸易给予优待和补贴。

（二）对外贸易政策的演变

在资本主义生产方式准备时期，为了促进资本的原始积累，西欧各国广泛实行重商主义的强制性的贸易保护政策，通过限制货币（贵重金属）出口和扩大贸易顺差的办法扩大货币的积累。英国实行得最为彻底。

在资本主义自由竞争时期，资本主义生产方式占据统治地位，世界经济进入了商品和资本国际化的阶段。这个时期对外贸易政策的基调是自由贸易。英国是主张实行自由贸易政策的国家。但由于各国经济发展水平不同，一些经济发展起步较晚的国家如美国和德国采取了贸易保护主义政策。

在资本主义垄断时期（19 世纪 90 年代到第二次世界大战前），垄断加强，资本输出占据统治地位。1929—1933 年资本主义经济大危机，使市场问题急剧恶化，出现了超保护贸易政策。第二次世界大战后，随着生产国际化和资本国际化，出现了世界范围的贸易自由化。走上政治独立的广大发展中国家则实行了贸易保护主义。新生的社会主义国家为了发展民族经济，也实行了国家统治下的贸易保护主义。

20 世纪 70 年代中期以后，在世界贸易自由化的同时，兴起了新贸易保护主义。随着生产和资本国际化的深入发展，各国之间经济的相互依存性不断加强。各国在贸易和投资等领域的激烈竞争促使各国政府在制定经贸政策时都必须考虑其他国家的反应，增强贸易政策的国际协调。在这种背景下出现了管理贸易政策。这种政策的主要内容是：国家对内制定各种对外经济贸易法规和条例，加强对本国进出口贸易有秩序地发展的管理；对外通过协商，签订各种对外经济贸易协定，以协调和发展与缔约国之间的经济贸易关系。20 世纪 80 年代以后，转型国家的对外贸易政策从封闭式的保护贸易政策转向开放型的自由贸易政策。

三、对外贸易政策的制定与执行

（一）制定对外贸易政策应考虑的因素

对外贸易政策属于上层建筑，它既反映了经济基础和当权阶级的利益与要求，同时又反过来维护和促进了经济基础的发展。各国在制定贸易政策的过程中，要考虑到以下因素：本国经济结构与比较优势；本国产品在国际市场上的竞争能力；本国与别国经济、投资的合作情况；本国国内物价、就业状况；本国与他国的政治关系；本国在世界经济贸易组织中享受的权利与应尽的义务；各国政府领导人的经济思想与贸易理论。

各国对外贸易政策的制定与修改是由国家立法机构进行的。最高立法机关在制定和修改对外贸易政策及有关规章制度前，要征询各个利益集团的意见。如发达资本主义国家一般要征询大垄断集团的意见。各垄断集团通过各种机构，如企业主联合会、商会等协调和商定共同立场，向政府提出各种建议，直至派人参与制定或修改有关对外贸易政策的法律草案。

最高立法机关所颁布的对外贸易各项政策，既包括一国较长时期内对外贸易政策的总方针和基本原则，又规定某些重要措施以及给予行政机构的特定权限。例如，美国国会往往授予美国总统在一定的范围内制定某些对外贸易法令、进行对外贸易谈判、签订贸易协定、增减关税和确定数量限额等权利。

（二）对外贸易政策的执行方式

对外贸易政策的执行方式包括：(1) 通过海关对进出口贸易进行管理。海关是设在关境上的国家行政管理机关，是贯彻执行本国有关进出口政策、法令和规章的重要工具。它的主要职能是：对进出国境的货物和物品、运输工具进行实际的监督管理，稽征关税和代征法定的其他税费，缉查走私。一切进出国境的货物和物品、运输工具，除国家法律有特别规定的以外，都要在进出国境时向海关申报，接受海关检查（查验）。(2) 国家广泛设立各种机构，负责促进出口和管理进口。(3) 国家政府出面参与各种国际经济贸易等国际机构与组织，进行国际经济贸易等方面的协调工作。

第二节　保护贸易政策

一、重商主义

重商主义是15世纪到17世纪欧洲资本原始积累时期，代表商业资本利益的经济思想和政策体系。在此时期，封建主义经济基础逐渐瓦解，资本主义因素迅速发展。与此相适应，产生了重商主义的对外贸易政策，它是重商主义的重要组成部分。

重商主义追求的目的就是在国内积累货币财富，把贵重金属留在国内。重商主义分为早期和晚期，早期重商主义被称为“重金主义”或“货币差额论”，晚期重商主义被称为“贸易差额论”。

（一）重商主义学说

早期重商主义以英国的斯塔福为代表，高度重视金银，视金银为一国货币的基础，认为货币不但是国家富有的象征，也是衡量一国财富的标准，金银储备则是一国最有用的宝藏。因此，早期重商主义被称为重金主义。为此，当时执行重商主义政策的国家禁止货币出口，在对外贸易中必须使每笔交易和对每一个国家的贸易都保持顺差，由国家垄断全部货币贸易；外国人来本国进行贸易时，必须将其销售货物所得到的全部款项用于购买本国的货物。

晚期重商主义被称为贸易差额论。16世纪下半叶，商业资本高度发展，工场手工业已经产生，信贷事业开始发展，商品货币经济迅速发展。当时的封建王朝和商业资产阶级更加需要货币，“他们开始明白，一动不动地放在钱柜里的资本是死的，而流通中的资本却会不断增值。……人们开始把自己的金币当做诱鸟放出去，以便把别人的金币引回来”①。所以，对货币的运动，就不应当过分加以限制。于是管理金银进出口的政策变为管制货物的进出口，力图通过奖出限入，保证贸易出超，达到金银流入的目的。

晚期重商主义学说的最重要代表人物是托马斯·孟（Thomas Man)。托马斯·孟的主要著作是1644年出版的《英国得自对外贸易的财富》，该书被认为是重商主义的“圣经”。

① 马克思，恩格斯．马克思恩格斯全集：第1卷．北京：人民出版社，1956：596.

在《英国得自对外贸易的财富》一书中，孟认为增加英国财富的手段就是发展对外贸易，但是必须遵循一条原则，就是卖给外国人的商品总值应大于购买他们的商品总值。从每年的进出口贸易中取得顺差，增加货币流入量。他把货币与商品联系起来，指出“货币产生贸易，贸易增多货币”[①]，只有输出货物，才能输入更多的货币。为了保证有利的贸易差额，孟主张扩大农产品和工业品的出口，减少外国制品的进口，反对英国居民消费英国能够生产的外国产品。他还主张发展加工工业，发展转口贸易。

（二）晚期重商主义的政策与措施

1. 限制进口政策

（1）禁止若干国外商品，尤其是奢侈品的进口。（2）课征保护关税，限制国外商品的进口。

2. 促进出口的措施

（1）对本国商品的出口给予津贴。（2）出口退税。对出口商品征税，当出口后，把原征税退给出口厂商。（3）禁止重要原料的出口，但许可自由输入原料，加工后再出口。（4）降低或免除出口关税。（5）实行独占性的殖民地贸易政策。设立有独占经营特权的殖民地贸易公司（如英、法、荷等国的东印度公司），在殖民地经营独占贸易与海运，使殖民地成为本国制成品市场和原料供给地。

3. 其他措施

（1）保护农业。英国在1660—1689年，通过若干法令限制谷物的进口，产生了谷物法。（2）英国政府通过职工法，鼓励外国技工的移入，以行会法奖励国内工场手工业的发展。（3）1651年英国通过重要的航海法案。该法案规定，一切输往英国的货物必须用英国的船载运或原出口国船只装运。对亚洲、非洲及北美的贸易必须利用英国或殖民地的船只。（4）奖励人口增长，充裕劳工来源，降低劳工成本。

重商主义的理论和政策在历史上曾起过进步作用。它们促进了资本的原始积累，推动了资本主义生产方式的建立与发展。但它们对社会经济现象的探索只局限于流通领域，而未深入到生产领域，因而它们的经济理论是不科学的。

二、资本主义自由竞争时期的保护贸易政策

在19世纪资本主义自由竞争时期，美国与德国先后实行了保护贸易政策。

（一）美国与德国保护贸易政策的实施

美国建国后，美国第一任财政部长汉密尔顿（A. Hamilton）代表独立发展美国经济的资产阶级的要求，在1791年12月提出的“制造业报告”（Report on Manufacture）中认为，为使美国经济自立，应当保护美国的幼稚工业，其主要的方式是提高进口商品的关税。

德国在19世纪70年代以后，为使新兴的产业避免外国工业品的竞争，使之能充分发展，便不断要求实施保护贸易措施。1879年，俾斯麦改革关税，对钢铁、纺织品、化学品、谷物等征收进口关税，并不断提高关税率；而且与法国、奥地利、俄国等进行关税竞争。1898年，又通过修正关税法，成为欧洲高度保护贸易国家之一。

① ［英］托马斯·孟．英国得自对外贸易的财富．北京：商务印书馆，1965：16.

（二）保护贸易政策的理论依据

保护贸易的理论，就其影响而言，李斯特的保护幼稚工业的理论最具代表性。

李斯特（F. List）是德国历史学派的先驱者，早年在德国提倡自由主义。自 1825 年出使美国以后，受到汉密尔顿的影响，并亲眼见到美国实施保护贸易政策的成效，于是转而提倡贸易保护主义。他在 1841 年出版的《政治经济学的国民体系》一书中，系统地提出了保护幼稚工业的学说。

1. 对古典派自由贸易理论提出批评

（1）指出“比较成本说”不利于德国生产力的发展。李斯特认为，向外国购买廉价的商品，表面上看起来是要合算一些，但是这样做的结果是，德国的工业不可能得到发展，而会长期处于落后和从属于外国的地位。如果德国采取保护关税政策，一开始会使工业品的价格提高，但经过一段时期，德国工业得到充分发展，生产力将会提高，商品生产费用将会下降，商品价格甚至会低于外国进口的商品价格。

（2）批评古典派自由贸易学说忽视了各国历史和经济上的特点。古典派自由贸易理论认为，在自由贸易下，各国可以按地域条件、按比较成本形成和谐的国际分工。李斯特认为，这种学说是一种世界主义经济学，它抹杀了各国的经济发展与历史特点，错误地以“将来才能实现”的世界联盟作为研究的出发点。

2. 发展阶段论

李斯特主张根据各国经济发展的不同阶段，采取不同的对外贸易政策。

李斯特根据国民经济发展程度，把国民经济的发展分为五个阶段，即“原始未开化时期，畜牧时期，农业时期，农工业时期，农工商业时期”①。各国经济发展阶段不同，应采取的贸易政策也应不同。处于农业阶段的国家应实行自由贸易政策，以利于农产品的自由输出，并自由输入外国的工业产品，以促进本国农业的发展，并培育工业化的基础。处于农工业阶段的国家，由于本国已有工业发展，但并未发展到能与外国产品相竞争的地步，故必须实施保护关税制度，使它不受外国产品的打击。而处于农工商业阶段的国家，由于国内工业产品已具备国际竞争能力，国外产品的竞争威胁已不存在，故应实行自由贸易政策，以享受自由贸易的最大利益，刺激国内产业进一步发展。

李斯特认为英国已达到最后阶段（农工商业时期），法国在第四阶段与第五阶段之间，德国与美国均在第四阶段，葡萄牙与西班牙则在第三阶段。因此，李斯特根据其经济发展阶段说，主张当时德国应实行保护工业政策，促进德国工业化，以对抗英国工业产品的竞争。

3. 主张国家干预对外贸易

为保护幼稚工业，李斯特提出：“对某些工业品可以实行禁止输入，或规定的税率事实上等于全部或至少部分地禁止输入。”② 同时，对“凡是在专门技术与机器制造方面还没有获得高度发展的国家，对于一切复杂机器的输入应当允许免税，或只征收低的进口税”③。

---

① ［德］李斯特．政治经济学的国民体系．北京：商务印书馆，1961：155.

② 同①261.

③ 同①265.

4. 保护的对象为幼稚工业

李斯特保护贸易政策的目的是促进生产力的发展。经过比较，李斯特认为大规模机器的制造工业的生产力远远大于农业。他认为着重农业的国家，人民精神萎靡，一切习惯与方法偏于守旧，缺乏文化福利与自由；而着重工商业的国家则不然，其人民充满增进身心与才能的精神。工业发展以后，农业自然跟着发展。他提出的保护对象的条件是：(1) 农业不需要保护。只有那些刚从农业阶段跃进的国家，距离工业成熟期尚远，才适宜于保护。(2) 一国工业虽然幼稚，但在没有强有力的竞争者时，也不需要保护。(3) 只有刚刚开始发展且有强有力的外国竞争者的幼稚工业才需要保护。李斯特提出的保护时间以 30 年为最高期限。在此期限内，被保护的工业还扶植不起来时，不再予以保护，任其自行垮台。

5. 幼稚工业的保护手段

采取禁止输入与征收高关税办法来保护幼稚工业，以免税或征收轻微进口税方式鼓励复杂机器进口。

(三) 对李斯特保护幼稚工业理论的评价

李斯特保护贸易理论在德国工业资本主义的发展过程中曾起过积极的作用，它促进了德国资本主义的发展，有利于资产阶级反对封建主义势力斗争；李斯特的保护贸易理论对发展中国家有借鉴意义，对经济不发达国家是有重大参考价值的。李斯特的保护贸易理论存在缺陷，他对生产力这个概念的理解是不科学的，他以经济部门作为划分经济发展阶段同样是不科学的。

三、两次世界大战期间的超保护贸易政策

(一) 超保护贸易政策的兴起

超保护贸易政策在第一次世界大战与第二次世界大战之间盛行。在这个阶段，资本主义经济出现了以下特点：(1) 垄断代替了自由竞争；(2) 国际经济制度发生了巨大变化；(3) 1929—1933 年资本主义世界发生空前严重的经济危机，使市场矛盾进一步尖锐化，使超保护贸易政策得到空前的发展。

在大危机以后，许多资本主义国家都提高了关税，实行外汇限制、数量限制；同时，国家积极干预外贸，鼓励出口，新重商主义盛行。

(二) 超保护贸易政策的特点

与第一次世界大战前贸易保护政策相比，超保护贸易政策有以下特点：

第一，保护的对象扩大了。超保护贸易政策不仅保护幼稚工业，而且更多地保护国内高度发展或出现衰落的垄断工业。

第二，保护的目的变了。超保护贸易政策不再是培养自由竞争的能力，而是巩固和加强对国内外市场的垄断。

第三，保护从防御性转入进攻性。以前贸易保护政策是防御性地限制进口，超保护贸易政策是要在垄断国内市场的基础上对国外市场实行进攻性的扩张。

第四，保护的措施多样化。保护的措施不仅有关税，还有其他各种各样的奖出限入的措施。

第五，组成排他性的货币集团，1931 年，英国放弃了金本位，引起了统一的世界货

币体系的瓦解，主要帝国主义国家各自组成了排他性的相互对立的货币集团。1931 年后，资本主义世界的货币集团计有英镑集团、美元集团、法郎集团、德国双边清算集团及日元集团等。

（三）超保护贸易政策的理论

在两次世界大战期间超保护贸易政策的发展中最值得重视的是理论根据发生了重大的变化。各国经济学家提出了各种支持超保护贸易政策的理论根据，其中有重大影响的是凯恩斯有关推崇重商主义的学说。

凯恩斯（John Maynard Keynes）是英国资产阶级经济学家，是凯恩斯主义的创始人，他的代表作是 1936 年出版的《就业、利息和货币通论》（*The General Theory of Employment，Interest and Money*）。

凯恩斯没有一本全面系统地论述国际贸易的专门著作。但是，他和他的弟子们有关国际贸易方面的观点与论述却为对外贸易政策，尤其是超保护贸易主义提供了重要的理论根据。

1. 凯恩斯立场的转变

在 1929—1933 年资本主义经济大危机以前，凯恩斯是一个自由贸易论者。当时，他否认保护贸易政策会有利于国内的经济繁荣与就业。在大危机以后，凯恩斯改变立场，转而推崇重商主义。他认为重商主义保护贸易的政策确实能够保护经济繁荣，扩大就业。

2. 对古典派自由贸易理论的批评

凯恩斯与其追随者认为传统的外贸理论不适用于现代社会。

古典派的贸易理论是建立在国内充分就业这个前提下的。他们认为，国与国之间的贸易应当是进出口平衡，以出口抵偿进口，即使由于一时的原因或由于人为的力量使贸易出现顺差，这也会由于贵重金属移动和由此产生的物价变动得到调整，进出口仍归于平衡。他们认为不要为贸易出现逆差而担忧，也不要为贸易出现顺差而高兴，故主张自由贸易政策，反对人为的干预。

凯恩斯与其追随者认为古典派的自由贸易理论过时了。首先，20 世纪 30 年代，大量失业存在，自由贸易理论“充分就业”的前提条件已不存在。其次，凯恩斯和其追随者认为，古典派的自由贸易论者虽然以“国际收支自动调节说”说明贸易顺、逆差最终均衡的过程，但忽略了在调节过程中对一国国民收入和就业所产生的影响，他们认为贸易顺差能增加国民收入，扩大就业，而贸易逆差则会减少国民收入，加重失业。因此，他们主张贸易顺差，反对贸易逆差。

3. 对外贸易乘数理论

对外贸易乘数（Foreign Trade Multiplier）理论是凯恩斯投资乘数在对外贸易方面的运用。

为证明增加新投资对就业和国民收入的好处，凯恩斯提出了投资乘数理论。

凯恩斯把反映投资增长和国民收入扩大之间的依存关系称为乘数或倍数理论。它的意思是说，新增加的投资引起对生产资料的需求增加，从而引起从事生产资料生产的人们（企业主和工人）的收入增加；他们收入的增加又引起对消费品需求的增加，从而又导致从事消费品生产的人们收入的增加。如此推演下去，结果由此增加的国民收入总量会等于原增加投资量的若干倍。

在国内投资乘数理论的基础上，凯恩斯的追随者们引申出对外贸易乘数理论。他们认为，一国的出口和国内投资一样，有增加国民收入的作用；一国的进口则与国内储蓄一样，有减少国民收入的作用。当商品劳务出口时，从国外得到的货币收入会使出口产品部门收入增加，消费也增加。它必然引起其他产业部门生产增加，就业增多，收入增加……如此反复下去，收入增加量将为出口增加量的若干倍。当商品劳务进口时，必然向国外支付货币，于是收入减少，消费随之下降，与储蓄一样，成为国民收入中的漏洞。他们得出结论：只有当贸易为出超或国际收支为顺差时，对外贸易才能增加一国就业量，提高国民的收入。此时，国民收入的增加量将为贸易顺差的若干倍。这就是对外贸易乘数理论的含义。

计算对外贸易顺差对国民收入的影响倍数公式为：

$$\Delta Y=[\Delta I+(\Delta X-\Delta M)]\cdot K$$

其中：ΔY 代表国民收入的增加额；ΔI 代表投资的增加额；ΔX 代表出口的增加额；ΔM 代表进口增加额；K 代表乘数。

在 ΔI 与 K 一定时，则贸易顺差越大，ΔY 越大；反之，如贸易差额是逆差时，则 ΔY 要缩小。因此，一国越是扩大出口，减少进口，贸易顺差越大，对本国经济发展作用越大。由此，凯恩斯及其追随者的对外贸易乘数理论为超保护贸易政策提供了重要的理论根据。

4. 对凯恩斯主义的对外贸易乘数理论的评价

对外贸易乘数理论是代表当代垄断资本利益的理论，这个理论旨在通过奖出限入，增加对外贸易出超来解决国内经济停滞，摆脱周期性经济危机。但是，在资本主义制度下，要从根本上解决经济危机和就业问题是不可能的。

对外贸易乘数理论在一定程度上分析了对外贸易与国民经济发展之间某些内在的相互依存关系，但这种理论分析具有局限性。

第三节 自由贸易政策

一、英国自由贸易政策

（一）英国自由贸易政策的兴起

英国自 18 世纪中叶开始进入产业革命，“世界工厂”地位已经确立并获得巩固，不怕与外国商品进行竞争。在这种状况下，重商主义的保护贸易政策便成为阻碍英国经济发展和英国工业资产阶级对外扩张的一大障碍。这时英国工业资产阶级便要求实行在世界市场上进行无限制的自由竞争和自由贸易政策。他们要求其他国家供给英国粮食、原料和市场，而由英国向他们提供工业制成品。因此，英国新兴的工业资产阶级迫切要求废除重商主义时代所制定的一些外贸政策和措施。

英国新兴的产业资产阶级要求废除重商主义的对外贸易政策，其主要理由是：

首先，英国产业革命的发展，必须自国外取得廉价的工业原料与粮食（廉价粮食是低工资的前提条件），因而反对各种限制进口的保护措施。

其次，英国的产业革命早于其他国家，其产品物美价廉，具有强大的国际竞争能力，因而自由贸易对其较为有利。

（二）英国自由贸易政策的胜利

在19世纪20年代，英国工业资产阶级以伦敦和曼彻斯特为基地开展了一场大规模的自由贸易运动。运动的中心内容是废除谷物法。工业资产阶级经过不断的斗争，最后终于战胜了地主、贵族阶级，使自由贸易政策逐步取得胜利。

1. 废除谷物法

1838年英国棉纺织业资产阶级组成“反谷物法同盟”（Anti-Corn Law League），然后又成立全国性的反谷物法同盟，展开了声势浩大的反谷物法运动。经过斗争，终使国会于1846年通过废除谷物法的议案，并于1849年生效。

2. 逐步降低关税税率，减少纳税商品数目

在19世纪初，经过几百年的重商主义实践，英国有关关税的法令达1 000项以上。1825年英国开始简化税法，废止旧税率，建立新税率。进口纳税的商品项目从1841年的1 163种减少到1853年的466种，1862年减至44种，1882年再减至20种。所征收的关税全部是财政关税，税率大大降低。禁止出口的法令完全废除。

3. 废除航海法

航海法是英国限制外国航运业竞争和垄断殖民地航运事业的政策。从1824年逐步废除，到1849年和1854年，英国的沿海贸易和殖民地全部开放给其他国家，至此，重商主义时代制定的航海法全部废除。

4. 取消特权公司

东印度公司对印度和中国贸易的垄断权分别于1813年和1814年被废止，从此对印度和中国的贸易开放给所有的英国人。

5. 对殖民地贸易政策的改变

在18世纪英国对殖民地的航运享有特权，殖民地的货物输入英国享受特惠关税的待遇。在英国大机器工业建立以后，英国不怕任何国家的竞争，所以对殖民地的贸易逐步采取自由放任的态度。1849年航海法废止后，殖民地已可以对任何国家输出商品，也可以从任何国家输入商品。通过关税法的改革，废止了对殖民地商品的特惠税率。同时准许殖民地与外国签订贸易协定，殖民地可以与任何外国建立直接的贸易关系，英国不再加以干涉。

6. 与外国签订贸易条约

1860年签订了英法条约，即《科伯登条约》。根据这项条约，英国降低了对法国的葡萄酒和烧酒的进口税，并承诺不禁止煤炭的出口；法国则保证对从英国进口的一些制成品征收不超过其价格30%的关税。《科伯登条约》是以自由贸易精神签订的一系列贸易条约的第一项，列有最惠国待遇条款。在19世纪60年代，英国就缔结了八项这种形式的条约。

在英国带动下，19 世纪中叶，许多国家降低了关税，荷兰、比利时相继实行了自由贸易政策。

二、自由贸易政策理论

（一）自由贸易理论的形成

自由贸易理论起始于法国的重农主义，完成于古典政治经济学派，后来又不断丰富。

在古典政治经济学派前，法国的重农主义（Physiocracy）与英国学者休谟（D. Humo）已提出自由贸易的主张。重农主义提倡商业的自由竞争，反对重商主义的贸易差额论，并反对课征高额关税。休谟主张自由贸易，并提出“物价与现金流出入机能”的理论，驳斥重商主义的贸易差额论。

古典政治经济学派首先由亚当·斯密在其名著《国富论》中提出国际分工、实行自由贸易的理论由大卫·李嘉图继承并加以发展。后来一些经济学家如穆勒、马歇尔等人进一步对此加以阐述、演绎。

（二）自由贸易理论的要点

（1）自由贸易理论可以形成互相有利的国际分工。在自由贸易下，各国可以按照自然条件（亚当·斯密）、比较利益（大卫·李嘉图）和要素丰缺（俄林）状况，专心生产其最有利和有利较大或不利较小的产品，促成各国的专业化。这种国际分工可以带来下列利益：1）分工与专业化可以增进各国各专业的特殊生产技能；2）使生产要素（土地、劳动与资本）得到最优化的配置；3）可以节省社会劳动时间；4）可以促进发明。故分工范围越广，市场越大，生产要素配置越合理，获取的利益越多。

（2）扩大国民真实收入。此一论点由国际分工理论推演而来。自由贸易理论认为，在自由贸易环境下，每个国家都根据自己的条件发展最擅于生产的部门，劳动和资本就会得到正确的分配和运用。再通过贸易以较少的花费换回较多的商品，就能增加国民财富。

（3）在自由贸易条件下，可进口廉价商品，减少国民开支。

（4）自由贸易可以反对垄断，加强竞争，提高经济效率。独占或垄断对国民经济不利，其原因有：独占或垄断会抬高物价，使被保护的企业不求改进，生产效率降低，造成落后、削弱竞争能力。

（5）自由贸易有利于提高利润率。促进资本积累。李嘉图认为，随着社会的发展，工人的名义工资会不断上涨，从而引起利润率的降低。他认为，要避免这种情况，并维持资本积累和工业扩张的可能性，唯一的办法就是自由贸易。

（三）对自由贸易政策和理论的评价

自由贸易政策促进了英国经济和对外贸易的迅速发展，使英国经济跃居世界首位。1870 年英国在世界工业生产中所占的比重为 32%。在煤、铁产量和棉花消费量中，都各占世界总量的一半左右。英国在世界贸易总额中的比重上升到近 1/4，几乎相当于法、德、美各国的总和，它拥有的商船吨位居世界第一位，约为荷、美、法、德、俄各国商船吨位的总和。伦敦成了国际金融中心，世界各国的公债和公司证券都送到这里来推销。

自由贸易理论为自由贸易政策制造了舆论，成为论证自由贸易政策的有力武器。

第四节　当代对外贸易政策

第二次世界大战后，随着世界经济的恢复、发展和经济全球化，相继出现贸易自由化、新贸易保护主义和贸易自由化向纵深发展。

一、贸易自由化

贸易自由化是指国家之间通过多边或双边的贸易条约与协定，削减关税壁垒，抑制非关税壁垒，取消国际贸易中的障碍与歧视，促进世界货物和服务的交换与生产。

（一）贸易自由化的主要表现

1. 大幅度削减关税

（1）在关税与贸易总协定成员范围内大幅度地降低关税。自1947年以来，在关税与贸易总协定的主持下，举行了八轮多边贸易谈判。各缔约方的平均进口关税税率已从50%左右下降到5%以下。

（2）欧洲经济共同体实行关税同盟，对内取消关税，对外通过谈判，达成关税减让的协议，导致关税大幅度下降。

关税同盟是欧洲经济共同体建立的重要基础，根据罗马条约的规定，关税同盟从1959年1月1日起分三个阶段减税，至1970年1月1日完成。实施的结果是，共同体原六国之间的工业品和农产品的自由流通，分别提前于1968年7月和1969年1月完成。1973年1月英国、爱尔兰和丹麦三国加入共同体后，按照协议规定，它们与原六国之间也分期减税。到1977年7月1日三国与原六国之间在工业品与农产品方面也分别实现了全部互免关税，从而扩大了共同体内部的贸易自由化。

从1973年开始，欧洲经济共同体与欧洲自由贸易联盟之间逐步降低工业品关税，到1977年7月1日，实现工业品互免关税，从而建立起一个包括17国在内的占世界贸易40%的工业品自由贸易区。

欧洲经济共同体国家同非洲、加勒比和太平洋地区的46个发展中国家于1975年2月28日在多哥首都洛美签订了《欧洲经济共同体-非洲、加勒比和太平洋（国家）洛美协定》（简称洛美协定）。根据该协定规定，欧洲经济共同体对来自非洲、加勒比、太平洋（国家）的全部工业品和96%的农产品进口给予免税输入的待遇。1979年10月签订了第二个洛美协定，1989年又签订了第三个洛美协定。在第四次的续签协议中确定了更长的期限有效期变为10年（1990—2000年），但是规定可以在5年时做一次修改。

此外，欧洲经济共同体还与地中海沿岸的一些国家、阿拉伯国家、东南亚国家联盟等缔结了优惠贸易协定。

（3）通过普遍优惠制的实施，发达国家对来自发展中国家和地区的制成品和半制成品的进口给予普遍的、非歧视和非互惠的关税优惠。这是1968年在联合国贸易与发展会议第二届会议上通过了普遍优惠制决议后实施的。

2. 降低或撤销非关税壁垒

第二次世界大战后初期，发达资本主义国家对许多商品进口实行严格的进口限额、进口许可证和外汇管制等措施，以限制商品进口。随着经济的恢复和发展，这些国家在不同程度上放宽了进口数量限制，扩大了进口的自由化，增加了自由进口的商品；放宽或取消了外汇管制；实行货币自由兑换，促进了贸易自由化的发展。

到20世纪60年代初，参加关贸总协定的经济合作与发展组织成员之间的进口数量限制已取消了90%。

根据乌拉圭回合多边贸易谈判达成的协议，非关税壁垒将在10年内逐步取消，农产品的非关税措施全部予以关税化并进行约束和削减。纺织品和服装的进口配额限制分阶段逐步减少，到2005年后，实现纺织品和服装贸易不受配额限制。

3. 放宽外汇管制

随着经济的恢复与国际收支状况的改善，发达资本主义国家都在不同程度上放宽或解除了外汇管制，恢复了货币自由兑换，实行外汇自由化。

（二）贸易自由化的主要特点

1. 美国积极推行贸易自由化

第二次世界大战后，美国成为资本主义世界最强大的经济和贸易国家。为了对外经济扩张，美国积极主张削减关税，取消数量限制，成为贸易自由化的积极推行者。

2. 第二次世界大战后贸易自由化适应经济全球化的发展

第二次世界大战后贸易自由化席卷全球，除去美国对外扩张，还有更重要的原因，诸如生产的国际化、资本的国际化、国际分工向纵深发展、西欧和日本经济的迅速恢复和发展、跨国公司的大量出现，它们反映了世界经济和生产力发展的内在要求，而历史上的自由贸易则反映了英国一国工业资产阶级资本自由扩张的利益与要求。

3. 第二次世界大战后贸易自由化主要反映了垄断资本的利益

第二次世界大战后贸易自由化是在国家垄断资本主义日益加强的条件下发展起来的，主要反映了垄断资本的利益，特别是垄断资本与国家政权相结合建立区域性贸易集团，对内取消关税，实行自由贸易政策。

4. 各种国际组织起了重要作用

第二次世界大战后贸易自由化主要是通过1947年关税与贸易总协定和世界贸易组织在世界范围内进行的。世界贸易组织的建立，关税的进一步下降，非关税壁垒的不断取消，加速了贸易自由化的进程。此外，区域性关税同盟、自由贸易区、共同市场等地区性经济合作，也都促进了国际商品的自由流通。

5. 各种类型国家、贸易集团和各类商品贸易自由化发展不平衡

（1）发达资本主义国家之间贸易自由化超过它们对发展中国家和社会主义国家的贸易自由化。

（2）区域性经济集团内部的贸易自由化超过集团对外的贸易自由化。

（3）工业制成品上的贸易自由化超过农产品上的贸易自由化。机器设备的贸易自由化超过纺织品、鞋类、皮革制品等工业消费品的贸易自由化。

二、新贸易保护主义

新贸易保护主义是对历史上的贸易保护主义和贸易自由化而言的。1973—1974 年，世界性经济危机爆发，市场问题相对紧张，出现了新贸易保护主义。

（一）新贸易保护主义的主要特点

1. 被保护的商品不断增加

被保护的商品从传统产品、农产品转向高级工业品和劳务部门。1977 年，欧洲经济共同体对钢铁进口实行限制。1978 年，美国对进口钢铁采取“启动价格”，即在钢铁价格降到按照生产成本规定的基点价格以下时，即对进口钢铁征收反倾销税。1977—1979 年，美国、法国、意大利和英国限制彩电进口。进入 20 世纪 80 年代以来，美国对日本汽车实行进口限制，迫使日本实行汽车的“自愿出口限额”。加拿大、德国也相继采取限制汽车进口的措施。1982 年，美国与欧洲经济共同体签订钢铁的“自愿”出口限额协议。1986 年 8 月国际多种纤维协定对纺织品进口限制进一步升级，把限制的种类从棉类合成纤维扩大到棉麻、棉丝混纺织品。高级技术产品如数控工作母机和半导体等也被纳入保护范围。此外，加强了劳务上的保护主义，如签证申请、投资条例、限制收入汇回等。

2. 限制进口措施的重点从关税壁垒进一步转向非关税壁垒

非关税壁垒的种类显著增多，在 20 世纪 60 年代末 70 年代初，资本主义国家采用的非关税壁垒由约 850 种增加到 1 000 多种。

3. 加强了征收反补贴税和反倾销税行动

近年来，发达资本主义国家采取的征收反倾销和反补贴税的行动更有增无减。1980—1985 年发达资本主义国家反倾销案件达 283 起，涉及 44 个国家或地区。1983—1992 年，欧共体对第三国的出口产品进行反倾销调查案共达 345 起。其中，中国占 35 起，占总数的 10%，被列入第一位。20 世纪 90 年代以来，国外对我国反倾销调查急剧增加，仅 1993 年 1 年间国外对我国出口产品反倾销调查就有 37 起。

4. 贸易保护制度日益合法化、系统化

（1）合法化。许多发达资本主义国家重新修订和补充原有的贸易法规，使对外贸易保护有法可依。例如，美国国会通过 1988 年综合贸易法某些条例，加强了美国政府对美国对外贸易保护的调节和管理的合法化。

（2）系统化。对各种对外贸易制度和法规，如海关、商检、进口配额制、进口许可证制、出口管制、反倾销法等，制定更为详细、系统、具体的细则，并与国内法进一步结合，以便各种管理制度和行政部门更好地配合与协调，加强对进出口贸易更为系统的保护。

5. 奖出限入措施的重点从限制进口转向鼓励出口

20 世纪 70 年代中期以来，随着发达资本主义国家之间贸易战的日益加剧，各国政府仅靠贸易壁垒来限制进口不但难以满足本国垄断资本对外扩张的需要，而且往往会遭到其他国家的谴责和报复。因此，许多发达资本主义国家把奖出限入措施的重点从限制进口转向鼓励出口，从财政、组织、精神等方面鼓励出口，促进商品输出。

（二）新贸易保护主义不断加强的原因

1. 发达国家失业率增高

20 世纪 80 年代以来，主要工业国家经济处于低速发展状态，失业率一直较高。

2. 主要工业发达国家的对外贸易发展不平衡

20 世纪 70 年代中期以后，美国对外贸易逆差不断增加，特别是对日本、德国的对外贸易逆差不断加重。为了减少贸易逆差，美国一方面迫使对它有巨额贸易顺差的日本等国开放市场，另一方面加强限制和报复的进口措施。

3. 国际货币关系的失调

汇率长期失调影响了国际贸易的正常发展，带来了巨大的贸易保护压力。汇率的过高与过低均易产生贸易保护主义的压力。

4. 贸易政策的相互影响

随着世界经济相互依赖的加强，贸易政策的连锁反应也更敏感。美国采取了许多贸易保护措施，它反过来又遭到其他国家“明的”与“暗的”报复措施，使得新贸易保护主义蔓延与扩张。

随着关贸总协定“乌拉圭回合”的结束、世界贸易组织的成立、最后文件的生效与执行，新贸易保护主义受到抑制。

（三）战略性贸易政策

战略性贸易政策是指国家从战略高度，用关税、出口补贴等措施，对现有或潜在的战略性（部门、产业）进行支持和资助，以使其获得竞争优势，提高经济效益和国民福利。

1. 措施

战略性贸易政策的主要措施是以补贴促进出口、以关税保护国内市场等。

（1）以补贴促进出口。政府通过对本国厂商实施生产补贴和出口补贴，包括直接的资金转移和减免税等形式，可以人为地降低产品成本，在国外市场上占有更大的市场份额，实现规模经济，获取规模经济效益。

（2）以关税保护国内市场。在关税保护的条件下，一个受到保护的企业可以充分利用国内封闭市场扩大生产，不断降低产品成本，获取规模经济效益，并通过销售经验的积累使销售成本不断下降，促进出口。

2. 战略性目标产业的确定

（1）高附加值产业。高附加值产业是指投入少而产出价值高的产业。通过扶植理想的具有战略性的目标产业，提高该产业的竞争力，扩大市场，从而提高整个国民的福利水平。故政府要把高附加值的产业作为优先考虑的战略性产业。

（2）高科技产业。高科技产业是指依靠产品及生产过程的快速革新而获取成功的产业。目前普遍认可的高科技产业有生物工程、新型材料、远程通信、计算机软件等。

战略贸易政策和理论虽然出现在 20 世纪 80 年代，但一些发达国家根据竞争的需要，有的在 20 世纪 80 年代以前就实行了类似的政策与措施。

美国在农业和国防工业中采取了类似战略性贸易政策与措施。美国一直把农业作为战略产业予以支持。其主要措施包括：政府大力支持农业技术的研究和先进农业技术的推广，在大型农业项目上政府发挥主导作用；对农业采取各种补贴。在国防工业方面，美国政府在军事研究和开发方面给予了大力支持，并将研究成果转化为民用产品。如美国波音 707 飞机是波音公司最成功的民用产品之一，而波音 707 的制造在很大程度上依靠以前开发的 B# - 52 军用轰炸机。美国政府就是利用巨额的防务订货合同来支持波音公司的发展。

在20世纪50年代和60年代，日本政府将资金投入从纺织等劳动密集型的产业转向具有高附加值的钢铁、汽车等重要的目标产业。钢铁工业和汽车工业得到出口补贴、税收和贷款优惠。20世纪70年代以后，日本政府把目标产业转向技术密集型产业如集成电路和计算机工业，采取研究与发展补贴、政府研究计划等政策。在这种政策支持下，日本的钢铁、汽车和电子产品成为日本的重要产业和出口支柱产业。

法国政府广泛运用补贴来扶植被认为是至关重要的产业，如航空工业；法国政府还要求国有电话公司从本国企业购买电信和计算机设备。为了与美国飞机制造业进行竞争，20世纪60年代以后，法国和英国共同开发协和式超音速飞机，并提供财政支持。在此基础上，欧盟各国成立空中客车公司，生产空中客车。公司的资本费用和其他成本由成员国政府补贴。

三、贸易自由化向纵深发展

20世纪90年代以来，随着世界经济的好转和经济全球化的加速，贸易自由化在已有基础上进一步向纵深发展，成为世界各国对外贸易政策的主流。其主要标志是：世界贸易组织的建立；区域性经贸集团主动推行贸易自由化；发展中国家和地区以及转型国家也主动推行贸易自由化措施。

◆ 本章小结

本章包括四方面内容：第一，对外贸易政策概述；第二，保护贸易政策；第三，自由贸易政策；第四，当代对外贸易政策。

◆ 思考题

1. 各国的对外贸易政策由哪几个部分组成?
2. 李斯特的保护幼稚工业理论的主要内容是什么?
3. 第二次世界大战后贸易自由化的主要表现是什么?
4. 战略性贸易政策采取的主要措施是什么?

第十一章

关税措施

学习目标

关税是对外贸易政策的重要手段。本章系统地介绍了关税的特点、作用、种类及征收的依据与方法。目的是了解和掌握关税的措施和作用。要求学生掌握：关税的概念和特点；关税的主要种类及具体的概念；乌拉圭回合，《补贴与反补贴措施协议》和《反倾销协议》的主要内容；海关税则与协调制度的概念。

第一节　关税概述

一、关税的概念

关税（Customs Duties，Tariff）是进出口商品经过一国关境时，由政府所设置的海关向其进出口商所征收的一种税。

关税是通过海关征收的。海关是设在关境上的国家行政管理机构，是贯彻执行本国有关进出口政策、法令和规章的重要管理机关。其任务是根据这些政策、法令和规章对进出口货物、货币、金银、行李、邮件、运输工具等实行监督管理，征收关税，查缉走私货物，临时保管通关货物和统计进出口商品等。海关还有权对不符合国家规定的进出口货物不予放行，或予以罚款、没收或销毁。

征收关税是海关的重要任务之一。海关征收关税的领域叫关境或关税领域。它是海关所管辖和执行有关海关各项法令和规章的区域。一般来说，关境和国境是一致的，但有些国家在国境内设有自由港、自由贸易区和出口加工区等经济特区。这些地区不属于关境范围之内，这时关境小于国境。有些国家结成关税同盟，参加关税同盟的国家的领土即成为统一的关境，这时关境大于各成员国国境。

小贴士

海　关

《中华人民共和国海关法》（2017 年修正）规定："中华人民共和国海关是国家的进出关境（以下简称进出境）监督管理机关。海关依照本法和其他有关法律、行政法规，监管进出境的运输工具、货物、行李物品、邮递物品和其他物品（以下简称进出境运输工具、货物、物品），征收关税和其他税、费，查缉走私，并编制海关统计和办理其他海关业务。"

关税是国家财政收入的一个重要组成部分。它与其他税收一样，具有强制性、无偿性和预定性。强制性是指税收是凭借法律的规定强制征收的，而不是一种自愿献纳，纳税人要按照法律规定无条件地履行自己的义务，否则就要受到国家法律的制裁。无偿性是指征收的税收，除特殊例外，都是国家向纳税人无偿取得的国库收入，国家不需付出任何代价，也不必把税款直接归还给纳税人。预定性是指国家事先规定一个征税的比例或征税数额，征、纳双方必须共同遵守执行，不得随意变化和减免。

二、关税的主要特点

（一）关税是一种间接税

按照纳税人的税负（Incidence）转嫁与归宿为标准，通常把税收分为两大类：直接税（Direct Taxes）和间接税（Indirect Taxes）。直接税由纳税人自己负担，不转嫁；间接税可在一定条件下由纳税人转嫁出去，由他人负担。

关税属于间接税。因为关税主要是对进出口商品征税，其税负可以由进出口商垫付税款，然后把它作为成本的一部分加在货价上。最后，在货物出售时将税负转给买方或消费者承担。

（二）关税的税收主体和客体是进出口商人和进出口货物

按纳税人与课税货物的标准，税收可分为税收主体和税收客体。税收主体（Subject of Taxation）也称课税主体，是指在法律上根据税法规定，负责纳税的自然人或法人，也称纳税人（Taxpayer）。税收客体（Object of Taxation）也称课税客体或课税对象，如消费品等。

关税与一般国内税不同，关税的税收主体是本国进出口商。当商品进出国境或关境时，进出口商根据海关法规定向当地海关交纳关税，它们是税收主体，即关税的纳税人。关税的税收客体是进出口货物。根据海关税法与有关规定，对各种进出口商品制定不同税目和税率，征收不同的税额。

三、关税的作用

（一）关税是对外贸易政策的重要措施

进出口商品不仅与国内的经济和生产有着直接关系，而且与世界其他国家或地区的政治、外交、经济、生产和流通等方面也有密切关系。关税是一个国家与其他国家经济联系的重要方面。关税措施体现一国对外贸易政策。关税税率的高低，影响着一国经济和对外贸易的发展。

（二）关税是国家财政收入的一部分

由于发达国家国内市场发达程度高于发展中国家，关税在国家财政收入中的比重低于发展中国家。1992年关税在国家财政收入中的比重，美国为1.2%，埃及为9.95%。2003年我国进出口税收占全国税收总额的13.6%。

（三）关税可以调节进出口贸易

许多国家通过制定和调整关税税率来调节进出口贸易。在出口方面，通过低税、免税和退税来鼓励商品出口；在进口方面，通过税率的高低、减免来调节商品的进口。关税对进口商品的调节作用，主要表现在以下几个方面：

第一，对于国内能大量生产或者暂时不能大量生产但将来可能发展的产品，规定较高的进口关税，以削弱进口商品的竞争能力，保护国内同类产品的生产和发展。

第二，对于非必需品或奢侈品的进口制定更高的关税，达到限制甚至禁止进口的目的。

第三，对于本国不能生产或生产不足的原料、半制成品、生活必需品或生产上的急需品的进口，制定较低税率或免税，鼓励进口，满足国内的生产和生活需要。

第四，通过关税调整贸易差额。当贸易逆差过大时，提高关税或征收进口附加税以限制商品进口，缩小贸易逆差。当贸易顺差过大时，通过减免进口关税，征收或提高出口关税缩小贸易顺差，以减缓与有关国家的贸易摩擦与矛盾。

第二节　关税的主要种类

一、按照征税的商品流向分类

（一）进口税

进口税（Import Duties）是进口国家的海关在外国商品输入时，根据海关税则对本国境内进口商所征收的关税。这种进口税在外国货物直接进入关境或国境时征收，或者外国货物由自由港、自由贸易区或海关保税仓库等提出运往进口国的国内市场销售，在办理海关手续时根据海关税则征收，因而又称为一般进口税。

我们通常所讲的关税壁垒，就是指对进口商品征收高额的进口税，通过征收高额进口税提高进口商品价格，削弱这些商品在进口国家市场上的竞争能力，以达到保护本国市场和国内产业的目的。

进口国家并不是对所有进口的商品都一律征收高关税。一般说来，大多数国家对工业制成品的进口征收较高关税，对半制成品的进口税率次之，而对原料的进口税率最低甚至免税。

（二）出口税

出口税（Export Duties）是出口国家的海关在本国产品输往国外时，对出口商所征收的关税。目前大多数国家都取消了出口税，因为征收这种税势必提高本国商品在国外市场上的销售价格，削弱商品的竞争能力，不利于扩大出口。第二次世界大战后，征收出口税的国家主要是发展中国家。征收出口税的原因如下。

1. 为了增加本国财政收入

有些发展中国家因国内财源不足，征收出口税可以增加国家收入。征收出口税的对象一般是本国资源丰富、出口量较大的商品，出口税率较低，例如拉丁美洲的一些国家的出口税一般为1%～5%。否则，会影响出口数量，达不到增加税收的目的。

2. 为了保护本国生产

一些国家通常对出口的原料征税，其目的在于保障国内生产上的需要和增加国外产品的生产成本，以加强本国产品的竞争能力。例如瑞典、挪威对木材出口征税，以保护其纸浆及造纸工业。

3. 作为同跨国公司斗争的手段

一些发展中国家为了维护本国的经济利益，以出口税为手段反对跨国公司在当地低价收购初级产品。例如，1975年1月，几内亚政府对其铝矾土及其副产品征收出口特别税，以反对跨国公司在几内亚低价购买这些产品。

4. 对高耗能、高污染和资源性产品出口征收关税或提高出口关税

为进一步控制高耗能、高污染和资源性产品出口，我国自2007年6月1日起对142项商品加征出口关税。其中重点是对80多种钢铁产品进一步加征5%～10%的出口关税，这些产品主要包括碳钢线材、板材、型材以及其他钢材产品。另外，将2006年已征收出口关税的钢坯、钢锭、生铁等钢铁初级产品的税率由10%提高至15%。将镍、铬、钨、锰、钼和稀土金属等金属原矿的出口关税由2007年5月的10%提高至15%。一方面，是因为一些地方和企业盲目开采，加工、出口高耗能、高污染和资源性产品，导致我国的环境污染加重，某些资源出现短缺，国民经济可持续发展战略的实施受到影响；另一方面，我国出现大量贸易顺差，招致国外对我国施压。

（三）过境税

过境税（Transit Duties）又称通过税。它是一国对于通过其关境的外国货物所征收的关税。在资本主义生产方式的准备时期，这种税制开始产生并普遍流行于欧洲各国。在19世纪后半期，各国相继废除了过境税。第二次世界大战后，大多数国家都不征收这种税。《关税与贸易总协定》第5条规定“缔约国对通过其领土的过境运输免征关税、过境税”。目前一些国家在外国商品通过其关境时仅征收少量的准许费、印花费、登记费和统计费等。

二、按照征税的目的分类

（一）财政关税

财政关税（Revenue Tariff）又称收入关税，是以增加国家财政收入为主要目的而征收的关税。为了达到增加国家财政收入的目的，对进口商品征收财政关税时，必须具备以下三个条件：（1）征税的进口货物必须是国内不能生产或无代用品而必须从国外输入的商品；（2）征税的进口货物，在国内必须有大量消费；（3）关税税率要适中或较低，如税率过高，将阻碍进口，达不到增加财政收入的目的。

（二）保护关税

保护关税（Protective Tariff）是指以保护本国工业、农业和服务业以及科学技术发展

为主要目的而征收的关税。保护关税税率越高，越能达到保护的目的，有时税率高达100％以上。

三、按照征税待遇分类

按照征税待遇，关税可分为普通关税、优惠关税和进口附加税三种，它们主要适用于进口关税。

（一）普通关税

普通关税又称一般关税，是指对与本国没有签署经济贸易互惠等友好协定国家原产的货物征收的非优惠性关税。这种关税税率一般由进口国自主制定，税率较高。例如，美国对玩具的进口征收最惠国税率为6.8％，普通税率为70％。

加拿大1994年1月25日生效的《海关税则》，设有多栏进口税率，对不同产地的进口商品实施不同的关税待遇，其第一栏就是普通关税税率，适用于未与加拿大签订关税互惠协定的国家原产的货物。该栏税率高达35％，适用的国家有阿尔巴尼亚、朝鲜、利比亚、蒙古和阿曼。

我国自2002年1月1日起实行新的进口税则税率栏目。进口税则分设最惠国税率、协定税率、特惠税率和普通税率4个栏目。普通税率适用原产于除上述最惠国税率、协定税率和特惠税率国家或地区以外的国家和地区的进口货物。

（二）优惠关税

优惠关税是指对来自特定国家的进口货物在关税方面给予优惠待遇，其税率低于普通关税税率。优惠关税一般是互惠关税，即签订优惠协定的双方互相给对方优惠关税待遇，但也有非互惠的单向优惠关税，即给惠国只对受惠国给予优惠关税待遇，而受惠国对给惠国不提供反向优惠的关税待遇。

优惠关税一般有特定优惠关税、普遍优惠制关税和最惠国关税三种。

1. 特定优惠关税

特定优惠关税又称特惠关税，是指对从某个特定国家或地区进口的货物给予特别优惠的排他性关税，其他国家不得根据最惠国待遇条款要求享受这种优惠关税。

特惠关税开始于宗主国与殖民地附属国之间的贸易。第二次世界大战后，西欧共同市场与非洲、加勒比和太平洋地区一些发展中国家之间也在实行。

最典型的特惠关税是英联邦特惠税。它是英国与英联邦其他成员国相互提供贸易优惠的关税制度。1932年英国在渥太华召开了英帝国经济会议，规定英国对从英联邦成员国输入的商品给予免税或减税优待，并以征收高额关税限制从成员国以外输入农产品；成员国对自英国进口的工业品，给予减税优待，同时提高自英国以外国家进口货物的关税率。目的在于保持英国在英联邦成员国中的特殊地位，建立英联邦特惠制，形成了排他性的英联邦特惠集团，相互之间使用最优惠的关税。英国在1973年加入欧共体关税同盟后，这一制度逐步取消。

目前，在国际上最有影响的特定优惠关税是洛美协定（Lome Convention）国家之间的特惠税。洛美协定是1975年2月西欧共同市场9国同非洲、加勒比、太平洋地区46个发展中国家在多哥首都洛美所签订的一个为期5年的经济贸易协定。它是西欧共同市场国家向参加协定的非洲、加勒比和太平洋地区的发展中国家单方面提供的特惠税。洛美协定关于特惠税方面的规定主要有以下三点：

(1) 西欧共同市场国家将在免税、不限量的条件下，接受这些发展中国家全部工业品和96%农产品进入西欧共同市场，而不要求这些发展中国家给予“反向优惠”(Reverse Preference)。

(2) 西欧共同市场对从这些国家进口的牛肉、甜酒和香蕉等作了特殊安排。对这些商品进口每年给予一定数量的免税进口配额，超过配额的进口要征收关税。

(3) 在原产地规定中，确定了“充分累积”(Full Cumulation) 制度，即来源于这些发展中国家或西欧共同市场国家的产品，如这项产品在这些发展中国家中的任何其他国家内进一步制作或加工时，将被视为原产国的产品，这项规定使这些国家以这种方式制作与加工的产品，仍享有特惠税的待遇。

2. 普遍优惠制关税

普遍优惠制（Generalized System of Preferences，GSP），简称普惠制，是发达国家承诺对从发展中国家或地区输入的商品，特别是制成品和半制成品，给予普遍的、非歧视的和非互惠的优惠关税待遇的一种制度。它是发展中国家在联合国贸易与发展会议上经过长期斗争，在1968年通过建立普惠制决议之后取得的。

普惠制的主要原则是普遍的、非歧视的、非互惠的。所谓普遍的，是指发达国家应对发展中国家或地区出口的制成品和半制成品给予普遍的优惠待遇。所谓非歧视的，是指应使所有发展中国家或地区都不受歧视、无例外地享受普惠制的待遇。所谓非互惠的，是指发达国家应单方面给予发展中国家或地区关税优惠，而不要求发展中国家或地区提供反向优惠。

普惠制的目的是：增加发展中国家或地区的外汇收入；促进发展中国家或地区的工业化；加速发展中国家或地区的经济增长率。

现已有41个国家实行了普惠制。它们是欧洲联盟28国、日本、新西兰、挪威、瑞士、加拿大、澳大利亚、美国、俄罗斯、白俄罗斯、乌克兰、哈萨克斯坦、列支敦士登和土耳其。享受普惠制关税优惠的发展中国家或地区达到190多个。

目前世界上41个给惠国中，除美国外，其他40国均对中国给予普惠制待遇。我国享受普惠制待遇的产品大约有3 000种，主要为化工产品、纺织品、皮革制品、服装鞋帽等。

普惠制的给惠国在提供普惠税待遇时，是通过普惠制方案（GSP Scheme）来执行的。这些方案是由各给惠国或国家集团单独制定和公布的，各有特点，不尽相同。但在方案组成中，主要的规定如下：

(1) 对受惠国家或地区的规定。普惠制在原则上应对所有发展中国家或地区都无歧视、无例外地提供优惠待遇，但有的给惠国从自身的经济和政治利益出发，把某些受惠国或地区排除在受惠国名单之外，如美国公布的受惠国名单中，不包括某些发展中的社会主义国家、石油输出国组织成员国等。

(2) 对受惠产品范围的规定。各国给惠方案都列有自己的给惠产品清单与排除产品清单。普惠制原应对受惠国或地区的制成品和半制成品普遍实行关税减免，而实际上许多给惠国都不是这样，往往随着给惠国的经济贸易政策的需要而有所增减。一般来说，在公布的受惠商品清单中，农产品的受惠产品较少，工业品的受惠商品较多。少数敏感性产品如石油产品等被排除在外，被列入排除产品清单中。自1988年起，给惠国（包括加拿大）

都采用商品名称及编码协调制度（简称协调制度）列出清单。美国从 1989 年起也采用协调制度。

(3) 对受惠产品减税幅度的规定。减税幅度又称普惠制优惠幅度。受惠产品的减税幅度的大小取决于最惠国税率和普惠制税率间的差额。最惠国税率越高，普惠制税率越低，差幅就越大；反之，差幅就越小。一般来说，农产品的减税幅度小，工业品的减税幅度较大。但也有例外，如美国按照一定的标准，对受惠的农产品和工业品给予免税。为了削弱某些受惠产品的竞争能力，有些给惠国按各类受惠国产品分别规定不同的减税幅度。例如欧洲联盟对受惠产品按敏感性程度分为五类：1）非常敏感产品，如某些棉、麻、丝纺织品等的减税幅度为 15%；2）敏感产品，如化工、鞋、电器等的减税幅度为 30%；3）半敏感产品，如塑料制品、毛皮革制品、伞类、陶瓷玻璃制品、照相器材和钟表等的减税幅度为 65%；4）非敏感产品，免征关税；5）部分工业品如某种石油产品，不给予关税减让，仍征收最惠国税。

(4) 对给惠国的保护措施的规定。各给惠国一般都在其方案中规定保护措施，以保护本国某些产品的生产和销售。保护措施有：

1）免责条款（Escape Clause）。又称例外条款，是指受惠国产品的进口量增加到对其本国同类产品或有直接竞争关系的产品的生产者造成或即将造成严重损害时，给惠国保留对该产品完全取消或部分取消关税优惠待遇的权利。

2）预定限额（Prior Limitation）。是指预先规定在一定的时期内某项受惠产品的关税优惠进口限额，对超过限额的进口按规定恢复征收最惠国税率。

欧洲联盟、日本和澳大利亚实行预定限额，它们分别事先规定限额，采取日管理、旬管理、月管理、季管理以及灵活管理的方式，通过统计监督加以控制。

3）竞争需要标准（Competitive Need Criterion）。又称竞争需要排除。美国采用这种标准。其规定在一个日历年内，对来自受惠国的某项进口产品，如超过竞争需要限额或超过美国进口该项产品总额的一半，则取消下一年度该受惠国或地区该项产品的关税优惠待遇。如该项产品在以后年进口额降至上述限额内，则下一年度仍可恢复关税优惠待遇。

4）毕业条款（Graduation Clause）。美国从 1981 年 4 月 1 日起采用这项规定，欧洲联盟从 1995 年 1 月 1 日，日本从 1998—1999 年起也实施这项规定。即当一些受惠国或地区的某项产品或其经济发展到较高的程度，使它在世界市场上显示出较强的竞争力时，则取消该项产品或全部产品享受关税优惠待遇的资格，称为“毕业”。这项条款按适用范围的不同，可分为“产品毕业”和“国家毕业”。前者指取消从受惠国或地区进口的部分产品的关税优惠待遇；后者指取消从受惠国或地区进口的全部产品的关税优惠待遇，即取消其受惠国或地区的资格。

(5) 对原产地的规定（Rules of Origin）。对原产地的规定又称原产地规则，是各国（地区）为了确定商品原产国和地区而采取的法律、法规和行政管理决定，也是衡量受惠国出口产品是否取得原产地资格、能否享受优惠的标准。其目的是确保发展中国家或地区的产品利用普惠制扩大出口，防止非受惠国的产品利用普惠制的优惠扰乱普惠制下的贸易秩序。

各给惠国的普惠制方案中的原产地规则，一般包括原产地标准、直接运输规则和原产地证明三部分。

1）原产地标准。普惠制的原产地标准分为两大类：

第一类为完全原产地产品。它是指完全用受惠国的原料、零部件并完全由其生产或制造的产品。完全原产品是一个非常严格的概念，稍微含有一点进口或来源不明的原料、零部件的产品，都不能视为完全的原产地产品。

第二类为非完全原产地产品。又称含有进口成分的产品，是指全部或部分地使用进口（包括来源不明的）原料或零部件制成的产品。这些原料或零部件经过受惠国或地区充分加工或制造后，其性质和特征达到了“实质性变化”的程度，变成了另外一种完全不同的产品，才可享受关税优惠待遇。所谓实质性变化有两个标准：

第一，加工标准（Process Criterion）。欧洲联盟、日本等采用这项标准。一般规定进口原料或零部件的税则税号和利用这些原料或零部件加工后的制成品的税则税号不同，其税号发生了变化，就可以认为经过充分加工，发生了实质性的变化，该种产品就符合原产地标准，具有原产地资格。

第二，增值标准（Value-added Criterion）。又称百分率标准，澳大利亚、新西兰、加拿大、美国等采用这项标准。它规定，使用进口成分（或本国成分）占制成品价值的百分比来确定其是否达到实质性变化的标准。但各自的百分比是不相同的。例如，澳大利亚规定，产品的最后加工工序是在该受惠国内进行，本国成分的百分比不得小于产品出厂成本的50％。加拿大规定，进口成分价值不得超过包装完毕待运加拿大的产品出厂价的40％。

2）直接运输规则（Rule of Direct Consignment）。是指受惠产品必须从该受惠国直接运到进口给惠国。由于地理原因或运输需要，受惠产品也可通过第三国或地区的领土运往进口给惠国，但必须置于海关监管之下，并向进口给惠国海关提交过境提单、过境海关签发的过境证明书等，才能享受普惠税待遇。

3）原产地证明（Certificate of Origin）。出口商品要获得给惠国的普惠制的关税优惠待遇，必须向进口给惠国提交出口受惠国政府授权的签证机构签发的普惠制原产地证书格式A（Form A）和符合直运规则的证明文件，作为享受普惠税待遇的有效凭证。格式A的全称是“普遍优惠制原产地证明书（申报与证明联合）格式A”，它是受惠产品享受普惠税待遇的官方凭证，是受惠产品获得受惠资格必不可少的重要证明文件。格式A的有效期一般为10个月。给惠国海关一旦对证书内容产生怀疑，可向受惠国签证机关或出口商退证查询，并要求在半年内答复核实结果。如核实结果表明不符合普惠制原产地的规定，证书完全失效，则取消该产品的受惠资格，征收正常关税。

普惠制自1970年实行以来，对促进和扩大发展中国家或地区的出口起到了一定的积极作用。但由于普惠制方案的规定十分烦琐，而且采取了一系列限制性保护措施，使普惠制未能达到预期的目的。1976年5月第四届贸发会议要求改善和延长普惠制，经过协商，把原定于1980年到期的普惠制继续延长10年，到1990年又再延长10年。根据欧盟的《2009—2011年GSP方案》，享受欧盟普惠制待遇的国家和地区，从2011年总计176个，涉及6 200种产品压缩至90个国家和地区，即有86个国家和地区将不再享受欧盟GSP待遇。该方案在2014年1月1日生效，中国等新兴经济体将不再享受GSP待遇。①

① 国际商报，2011-05-13.

3. 最惠国关税

最惠国关税适用于从与该国签订有最惠国待遇条款的贸易协定的国家或地区所进口的商品。第二次世界大战后，大多数国家都加入了关税与贸易总协定和世界贸易组织或者签订了双边贸易条约或协定，相互提供最惠国待遇，享受最惠国税率，因此这种关税通常又被称为正常关税。最惠国税率比普通税率低，但高于特惠关税税率。

(三) 进口附加税

有的国家对进口商品除了征收一般进口税外，还往往根据某种目的再加征进口税。这种对进口商品在征收一般关税以外再加征的额外关税，就叫做进口附加税（Import Surtaxes）。

进口附加税通常是一种特定的临时性措施。其目的主要有应付国际收支危机，维持进出口平衡；防止外国商品低价倾销；对国外某个国家实行歧视或报复等。因此，进口附加税又称特别关税。

进口附加税是限制商品进口的重要手段。1971 年上半年美国出现了自 1893 年以来的首次贸易逆差，国际收支恶化。1971 年 8 月 15 日，美国尼克松政府为了应付国际收支危机，实行“新经济政策”，宣布对外国商品的进口一律征收 10%的进口附加税，即在一般进口税上再加征 10%附加税，以限制商品进口。1984 年 7 月 19 日智利为了反对外国商品倾销对 240 种进口商品征收 15%的进口附加税。

有的国家在征收进口附加税时除了针对所有进口商品，有时还针对个别国家和个别商品征收进口附加税。这种进口附加税主要有以下两种。

1. 反补贴税

反补贴税（Counter-vailing Duty）又称抵消税或补偿税，是对于直接或间接地接受奖金或补贴的外国商品进口所征收的一种进口附加税。进口商品在生产、制造、加工、买卖、输出过程中接受了直接或间接的奖金或补贴，并使进口国生产的同类产品遭受重大损害就构成征收反补贴税的重要条件。反补贴税的税额一般按“补贴数额”征收。其目的在于提高进口商品价格，抵消其所享受的补贴金额，削弱其竞争能力，使它不能在进口国家的市场上进行低价竞争，以保护进口国同类商品的生产。

1947 年 10 月 30 日签署的《关税与贸易总协定》的第 6 条、第 16 条和第 23 条对之作了原则性规定，但它们未能有效地制约补贴与反补贴措施的滥用。在关贸总协定“东京回合”多边贸易谈判中，把补贴与反补贴措施列为重点议题之一，并达成了一项较为详细的协议，即“关于解释和运用《关税与贸易总协定》第 6 条、第 16 条和第 23 条的协议”，亦称《补贴与反补贴守则》。但由于该守则在结构上不够严谨，文字上含混，对日趋复杂的补贴与反补贴措施仍不能有效地予以制约，故仍需进一步修正与充实。

在关贸总协定“乌拉圭回合”多边贸易谈判中，经过艰苦的谈判，达成了较《补贴与反补贴守则》更为明确、更易操作的《补贴与反补贴措施协议》，从而在世界贸易组织中确立了更为完善的补贴与反补贴措施的约束机制。

(1)《关贸总协定》中对补贴与反补贴的规定。《关贸总协定》第 6 条有关反补贴税方面的规定，主要有以下几点：第一，反补贴税一词应理解为：为了抵消商品在制造、生产或输出时所直接或间接接受的任何奖金或补贴而征收的一种特别关税；第二，补贴的后果会对国内某项已建的工业造成重大损害或产生重大威胁，或对国内某一工业的新建造成严重阻碍才能征收反补贴税；第三，反补贴税的征收不得超过“补贴数额”；第四，对于受到补贴的倾销商品，进口国不得同时对它既征收反倾销税又征收反补贴税；第五，在某些例外情况下，如果延迟将会造成难以补救的损害，进口国可在未经缔约方全体事前批准的情况下，征收反补贴税，但应立即向缔约方全体报告，如未获批准，这种反补贴税应立即予以撤销；第六，对产品在原产国或输出国所征的捐税，在出口时退还或因出口而免税，进口国对这种退税或免税不得征收反补贴税；第七，对初级产品给予补贴以维持或稳定其价格而建立的制度，如符合该项条件不应作为造成了重大损害来对待。

此外，《关贸总协定》还在第 16 条和第 23 条又作了某些规定。这些条款在统一反补贴税的某些规定和调解有关国家之间的某些分歧方面起到了一定的作用。但由于这些条款比较简单、笼统和约束力不强，在执行过程中经常产生分歧。

（2）“东京回合”谈判对补贴与反补贴的规定。在“东京回合”谈判中制定与通过了《关于解释和应用〈关税与贸易总协定〉第 6 条、第 16 条和第 23 条的协议》（Agreement on Interpretation and Application of Articles Ⅵ，ⅩⅥ and ⅩⅩⅢ of the General Agreement of Tariffs and Trade），又称《补贴与反补贴守则》。它进一步明确和补充了《关贸总协定》中有关补贴和反补贴税方面的条款。其目的在于保证签字国不使用补贴来损害其他签字国的贸易利益，不采用反补贴措施来不合理地阻碍国际贸易。该协议分 7 个部分，共 15 条加 1 个附件组成。

（3）“乌拉圭回合”谈判对补贴与反补贴的规定。乌拉圭回合谈判把补贴和反补贴规则纳入重要议题，通过谈判对原有的《补贴与反补贴守则》作了修改和补充，达成了新的《补贴与反补贴措施协议》，其主要内容为：

1）补贴的定义（Definition of Subsidy）。补贴是指政府或任何公共机构对企业提供的财政捐助和政府对收入或价格的支持。其范围包括：第一，政府直接转让资金，即赠与、贷款、资产注入；潜在的直接转让资金或债务，即贷款担保。第二，政府财政收入的放弃或不收缴。第三，政府提供货物或服务，或购买货物。第四，政府向基金机构拨款，或委托、指令私人机构履行前述第一至第三的职能。第五，构成 1994 年《关贸总协定》第 16 条含义的任何形式的收入或价格支持。

2）补贴的主要分类。可分为以下三种：

第一种，禁止使用的补贴（Prohibited Subsidy），简称禁止性补贴，又称“红灯补贴”。《补贴与反补贴措施协议》明确地将出口补贴和进口替代补贴规定为禁止性补贴，任何成员不得实施或维持此类补贴。

出口补贴指法律上或事实上以出口实绩为条件而给予的补贴。如果法律上明确规定以出口实绩作为给予补贴的唯一条件或条件之一，该种补贴则属于出口补贴；如果法律上虽没有明确规定以出口实绩作为补贴条件，但补贴的给予事实上与实际出口或预期出口联系在一起，则该补贴也属于出口补贴。

《补贴与反补贴措施协议》列举了 12 种可归于出口补贴的典型情况。其中主要有：第一，政府视出口实绩对产业或企业提供的直接补贴。如以出口额或出口创汇额为基数给予一定比例的奖励。第二，如在外汇统一管制的情况下，以出口额或出口创汇额为基数，以货币留成奖励出口，允许出口企业留存一定比例的外汇。第三，实行出口装运补贴，政府规定的装运出口货物的国内费用条件，优于装运内销货物。第四，超额减免税。对出口生产和分销的间接税减免超过对供国内消费的同类产品的生产和分销所征收的间接税。间接税包括增值税、消费税、销售税、营业税、特许税、设备税等及除直接税和进口费用以外的所有税赋。

进口替代补贴是指以使用国产货物为条件而给予的补贴。与出口补贴给予出口产品的生产者或出口商不同，进口替代补贴给予的对象是国产品的生产者、使用者或消费者。这种补贴会使进口产品在与受补贴的国产品的竞争中处于劣势，从而抑制相关产品的进口。

进口替代补贴可以是给予进口替代产业优惠贷款，或为此类企业提供比其他企业更优惠的货物或服务，或在外汇使用方面提供更多的便利条件，或减免此类企业所得税等直接税或通过允许加速折旧等方式减小所得税税基等。鉴于进口替代补贴对进口贸易的抑制和扭曲作用，《补贴与反补贴措施协议》同样将它纳入了禁止范畴。

第二种，可申诉的补贴（Actionable Subsidy），又称“黄灯补贴”，指那些不是一律被禁止，但又不能自动免于质疑的补贴。对这类补贴，往往要根据其客观效果才能判定是否符合世界贸易组织规则。《补贴与反补贴措施协议》对可申诉的补贴规定了总体原则，即成员方不得通过使用该协议所规定的专向性补贴而对其他成员的利益造成不利影响。这种不利影响包括以下三种情况：一是对另一成员的国内产业造成损害，二是使其他成员丧失或减少根据 1994 年《关税与贸易总协定》所获得的利益，三是严重侵害另一成员的利益。

第三种，不可申诉的补贴（Non-actionable Subsidy），又称“绿灯补贴”。《补贴与反补贴措施协议》规定了两大类不可申诉的补贴，一类是不具有专向性的补贴，另一类是符合特定要求的专向性补贴。不具有专向性的补贴可普遍获得，它是不针对特定企业、特定产业和特定地区的补贴。符合特定要求的专向性补贴包括研究和开发补贴、贫困地区补贴、环保补贴。研究和开发补贴是指对公司进行研究和开发活动的援助，或对高等教育机构、研究机构与公司签约进行研究和开发活动的援助。贫困地区补贴是指按照一项总体地区发展规划给予贫困地区的援助。环保补贴是指为促进现有设施适应法律、法规规定的新的环保要求而提供的援助或价格承诺等方式，抵消进口产品所享受的补贴，恢复公平竞争，保护受到损害的国内产业。

3）征收反补贴税程序。《补贴与反补贴措施协议》对征收反补贴税程序作了具体规定，即申诉和调查；举证，即所有利害关系方提供书面证据；当事双方磋商解决问题；如果磋商后补贴方愿意修改价格或作出其他价格承诺，补贴诉讼可暂停或终止；如承诺无实际行动，可继续调查，算出补贴数额，征收反补贴税；日落条款，即规定征收反补贴税的期限不得超过 5 年，除非国家负责部门在审定的基础上认定取消反补贴税将导致补贴和损害的继续或再现。

4）对发展中国家的特殊优惠规定。主要包括禁止使用的出口补贴对最不发达国家以及那些人均国民生产总值不足1 000美元的发展中国家（如印度、巴基斯坦等）不适用；其他发展中国家则应在 8 年内逐步取消这类出口补贴；发展中国家达到出口竞争标准的产品，在 2 年内逐步取消补贴；原产于发展中国家的产品，其总补贴额不超过单位产品金额的2%，或者该产品不足同类产品进口总额的4%，或所有发展中国家的所有该种产品加起来不足同类产品进口总额的9%，则对该产品的补贴调查应立即终止。

此外，从计划经济向市场经济过渡的转型经济国家的出口补贴，应在7年内逐步取消。

2. 反倾销税

反倾销税（Anti-dumping Duty）是对于实行商品倾销的进口商品所征收的一种进口附加税。即对倾销商品在进口时除征收进口关税外再征收反倾销税，这是进口附加税的一种重要形式。进口商品以低于正常价值的价格进行倾销，并对进口国的同类产品造成重大损害是构成征收反倾销税的重要条件。反倾销税的税额一般按倾销差额征收，其目的在于抵制商品倾销，保护本国的市场与产业。

1947年《关税与贸易总协定》第6条专门对反倾销措施作了规定。但由于这是一条原则性条款，具体措施也较笼统，为反倾销措施滥用提供了条件。在1967年结束的"肯尼迪回合"多边贸易谈判中，各缔约方为了更有效地实行反倾销措施，通过谈判，达成了《关于执行〈关贸总协定〉第6条的协议》。在"东京回合"谈判中又对上述协议作了修正，并于1979年4月12日通过了"关贸总协定反倾销修正守则"，亦称"实施〈关税与贸易总协定〉第6条的协议"，于1980年1月1日生效。其目的是对各缔约方的反倾销行为确立全面的统一规则，以减少各缔约方反倾销法和程序对国际贸易产生消极的影响。在关贸总协定乌拉圭回合谈判中，根据国际贸易发展新变化，在上述协议的基础上，又达成了《执行1994年〈关贸总协定〉第6条的协议》，简称《反倾销协议》，并在1994年4月15日马拉喀什部长会议上获得通过，成为世界贸易组织统管的多边贸易协议的一部分。

（1）关税与贸易总协定对倾销与反倾销的规定。

关税与贸易总协定第6条对倾销与反倾销的规定，主要有以下几点：1）用倾销手段将一国产品以低于正常的价格挤入另一国市场时，如因此对某一缔约方领土内已建立的某项工业造成重大损害或产生重大威胁，或者对某一国内工业的新建产生严重阻碍，这种倾销应该受到谴责。2）缔约方为了抵消或防止倾销，可以对倾销的产品征收数量不超过这一产品的倾销差额的反倾销税。3）"正常价格"是指相同产品在出口国用于国内消费时在正常情况下的可比价格。如果没有这种国内价格，则是相同产品在正常贸易情况下向第三国出口的最高可比价格；或产品在原产国的生产成本加合理的推销费用和利润。4）不得因抵消倾销或出口补贴，而同时对它既征收反倾销税又征收反补贴税。5）为了稳定初级产品价格而建立的制度，即使它有时会使出口商品的售价低于相同产品在国内市场销售的可比价格，也不应认为造成了重大损害。

（2）"肯尼迪回合"谈判和"东京回合"谈判对倾销与反倾销的规定。

关税与贸易总协定第6条在统一缔约方的反倾销税规定方面起到了一定作用，但这个条款也同样存在简单、笼统和约束力不强的问题。因此，在"肯尼迪回合"谈判中制定了一个《国际反倾销法》（International Anti-dumping Code），该法于1968年1月生效，只有签字国才受约束。签字国可以根据该法修正已有的国内反倾销法，也可以直接引进新法作为国内法。当时的签字国有18个，包括所有的西欧国家、北欧国家、美国、加拿大、日本、原捷克斯洛伐克和原南斯拉夫。

《国际反倾销法》的一些条款较关税与贸易总协定第 6 条更为严谨，内容更为具体。在“东京回合”的多边贸易谈判中对《国际反倾销法》作了修改，补充了某些规定的细则，制定了《实施关税与贸易总协定第 6 条的协议》（Agreement on Implementation of Article Ⅵ of the General Agreement on Tariffs and Trade)，又称《反倾销守则》（修订本)。该协议分 3 部分，共 16 条加若干注释和 1 个附录。该协议的第 1 部分主要是有关采取反倾销措施的程序和征收反倾销税的规定；第 2 部分是有关成立反倾销措施委员会及磋商、调解和解决争端的规定；第 3 部分即最后条款，主要是有关接受和加入、生效、国家立法、退出等事项的规定。这个协议的目的在于解释总协定第 6 条的规定，制定细则以实施这些规定，以便在执行这些规定时更趋一致，更有把握，以确保反倾销措施不会成为国际贸易发展的一个不合理的障碍。

(3)“乌拉圭回合”谈判对倾销与反倾销的规定。

东京回合的《反倾销守则》在一定程度上弥补了以前一些规定的不足。但是，该守则的某些规定仍不够明确，这就使签字国在执行中有可能在很大程度上按其本国的利益对协议作出不同的解释。因此，在“乌拉圭回合”谈判中又对《反倾销守则》进行了修改和补充，达成了新的《反倾销协议》。这个协议与原守则相比，在一些方面有了发展。

1）在有关倾销的确定上，新协议进一步限制了使用国内销售价作为正常价格的场合，必要时可更多地使用向第三国出口的价格或结构价格来计算正常价格。在新协议中正式明确将低于成本的销售视为倾销。如果进口国主管当局认为被指控倾销产品或与其相似的产品在出口国国内市场上在一个持续的期间内虽有大量销售，但是其价格却不能弥补合理期间内的所有成本，则这种低于单位生产成本的销售价格可不被视为正常贸易做法情况下的销售，该价格也不能用来作为正常价格。在这种情况下，进口国可用该相似产品出口到一个适当的第三国的、有代表性的价格作为正常价格或者用结构价格的方法来推算出正常价格。

2）在工业损害问题上，新协议采用了累积进口的规定。累积进口是指进口国在确定工业损害时可以同时考虑来自多个国家或地区的倾销产品对其工业所造成的综合损害影响。这种规定对于那些初始进入市场的出口商的产品和产品出口量不大的出口国或地区来说具有严重的潜在影响，增加了其产品被裁定损害的可能性。

3）在反倾销立案调查的程序上，新协议作了某些补充规定，如反倾销申诉中必须有实质性的证据，否则申诉不能成立；对于损害或损害的威胁，要求有实际的证据表明损害或威胁的事实存在。

4）在对发展中国家的特殊待遇方面，重申对发展中国家予以特别照顾，在反倾销措施将影响发展中国家的根本利益时，可考虑本协议规定的其他建设性的补救措施。同时，还明确了某些具体的规定。例如，在反倾销调查中，若倾销幅度为 2%以下，以及来自一国的倾销产品的数量不足进口国同类产品的 3%，则应终止倾销调查，不征收反倾销税。但若数个这种不足 3%的单个国家的产品，共占进口国同类产品的 7%时，则倾销调查要继续进行。

虽然《反倾销守则》和《反倾销协议》都规定了对发展中国家应给予一定的特殊待遇。但反倾销法的执行仍主要依赖于各签字国国内立法的规定，因而各国在实施反倾销法上不仅有所不同，而且有很大的随意性。从发达国家的反倾销案的实际情况看，被指控倾销的出口国家大多数是发展中国家。

不仅如此，在实施反倾销措施的过程中，发达国家在某些方面往往对市场经济国家和所谓非市场经济国家实行差别待遇。例如，美国在确定进口商品价格是否低于“公平价格”标准时，将商品出口国家分成两种类型：一是市场经济国家。对市场经济国家的出口商品价格，采用该出口国国内市场价格作为确定公平价格标准的基础。二是非市场经济国家。对所谓非市场经济国家，则采用替代计算法，即由美国商务部选定一个与该非市场经济国家在经济发展水平上相似的市场经济国家作为替代国，以该替代国的国内市场价格作为确定公平价格标准的基础。结果，往往被裁定为倾销与扩大倾销差额幅度，严重损害了这些国家的利益。

3. 差价税

差价税（Variable Levy）又称差额税。当某种本国生产的产品国内价格高于同类的进口商品价格时，为了削弱进口商品的竞争能力，保护国内生产和国内市场，按国内价格与进口价格之间的差额征收关税，就叫差价税。由于差价税是随着国内外价格差额的变动而变动的，因此它是一种滑动关税（Sliding Duty）。对于征收差价税的商品，有的规定按价格差额征收，有的规定在征收一般关税之外另行征收，这种差价税实际上属于进口附加税。例如，欧洲联盟对冻牛肉进口首先征收20%的一般进口税，然后根据每周进口价格与欧盟的内部价格变动情况征收变动不定的差价税。

欧洲联盟为了实行共同农业政策，建立农畜产品统一市场、统一价格，对进口的谷物、猪肉、食品、家禽、乳制品等农畜产品，征收差价税。

欧洲联盟征收的差价税有两种：一种是对非成员国征收的，另一种是对成员国征收的。对欧盟以外的非成员国的农畜产品进口征收差价税，其目的在于排斥这些国家的农畜产品大量进入欧盟市场；至于成员国之间相互征收某种农畜产品的差价税，其目的在于实现统一价格。这是因为各成员国的产品价格有高有低，征收差价税可以使一国某种产品价格不致受到其他国家同类产品较低价格的影响，以便于逐渐消除各成员国之间的差价。这种差价税只是在实行共同农业政策的过渡时期内对成员国征收。过渡时期终结时，即予废除。但对从非成员国进口的农畜产品，在过渡时期终结后仍继续征收。

欧洲联盟征收差价税的办法比较复杂。例如，对谷物进口征收差价税分为以下三个步骤：第一步，由欧洲联盟委员会对有关谷物按季节分别制定统一的“指标价格”（Target Price）。“指标价格”是欧盟市场内部以生产效率最低而价格最高的内地中心市场的价格为标准而制定的价格。这种价格一般比世界市场的价格高。为了维持这种价格水平，还确定了干预价格，一旦中心市场的实际市场价格跌到干预价格水平，有关机构便从市场上购进谷物，以防止价格继续下跌。第二步，确定门槛价格（Threshold Price）。即从“指标价格”中扣除把有关谷物从进口港运到内地中心市场所付一切开支的余额。这种价格是差价税估价的基础。第三步，确定差价税额。它是由有关产品的进口价格与“门槛价格”的差额所决定的，其差额的大小决定差价税的高低。

四、按照关税保护的程度和有效性分类

（一）名义关税

名义关税（Nominal Tariff）是指某种进口商品进入该国关境时海关根据海关税则所

征收的关税税率。在其他条件相同和不变的条件下，名义关税税率越高，对本国同类产品的保护程度也越高。

（二）有效关税

有效关税（Effective Tariff）是指对某个工业每单位产品"增值"部分的从价税率，其税率代表着关税对本国同类产品的真正有效的保护程度。例如，棉布的名义关税税率为30%，而纺织业的最终产品"增值"部分为40%，则该种产品的有效关税保护率应为75%。其计算公式如下：

$$E = T/V$$

式中：E——有效关税保护率；

T——进口的最终产品的名义关税税率；

V——该产业的最终产品的增值比率。

如果一个进口国由于本国原材料不足，而必须进口原材料进行加工制造成最终产品，在这种情况下，进口原材料的名义关税税率高低及其在最终产品中所占比重也影响着有效关税保护率。这可以用如下公式计算：

$$E = \frac{T - Pt}{1 - P}$$

式中：E——有效关税保护率；

T——进口最终产品的名义关税税率；

t——进口原材料的名义关税税率；

P——原材料在最终产品中所占的比重。

根据上述公式计算，有效关税保护率将会出现以下的变化：(1) 当进口最终产品的名义关税税率高于所用的进口原材料的名义关税税率时，有效关税保护率超过最终产品的名义关税税率，即 $E>T$；(2) 当进口最终产品的名义关税税率等于所用的进口原材料的名义关税税率时，有效关税保护率将等于最终产品的名义关税税率，即 $E=T$；(3) 当进口最终产品的名义关税税率小于所用的进口原材料的名义关税税率时，并且所用的原材料价值在最终产品中所占的比重很小时，有效关税保护率可能大大低于最终产品的名义关税税率，即 $E<T$，甚至出现负有效关税保护率，即 $E<0$。

由此可见，有效关税保护率受到进口最终产品的名义关税税率、进口原材料的名义关税税率和所用的原材料在最终产品中所占比重大小的影响。因此，各种进口商品的名义关税税率虽然相同，但这些进口商品的有效关税保护率则有所不同。

第三节　关税征收

一、海关税则

海关税则（Customs Tariff）又称关税税则，是一国对进出口商品计征关税的规章和对进出口的应税与免税商品加以系统分类的一览表。海关凭此征收关税，是关税政策的具体体现。

海关税则一般包括两个部分：一部分是海关课征关税的规章条例及说明；另一部分是关税税率表。

关税税率表主要包括三个部分：税则号列（Tariff No.、Heading No. 或 Tariff Item），简称税号；货物分类目录（Description of Goods）；税率（Rate of Duty）。

（一）海关税则的货物分类方法

海关税则的货物分类方法，主要是根据进出口货物的构成情况，对不同商品使用不同税率，以便于对进出口货物统计需要而进行系统的分类。各国海关税则的商品分类方法不尽相同，大体上有以下几种：（1）按照货物的自然属性分类，如动物、植物、矿物等。（2）按货物的加工程度或制造阶段分类，如原料、半制成品和制成品等。（3）按货物的成分分类或按工业部门的产品分类，如钢铁制品、塑料制品、化工产品等。（4）按货物的用途分类，如食品、药品、染料、仪器、乐器等。（5）按货物的自然属性分成大类，再按加工程度分成小类。

货物分类的排列层次一般可分为三级到五级。先按自然属性、用途或组成成分等分成若干大类，再进一步分成章或组，其下列出商品项目。项目税则中的基本税目，可以“具体列名”一种商品，也可把相类似的商品综合在一起，称为“一般列名”，或把两者未包括的同类产品合为一个“未列名商品”的项目。每个项目按顺序列出税号，在项目之下根据征税或统计的需要可细分为子目、分目，称为细目。大类和章或组两级只作检索查找之用，项目及细目逐目列出相应的税率。

（二）海关合作理事会税则目录

为了减少各国在海关税则商品分类上的矛盾，欧洲关税同盟研究小组于 1952 年 12 月拟订了“关税税则商品分类公约”（Convention on Nomenclature for the Classification of Goods in Customs Tariff），并设立了海关合作理事会。海关合作理事会制定了“海关合作理事会税则目录”（Customs Cooperation Council Nomenclature，CCCN）。因该税则目录是在布鲁塞尔制定的，故又称“布鲁塞尔税则目录”（Brussels Tariff Nomenclature，BTN）。除去美国、加拿大，已有 100 多个国家或地区采用。

海关合作理事会税则目录的商品分类的划分原则，是以商品的自然属性为主，结合加工程度等来划分的。它把全部商品共分为 21 类（Section）、99 章（Chapter）、1 015项税目号（Heading No.）。1～24 章（前 4 类）为农畜产品，25～99章为工业制成品。税目号都用 4 位数表示，中间用圆点隔开，前两位数表示商品所属章次，后两位数表示该章项下的某种商品的税目号。

（三）商品名称及编码协调制度

为了使国际贸易商品分类体系进一步协调和统一，以兼顾海关税则、贸易统计与运输等方面的共同需要，20 世纪 70 年代初海关合作理事会设立了一个协调制度委员会，研究并制定了《商品名称及编码协调制度》，简称《协调制度》（Harmonized System，HS）。参加这项工作的国际组织有 20 多个，国家共有 60 个。在编制《协调制度》工作中，中国海关多次派出代表参加会议，提出了一些有益的意见。经过 13 年的努力，《协调制度公约》及其附件《协调制度》终于在 1983 年 6 月以国际公约的形式通过，于 1988 年 1 月 1

日在国际上正式开始实施。我国是《协调制度公约》的缔约国，按《协调制度公约》的要求，缔约国的《进出口税则》均以公约所制定的《协调制度》为基础进行编排和修订。我国于1992年1月1日起正式实施以《协调制度》为基础的新的海关税则。为了适应国际贸易及科学技术的发展，世界海关组织每4～6年对《协调制度》进行一次修订。此次改版是在2002年版《协调制度》基础上修订的，2007年1月1日起在《协调制度公约》各缔约方执行。我国作为缔约方也以《协调制度》为基础对2007及2012年《进出口税则》和《海关统计商品目录》作了重大调整。

《协调制度》是一个新型的、系统的、多用途的国际贸易商品分类体系。它除了用于海关税则和贸易统计外，对运输商品的计费与统计、计算机数据传递、国际贸易单证简化以及普遍优惠制的利用等方面，都提供了一套可使用的国际贸易商品分类体系。它是由世界海关组织编制的国际贸易标准商品分类目录，目前，已为世界204个国家（地区）和经济联盟所采用，涵盖全球国际贸易量的98%以上。

2017年版《协调制度》将商品分为21类、97章，第77章留空备用，章以下设有1 222个4位数的税目，5 387个6位数的子目。4位数的税目中，前两位数表示项目所在的章，后两位数表示项目在有关章的排列次序。

（四）海关税则的主要种类

海关税则主要可分为单式税则和复式税则两类。目前绝大多数国家采用复式税则。在单式税则或复式税则中，依据制定税则的权限，又可分为自主税则和协定税则。

1. 单式税则

单式税则（Single Tariff）又称一栏税则。这种税则一个税目只有一个税率，适用于来自任何国家的商品，没有差别待遇。在垄断前资本主义时期，各国都实行单式税则。到垄断资本主义时期，发达资本主义国家为了在关税上搞差别与歧视待遇，或争取关税上的互惠，都放弃单式税则改行复式税则，现在只有少数发展中国家如委内瑞拉、巴拿马、冈比亚等仍实行单式税则。

2. 复式税则

复式税则（Complex Tariff）又称多栏税则。这种税则在一个税目下订有两个或两个以上的税率，对来自不同国家的进口商品适用不同的税率。发达资本主义国家规定差别税率的目的在于实行差别待遇和贸易歧视政策。为了反对发达国家的歧视待遇，保卫本国的民族权益，许多发展中国家也实行复式税则。现在绝大多数国家都采用这种税则。这种税则有二栏、三栏、四栏不等。

在单式税则或复式税则中，依据进出口商品流向的不同，可分为进口货物税则和出口货物税则。有的将进出口货物的税率合在同一税则中，分列进口税率栏和出口税率栏。我国现行的进出口税则就属于这种税则制。

3. 自主税则

自主税则（Autonomous Tariff）又称国定税则，是指一国立法机构根据关税自主原则单独制定而不受对外签订的贸易条约或协定约束的一种税则。

自主税则可分为自主单式税则和自主复式税则。前者为一国对一种商品自主地制定一个税率，这个税率适用于来自任何国家或地区的同一种商品；后者为一国对一种商品自主地制定两个或两个以上的税率，分别适用于来自不同国家或地区的同一种商品。自主复式税则又可分为最高和最低税则（Maximum and Minimum Tariff），前者适用于来自未与该国签订贸易条约或协定的国家或地区的商品；后者适用于来自与该国签订了贸易条约或协定的国家或地区的商品。

4. 协定税则

协定税则（Conventional Tariff）是指一国与其他国家或地区通过贸易与关税谈判，以贸易条约或协定的方式确定的关税率。这种税则是在本国原有的国家税则以外，另行规定一种税率。它是两国通过关税减让谈判的结果，因此要比国定税则税率低。协定税则不仅适用于该条约或协定的签字国，而且某些协定税率也适用于享有最惠国待遇的国家，对于没有减让关税的商品或不能享受最惠国待遇的国家的商品，仍采用自主税则，这样形成的复式税则，叫做自主-协定税则或国定-协定税则。

二、关税的征收标准或方法

各国海关通常使用的最基本的征税标准有两种，即从价计征标准和从量计征标准，简称从价税和从量税。此外，还有混合税、选择税、滑准税等计征方法。

（一）从量税

从量税（Specific Duties）是以商品的重量、数量、容量、长度和面积等计量单位为标准，以每一计量单位应纳的关税金额为税率征收的关税。

从量税额的计算公式如下：

从量税额＝商品进口数量×每单位从量关税税率

1. 应纳税商品重量的计算方法

各国征收从量税，大部分以商品的重量为单位来征收，但各国对应纳税商品重量的计算方法各有不同。一般有以下 3 种：

（1）毛重（Gross Weight）法。毛重法又称总重量法，即按包括商品内外包装在内的总重量计征税额。

（2）半毛重（Demi-gross Weight）法。半毛重法又称半重量法，即对商品总重量扣除外包装后的重量计征其税额。这种办法又可分为两种：1）法定半毛重法。即从商品总毛量中扣除外包装的法定重量后，再计征其税额。2）实际半毛重法。即从商品总毛重中扣除外包装的实际重量后计算其税额。

（3）净重（Net Weight）法。净重法又称纯重量法，即在商品总重量中扣除内外包装的重量后，再计算其税额。这种办法又有两种：1）法定净重法（Legal Net Weight）。即从商品总重量中扣除内外包装的法定重量后，再计算其税额。2）实际净重法（Real Net Weight）。即从商品总重量中扣除内外包装的实际重量后，再计算其税额。

2. 从量税的优缺点

（1）从量税的优点：1）税额便于计算。以货物计量单位作为征税标准，不必审定货物的规格、品质和价格。2）对低档的进口商品保护作用比较大。因单位税额固定，对低档商品进口与高档商品进口征收同样的税。3）税额固定。国外价格降低时，财政收入不受影响。

（2）从量税的缺点：1）税率不公平。同一税目的货物，不论质量好坏，均按同一税率征税，显然不合理。2）对高档货保护作用相对比较小，因高档货与低档货征收税率相同。3）税额不能随物价变动而变动，当国内物价上涨时，税收相对减少，保护作用降低。

在从量税率确定的情况下，从量税额与商品数量的增减成正比关系，但与商品价格无直接关系。按从量税方法征收进口税时，在商品价格下降的情况下，加强了关税的保护作用。反之，在商品价格上涨的情况下，用从量税的方法征收进口税，则不能完全达到关税保护的目的。这是因为商品价格上涨，而进口税额不变，财政收入相对减少，保护作用也随之减弱。第二次世界大战前，资本主义国家普遍采用从量税的征税方法。第二次世界大战后，关贸总协定和世贸组织各成员以及大多数资本主义国家普遍采用从价税的方法计征关税。

（二）从价税

从价税（Ad Valorem Duties）是以进口商品的价格为标准计征的关税，其税率表现为货物价格的百分率。例如，美国对玩具进口征收从价税，普通税率为70%，优惠税率为6.8%。

从价税额的计算公式如下：

从价税额＝完税价格×进口从价税率

从价税额与商品价格有直接关系。它与商品价格成正比关系，其税额随着商品价格的变动而变动，所以它的保护作用与价格有着密切的关系。如在价格下跌的情况下，其税率不变，从价税额相应减少，因而保护关税作用也有所下降。

一般说来，从价税有以下几个优点：（1）从价税的征收比较简单，对于同种商品，可以不必因其品质的不同，再详加分类；（2）税率明确，便于比较各国税率；（3）税收负担较为公平，因从价税额随商品价格与品质的高低而增减，较符合税收的公平原则；（4）在税率不变时，税额随商品价格上涨而增加，既可增加财政收入，又可起到关税保护的作用。

在征收从价税中，较为复杂的问题是确定商品的完税价格。完税价格是经海关审定作为计征关税的货物价格，它是决定税额多少的重要因素。因此，如何确定完税价格是十分重要的。各个国家所采用的完税价格标准很不一致，大体上可概括为以下3种：一是以成本加运费、保险费价格（CIF）作为征税价格标准；二是以装运港船上交货价格（FOB）为征税价格标准；三是以法定价格作为征税价格标准。

“乌拉圭回合”谈判达成了“海关估价协议”，该协议修改了“海关估价守则”。“海关估价协议”正式名称为《关于实施关税与贸易总协定第7条的协议》（Agreement on Implementation of Article Ⅶ of the General Agreement on Tariffs and Trade）。此协议包括四个部分，共31条，其中有大量注释和一个议定书。它规定了主要以商品的成交价格为海关完税价格的新估价制度。其目的在于为签字国的海关提供一个公正、统一、中性的货物估价制度，不使海关估价成为国际贸易发展的障碍。这个协议规定了下列6种不同的依次采用的新估价法：

（1）进口商品的成交价格。根据协议的第1条规定，成交价格（Transaction Value）是指“商品销售出口运往进口国的实际已付或应付的价格”，即进口商在正常情况下申报并在发票中所载明的价格。

如果海关不能按上述规定的成交价格确定商品的海关估价，那就采用按相同商品成交价格的估价方法。

(2) 相同商品的成交价格。相同商品的成交价格（Transaction Value of Identical Goods）又称为同类商品的成交价格，是指与应估商品同时或几乎同时出口到同一进口国销售的相同商品的成交价格，所谓相同商品，根据海关估价协议第15条第2款，是指"在所有方面都相同，包括相同的性质、质量和信誉。表面上具有微小差别的其他货物，不妨碍被认为符合相同货物的定义"。当发现两个以上相同商品的成交价格时，应采用其中最低者来确定应估商品的关税价格。

如按以上两种估价办法都不能确定时，可采用按类似商品的成交价格估价办法。

(3) 类似商品的成交价格。类似商品的成交价格（Transaction Value of Similar Goods）是指与应估商品同时或几乎同时出口到同一进口国销售的类似商品的成交价格。所谓类似商品就是尽量与应估商品比较，各方面虽不完全相同，但它有相似的特征，使用同样的材料制造，具备同样的效用，在商业上可以互换的货物。在确定某一货物是否为类似货物时，应考虑的因素包括该货物的品质、信誉和现有的商标等。

(4) 倒扣法。倒扣法是以进口商品或同类或类似进口商品在国内的销售价格为基础减去有关的税费后所得的价格。其倒扣的项目包括代销佣金、销售的利润和一般费用、进口到国内的运费、保险金、进口关税和国内税等。

倒扣法主要适用于寄售、代销性质的进口商品。

(5) 计算价格法。计算价格（Computed Value）又称估算价格，是以制造该种进口商品的原材料、部件、生产费用、运输和保险费用等成本以及销售进口商品所发生的利润和一般费用为基础进行估算的完税价格。这种方法必须以进口商能提供有关资料和单据，并保存所有必要的账册等为条件，否则海关就不能采用这种办法确定其完税价格。这种估价方法一般适用于买卖双方有业务联系关系的进口商品。

根据协议规定，第4种和第5种办法可以根据进口商的要求进行调换使用。

(6) 合理办法。如果上述各种办法都不能确定商品的海关估价，便使用第6种办法，这种办法未作具体规定，海关在确定应税商品的完税价格时，只要不违背本协议的估价原理和总协定第7条的规定，并根据进口商品的现有资料，任何视为合理的估价办法都可行，因此，这种办法称为合理办法（Reasonable Means）。

（三）混合税

混合税（Mixed or Compound Duties）又称复合税，是对某种进口商品采用从量税和从价税同时征收的一种方法。混合税额的计算公式如下：

混合税额＝从量税额（商品进口数量×从量关税税率）＋从价税额（完税价格×从价税率）

（四）选择税

选择税（Alternative Duties）是对于一种进口商品同时订有从价税和从量税两种税率，在贸易保护主义情况下，征税时选择其税额较高的一种征税。例如，日本对坯布的进口征收协定税率7.5%或每平方米2.6日元，征收其最高者。但有时为了鼓励某种商品进口，也会选择其中税额低者征收。

（五）滑准税

滑准税是在海关税则中对同一税目的商品按其价格的高低分开档次，制定不同税率，依该商品的价格高低而适用其不同档次税率计征的一种关税。

一般来说，使用滑准税，高档价格商品的税率较低或免税，低档价格商品的税率较高。目的是保护国内市场，使国内价格维持在一定水平。日本在1978—1979年税则中仍采用滑准关税，如对进口的锌块按其含量规定了3档税率，海关估价每千克在202日元以下的征税8日元，每千克在202～210日元的征收210日元与进口价格之间的差额，超过210日元的免税。这样使征税后每千克锌块的价格稳定在210日元左右。日本在1990—1991年税则中，对铅、铜、锌等有色金属原料进口继续使用滑准关税，目的是使这些进口原料在日本国内市场的价格稳定在一定的价格标准上。我国自2005年5月开始对关税配额外棉花进口征收滑准税，税率滑动的范围为5%～40%。我国财政部就2014年对配额外进口的一定数量棉花，选用滑准税作出适当调整，棉花完税价格在15元/千克以下时，税率将比2013年高1%～2%。征税的目的是在棉花大量进口情况下减少进口棉花对国内棉花市场的冲击，确保棉农收益。

（六）暂定税率

暂定税率是比最惠国税率更优惠的一种关税税率。

财政部网站2013年12月16日发布《2014年关税实施方案》，决定从2014年1月1日起对767种进口商品实施低于最惠国税率的年度进口暂定税率，暂定税率从0到20%不等，平均优惠幅度达60%。其中，新增和进一步降低税率的产品包括活塞航空发动机、手机和平板电脑取像模块等战略性新兴产业所需的设备、零部件和原材料等。自2018年1月1日起，我国对948项进口商品实施暂定税率，对202项出口商品征收出口关税或实行出口暂定税率。业内人士称，此次关税调整体现了中国着力推动贸易便利化，运用关税手段调节国内外供需，推进供给侧改革，推动贸易平衡，促进外贸结构调整。财政部发出通知：自2018年7月1日起，降低汽车整车及零部件进口关税，将汽车整车税率为25%的135个税号和税率为20%的4个税号的税率降至15%。降税后，我国汽车整车平均税率13.8%，零部件平均税率6%，已比发展中的国家平均水平低。截至2018年11月1日降低关税措施的实施，中国的关税总水平从9.8%降至7.5%。

三、通关手续

通关手续又称报关手续，是指出口商或进口商向海关申报出口或进口，接受海关的监督与检查，履行海关规定的手续。办完通关手续，结清应付税款和其他费用，经海关同意，货物即可通关放行。通关手续通常包括货物的申报、单证的审核以及货物的查验、征税和放行环节。现以进口为例加以说明。

（一）货物的申报

货物的申报是指货物运抵进口国的港口、车站或机场时，进口商向海关提交有关单证和填写由海关发出的表格，向海关申报进口。一般说来，除提交进口报关单（Import Declaration）、提单、商业发票或海关发票外，还往往根据海关特殊规定，提交原产地证明书、进口许可证或进口配额证书、品质证书和卫生检验证书等。

（二）单证的审核

当进口商填写和提交有关单证后，海关按照海关法令与规定，审核有关单证。审核有关单证的具体要求是：（1）应交验的单证必须齐全、有效；（2）报关单填报的内容必须正确、全面；（3）所报货物必须符合有关政策与法规的规定。

审核单证发现有不符合上述各项规定时，海关通知申报人及时补充或更正。

（三）货物的查验

货物的查验是通过对进口货物的检查，核实单货是否相符，防止非法进口。查验货物一般在码头、车站、机场的仓库、场院等海关监管场所内进行。

（四）货物的征税与放行

海关在审核单证、查验货物后，照章办理收缴税款等费用。进口税款用本国货币缴纳，如使用外币，则应按本国当时汇率折算缴纳。货物到达时，如发现货物“缺失”（Short Landed）一部分，可扣除缺失部分的进口税。当一切海关手续办妥以后，海关即在提单上盖上海关放行章以示放行，进口货物即此通关。

货物到达后，通常进口商应在货物到达后所规定的工作日内办理通关手续。如果进口商对于某些特定的商品，如水果、蔬菜、鲜鱼等易腐坏商品，要求货到时即刻从海关提出，则可日后再正式结算进口税。如果进口商想延期提货，则可在办理报关手续后将货物存入保税仓库，暂时不缴纳进口税。在存放仓库期间，货物可再行出口仍不必缴纳进口税。如果运往该国内市场销售，则应在提货前办妥通关手续。

货物到达后，进口商如在规定的日期内未办理通关手续，海关有权将货物存入候领货物仓库，一切责任和费用均由进口商负责。如果存仓货物在规定期间内仍未办理通关手续，海关有权处理该批货物。

许多国家的通关手续往往十分繁杂。为了及时通关提货，进口商也可委托熟悉海关规章的报关行代为办理通关手续。

◆ 本章小结

本章包括三方面内容：第一，关税的概念、特点和作用；第二，关税的主要种类；第三，关税征收的标准与方法。

◆ 思考题

1. 什么是关税？其主要特点是什么？
2. 什么是进口附加税？反补贴税与反倾销税有何异同？
3. 什么是普遍优惠制？
4. 关税的征收方法主要有哪几种？如何计算应征的税额？

第十二章

非关税壁垒措施

学习目标

世界各国除采用关税措施外，还广泛采用各种非关税壁垒措施来发展和保护本国的贸易。本章系统地介绍了技术性贸易壁垒措施、限制数量和其他形式的非关税壁垒措施。目的是了解和掌握非关税壁垒措施的作用与影响。要求学生掌握：非关税壁垒的概念及特点；技术性贸易壁垒措施的主要内容与特点以及限制数量的非关税壁垒措施。

第一节　非关税壁垒措施概述

一、非关税壁垒措施作用的加强

非关税壁垒（Non-Tariff Barriers，NTBs）措施是指关税以外限制进口的各种措施。

从 20 世纪 60 年代开始，随着关税与贸易总协定缔约方进口关税税率的下降，贸易壁垒的重点从关税壁垒措施转向非关税壁垒措施。

非关税壁垒措施日益加强的趋势主要表现在以下几方面。

（一）非关税壁垒措施的项目日益繁杂

世界各类国家所实行的非关税壁垒措施从 20 世纪 60 年代末的 850 多项增加到 70 年代末的 900 多项，90 年代已达到2 500多项。

鉴于我国的贸易伙伴多为 WTO 成员，我国商务部《2003 国别贸易投资环境报告》（以下简称《报告》）主要参照 WTO 规则来界定贸易壁垒。在贸易伙伴为非 WTO 成员或所涉问题 WTO 没有相应规则的情况下，《报告》主要以有关的双边或多边协定为依据，并参考通行的国际贸易规则界定贸易壁垒。

因此，《报告》中所称的贸易壁垒，是指外国（或地区）政府实施或支持实施的具有贸易扭曲效果并符合下列情形之一的措施：

（1）该措施违反该国（或地区）与外国共同参加的多边贸易条约或与我国签订的双边贸易协定；

（2）该措施对我国产品或服务进入该国（或地区）市场或第三国（或地区）市场造成或可能造成不合理的阻碍或限制；

（3）该措施对我国产品或服务在该国（或地区）市场或第三国（或地区）市场的竞争力造成或可能造成不合理的损害。

此外，外国（或地区）政府未能履行与我国共同参加的多边贸易条约或与我国签订的双边贸易协定规定的义务的，该做法亦视为贸易壁垒。[①]

可见，所有具有贸易扭曲效果的立法和行政措施做法均属于贸易壁垒。原外经贸部于2002年9月发布的《对外贸易壁垒调查暂行规则》（以下简称《规则》），将贸易壁垒分为“作为”和“不作为”两种形式。“作为”就是积极的行为，即外国（地区）政府实施或支持实施的措施；“不作为”就是消极的行为，即外国（地区）政府有义务实施特定行为而未实施的做法。

（二）非关税壁垒措施适用的商品范围日益扩大

随着非关税壁垒措施的项目日益增加，这些措施用于限制商品进口的范围也日益扩大。非关税壁垒限制的进口商品已从农产品蔓延到工业品，从劳动密集型产品延伸到技术密集型产品。世界贸易中受到非关税壁垒限制的商品范围不断扩大。

（三）技术性贸易壁垒措施成为非关税壁垒措施的重要组成部分

伴随世界经济全球化和国际贸易投资自由化进程进一步加快，以及世贸组织各项协议的执行，世界各国纷纷大幅度降低关税和逐步取消配额、许可证等数量限制，技术性贸易壁垒措施已成为贸易保护的重要手段，它具有一定的合法性、隐蔽性、针对性、可操作性，灵活多变，使进口国家或地区难以应对。20世纪70年代初，在国际贸易的非关税壁垒中，有30%是由技术性因素造成的，进入90年代后，这一比重仍不断上升。美国商务部曾估计各种技术性贸易壁垒直接影响美国500亿美元的出口，并且成为另外200亿～400亿美元货物出口的障碍。技术性贸易壁垒日益成为国际贸易中人们关注的焦点，正如国际标准化组织在《标准化的目的和原理》一书中所指出的：这种技术性贸易的壁垒是国际贸易保护主义的最后庇护所，是调节当今国际贸易的杠杆。

二、非关税壁垒措施的特点

非关税壁垒措施与关税壁垒都有限制进口的作用。但是，与关税壁垒相比，非关税壁垒措施具有以下特点。

（一）非关税壁垒措施比关税壁垒具有更大的灵活性和针对性

一般来说，各国关税税率的制定必须通过立法程序，并像其他立法一样，要求具有一定的延续性。如要调整或更改税率，需经过较为烦琐的法律程序和手续，这种立法程序与手续往往迂回迟缓，在需要紧急限制进口时往往难以适应。同时，关税在同等条件下，还受到最惠国待遇条款的约束，从缔结协定的国家进口的同种商品适用同样的税率，因而较难在税率上作灵活调整。但在制定和实施非关税壁垒措施上，通常采用行政程序，制定手

---

① 商务部．2003国别贸易投资环境报告．北京：人民出版社，2003：2.

续和程序也较简便，能随时针对某国的某种商品采取或更换相应的限制进口的措施，较快地达到限制进口的目的。

（二）非关税壁垒措施比关税壁垒更能直接达到限制进口的目的

关税壁垒是通过征收高额关税、提高进口商品的成本和价格、削弱其竞争能力，间接地达到限制进口的目的。如果出口国采用出口补贴、商品倾销等办法降低出口商品成本和价格，关税往往难以起到限制商品的进口的作用。但一些非关税措施如进口配额等预先规定进口的数量和金额，超过限额就直接禁止进口，这样就能把超额的商品拒之门外，达到关税未能达到的目的。

（三）非关税壁垒措施比关税壁垒更具有隐蔽性和歧视性

一般说来，关税税率确定后，往往以法律形式公布于众，依法执行。出口商通常比较容易掌握有关税率，但是，一些非关税壁垒措施往往不公开，或者规定极为烦琐复杂的标准和手续，使出口商难以应对和适应。以技术标准而论，一些国家对某些商品质量、规格、性能和安全等规定了极为严格、烦琐和特殊的标准，检验手续烦琐复杂，而且经常变化，使外国商品难以应对和适应，因而往往由于不符合某一个规定，商品便不能进入对方的市场销售。同时，一些国家往往针对某个国家采取相应的限制性的非关税壁垒措施，其结果是大大加强了非关税壁垒的差别性和歧视性。

（四）非关税壁垒措施日益增多

随着世界市场竞争的加剧，保护生态环境及国民健康和安全的需要不断加强，非关税壁垒措施向多样化、严格化、科技化方向发展，层出不穷。

第二节　技术性贸易壁垒措施

一、技术性贸易壁垒措施的含义与主要内容

（一）技术性贸易壁垒措施的含义

所谓技术性贸易壁垒措施，是指在国际贸易中，一国以维护国家安全或保护人类健康和安全，保护动植物的生命和健康，保护生态环境，或防止欺诈行为，保证产品质量为由，采取一些强制性或非强制性的技术性措施，如技术标准与法规、合格评定程序、包装和标签要求、产品检疫检验制度、绿色贸易壁垒和信息技术壁垒等，这些措施成为其他国家商品自由进入该国市场的障碍。简言之，技术性贸易壁垒是对进口产品适用不合理的技术法规、标准，设置复杂的认证、认可程序。①

技术性贸易壁垒有狭义和广义之分。狭义的技术性贸易壁垒是指世界贸易组织《技术性贸易壁垒协议》中规定的那些强制性或非强制性确定商品某些特征的技术法规或技术标准，以及在检验商品是否符合这些技术法规或技术标准的认证、审批程序中所形成的不合

① 商务部．2003国别贸易投资环境报告．北京：人民出版社，2003：前言第2页．

理的贸易障碍。广义的技术性贸易壁垒是指所有影响贸易的技术性措施，它不仅包括《技术性贸易壁垒协议》的内容，还包括世界贸易组织《实施卫生与植物卫生措施协议》《知识产权协议》《服务贸易总协定》中的有关动植物卫生检疫规定、绿色壁垒和信息技术壁垒等内容。另外，它还涉及由国际社会签署的与环境和资源等问题有关的国际条约中与贸易有关的内容。现在我们所讲的技术性贸易壁垒主要是指广义的技术性贸易壁垒。

（二）技术性贸易壁垒的主要内容

1. 技术标准

技术标准是指经公认机构批准的、非强制执行的、供通用或重复使用的产品或其相关工艺和生产方法的规则、指南或特性的文件。有关专门术语、符号、包装、标志或标签要求也是标准的组成部分。目前存在大量的技术标准，有产品标准、国家标准，也有许多国际标准。

发达国家对于许多制成品规定了极为严格烦琐的技术标准，既有产品标准，也有试验检验方法标准和安全卫生标准；既有工业品标准，也有农产品标准。例如，欧盟各国都有各自的工业产品技术标准，某些产品如玩具、电冰箱、仪表等必须符合该国生产销售的标准才允许在市场上出售。又如农业拖拉机，各国规定的技术标准也不相同，并有严格限制，使农业拖拉机出口极为困难。

2. 技术法规

技术法规是指必须强制执行的有关产品特性或其相关工艺和生产方法的规定，包括法律和法规；政府部门颁布的指令、决定、条例；技术规范、指南、准则、指示；专门术语、符号、包装、标志或标签要求。

国际标准化组织（ISO）在 1983 年颁布的一项指导性文件中指出："技术法规是指包含或引用有关标准或技术规范的法规。"技术法规所包含的内容主要涉及劳动安全、环境保护、卫生与保健、交通规则、无线电干扰、节约能源与材料等。

当前，工业发达国家颁发的技术法规种类繁多。如《食品、药品和化妆品法》《消费产品安全法》《进口牛奶法》《设备安全法》《防毒包装法》《易烧织物法》《防爆器材法》《高频设备干扰法》《蔬菜水果进口检验法》《产品含毒物质限制法》等。对于一个企业来说，向国外出口产品要考虑进口国的技术法规。

发达国家颁布的技术法规名目繁多，而且它不像技术标准那样可以互相协调，一经颁布就强制执行，在国际贸易中构成了比技术标准更难逾越的技术性贸易壁垒。因此，了解有关国家的技术法规，在出口贸易中力求避免与其相抵触，这是十分必要的。

3. 合格评定程序

合格评定程序又称质量认证，是直接或者间接用于确定是否达到了技术性法规或者标准中相关要求的程序。

合格评定程序一般由认证、认可和相互承认组成，影响较大的是第三方认证。认证是指由授权机构出具的证明，一般由第三方对某一事物、行为或活动的本质或特征，就当事人提出的文件或实物审核后给予的证明，这通常被称为第三方认证。

认证可分为产品认证和体系认证。

产品认证是指由授权机构出具证明，认可和证明产品符合技术规定或标准的规定。

发达国家和地区都设有各种各样的认证制度，对进口商品，尤其是对产品的安全性直接关系到消费者的生命健康的产品提出强制性的认证要求，否则不准进入市场。如进入美国市场的机电产品必须获得 UL 认证，药品必须获得 FDA 认证；进入加拿大的大部分商品必须通过 CSA 认证；进入日本的很多商品必须获得 G 标志、SG 标志或 ST 标志；进入欧盟的产品不仅要通过 ISO9000 质量管理体系认证，而且还要通过 CE、GS 等产品质量认证。

体系认证是指确认生产或管理体系符合相应规定。目前最为流行的国际体系认证有 ISO9000 质量管理体系认证和 ISO14000 环境管理体系认证；行业体系认证有 QS9000 汽车行业质量管理体系认证和 TL9000 电信产品质量管理体系认证等。

小贴士

ISO9000 质量管理体系

ISO9000 质量管理体系是国际标准化组织为适应国际贸易发展的需要而制定的国际品质保证标准，由 ISO9000—ISO9004 五个标准组成，这套标准具有很强的实践性、科学性和指导性。在此基础上的一体化管理标准——ISO14000 环境管理体系，是当今广受国际承认和重视的企业管理标准。国外企业来我国寻找合作伙伴时，往往要求有 ISO9000 证书的同时，还要求有 ISO14000 环保证书。两证齐全的产品在国际市场上具有较强的竞争力。

4. 绿色贸易壁垒

绿色贸易壁垒是指以保护人类和动植物的生命、健康或安全，保护生态或环境为由而采取的直接或间接限制甚至禁止贸易的法律、法规、政策与措施。绿色贸易壁垒的产生和发展主要是出于保护生态环境的要求。生态破坏和环境污染威胁着人类的生存和发展，国际社会采取了许多措施，特别是制定了许多多边环境协议，各国政府和一些团体也制定了一些法律、法规、政策和措施。在这些协议、法规和政策措施中，限制甚至禁止某些产品的贸易成为实现环境保护目的的重要手段，这对贸易来说就形成了市场准入的壁垒。以环境保护为目的的绿色贸易壁垒从总体上来说是合理的，符合国际环境保护潮流，但它仅仅从环境保护的角度出发，没有或很少考虑对贸易的影响，没有很好地协调贸易与环境的关系。而且在具体的实施过程中，绿色贸易壁垒很容易被贸易保护主义所利用。尤其是在很多情况下，很难辨别一种绿色贸易壁垒是出于环境保护的目的还是出于贸易保护的目的，因此将不可避免地影响贸易的发展。

绿色贸易壁垒主要有以下几种形式：

（1）环境技术法规与标准。1996 年 4 月国际标准化组织正式公布了 ISO14000 环境管理体系国际标准，对企业的清洁生产、产品生命周期评价、环境标志产品、企业环境管理体系加以审核，要求企业建立环境管理体系，这是一种自愿性标准。目前，ISO14000 正成为企业进入国际市场的绿色技术壁垒。

主要发达国家还先后分别在空气、噪声、电磁波、废弃物等污染防治，化学品和农药管理，自然资源和动植物保护等方面制定了多项法律法规和许多产品的环境标准。如汽车尾气排放标准，纺织品有毒有害物质、偶氮染料标准，陶瓷铅镉含量标准，皮革的 PCP 残留量标准等。

自 1995 年 1 月 1 日起，日本加强成衣进口审查以便消除童装与内衣中所含有毒染料。德国颁布禁止在服装及纺织品中使用偶氮染料的规定。偶氮染料对消费者不构成危害，但对染色工人有致癌的危险。

（2）产品检疫、检验制度与措施。为了保护环境和生态资源，确保人类和动植物健康，许多国家特别是发达国家制定了严格的产品检疫、检验制度。这些检疫和检验措施包括检疫和检验的法律法规、法令、规定、要求、程序，特别包括最终的产品标准；有关的加工和生产方法；所有检测、检验、出证和批准程序；检疫处理，包括与动物或植物运输有关或与在运输途中为维持动植物生存所需物质有关的要求在内的检疫处理；有关统计方法、抽样程序和风险评估方法的规定。受此影响最大的产品是食品和药品。食品方面主要是农药、兽药残留量的规定；加工过程添加剂的规定；对动植物病虫害的规定；其他污染物的规定；生产、加工卫生、安全的规定等。

从 2000 年 7 月 1 日开始，欧盟对进口的茶叶实行新的农药最高允许残留标准，部分产品农药的最高允许残留量仅为原来的 1/200～1/100。

美国食品与药物管理局（FDA）依据《食品、药品、化妆品法》《公共卫生服务法》《茶叶进口法》等对各种进口物品的认证、包装、标志，以及检测、检验方法都作了详细的规定。日本依据《食品卫生法》《植物防疫法》《家畜传染预防法》对入境的农产品、畜产品及食品实行近乎苛刻的检疫、防疫制度。

由于各国环境和技术标准的指标水平和检验方法不同，以及对检验指标设计的任意性，环境和技术标准可能成为技术性贸易壁垒。

（3）绿色标志。绿色标志，又名环境标志，是一种贴在产品或其包装上的图形，表明该产品不但质量符合标准，而且在生产、使用、消费、处理等全过程中，也符合环保要求，对生态环境、人体健康无损害。绿色标志由政府管理部门根据有关标准向某些产品颁发。德国有“蓝色天使”标志，日本有“生态”标志，加拿大有“环境选择”标志，全球通行的有 ISO14000 环境管理体系认证标志。

从 1978 年德国实行“蓝色天使”标志起，各国纷纷推出自己的环境标志。德国的“蓝色天使”标志包括 75 类商品，涉及3 500～4 000种产品。日本的“生态”标志包括 60 类商品，涉及2 500种产品。加拿大的“环境选择”标志包括 46 类商品，涉及 800 多种产品。美国 36 个州联合立法，在塑料制品、包装袋、容器上使用绿色标志。欧盟于 1993 年 7 月正式推出欧洲环境标志，即绿色标志，在任何一个成员国获得的绿色标志可以在所有成员国通用。

目前，美国、德国、日本、加拿大、挪威、瑞典、瑞士、法国、芬兰和澳大利亚等发达国家都已建立环境标志制度，并日趋向协调一致、相互承认的方向发展。环境标志已成为进入这些国家市场的通行证，没有环境标志的产品将受到数量和价格方面的限制。环境标志为发达国家市场形成了巨大的保护网，使发展中国家出口受到阻碍。因发展中国家环保行动晚，环保水平低，不可能在短时期内提高环保水平，发达国家则以环保手段限制或禁止发展中国家产品的进口。

(4) 绿色包装和标签要求。近十几年来发达国家相继采取措施，大力发展绿色包装，主要有以下几种：

1) 以立法的形式规定禁止使用某些包装材料，如含有铅、汞和镉等成分的包装材料，没有达到特定的再循环比例的包装材料，不能再利用的容器等。

2) 建立存储返还制度。许多国家规定，啤酒、软性饮料和矿泉水一律使用可循环使用的容器，消费者在购买这些物品时，向商店缴存一定的保证金，以后退还容器时由商店退还保证金。日本分别于1991年、1992年颁布并强制推行《包装物回收条例》《废弃物清除条例修正案》等，要求产品的包装必须利于回收处理且不能对环境产生污染。

3) 税收优惠或处罚，即对生产和使用包装材料的厂家，根据其生产包装的原材料或使用的包装中是否全部或部分使用可以再循环的包装材料而给予免税、低税优惠或征收较高的税负，以鼓励使用可再生的资源。

许多发达国家对于在国内市场上销售的商品，规定了各种标签条例。这些规定内容复杂，手续烦琐。进口商品必须符合这些规定，否则不准进口或禁止在其市场上销售。许多外国产品为了符合有关国家的这些规定，不得不重新制作标签，因而费时费工，增加了商品成本，削弱了商品竞争能力，影响了商品销路。

日本政府规定，自2001年4月1日以后制造、加工、进口的加工食品要执行新的商品明确标签制度，其标签的内容包括以下几项：产品名称、制作原材料、包装内的容量、流通期限、保存方法、生产制造者名称（进口产品还要标明进口商品的原产地国名）以及详细地址。

欧盟对纺织品等进口产品还要求加贴生态标签，目前最为流行的生态标签 OKO-Tex Standard 100（生态纺织品标准100），是纺织品进入欧洲市场的通行证。

二、技术性贸易壁垒措施的特点

（一）广泛性

从产品范围看，技术性贸易壁垒措施不仅涉及与人类健康有关的资源环境等初级产品，而且涉及所有的中间产品和工业制成品，产品的加工程度和技术水平越高，所受的制约和影响也越显著；从产品过程来看，包括研究开发、生产、加工、包装、运输、销售和消费整个产品的生命周期；从领域来看，已从有形商品扩展到金融、投资、知识产权及环境保护等各个领域。技术性贸易壁垒措施的表现形式也涉及法律、法令、规定、要求、程序、强制性或自愿性措施等各个方面。

（二）系统性

技术性贸易壁垒是一个系统性贸易壁垒体系，包罗万象。它不但包括世贸组织《技术性贸易壁垒协议》规定的内容，而且包括《实施卫生与植物卫生措施协议》《服务贸易总协定》等规定的措施，《建立世界贸易组织协议》《补贴与反补贴措施协议》《农产品协议》《与贸易有关的知识产权协定》等都对环境问题进行了规定。除世贸组织以外的其他国际公约、国际组织等规定的许多对贸易产生影响的技术性措施，也均属技术性贸易壁垒体系的范围。

（三）双重性

双重性是指既有合法性，又有保护性。

技术性贸易壁垒有其合法性，即真正为了实现规定的合法目标是可以采取合适的壁垒措施的。正常的技术性贸易壁垒是指合法合理地采取技术性措施以达到合理保护人类健康和安全及生态环境的目的，如禁止危险废物越境转移可以保护进口国的生态环境；强制规定产品的安全标准可以保护消费者的健康甚至生命等。目前国际上已签订150多个多边环保协定。发达国家积极制定技术标准和技术法规，为技术性贸易壁垒提供法律支持。但是，一些国家，特别是美国、日本、欧盟等凭借其自身的技术、经济优势，制定比国际标准更为苛刻的技术标准、技术法规和技术认证制度等，以技术性贸易壁垒之名，行贸易保护主义之实。

（四）隐蔽性

技术性贸易壁垒与其他非关税壁垒如进口配额、进口许可证制、“自动”出口限额等相比，不仅隐蔽地回避了分配不合理、配额限制等问题，而且各种技术标准极为复杂，往往使出口国难以应付。同时，技术性贸易壁垒措施是以建立在高科技基础上的技术标准为基础的，科技水平不高的发展中国家对此难以作出判断。一些技术标准还具有不确定性，而且涉及面很广，很难全面顾及和把握。更何况把贸易保护的目标转移到人类健康保护上，因此有更大的隐蔽性和欺骗性。

（五）可操作性

由于技术性贸易壁垒措施的制定主动权掌握在各国政府，不需要通过国际组织的批准，世界贸易组织对它的限制也很少，因此，与实施程序复杂、实施过程较长的反倾销相比，它的可操作性和见效快的特点为各国所关注。越来越多的发达国家通过此手段，短期内即可达到限制进口、保护本国产业和市场的目的。

（六）针对性

随着国际投资自由化的发展，通过国际直接投资便可绕过国外的关税和配额等非关税壁垒；他国货币贬值也会增加本国的进口；低价倾销在世界市场上日益盛行。而通过有针对性地构筑技术性贸易壁垒，就可以杜绝上述漏洞，最大限度地限制进口。由于技术性贸易壁垒措施具有不确定性和可塑性，因此在具体实施和操作时很容易被发达国家用来对外国产品制定针对性的技术标准，可以对进口产品随心所欲地进行抵制。

（七）扩大性

目前，技术性贸易壁垒已从商品流通领域扩大到生产、加工领域。越来越多的国家意识到，应从商品生产的全过程来控制质量、防止污染、有效利用资源，要加强生产过程的质量控制、环境保护与认证工作，所以要求进口商品的生产加工方法也必须符合本国的有关法规和标准，以保护本国的相关产业。近年来，技术性贸易壁垒的广泛采用极大地阻碍了国际贸易的发展，并严重阻碍了我国产品的出口。2012年我国有30%左右的出口企业受到国外技术性贸易壁垒的影响。2002—2012年，中国共遭遇各种形式的技术性贸易壁垒案件842起，涉案金额7.36亿万元。

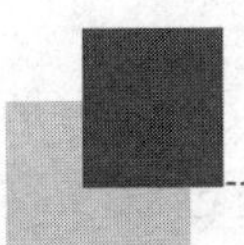

第三节 限制数量和其他形式的非关税壁垒措施

一、进口配额制

进口配额制（Import Quotas System）又称进口限额制，是一国政府在一定时期（如一季度、半年或一年）之内，对某些商品的进口数量或金额加以直接的限制。在规定的期限内，配额以内的货物可以进口，超过配额不准进口，或者征收更高的关税或罚款后才能进口。它是资本主义国家实行进口数量限制的重要手段之一。

进口配额制主要有绝对配额和关税配额两种。

（一）绝对配额

绝对配额（Absolute Quotas）是在一定时期内，对某些商品的进口数量或金额规定一个最高额数，达到这个额数后，便不准进口。这种进口配额在实施中，又有以下两种方式。

1. 全球配额

全球配额（Global Quotas，Unallocated Quotas）属于世界范围的绝对配额，对于来自任何国家或地区的商品一律适用。主管当局通常按进口商的申请先后或过去某一时期的实际进口额批给一定的额度，直至总配额发放完为止，超过总配额就不准进口。

由于全球配额不限定进口国别或地区，在配额公布后，进口商竞相争夺配额，邻近国家或地区因地理位置接近的关系，到货较快，比较有利，而较远的国家或地区就处于不利的地位。因此，在限额的分配和利用上，难以贯彻国别政策。为了避免或减少这些不足，一些国家采用了国别配额。

2. 国别配额

国别配额（Country Quotas）是在总配额内按国别或地区分配批给固定的配额，超过规定的配额便不准进口。为了区分来自不同国家和地区的商品，在进口商品时进口商必须提交原产地证明书。实行国别配额可以使进口国家根据它与有关国家或地区的政治经济关系分配给予不同的额度。

一般来说，国别配额可以分为自主配额和协议配额。

(1) 自主配额（Autonomous Quotas）。自主配额又称单方面配额，是由进口国家完全自主地、单方面强制规定在一定时期内从某个国家或地区进口某种商品的配额。这种配额不需征得输出国家的同意。

自主配额一般参照某国过去某年的输入实绩，按一定比例确定新的进口的数量或金额。由于各国或地区所占比重不一，所得到的配额有差异，所以进口国可利用这种配额贯彻国别政策。此种配额，对国内进口商的输入是否应预先限定，可依实际需要而定。如果实施的主要目的是换取或扩大出口市场，或为了限制外国商品对本国产品的竞争，一般可不必在进口商中进行分配；如果为了加强对进口商的严格管制或适应外汇管制的要求，则需限定本国进口商的进口数量或金额。

自主配额由进口国家自行制定，往往由于分配额度差异容易引起某些出口国家或地区的不满或报复。因此，有些国家便采用协议配额，以缓和彼此之间的矛盾。

（2）协议配额（Agreement Quotas)。协议配额又称双边配额（Bilateral Quotas)，是由进口国家和出口国家政府或民间团体之间协商确定的配额。如果协议配额是通过双方政府的协议订立的，一般需在进口商或出口商中进行分配；如果配额是双边的民间团体达成的，应事先获得政府许可，方可执行。

协议配额是由双方协调确定的，通常不会引起出口方的反感与报复，并可使出口国对于配额的实施有所谅解与配合，较易执行。

一些国家为了加强绝对进口配额的作用，往往对进口配额规定得十分繁杂。例如，对配额商品分得很细，有的按商品不同规格规定不同的配额，有的按价格水平差异规定不同配额，有的按原料来源的不同规定不同配额，有的按外汇管制情况规定不同配额，有的按进口商的不同规定不同配额等。

一般来说，绝对配额用完后，就不准进口。但有些国家由于某种特殊的需要和规定，往往另行规定额外的特殊配额或补充配额。如进口某种半制成品加工后再出口的特殊配额，展览会配额或博览会配额等。

（二）关税配额

关税配额（Tariff Quotas）是对商品进口的绝对数额不加限制，而对在一定时期内，在规定配额以内的进口商品，给予低税、减税或免税待遇；对超过配额的进口商品则征收较高的关税，或征收附加税或罚款。

关税配额按商品进口的来源，可分为全球性关税配额和国别性关税配额。按征收关税的目的，可分为优惠性关税配额和非优惠性关税配额。优惠性关税配额是对关税配额内进口的商品给予较大幅度的关税减让，甚至免税，而对超过配额的进口商品即征收原来的最惠国税率。如西欧共同市场在普遍优惠制中所采取的关税配额就属于这一类。非优惠性关税配额是在关税配额内仍征收原来的进口税，但对超过配额的进口商品，则征收极高的附加税或罚款。

资本主义国家通常利用进口配额作为实行贸易歧视政策的手段。最初进口配额是作为防御手段而被采用的，到后来便发展成为进攻性的保护贸易措施。在举行贸易谈判时，配额制曾被广泛地用来作为迫使其他国家让步的武器。它们用提供配额、扩大配额或缩小配额作为向对方施加压力的手段。

第二次世界大战后，除少数发展中国家外，大多数发展中国家仍然实行进口配额制。其目的是限制非必需品及与本国产品相竞争的工业品的输入，节约外汇开支，发展民族经济。近年来，一些发展中国家随着对外经贸关系的发展和实行对外开放政策，对某些商品的进口配额已有所放宽或取消。2005 年 1 月 1 日，在全球实行了 50 年之久的纺织品配额全面取消。

二、“自动”出口配额制

“自动”出口配额制（“Voluntary” Export Quotas)，又称“自动”出口限制（“Voluntary” Restriction of Export)，也是一种限制进口的手段。所谓“自动”出口配额制是出口国家或地区在进口国的要求或压力下，“自动”规定某一时期内（一般为 3～5 年）某些商品对该国的出口限制，在限定的配额内自行控制出口，超过配额即禁止出口。

"自动"出口配额制与绝对进口配额制在形式上略有不同。绝对进口配额制是由进口国家直接控制进口配额来限制商品的进口，而"自动"出口限额则是由出口国家直接控制这些商品对指定进口国家的出口。但是，就进口国家来说，"自动"出口配额和绝对进口配额一样，都起到了限制商品进口的作用。

"自动"出口配额制带有明显的强制性。进口国家往往以商品大量进口使其有关工业部门受到严重损害，造成所谓"市场混乱"为理由，要求有关国家的出口实行"有秩序地增长"（Orderly Growth），"自动"限制商品出口，否则就单方面强制限制进口。在这种情况下，一些出口国家不得不实行"自动"出口限制。

"自动"出口配额制主要有非协定的"自动"出口配额和协定的"自动"出口配额两种形式。

非协定的"自动"出口配额即不受国际协定的约束，而是由出口国迫于来自进口国方面的压力，自行单方面规定出口配额，限制商品出口。这种配额有的是由政府有关机构规定配额，并予以公布，出口商必须向有关机构申请配额，领取出口授权书或出口许可证才能输出。有的是由本国大的出口厂商或协会"自动"控制出口。

协定的"自动"出口配额即进出口双方通过谈判签订"自限协定"（Self-restraint Agreement）或"有秩序销售协定"（Orderly Marketing Agreement）。在协定中规定有效期内某些商品的出口配额，出口国应据此配额实行出口许可证制或出口配额签证制（Export Visa），自行限制这些商品出口。进口国则根据海关统计进行检查。"自动"出口配额大多数属于这一种。

三、进口许可证制

进口许可证制（Import Licence System）是指进口国家规定某些商品进口必须事先领取许可证，才可进口，否则一律不准进口。"乌拉圭回合"所达成的《进口许可证程序协议》规定："进口许可证制度是进口国采用的行政管理手续，它要求进口商向有关行政管理机构呈交申请书或其他文件作为货物进口至进口国关境的先决条件。"进口商在进口商品时，凭申请取得许可证后，才能从国外进口商品，否则一律不准进口。

（一）进口许可证的分类

从进口许可证与进口配额的关系上看，进口许可证可以分为有定额的进口许可证和无定额的进口许可证两种。

1. 有定额的进口许可证和无定额的进口许可证

（1）有定额的进口许可证，即国家有关机构预先规定有关商品的进口配额，然后在配额的限度内，根据进口商的申请对于每一笔进口货发给进口商一定数量或金额的进口许可证。

一般来说，进口许可证是由进口国有关当局向提出申请的进口商颁发的，但也有将这种权限交给出口国自行分配使用的。

（2）无定额的进口许可证，即进口许可证不与进口配额相结合。资本主义国家有关政府机构预先不公布进口配额，颁发有关商品的进口许可证，只是在个别考虑的基础上进行。由于它是个别考虑的，没有公开的标准，因而就给正常贸易的进行造成更大的困难，起到更大的限制进口的作用。

2. 公开一般进口许可证和特种进口许可证

从进口商品有无限制上看，进口许可证一般又可分为公开一般进口许可证和特种进口许可证两种。

(1) 公开一般进口许可证（Open General Licence），又称公开进口许可证、一般许可证或自动进口许可证。它对进口国别或地区没有限制，凡列明属于公开一般许可证的商品，进口商只要填写公开一般进口许可证后，即可获准进口。因此属于这类许可证的商品实际上是“自由进口”的商品。

(2) 特种进口许可证（Specific Licence），又称非自动进口许可证，即进口商必须向政府有关当局提出申请，经政府有关当局逐笔审查批准后才能进口。这种进口许可证多数都指定进口国别或地区。为了区分这两种许可证所进口的商品，有关当局通常定期分别公布有关的商品项目，并根据需要随时进行调整。

（二）乌拉圭回合谈判关于进口许可证的规定

第二次世界大战前，进口许可证制在一些西欧国家曾被广泛采用。第二次世界大战后初期，大多数国家仍继续实行进口许可证制度。20 世纪 60 年代后发达资本主义国家的进口许可证制有所放松，但对竞争激烈的商品仍实行进口许可证制。70 年代中期进口许可证制又重新加强。一些国家通过申领进口许可证烦琐复杂的程序和手续，阻碍商品进口。

为了简化各缔约方实施进口许可证的手续，关税与贸易总协定在东京回合多边贸易谈判中，制定了《进口许可证手续协议》（Agreement on Import Licensing Procedures）。乌拉圭回合又达成了一个新的协议。这项协议除序言共有 8 个条款。序言指出本协议的目的是简化国际贸易中进口许可证使用的管理程序和习惯做法，使之具有透明度，并确保公平合理地应用和实施这些手续和做法，其主要内容如下所述。

1. 进口许可证的管理和发放手续

协议指出，进口许可证是指实施进口许可证制度需向有关管理机构递交申请书或其他单证，作为进口到该进口国海关管辖地区的先决条件的行政管理手续。这种手续应以公平合理的方式进行管理，各签字国应尽可能简化申请表格、展期表格、申请手续和展期手续。同时，签字国应尽快公布有关提出申请手续的规则及其他一切资料，确保进口许可证发放程序的透明度，以便各政府和商人对此有所了解。

2. 进口许可证的种类

协议将进口许可证分为自动进口许可证和非自动进口许可证两种。前者是指有关管理机构应进口商的申请，毫无限制地签发给申请人的一种进口许可证，即“在任何情况下对申请一律予以批准签发的进口许可证”。这种许可证本身只作为统计进口的依据。因此，在实施自动进口许可证手续时，不得使属于这种许可证的进口货物受到限制性的影响。后者是指有关管理机构为实行进口数量限制而签发的一种许可证。协议规定，这种许可证除了实施许可证限制所造成的影响之外，所采用的发放进口许可证的手续和做法不应对进口有其他的限制或扭曲的贸易作用。

在申请自动和非自动许可证的程序方面所作的任何变化，都必须在实施这些程序变化之前至少 21 天公布，最晚不得迟于生效日。

3. 建立进口许可证委员会

该委员会由各成员的代表组成。其主要职责是为该协议的实施或促进其目标的实现提供进行磋商和解决争端的机会。

4. 有关发展中国家优惠待遇规定

协议规定，应确保合理地向所有进口者发放许可证，尤其要考虑到原产地是发展中国家的产品的进口者。

四、保障措施

保障措施（Safeguard Measures）是根据《关贸总协定》第 19 条的规定和保障措施协议而形成的一种限制进口的措施。它是指某一成员方在履行《关贸总协定》规定的义务时，如果某特定产品的进口数量急剧增加，并对该成员方的国内生产的相同产品或直接竞争的产品的生产商造成严重损害或有严重损害威胁时，该成员方有权适度地、暂时地对该产品采取停止履行《关贸总协定》规定的义务，以提高约束关税税率或以数量限制的形式，实施限制进口的措施。

（一）实施保障措施的条件与程序

1. 实施保障措施的条件

根据《关贸总协定》第 19 条和《保障措施协议》的规定，成员方实施保障措施必须具备三个条件：

（1）某项产品的进口激增。《保障措施协议》规定的进口激增，是指产品进口数量的急剧增长，其中包括绝对增长和相对增长两种情况。前者是指产品实际进口数量的增长，后者是指相对于进口方国内生产而言，即进口产品在其国内市场份额所占的比重的上升。

（2）进口激增是由于不可预见的情况和成员方履行世贸组织义务的结果。关贸总协定曾将不可预见的情况解释为关税减让时不能合理预见的情况，而“成员方履行世贸组织义务的结果”，主要是指成员方履行这些义务，必然会增强进口产品的竞争力，从而导致进口激增。

在实施保障措施时，成员方必须证明进口激增是上述两个原因所造成的。

（3）进口激增对国内生产的同类产品或直接竞争产品的产业造成了严重损害或严重损害威胁的后果。

《保障措施协议》规定，拟实施保障措施的成员方，必须证明进口激增与产业损害或损害威胁之间存在因果关系，这种证明必须有客观证据的因素支持。如果这种损害是由于进口增长以外的因素所致，则此类损害不得归咎于进口激增。

《中华人民共和国保障措施条例》（2004 年 3 月修订）第 2 条明确规定进口产品数量增加，并对生产同类产品或者直接竞争产品的国内产业造成严重损害或严重损害威胁的，依照本条例的规定进行调查，采取保障措施。

2. 实施保障措施的程序

该协议对实施保障措施的程序做了比较详细的规定。该程序主要包括调查、通知和磋商 3 个环节。

（二）保障措施的具体实施的规定

保障措施只能以非歧视的方式实施，即进口限制措施仅针对产品，而不论该种产品的来源。

1. 保障措施实施的形式和期限

（1）形式。

实施保障措施，可以采取提高关税、纯粹的数量限制和关税配额等形式。但保障措施应仅在防止或救济严重损害的必要限度内实施。

（2）期限。

保障措施的实施期限一般不应超过 4 年。如果仍需以保障措施防止损害或救济受损害的产业，或有证据表明该产业正在进行调整，则可延长实施期限。但保障措施的全部实施期限（包括临时措施）不得超过 8 年。

2. 临时保障措施

《保障措施协议》规定，在紧急情况下，如果迟延会造成难以弥补的损失，进口成员方可不经磋商而采取临时保障措施，实施期限不得超过 200 天，并且此期限计入保障措施总的期限。

临时保障措施应采取增加关税形式。如果随后的调查不能证实进口激增对国内有关产业已经造成损害或损害威胁，则增收的关税应迅速退还。成员方应在采取临时保障措施前通知保障措施委员会，在采取措施后应尽快与各利害关系方进行磋商。

五、外汇管制

外汇管制（Foreign Exchange Control）是指一国政府通过法令对国际结算和外汇买卖实行限制，以平衡国际收支和维持本国货币的汇价稳定的一种制度。

在外汇管制下，出口商必须把其出口所得到的外汇收入按官定汇率（Official Exchange Rate）卖给外汇管制机关；进口商也必须在外汇管制机关按官定汇率申请购买外汇，本国货币的携出（入）国境也受到严格的限制等。这样，国家的有关政府机构就可以通过确定官定汇率、集中外汇收入和批汇的办法，控制外汇供应数量，来达到限制进口商品品种、数量和原产国别的目的。

外汇管制的方式较为复杂，一般可分为以下三种。

（一）数量性外汇管制

所谓数量性外汇管制，是指国家外汇管理机构对外汇买卖的数量直接进行限制和分配，旨在集中外汇收入，控制外汇支出，实行外汇分配，以达到限制进口商品品种、数量和国别的目的。一些国家实行数量性外汇管制时，往往规定进口商必须获得进口许可证后，方可得到所需的外汇。

（二）成本性外汇管制

所谓成本性外汇管制，是指国家外汇管理机构对外汇买卖实行复汇率制（System of Multiple Exchange Rates），利用外汇买卖成本的差异，间接影响不同商品的进出口。

所谓复汇率制，是指一国货币的对外汇率不只有一个，而是有两个以上的汇率。其目的是利用汇率的差别来限制和鼓励某些商品进口或出口。各国实行的复汇率制不尽相同，但主要原则大致相似。

(1) 在进口方面，复汇率制有以下三种情况：

1) 对于国内需要而又供应不足或不生产的重要原料、机器设备和生活必需品，适用较为优惠的汇率；

2) 对于国内可大量供应和非重要的原料和机器设备适用一般的汇率；

3) 对于奢侈品和非必需品只适用最不利的汇率。

(2) 在出口方面，复汇率制有以下两种情况：

1) 对于缺乏国际竞争力但又要扩大出口的某些出口商品，给予较为优惠的汇率；

2) 对于其他一般商品出口适用一般汇率。

(三) 混合性外汇管制

所谓混合性外汇管制，是指同时采用数量性和成本性的外汇管制，对外汇实行更为严格的控制，以控制商品进出口。

1931 年资本主义世界金融危机爆发后，许多资本主义国家实行了外汇管制。第二次世界大战后初期，由于国际收支长期失衡，黄金外汇储备短缺，许多资本主义国家不得不继续实行外汇管制。

进入 20 世纪 50 年代后半期以后，发达资本主义国家的国际收支平衡有所改善，“美元荒”日趋缓和，逐步放宽了外汇管制，最后实行了货币自由兑换。20 世纪 70 年代以来，由于货币金融危机不断加深，某些国家的外汇又显不足，进口外汇管制又有逐渐加强之势。

六、进口押金制

进口押金制（Advanced Deposit）又称进口存款制。在这种制度下，进口商在进口商品时，必须预先按进口金额的一定比例和规定的时间，在指定的银行无息存入一笔现金，才能进口。这样就增加了进口商的资金负担，影响了资金的周转，从而起到了限制进口的作用。例如，第二次世界大战后意大利政府曾规定某些进口商品无论从任何国家进口，进口商必须先向中央银行缴纳相当于进口货值一半的现款押金，无息冻结 6 个月。据估计，这项措施相当于对进口商征收 5%以上的进口附加税。

芬兰、新西兰、巴西等国也实行这种措施。巴西的进口押金制规定，进口商必须按进口商品船上交货价格缴纳与合同金额相等的为期 360 天的存款，方能进口。

七、进口最低限价制和禁止进口

(一) 进口最低限价制

有些国家采用所谓最低限价（Minimum Price）的办法来限制进口。最低限价就是一国政府规定某种进口商品的最低价格，凡进口货价低于规定的最低价格则征收进口附加税或禁止进口，以达到限制低价商品进口的目的。例如，1985 年智利对绸坯布进口规定每千克的最低限价为 52 美元，低于此限价，将征收进口附加税。

20 世纪 70 年代，美国为了抵制欧洲国家和日本等国的低价钢材和钢制品进口，于 1977 年对这些产品进口实行所谓“启动价格制”（Trigger Price Mechanism，TPM）。这种制度也是一种进口最低限价制，主要包括以下几个方面的内容：

(1) 对进口到美国的所有钢材和部分钢制品制定最低限价，这种价格又称启动价格。

启动价格是以当时世界上效率最高的钢生产者的生产成本为基础计算出来的最低限价。

（2）对所有进口钢材和部分钢制品的进口，进口商必须向海关提交由国外出口商填写的“钢品特别摘要发票”（Special Summary Steel Invoice，SSSI）。如果发票上的价格低于启动价格，则进口商必须对价格进行调整，否则就要接受调查，并有可能被裁决为倾销，征收反倾销税。

（3）继续收集和分析对美国出口的主要外国生产者的国内钢材和部分钢制品的价格和生产成本的资料，以及美国国内钢铁工业的有关资料，以便随时调整最低价格。

（二）禁止进口

当一些国家感到实行进口数量限制已不能走出经济与贸易困境时，往往颁布法令，公布禁止进口的货单，禁止这些商品的进口。

八、歧视性政府采购政策

歧视性政府采购政策（Discriminatory Government Procurement Policy）是指国家制定法令，规定政府机构在采购时要优先购买本国产品的做法。美国从1933年开始实行并于1954年和1962年两次修改的《购买美国货法案》（*Buy American Act*）就是一例。它规定：凡是美国联邦政府所要采购的货物，应该是美国制造的，或是美国原料制造的。开始时，凡商品的成本有50%以上是在国外生产的，就称作外国货。接着又作了修改，即对在美国自己生产的数量不够，或者国内价格太高，或者不买外国货就会伤害美国利益的情况下，才可以购买外国货。优先采购美国商品的价格约高于国际市场价格的6%～12%。但美国国防部和财政部常常采购比外国货贵50%的美国货。《购买美国货法案》直到“东京回合”谈判，美国签订了政府采购协议后才废除。

许多资本主义国家都有类似的制度。英国规定通信设备和电子计算机要向本国公司采购。日本有几个省规定，政府机构需要的办公设备、汽车、计算机、电缆、导线、机床等不得采购外国产品。

在关贸总协定“东京回合”谈判中，由发展中缔约方动议，在各缔约方的共同努力下，达成了“政府采购协议”，1981年1月1日生效。1987年2月进行了修改，1988年2月14日生效。到1993年年底，参加该协议的有12个缔约方，欧共体作为一个缔约方参加。它们分别是：奥地利、加拿大、欧共体、芬兰、中国香港、以色列、日本、挪威、新加坡、瑞典、瑞士和美国。

1994年4月15日在摩洛哥马拉喀什会议上，“政府采购协议”以诸边协议方式为“乌拉圭回合”谈判各方签署，成为世界贸易组织负责管辖协议的一部分。该协议的宗旨是确认政府采购在一定金额的基础上，实现贸易自由化。

九、进口和出口国家垄断

进口和出口国家垄断，是指在对外贸易中，对某些或全部商品的进、出口规定由国家机构直接经营，或者是把某些商品的进口或出口的专营权给予某些垄断组织。

发达资本主义国家的进口和出口的国家垄断主要集中在三类商品上面：第一类是烟和酒。这些国家的政府机构从烟和酒的进出口垄断中可以取得巨大的财政收入。第二类是农产品。这些国家把对农产品的对外垄断销售作为国内农业政策措施的一部分。美国的农产品信贷公司，就是资本主义世界最大的农产品贸易垄断企业。它高价收购国内的“剩余”农产品，然后以低价向国外倾销，或按照所谓“外援”计划向缺粮国家，主要是发展中国家大量出口。第三类是武器。资本主义国家的武器贸易多数由国家垄断。

十、专断的海关估价制

海关为了征收关税，确定进口商品价格的制度为海关估价制（Customs Valuation）。有些国家根据某些特殊规定，提高某些进口货的海关估价，来增加进口货的关税负担，阻碍商品的进口，就成为专断的海关估价。用专断的海关估价来限制商品的进口，以美国最为突出。

长期以来，美国海关是按照进口商品的外国价格（进口货在出口国国内销售市场的批发价）或出口价格（进口货在来源国市场供出口用的售价）两者之中较高的一种进行征税。这实际上提高了缴纳关税的税额。

◆ 本章小结

本章包括两方面内容：第一，非关税壁垒作用的加强与特点；第二，各类非关税壁垒措施。

◆ 思考题

1. 何谓非关税壁垒措施？它与关税措施相比有何特点？
2. 什么是技术性贸易壁垒措施？其主要内容和特点是什么？
3. 绿色贸易壁垒主要表现在哪几方面？
4. 什么是进口配额制？绝对进口配额与关税配额、“自动”出口配额的主要区别是什么？
5. 进口许可证分为哪几种？

第十三章

出口促进和出口管制方面的措施

学习目标

世界各国在采取各种贸易措施限制进口的同时，又采取各种措施促进出口，在促进出口的同时，又管制出口。本章系统地介绍了有关促进出口、经济特区和出口管制方面的措施。目的是了解和掌握这些措施及其作用。要求学生掌握：促进出口措施的主要种类及各自的概念；经济特区的主要种类及各自的概念；出口管制的主要商品与形式。

第一节　出口促进方面的措施

一、出口信贷

（一）出口信贷的概念

出口信贷（Export Credit）是一个国家为了鼓励商品出口，增强商品的竞争能力，通过银行对本国出口厂商和国外进口厂商提供的低利率贷款。它是一国的出口厂商利用本国银行的贷款扩大商品出口，特别是金额较大、期限较长的商品，如成套设备、船舶等出口的一种重要手段。

（二）出口信贷的种类

1. 按时间长短划分为短期、中期和长期信贷

（1）短期信贷（Short-term Credit）。通常指 180 天以内的信贷，有的国家规定信贷期限为 1 年。原料、消费品及小型机器设备的出口适用短期信贷。

（2）中期信贷（Medium-term Credit）。通常指为期 1～5 年的信贷。中型机器设备多利用中期信贷。

（3）长期信贷（Long-term Credit）。通常是 5～10 年，甚至更长时期的信贷。大型成套设备与船舶等适用长期信贷。

2. 按借贷关系划分为卖方信贷和买方信贷

(1) 卖方信贷 (Supplier's Credit)。它是出口方银行向本国出口厂商 (卖方) 提供的贷款。这种贷款协议由出口厂商与银行签订。卖方信贷通常用于机器设备、船舶等的出口。由于这些商品出口所需的资金较大、时间较长，进口厂商一般都要求采用延期付款的办法。出口厂商为了加速资金周转，往往需要取得银行的贷款。出口厂商付给银行的利息、费用有的包括在货价内，有的在货价外另加，转嫁给进口厂商负担。因此，卖方信贷是银行直接资助本国出口厂商向外国进口厂商提供延期付款，以促进商品出口的一种方式。

在采用卖方信贷的条件下，通常在签订买卖合同后，进口厂商先支付货款5%～15%的订金，作为履约的一种保证金，在分批交货、验收和保证期满时，再分期支付10%～15%的货款，其余的货款在全部交货后若干年内分期摊还，并付给延期付款期间的利息。出口厂商把所得的款项与利息按贷款协议的规定偿还给本国的供款银行。所以，卖方信贷实际上是出口厂商从供款银行取得贷款后，再向进口厂商提供延期付款的一种商业信用。

(2) 买方信贷 (Buyer's Credit)。它是出口方银行直接向外国的进口厂商 (买方) 或进口方的银行提供的贷款。其附带条件就是贷款必须用于购买债权国的商品，因而起到促进商品出口的作用，这就是所谓约束性贷款 (Tied Loan)。

在采用买方信贷的条件下，当出口方供款银行直接贷款给外国进口商时，进口厂商先用本身的资金，以即期付款方式向出口厂商缴纳买卖合同金额15%～20%的订金，其余货款以即期付款的方式将银行提供的贷款付给出口厂商，然后按贷款协议所规定的条件，向供款银行还本付息；当出口方供款银行贷款给进口方银行时，进口方银行也以即期付款的方式代进口厂商支付应付的货款，并按贷款协议规定的条件向供款银行归还贷款和利息等。至于进口厂商与本国银行的债务关系，则按双方商定的办法在国内结算清偿。买方信贷不仅使出口厂商可以较快地得到货款和减少风险，而且使进口厂商对货价以外的费用比较清楚，便于其与出口厂商进行讨价还价。因此，这种方式在目前较为流行。

(三) 出口信贷的主要特点

出口信贷主要具有以下特点：

(1) 出口信贷必须联系出口项目，即贷款必须全部或大部分用于购买提供贷款国家的出口商品。

(2) 出口信贷利率低于国际金融市场贷款的利率，其利差由出口国政府给予补贴。

(3) 出口信贷的贷款金额，通常只占买卖合同金额的85%左右，其余部分由进口厂商先支付现汇。

(4) 出口信贷的发放与出口信贷担保相结合，以避免或减少信贷风险。

为了做好出口信贷，发达资本主义国家一般都设立专门银行，办理此项业务。例如美国的“进出口银行”、日本的“输出入银行”和法国的“对外贸易银行”等，除对成套设备、大型交通工具等商品的出口提供国家出口信贷外，还向本国私人商业银行提供低利率贷款或给予贷款补贴，以资助它们的出口信贷业务。

第二次世界大战后，随着国际市场“贸易战”的加剧，发达国家出口信贷业务也呈逐步扩大的趋势。许多发达国家以延长出口信贷期限、降低贷款利率等措施，进行“信贷战”。为了缓和它们在发放出口信贷上的矛盾，1976 年西方 7 国（美国、英国、德国、法国、意大利、日本和加拿大）在巴黎举行首脑会议，达成了一项出口信贷“君子协定”。1977 年年底，“经济合作与发展组织”（OECD）把该协定用作协调成员国的出口信贷条件，对成员国出口信贷的最低利率（Minimum Interest Rate）、信贷期限等作了统一的规定和调整。1981 年以来，经济合作与发展组织成员国对出口信贷利率进行了多次调整。从 1988 年 1 月 15 日起，对穷国（人均国民生产总值 681 美元以下）提供的中长期贷款利率为 8%；对中等国家（人均国民生产总值 681～4 000 美元）2～5 年期的贷款利率为 8.85%，5 年以上的贷款利率为 9.35%；对富国（人均国民生产总值 4 000 美元以上）2～5 年期的贷款利率为 10.15%，5 年以上的贷款利率为 10.40%。

上述的出口信贷最低利率，根据对不同类别的国家和信贷期限的长短而有所不同，期限越长，接受出口信贷的国家人均国民生产总值越高，利率越高；反之，期限越短，接受出口信贷的国家人均国民生产总值越低，利率越低。

第二次世界大战后，一些发达国家还使用“福费廷”（Forfaiting）来鼓励大型生产设备等的出口。所谓“福费廷”是指在延期付款的大型生产设备贸易中，出口商把经进口商承兑的、期限在半年以上至五六年的远期汇票，无追索权（Without Recourse）地售予出口商所在地的银行或大金融公司，提前取得现金的一种资金融通的形式。

二、出口信贷国家担保制

出口信贷国家担保制（Export Credit Guarantee System）就是国家为了扩大出口，对于本国出口厂商或商业银行向外国进口厂商或银行提供的信贷，由国家设立的专门机构出面担保，当外国债务人拒绝付款时，这个国家机构即按照承保的数额给予补偿。

出口信贷国家担保制的主要内容如下所述。

（一）担保的项目与金额

通常商业保险公司不承保的出口风险的项目，都可向担保机构进行投保。一般可分为两类。

1. 政治风险

对进口国发生政变、革命、暴乱、战争以及政府实行禁运、冻结资金或限制对外支付等政治原因所造成的损失，可给予补偿。这种风险的承保金额一般为合同金额的 85%～95%。

2. 经济风险

因进口厂商或借款银行破产倒闭无力偿付或因货币贬值、通货膨胀等经济原因所造成的损失，可给予补偿。担保金额一般为合同金额的 70%～80%。为了扩大出口，有时对于某些出口项目的承保金额达到 100%。

（二）担保对象

担保对象主要分以下两种。

1. 出口厂商

出口厂商输出商品时提供的短期信贷或中、长期信贷可向国家担保机构申请担保。担保机构本身不向出口厂商提供出口信贷，但它可以为出口厂商取得出口信贷提供有利条件。例如有的国家采用保险金额的抵押方式，允许出口厂商所获得的承保权利以“授权书”方式转移给供款银行而取得出口信贷。这种方式使银行提供的贷款得到安全保障，一旦债务人不能按期还本付息，银行即可从担保机构得到补偿。

2. 供款银行

通常银行所提供的出口信贷均可申请担保，这种担保是担保机构直接对供款银行承担的一种责任。有些国家为了鼓励出口信贷业务的开展和提供贷款安全保障，往往给银行更为优厚的待遇。例如，英国出口信贷担保署（The Export Credit Guarantee Department）对商业银行向出口厂商提供的某些信贷，一旦出现过期未能清偿付款时，可给予100%偿付，而不问未清偿的原因。但保留对出口厂商要求偿付的追索权。如果出口厂商不付款的原因超出了它所承保的风险范围，该署可要求出口厂商偿还。这种办法有利于银行扩大出口信贷业务，从而促进商品输出。

（三）担保期限与费用

根据出口信贷期限，担保期限通常可分为短期与中、长期。短期信贷担保为6个月左右，承保范围往往包括出口厂商所有海外的短期信贷交易。为了简化手续，有的国家对短期信贷采用综合担保（Comprehensive Guarantee）的方式。出口厂商只要一年办理一次投保，就可承保在这期间对海外的一切短期信贷交易。一旦外国债务人拒付，即可得到补偿。至于中、长期信贷担保，由于金额大，时间长，因而采用逐笔审批的特殊担保（Specific Guarantee）方式。中、长期担保时间通常为2～15年。承保时间可从出口合同成立日起到最后一笔款项付清为止，也可以从货物装运出口直到最后一次付款为止。

这些担保机构的主要目的在于担保出口厂商与供款银行在海外的风险，以扩大商品出口，因此所收的费用一般不高，以减轻出口厂商和银行的负担。通常保险费率根据出口担保的项目、金额大小、期限长短和输往的国别或地区的不同而有所不同。此外，各国保险费率也不一样，英国一般为0.25%～0.75%，德国为1%～1.5%。

随着资本主义出口信贷业务的发展，发达资本主义国家出口信贷担保制也日益加强。为此许多国家设立专门机构，例如英国的出口信贷担保署、法国的对外贸易保险公司、德国的信贷保险公司都从事这项业务。

三、出口信用保险

（一）出口信用保险的概念

出口信用保险（Export Credit Insurance）是由保险机构或保险公司承保出口贸易中出口商由于境外的商业风险或政治风险而遭受损失的一种特殊保险，是为出口商提供出口收汇风险的保障措施。

（二）出口信用保险的类别

出口信用保险承保的风险类别，按风险的性质可分为以下两大类。

1. 国家风险

它是指在国际经济活动中发生的、与国家主权行为相关的、超出债权人所能控制的范围，并给其造成经济损失的风险。如债务人所在国家由于政治原因、社会原因或经济与政策原因等所造成的风险和损失。

2. 商业风险

商业风险又称买家风险，是指在国际经济活动中发生的与买家行为相关的，给债权人造成经济损失的风险。其中包括：

（1）买方宣告破产，或实际丧失偿付能力；

（2）买方拖欠货款超过一定时间，通常规定为 4 个月或 6 个月；

（3）买方在发货前单方中止合同或发货后不按合同规定提货付款或付款赎单；

（4）因其他非常事件致使买方无力履约等。

上述的风险如按不同的期限又可分为短期出口信用保险和中长期出口信用保险。

金融危机爆发以来，国际贸易中的信用风险水平居高不下，我国出口企业的风险防范意识有了很大提高，越来越多的出口企业选择出口信用保险作为避险工具。

据中国出口信用保险公司统计，截至 2013 年 12 月 25 日，该公司短期出口信用保险的承保规模达到 3 004.5 亿美元，同比增长 10%。其风险保障覆盖了我国企业有出口业务的 218 个国家（地区）。

四、出口补贴

出口补贴（Export Subsidies）又称出口津贴，是一国政府为了降低出口商品的价格，加强其在国外市场上的竞争能力，在出口某种商品时给予出口厂商的现金补贴或财政上的优惠待遇。

（一）出口补贴的方式

出口补贴的方式有直接补贴和间接补贴两种。

1. 直接补贴

直接补贴（Direct Subsidies）是指出口某种商品时，直接付给出口厂商的现金补贴。第二次世界大战后，美国和一些西欧国家对某些农产品的出口就采取这种补贴。这些国家农产品的国内价格一般比国际市场价格高。按国际市场价格出口时就出现亏损，这种差价或亏损部分由该国政府给予补贴。如欧盟国家根据共同农业政策的规定，对向第三国出口的谷物、奶制品、肉类、食糖等过剩农产品时，可向共同农业基金申请出口补贴，以消除由于欧盟农产品成本高于国际市场价格水平而对出口者产生的不利影响。出口补贴的幅度和时间的长短，往往随着国内市场与世界市场之间的差价的变化而变化。有时为了鼓励某种商品出口，补贴金额甚至大大超过实际差价。

2. 间接补贴

间接补贴（Indirect Subsidies）是指政府对某些出口商品给予财政上的优惠。如政府退还或减免出口商品的直接税、超额退还间接税、提供比在国内销售货物更优惠的运费等。

（二）禁止使用出口补贴的情况

长期以来，各国对出口补贴问题争论不休，为此，“乌拉圭回合”谈判中达成的《补贴与反补贴协议》将补贴分为禁止使用的补贴、可申诉的补贴和不可申诉的补贴，并规定除农产品外，任何出口产品的补贴均属于禁止使用的出口补贴。

可申诉的补贴是政府通过直接转让资金、放弃财政收入，提供货物或服务和各种收入支持、价格支持，对某些特定企业提供特殊补贴。

不可申诉的补贴指普遍性实施的补贴和实际上并没有向某些特定企业提供的补贴。

五、出口退税

出口退税（Export Rebate）是指国家为了增强出口商品的竞争力，由该国税务等行政机构将商品中所含的间接税退还给出口商，使出口商品以不含税的价格进入国际市场参与国际市场竞争的一种措施。它是对出口货物在国内生产和流转环节征收的增值税和消费税予以抵免或退还。

各国对出口商品都实行退税，这是国际贸易中通行的惯例。世界贸易组织在《补贴与反补贴协议》中，允许其成员把下列的税收退还给出口商：

（1）对出口产品在制造过程中使用和消耗的生产投入物征收的关税和其他间接税。

（2）对产品出口时征收的间接税。

（3）对出口产品在生产和流通过程中所征收的间接税。

这里的间接税，是指对销售、执照、营业、增值、特许经营、印花、转让、库存和设备所征收的税收。

1985 年 3 月国务院批准了财政部《关于对进出口产品征、退产品税或增值税的规定》，决定从 1985 年 4 月 1 日起实行对进口产品征税，对出口产品退、免税办法。这个文件的出台标志着我国现行出口退税制度的建立。1994 年 2 月 19 日，国家税务总局制定和实施了《出口货物退（免）税管理办法》，具体规定了出口货物退（免）税的范围、出口货物退税率、出口退税的税额计算方法、出口退（免）税办理程序及对出口退（免）税的审核和管理等，使我国出口退（免）税制度进一步完善。

为了促进商品出口和进一步优化出口商品结构，2004 年 1 月 1 日起，我国进一步改革出口退税机制，明确提出和实施“新账不欠、老账要还、完善机制、共同承担、推动改革、促进发展”的 24 字方针，调整后退税率形成 17％、13％、11％、8％和 5％五个梯级，适用于不同的出口商品。这不仅符合世贸组织的规则，而且对促进我国商品出口和出口商品结构的优化起到了积极作用。

2006 年 9 月 15 日，财政部等五部委联合下发了《关于调整部分商品出口退税率和增补加工贸易禁止类商品目录的通知》，对部分出口产品的退税率做了大幅调整。对鼓励出口的高新技术或农产品退税率做了上调，对一般性出口产品的退税率适当降低，对国家限制出口的产品和一些资源性产品多降低退税率或取消退税。

为扶持劳动密集型中小企业，支持产业优化升级和应对国际金融危机及经济形势变化对中国进出口的影响，缓解企业经营压力，国务院常务会议决定，在 2008 年下半年两次调整出口退税率的基础上，自 2008 年 12 月 1 日起，进一步提高部分劳动密集型产品、机电产品和其他影响较大产品的出口退税率。这次调整总共涉及 3 770 项产品，约占全部出口产品的 27.9％。

自 2010 年起，我国为了促进产业升级、平衡贸易差额和适应内需，取消了 406 个税号产品的出口退税。本次出口退税调整涉及的范围十分广泛，包括银粉，酒精、玉米淀粉，部分钢材，部分有色金属加工材，部分农药、医药、化工产品，部分塑料及制品、橡胶及制品、玻璃及制品，共六大类。据统计，本次取消出口退税的产品出口额占中国出口额的 5.6％～7.8％，取消出口退税的产品种类占出口退税产品种类的比重为 3％。

六、商品倾销

商品倾销（Dumping）是指资本主义国家的大企业在控制国内市场的条件下，以低于国内市场的价格，甚至低于商品生产成本的价格，在国外市场抛售商品，打击竞争者以占领市场。

商品倾销通常由私人大企业进行，但是随着国家垄断资本主义的发展，一些国家设立专门机构直接对外进行商品倾销。例如美国政府设立商品信贷公司，以高价在国内收购农产品，而按照比国内价格低一半的价格在国外倾销农产品。

按照倾销的具体目的和时间的不同，商品倾销可分为以下几种。

（一）偶然性倾销

偶然性倾销（Sporadic Dumping）通常是因为销售旺季已过，或因公司改营其他业务，将国内市场上不能售出的“剩余货物”以倾销方式在国外市场抛售。这种倾销对进口国的同类生产会造成不利的影响，但由于时间短暂，进口国家通常较少采用反倾销措施。

（二）间歇性或掠夺性倾销

间歇性或掠夺性倾销（Intermittent or Predatory Dumping），是指以低于国内价格甚至低于成本的价格，在某一国外市场上倾销商品，在打垮了或摧毁了所有或大部分竞争对手、垄断了这个市场之后，再提高价格。这种倾销的目的是占领、垄断和掠夺国外市场，获取高额利润。具体说来，有的是为了打垮竞争对手，以扩大和垄断其产品的销路；有的是为阻碍当地同类产品或类似产品的生产和发展，以继续在当地市场维持其垄断地位；有的是为了在国外建立和垄断新产品的销售市场等。这种倾销严重地损害了进口国家的利益，因而许多国家都采取征收反倾销税等措施进行抑制。

（三）长期性倾销

长期性倾销（Long-run Dumping）是长期以低于国内的价格在国外市场出售商品。这种倾销具有长期性，其出口价格至少应高于边际成本，否则货物出口将长期亏损。因此，倾销者往往采用规模经济的方法，扩大生产以降低成本。有的出口厂商还可通过获取本国政府的出口补贴来进行这种倾销。

资本主义国家的大企业倾销商品可能会使利润暂时减少甚至亏本。它们一般采用以下办法取得补偿：(1) 在贸易壁垒的保护下，用维持国内市场上的垄断高价或压低工人的工资等办法，榨取高额利润，以补偿出口亏损；(2) 国家提供出口补贴以补偿该企业倾销时的亏损；(3) 大企业在国外市场进行倾销，打垮了国外竞争者，占领了国外市场后，再抬高价格，攫取高额利润，弥补过去的损失。

长期以来，发达资本主义国家的大企业利用商品倾销争夺国外市场，这就加剧了它们之间在世界市场上的矛盾。

七、外汇倾销

（一）外汇倾销的含义

外汇倾销（Exchange Dumping）是出口企业利用本国货币对外贬值的机会，争夺国外市场的特殊手段。当一国货币贬值后，出口商品以外国货币表示的价格降低，提高了该商品的竞争能力，从而扩大了出口。以美国为例，从 1985 年 2 月 26 日至 1995 年 3 月 30

日，美元与日元的比价由原来1美元等于264日元，跌到1美元等于106日元。假定过去一件价格为10美元的美国商品输往日本时，在日本市场售价为2 640日元，到1995年3月底这件商品价格仅折合为1 060日元。这时美国出口所得的1 060日元，按照贬值汇率计算，仍能换回10美元，并未因美元贬值而受到损失。这对美国出口商十分有利。在这种情况下，美国出口商可以采用三种处理办法：（1）继续按2 640日元在日本市场上出售，按新汇率计算，每件商品可多得美元，增加了利润收入。（2）在2 640日元至1 060日元之间，适当地降低价格，促进商品出口。（3）把价格降低到1 060日元，加强价格竞争，增加更多的商品出口。至于采用哪一种办法，取决于出口商的销售意图和市场竞争情况。1995年初以来，美元对西方主要货币的汇价涨跌频繁。从1995年年初到同年4月底，美元对西方主要货币的汇率大幅度下滑，破历史最低纪录。美元对德国马克和日元的汇率分别由年初的1美元兑1.55马克和100日元跌到4月间1美元兑1.35马克和79.75日元，创下了历史最低水平。美国曾力图利用美元贬值来扩大商品出口和改善巨额的贸易逆差。进入1996年以后，美元对德国马克和日元的汇率又出现涨跌频繁变化的局面。1998年3月美元涨幅继续扩大，一举突破1美元兑130日元，创下两个月以来的最高纪录。

不仅如此，在货币贬值后，货币贬值的国家进口商品的价格却上涨了，从而削弱了进口商品的竞争。因此，货币贬值起到了促进出口和限制进口的双重作用。

（二）外汇倾销的条件

外汇倾销不能无限制和无条件地进行，只有具备以下两个条件才能起到扩大出口的作用。

1. 货币贬值的程度大于国内物价上涨的程度

货币贬值必然引起一国国内物价上涨。当国内物价上涨程度赶上或超过货币贬值的程度，对外贬值与对内贬值差距也随之消失。外汇倾销的条件也不存在了。但是，国内价格与出口价格的上涨总要有一个过程，并不是本国货币一贬值，国内物价立即相应上涨。在一定时期内它总是落后于货币对外贬值的程度，因此垄断组织就可以获得外汇倾销的利益。

2. 其他国家不同时实行同等程度的货币贬值和采取其他报复性措施

如果其他国家也实行同幅度的贬值，那么两国货币贬值幅度就相互抵消，汇价仍处于贬值前的水平，而得不到货币对外贬值的利益。如果外国采取提高关税等其他限制进口的报复性措施，也会起到抵消的作用。

八、促进出口的其他措施

（一）外汇分红

外汇分红是指政府允许出口厂商从其所得的出口外汇收入中提取一定百分比的外汇用于进口，鼓励其出口的积极性。

（二）出口奖励证制

政府在出口商出口某种商品以后发给其一种奖励证，持有该证可以进口一定数量的外国商品，或将该证在市场上自由转让或出售，从中获利。

（三）复汇率制

政府规定不同的出口商品适用不同汇率，以促进某些商品的出口。

（四）进出口连锁制

政府规定进出口商必须履行一定的出口义务方可获得一定的输入的权利，或获得一定的进口权利的进出口商必须承担一定的出口义务。通过进出口相联系的办法，达到有进有出，以进带出，或以出许进的方式，扩大出口。

（五）组织出口商的评奖活动

第二次世界大战后，许多国家对出口商给予精神奖励的做法日益盛行。对扩大出口成绩卓著的厂商，国家授予奖章、奖状，并通过授奖活动推广它们扩大出口的经验。

第二节　经济特区措施

许多国家或地区为了促进经济和对外贸易的发展，采取了建立经济特区的措施。经济特区是一个国家或地区在其关境以外所划出的一定范围内，修建或扩建码头、仓库、厂房等基础设施和实行免除关税等优惠待遇，吸引外国企业从事贸易与出口加工工业等业务活动的区域。经济特区的目的是促进对外贸易发展，鼓励转口贸易和出口加工贸易，繁荣本地区和邻近地区的经济，增加财政收入和外汇收入。

第二次世界大战后，许多国家为了加强本国的经济实力和扩大对外贸易，不仅在现有经济特区内放宽了对外国投资的限制，而且增设了更多的经济特区，以促进贸易的发展。

各国或地区设置的经济特区名目繁多，规模不一，主要有以下几种。

一、自由港或自由贸易区

自由港（Free Port）又称为自由口岸、自由贸易区（Free Trade Zone），或称为对外贸易区、自由区、工商业自由贸易区等。无论自由港或自由贸易区都是划在关境以外，对进出口商品全部或大部分免征关税，并且准许在港内或区内开展商品自由储存、展览、拆散、改装、重新包装、整理、加工和制造等业务活动，以便于本地区的经济和对外贸易的发展，增加财政收入和外汇收入。

一般说来，自由港或自由贸易区可以分为两种类型：一种是把港口或设区的所在城市都划为自由港或自由贸易区，如中国香港整个是自由港。在整个香港地区，除了个别商品外，绝大多数商品可以自由进出，免征关税，甚至允许任何外国商人在那里兴办工厂或企业。另一种是把港口或设区的所在城市的一部分划为自由港或自由贸易区。例如，汉堡自由贸易区是由汉堡市的两部分组成的，即只有划在卡尔勃兰特（Kohlprand）航道以东的地区和划在卡尔勃兰特航道以西的几个码头和邻近地区才是汉堡自由贸易区。这个自由贸易区位于港区的中心，占地 14.5 平方千米。因此，外国商品只有运入这个区内才能享有免税等优惠待遇。

许多国家对自由港或自由贸易区的规定大同小异，归纳起来，主要有以下几点。

（一）关税方面的规定

对于允许自由进出自由港或自由贸易区的外国商品，不必办理报关手续，免征关税。

少数已征收进口税的商品如烟、酒等的再出口，可退还进口税。但是，如果港内或区内的外国商品转运入所在国的国内市场上销售，则必须办理报关手续，缴纳进口税。

（二）业务活动的规定

对于允许进入自由港或自由贸易区的外国商品，可以储存、展览、拆散、分类、分级、修理、改装、重新包装、重新贴标签、清洗、整理、加工和制造、销毁、与外国的原材料或所在国的原材料混合、再出口或向所在国国内市场出售。

（三）禁止和特别限制的规定

许多国家通常对武器、弹药、爆炸品、毒品和其他危险品以及国家专卖品如烟草、酒、盐等禁止输入或规定需凭特种进口许可证才能输入；有些国家对少数消费品的进口要征收高关税；有些国家对某些生产资料在港内或区内使用也征收关税，例如，意大利规定在的里雅斯特自由贸易区内使用的外国建筑器材、生产资料等也包括在应征关税的商品之内；此外，有些国家如西班牙等还禁止在区内零售。

二、保税区、保税仓库和保税工厂

（一）保税区

保税区是一国政府批准设立的具有保税加工、存储和转口功能的受海关监管的特定区域。外国商品存入保税区内，可以暂时不缴纳进口税；如再出口，不缴纳出口税；如要运进所在国的国内市场，则需办理报关手续，缴纳进口税。运入区内的外国商品可进行储存、改装、分类、混合、展览、加工和制造等。此外，有的保税区还允许在区内经营金融、保险、房地产、展销和旅游业务。

我国自20世纪90年代开始在沿海地区设立保税区。1990年，第一个保税区——上海外高桥保税区宣布成立，1992年投入运营。截至2007年，我国共有15个保税区，全部为封闭式管理，它们是上海外高桥保税区、江苏张家港保税区、宁波保税区、深圳福田保税区、沙头角保税区、盐田保税区、珠海保税区、汕头保税区、广州保税区、福州马尾保税区、厦门象屿保税区、海口保税区、天津港保税区、青岛保税区、大连保税区。此外，海南洋浦开发区也实行保税区政策优惠。

（二）保税仓库

保税仓库是经海关批准专门用于存放保税货物的仓库。保税货物是指经海关批准未办理纳税手续进境，在境内储存、加工、装配后复运出境的货物。它主要包括加工贸易进口货物；转口货物；供应国际航行船舶和航空器的油料、物料和维修用零部件；供维修外国产品所进口寄售的零配件；外商暂存货物；未办结海关手续的一般贸易货物和经海关批准的其他未办结海关手续的货物。

保税仓库的所有经营活动都在海关监管之下。保税货物在进入保税仓库后可以暂时不必缴纳进口关税。如果保税货物在存储一段时间后复出口，则经海关检验后予以放行；如果转向进口国市场销售或供进口国生产加工使用，则要根据相关法律规定办理进口手续，按要求缴纳进口关税。

（三）保税工厂

保税工厂是为促进加工贸易的发展而出现的一种保税监管方式。1988年，海关总署颁布《中华人民共和国海关对加工贸易保税工厂管理办法》，提出海关对保税工厂进行监管。1995年，我国加工贸易实行银行保证金台账制度，简化了保税工厂对进出口货物监管的手续。

我国现行的保税工厂分为保税工厂和驻员保税工厂两种。经海关批准，进出口企业可以取得保税工厂的资格，保税工厂为生产而进口的原料可以全额免税，待加工制造为成品后，按实际消耗的进口原料数量免征进口关税、增值税、消费税等。所谓驻员保税工厂指海关派出人员驻厂进行监管的保税工厂。

保税工厂的主要目的是对进口的原材料、零配件进行加工、装配，并改变其原有特征，成为制成品的有机组成部分，再出口供给国际市场，免税货物的流向和用途非常明确。

三、保税港区

（一）保税港区的概念

作为国家实施自由贸易区战略的先行试验区，保税港区是我国目前经济开放度最高的特殊监管区域，享有“境内关外”的优惠，如进口货物入港保税、出口货物入港退税，还可在港内开展货物自由储存、重新包装、整理、加工和制造等业务活动。

我国最先开始尝试的是保税仓库，保税仓库—保税区—保税物流园区—区港联动—保税港区，中国港口发展不断探索，保税港区是对外开放的政策，它比保税区、区港联运的政策更为开放，虽然与世界上自由港政策还有比较大的差距，但却使这些港口和地区向自由贸易区（自由港）走近了一步。

从横向来看，与世界其他国家相比较，世界上知名的自由贸易区，如德国的汉堡港、荷兰的鹿特丹港，都是与港口相连，并实行区港一体化管理。而目前，我国的保税港区作为一项试点工程，也在向区港一体化管理的方向迈进，其功能包括仓储物流、对外贸易、国际采购、分销和配送、国际中转、检测和售后服务维修，以及商品展示、研发、加工、制造、港口作业等。

当前，亚太各国特别是日、韩等周边国家纷纷加强本国主要港口的保税港区建设，以增强本国港口竞争实力，拉动港口所在区域的经济腹地的经贸发展。

保税港区的建立，是海关特殊监管区域整合的产物，也是我国打造国际航运中心的战略部署，将成为带动区域发展的新“引擎”。

（二）保税港区的建立

2005年6月22日，国务院批准设立上海洋山保税港区，从而也拉开了中国设立保税港区的序幕；2006年，天津东疆保税港区、大连大窑湾保税港区在第二批中脱颖而出。

2007年10月，在众多强有力的竞争对手中，海南洋浦保税港区成为当年开闸后获批的唯一幸运儿。

而2008年，更是一口气新批了3家保税港区，数量为历年之最。5月24日，宁波梅山保税港区获批，5月29日，广西钦州保税港区获批，时间仅过去7天，厦门海沧保税港区获批，至此，我国保税港区达到了7家。国家级保税港区也快速地完成了在沿海地区的开放布局。

七大保税港区从北向南一线排开，且都设在沿海一带，此举主要是充分考虑了对区域经济的带动作用。

四、出口加工区

出口加工区（Export Processing Zone）是一个国家或地区在其港口或邻近港口、国际机场的地方，划出一定的范围，新建和扩建码头、车站、道路、仓库和厂房等基础设施以及提供免税等优惠待遇，鼓励外国企业在区内投资设厂，生产以出口为主的制成品的加工区域。

出口加工区是在20世纪60年代后期和70年代初，在一些发展中国家或地区建立和发展起来的。其目的在于吸引外国投资，引进先进技术与设备，促进本地区的生产技术和经济的发展，促进加工工业和出口的发展，增加外汇收入。

出口加工区脱胎于自由港和自由贸易区，采用了自由港和自由贸易区的一些做法，但它又与自由港和自由贸易区有所不同。一般来说，自由港和自由贸易区以发展转口贸易、取得商业方面的收益为主，是面向商业的；而出口加工区以发展出口加工工业、取得工业方面的收益为主，是面向工业的。

虽然出口加工区与自由港、自由贸易区有所不同，但是由于出口加工区是在自由港、自由贸易区的基础上发展起来的，因此，目前有些自由港或自由贸易区以从事出口加工生产为主，但仍然沿袭自由港或自由贸易区这个名称。例如，马来西亚开辟的一些以出口加工为主的区域仍称为自由贸易区。

五、多种经营的经济特区

多种经营的经济特区简称多种经营特区，是指一国在其港口或港口附近等地划出一定的范围，新建或扩建基础设施和提供减免税收等优惠待遇，吸引外国或境外企业在区内从事外贸、加工工业、农畜业、金融保险和旅游业等多种经营活动的区域。我国所设立的经济特区就属于这一种。

自1979年以来，我国先后在深圳、珠海、汕头、厦门和海南设立这种经济特区。这是我国贯彻与实行对外开放政策所采取的一系列重要措施的组成部分。

这种中国式的经济特区具有以下几个基本特点：

（1）它是综合性多种经营的经济特区，包括工业、农业、商业、房地产、旅游、金融、保险和运输等行业。

（2）经济特区的经济发展资金主要靠利用外资，产品主要供出口。

（3）对前来投资的外商，在税收和利润汇出等方面给予特殊的优惠和方便，改善投资环境，以便吸引较多外资，促进特区的经济与对外贸易的发展。

六、自由边境区

自由边境区（Free Perimeter）过去也称为自由贸易区，这种设置仅见于拉丁美洲少数国家。一般设在本国的一个省或几个省的边境地区。对于在区内使用的生产设备、原材料和消费品可以免税或减税进口。如从区内转运到本国其他地区出售，则须照章纳税。外国货物可在区内进行储存、展览、混合、包装、加工和制造等业务活动，其目的在于利用外国投资开发边区的经济。

自由边境区与出口加工区的主要区别在于，自由边境区的进口商品加工后大多是在区内使用，只有少数用于再出口。故建立自由边境区的目的是开发边区的经济，因此有些国家对优惠待遇规定了期限。当这些边区生产能力发展后，就逐渐取消某些商品的优惠待遇，直到废除自由边境区。例如，墨西哥在设立的一些自由边境区期限已满时，就取消了原有的优惠待遇。

七、过境区

沿海国家为了便利内陆邻国的进出口货运，开辟某些海港、河港或国境城市作为货物过境区（Transit Zone)。过境区规定，对于过境货物简化海关手续，免征关税或只征小额的过境费用。过境货物一般可在过境区内作短期储存，重新包装，但不得加工。

第三节　出口管制方面的措施

一些国家特别是发达资本主义国家，为了达到一定的政治、军事和经济目的，对某些商品特别是战略物资与先进技术资料，实行限制出口或禁止出口，称为出口管制。

一、出口管制的商品

出口管制的商品主要可分为以下几类：

（1）战略物资及有关的先进技术资料。如武器、军事设备、军用飞机、军舰、先进的电子计算机及有关技术资料等。大多数国家对这类商品与技术资料均严格控制出口。这些商品必须领取出口许可证，方能出口。

为防止武器尤其是大规模杀伤性武器扩散，日本规定武器与核能相关产品、化学及生物武器相关产品、导弹相关产品、常规武器等的出口必须经经济产业大臣许可。

（2）国内生产所需的原材料、半成品及国内市场供应不足的某些必需品。如英国的某些化学品、石油、药品、活牛、活猪，日本的矿产品、肥料、某些食品，瑞典的废金属、生铁等都控制出口。

（3）为了缓和与进口国在贸易上的摩擦，在进口国的要求或压力下，“自动”控制出口的商品，如发展中国家根据纺织品“自限协定”自行控制出口的商品。

（4）为了有计划安排生产和统一对外而实行出口许可证制的商品。

（5）为了实行经济制裁而对某国或地区限制甚至禁止出口的商品。

（6）对某些重要的文物、艺术品、黄金、白银等特殊商品，大多数国家都规定需特许才能出口。

二、出口管制的形式

资本主义国家的出口管制形式可以分为单方面出口管制和多边出口管制两种。

（一）单方面出口管制

单方面出口管制是指一国根据本国的出口管制法案，设立专门的执行机构对本国某些商品出口进行审批和颁发出口许可证，实行出口管制。例如，美国政府根据国会通过的有关出口管制法等在美国商务部设立贸易管制局，专门办理出口管制的具体事务，美国绝大部分受出口管制的商品的出口许可证都在该局办理。

为了加强单方面的出口管制，许多资本主义国家根据国内外情况和对外政策的变化，制定和修改出口管制法等。例如，早在1917年美国国会通过了《1917年与敌对国家贸易法案》，该法案授权美国总统“禁止所有私人与美国敌人及其同盟者，在战时或国家紧急时期进行财政金融和商业贸易上的贸易”。第二次世界大战结束后，美国和其他发达资本主义国家，为了对社会主义国家苏联和东欧国家实行出口管制，又制定和修改了若干出口管制法案。例如，1949年美国国会在“防止国内物资短缺、保卫国家安全、促进对外政策”的借口下，对当时存在的社会主义阵营国家实行“禁运”，通过了1949年《出口管制法案》(Export Control Act)，授权总统“禁止和削减”全部商业性出口。所谓全部商业性出口，就是指通过贸易渠道的全部商品和技术资料出口。该法案经过多次修改，一直延长其有效期至1969年12月，被《1969年出口管理法》(Export Administration Act 1969)所代替。这个法案在一定程度上放宽了对苏联和东欧国家输出战略物资的出口管制，简化了出口许可证颁发手续，放松了对从美国以外其他国家可以买到的商品的管制。在20世纪70年代经过几次修改，1979年美国国会又颁布了《1979年出口管理法》。这个新法案进一步简化了许可证颁发手续，加强了国会对出口管制的监督，并改进、协调了美国与其他国家之间的出口管制工作等。

此外，美国还有一系列与武器及其技术出口管制相关的法律，包括美国1954年制定的《原子能法》和1976年制定的《武器出口控制法》。美国政府还会视国际政治、经济环境的变化而制定新的法律作为出口管制的依据。如1976年，美国为了应付紧急情况的需要，保障国家安全，由国会制定了《国际紧急经济权力法》。该项法律授权总统在美国面临危急情况下或受到非常威胁时，实施出口管制或贸易禁运等措施的权力。

1985年美国国会又通过了《出口管制法1985年修正案》，这个修正案除保留原有的出口管制法的主要规定外，主要是进一步放宽美国某些相对低技术的产品和技术资料的出口限制，以增加美国商品的出口。

除美国以外，其他资本主义国家也有类似的法案。

(二) 多边出口管制

多边出口管制是指几个国家政府通过一定的方式建立国际性的多边出口管制机构，商讨和编制多边出口管制货单和出口管制国别，规定出口管制的办法等，以协调彼此的出口管制政策和措施，达到共同的政治和经济目的。

1949年11月，在美国胁迫下成立的输出管制统筹委员会（Coordinating Committee for Export Control，COCOM)，即巴黎统筹委员会，就是一个国际性的多边出口管制机构。这个委员会的决策机构由参加国政府派高级官员参加，组成咨询小组，商讨对当时的社会主义阵营国家的出口管制问题。1950年年初这个小组下设调查小组，主管对苏联、东欧和中国等国家的“禁运”。1952年又增设一个所谓“中国委员会”(China Committee，CHINCOM)，以加强对我国的非法“禁运”，妄图通过“经济封锁”和“禁运”来扼杀我国的社会主义经济建设和发展。

巴黎统筹委员会在1949年有美国、英国、法国、意大利、加拿大、比利时、卢森堡、荷兰、丹麦、葡萄牙、挪威和原联邦德国12个国家参加，后来，日本在1952年加入，希腊和土耳其在1953年加入，澳大利亚在1989年加入，共16个国家。这个委员会的主要工作是：编制和增减多边“禁运”货单，规定受禁运的国别或地区，确定“禁运”审批程序，加强转口管制，讨论例外程序，交换情报等。

不仅如此，美国为了要挟其他国家实行“禁运”，1951年5月操纵联合国通过了对中国与朝鲜实行所谓“贸易禁运”的美国提案。1951年10月美国国会通过了所谓“巴特尔法案”（Battle Act），授权美国总统随时可以对不遵守巴黎统筹委员会协议的国家停止“援助”。随着国际形势的变化，这个委员会的一些规定相应有所变化。例如，该机构的多边禁运货单项目由20世纪50年代初期大约300项减至70年代的150项左右。由于国际形势的变化，巴黎统筹委员会已于1994年4月1日宣布解散。

1996年7月12日，新巴统在维也纳重新召开成立大会，并决定将“巴统”更名为“瓦瑟纳尔协定”。参加新巴统活动的有33个国家和地区。其中俄罗斯、波兰、韩国等为新加入的成员。其工作重点是包括限制常规武器等出口在内，对约110种产品出口进行管制。新巴统不做出口限制对象国的特别提名，只要求各成员交换全世界范围内的贸易出口信息。新巴统没有法律约束力，对成员违反了原则也没有惩罚措施。新巴统决定，从1996年11月1日起正式实施出口限制。

三、出口管制的机构与措施

美国的民用技术和军民两用技术主要由商务部负责管制，军用技术则主要由国务院会同国防部进行管制。核技术管制主要由“核管制委员会”与能源部负责。商务部设立贸易管理局具体从事出口管制工作。

首先，贸易管理局根据有关法案和规定，制定出口管制货单和输往国别分组管制表。在管制货单内列有各种需要管制的商品名称、商品分类号码、商品单位及所需的出口许可证类别等。

其次，美国出口商出口受管制的商品时，必须向商务部贸易管理局申请出口许可证。美国的出口许可证分为一般许可证（General License）和有效许可证（Validated License）两类。

（一）一般许可证

根据上述的出口管制货单和输往国别分组管制表，如属于一般许可证项下的商品，即按一般出口许可证的程序出口。这类商品的出口管理很松。为了便于出口，规定出口商出口这类商品不必向商务部贸易管理局提出申请，只要在出口报关单上填明管制货单上该商品的一般许可证编号（Processing Code），经海关核实，即办妥出口手续。

（二）有效许可证

根据出口管制货单和输往国别分组管制表，如属于有效许可证出口的商品，出口商必须向商务部贸易管理局申请有效许可证。出口商在许可证上按出口管制货单的项目填写商品名称、数量、商品管制编号，并详细说明输出商品的最终用途。如再出口，须注明再出口国家名称和输往目的地的说明，此外，还要附上其他有关证件一起送上审批，经批准后，方能出口。

四、中国不断完善出口管制机制

2001年美国“9·11”事件后，恐怖主义威胁上升，国际反恐、防扩散形势发生了重大变化，出口管制问题在全世界范围内都具有特别的敏感性，各国都一致认为有必要对敏感物项和技术的出口采取严格管制措施。

中国政府历来高度重视防扩散出口管理问题。1994 年颁布的《中华人民共和国对外贸易法》作为对外贸易领域的基本法律，明确规定了限制或禁止进出口的货物和技术种类。近年来，又先后颁布实施了《中华人民共和国监控化学品管理条例》《中华人民共和国核出口管制条例》《中华人民共和国军品出口管理条例》《中华人民共和国核两用品及相关技术出口管制条例》。2002 年，我国相继颁布了《中华人民共和国导弹及相关物项和技术出口管制条例》《中华人民共和国生物两用品及相关设备和技术出口管制条例》《有关化学品及相关设备和技术出口管制办法》等法规。2016 年修订的《中华人民共和国对外贸易法》第 17 条明确规定："国家对与裂变、聚变物质或者衍生此类物质的物质有关的货物、技术进出口，以及与武器、弹药或者其他军用物资有关的进出口，可以采取任何必要的措施，维护国家安全。"至此，中国在防扩散出口管理方面的法规已涵盖了核、生物、化学和导弹等领域，形成了较为全面的敏感物项和技术出口管制体系。

这些法规的陆续出台，对于规范我国敏感物项的出口管制，落实国家防扩散政策，履行有关国际义务，维护国家安全、社会公共利益以及对外经济贸易活动的正常开展，具有重要意义。

◆ 本章小结

本章包括三方面内容：第一，出口促进方面的措施；第二，经济特区措施；第三，出口管制方面的措施。

◆ 思考题

1. 什么是出口信贷？它可分为哪两种？
2. 什么是出口补贴？何谓禁止使用的出口补贴？
3. 何谓出口信用保险？它可分为哪两类？
4. 商品倾销有哪几种？

第十四章

区域经济一体化

学习目标

本章系统地介绍了区域经济一体化的主要形式，论述了区域经济一体化发展的历程、特点、原因，主要区域经济一体化的组织及其对国际贸易的影响，以及区域经济一体化理论。目的在于了解当前区域经济一体化发展的主要特点和主要区域经济一体化组织对国际贸易发展的影响。

第一节　区域经济一体化概述

一、经济一体化的含义

经济一体化（Economic Integration）的含义有广义和狭义之分。广义经济一体化，即世界经济一体化，或称国际经济一体化，是指各国国民经济之间彼此相互开放，形成一个相互联系、相互依赖的有机整体。

狭义经济一体化，即区域经济一体化，是指区域内两个或两个以上的国家或地区，组成并具有超国家性质的共同机构，通过制定统一的对内、对外经济贸易政策和财政与金融政策等，消除区域内的各成员之间阻碍经济贸易发展的障碍，实现区域内互利互惠、协调发展和资源优化配置，最终形成一个政治经济高度协调统一的有机体，其表现形式是各种区域性的经贸集团。

二、区域经济一体化的主要形式

（一）按照贸易壁垒取消的程度划分

1. 优惠贸易安排

优惠贸易安排（Preferential Trade Arrangements）是一种最低级和松散的区域经济一

体化形式，在实行优惠贸易安排的成员间，主要是通过协定或其他形式，减少成员之间的进口关税，即对全部货物或部分货物规定特别的关税优惠或非关税方面的优惠。如1932年英国与其以前的殖民地建立的英联邦特惠制（Commonwealth Preference System），1975年欧盟与非洲、加勒比及太平洋地区的发展中国家缔结的《洛美协定》等。

2. 自由贸易区

自由贸易区（Free Trade Area）通常是指两个或两个以上的国家通过达成某种协定或条约，取消相互之间的关税和其他贸易壁垒，在主权国家或地区的关境以外，划出特定的区域，准许外国商品豁免关税自由进出。狭义的自由贸易区仅指在成员的货物贸易或服务贸易之间彼此取消工业品贸易限制，减免关税和非关税的贸易限制，但对非成员仍维持各自的贸易政策。例如，1960年成立的欧洲自由贸易联盟（European Free Trade Association，EFTA）属于此种形式的区域经济一体化组织。成员有奥地利、英国、丹麦、芬兰、瑞典、挪威、冰岛和瑞士。该联盟强调的是工业产品的自由贸易，而不涉及农产品，所以每一个成员可以决定自己的农业补贴水平。成员也可以自由决定对来自欧洲自由贸易联盟以外的产品的关税及贸易政策。另外，还有北美自由贸易区等。

3. 关税同盟

关税同盟（Customs Union）是指由两个或两个以上的国家所组成的区域经济一体化组织，完全取消关税，并对非同盟国家实行统一的关税税率而结成的同盟。其目的在于使参加国的商品在统一关境内的市场上处于有利的竞争地位，排除非同盟国家商品的竞争。如第二次世界大战后的比荷卢经济联盟、欧洲经济共同体的关税同盟等。关税同盟是比自由贸易区层次更高的经济一体化组织，其特点是在自由贸易区的基础上，建立起对非同盟成员国统一的关税税率。

4. 共同市场

共同市场（Common Market）是指两个或两个以上的国家完全取消关税与数量限制，建立对非成员国的统一关税，同时也允许成员国之间资金劳动力等生产要素的自由移动，即在成员之间，对于人员的流入和流出以及资本的跨国界移动没有任何限制。

5. 经济联盟

经济联盟（Economic Union）是指实行经济联盟的国家不仅实现商品、生产要素的自由流动，建立共同对外的关税，并且制定和执行统一对外的某些共同的经济政策和社会政策，逐步废除政策方面的差异，使一体化的程度从商品交换扩展到生产、分配乃至整个国民经济，形成一个有机的经济实体。与共同市场不同的是，经济联盟还要求有共同的货币和财政政策。

6. 政治联盟

1992年2月，欧共体12国首脑在荷兰的马斯特里赫特召开会议，签署了《政治联盟条约》和《经济与货币联盟条约》，统称《马斯特里赫特条约》，标志欧共体从经济联盟向政治联盟迈出了重要的一步。

（二）按实现经济一体化的范围划分

1. 部门一体化

部门一体化（Sectoral Integration）是指区域内成员国间的一个或几个部门（或商品）加以一体化。如欧洲煤钢联营、欧洲原子能联营便属于此类。

2. 全盘一体化

全盘一体化（Overall Integration）是指区域内成员国间的所有经济部门加以一体化的形态。如欧洲共同体。

（三）按参加国的经济发展水平划分

1. 水平一体化

水平一体化（Horizontal Integration）是指经济发展水平大致相同或接近的国家共同形成的经济一体化组织。

2. 垂直一体化

垂直一体化（Vertical Integration）是指经济发展水平不同的国家所形成的一体化。

三、第二次世界大战后区域经济一体化发展历程

从第二次世界大战结束到现在，区域经济一体化的发展经历了三个阶段。

（一）发展时期

第二次世界大战后初期至20世纪70年代初，随着世界政治和经济发展不平衡、社会主义国家的出现，区域经济一体化组织开始出现。

1949年1月苏联和东欧国家成立了经济互助委员会。1951年4月，法国、德国、意大利、比利时、荷兰和卢森堡6国在巴黎签订了为期50年的《欧洲煤钢联营条约》，决定于1952年7月建立煤钢共同市场。1957年3月25日，上述六国外长又在罗马签订了“欧洲经济共同体”（European Economic Community，EEC）和“欧洲原子能联营”两个条约，总称《罗马条约》。1958年1月1日起条约生效。为了与它抗衡，英国联合瑞典、丹麦、挪威、瑞士、奥地利和葡萄牙，于1959年6月30日在瑞典首都斯德哥尔摩举行部长级会议，通过了《欧洲自由贸易联盟草案》。1960年1月4日，签订了《建立欧洲自由贸易联盟公约》，同年5月3日起生效，建立了“欧洲自由贸易联盟”（European Free Trade Association，EFTA）。60年代以后，发展中国家建立了20多个区域经济和贸易组织，主要有：亚洲的东南亚国家联盟和南亚地区合作组织；拉美地区的拉美一体化协会、安第斯条约组织、中美洲共同市场；非洲的西非国家经济共同体、西非共同体；阿拉伯世界的海湾合作委员会、阿拉伯合作委员会和阿拉伯马格里布联盟等。

经互会

经互会是经济互助委员会的简称。原为苏联和东欧国家进行经济合作的区域性经济组织，后扩展到亚洲和拉美若干国家。1949年1月由苏联、保加利亚、匈牙利、波兰、罗马尼亚、捷克斯洛伐克六国协议成立。以后加入的有：阿尔巴尼亚（1949年2月）、德意志民主共和国（1950年9月）、蒙古（1962年6月）、古巴（1972年7月）和越南（1978年6月）。活动主要通过共同计划、生产专业化和协作、共同建设联合项目、科技合作和对外贸易等方式进行。

（二）停滞时期

20 世纪 70 年代中期至 80 年代中期，由于世界资本主义经济处于经济危机、能源危机和货币制度危机，生产增长停滞并伴随着高失业率、高通货膨胀率，市场萎缩，贸易保护主义抬头，贸易与投资自由化受到较大的阻力。除了欧洲共同体及经互会仍然在缓慢地推进经济一体化以外，其余的经济一体化组织几乎都停滞发展，有的甚至中断活动或解体。

（三）高涨时期

20 世纪 80 年代中期以来，特别是自 20 世纪 90 年代起，区域经济一体化迅猛发展，区域经济一体化协定在全球范围内数量剧增并实现新的飞跃。这一时期参与经济一体化的国家日益增多，经济一体化的层次越来越高，经济一体化逐渐走向开放型，并突破某一区域的界限，实现跨区域、跨地区的区域经贸合作。

四、区域经济一体化的发展特点

（一）区域贸易协议的数量日益增多

进入 20 世纪 90 年代，区域贸易协议的数量急剧增加，尤其是自世贸组织成立以来，这一变化更加突出。截至 2013 年 1 月上旬向世贸组织通报并仍然有效的区域贸易安排有 354 个。

2006 年 7 月多哈回合谈判被迫宣布无限期中止，世贸组织的多边贸易谈判受阻，全球范围内的贸易自由化难以推进，促使世界各国调整贸易政策。因为世贸组织无法满足一些国家的开放需求，许多国家开始转向区域经济一体化，所以区域经济一体化成为多边经济一体化的有效补充，成为当前经济合作的带有潮流特点的发展模式。

（二）区域经济一体化的主要形式是自由贸易区

目前，在已经生效或正在谈判的区域经济一体化形式中，自由贸易区是主要形式。根据世贸组织统计，截至 2006 年 10 月向世贸组织通报并且仍在生效的区域经济一体化组织达到 214 个。其中自由贸易区为 197 个，占区域经济一体化组织总数的 92%。

（三）区域经济一体化所涉及的领域不断扩大，并延伸至服务贸易领域

区域经济一体化所涉及的领域已从关贸总协定时期的货物贸易向服务贸易领域扩展。传统的区域经济一体化基本上是货物贸易自由化，如取消关税和非关税壁垒等，后来出现服务贸易自由化的内容。20 世纪 90 年代以来新的区域贸易协定内容大大超过早期的协定。许多新协定除了包括传统的货物贸易关税减让之外，还包括了服务贸易自由化、投资自由化、知识产权保护、贸易的技术障碍排除及超国家制度的建立等内容。美国和欧盟与发展中国家之间缔结的自由贸易协定覆盖的领域和内容更为广泛。在贸易领域，除关税减让之外，还可以包括与贸易有关的任何条款。如北美自由贸易协定包含了劳动标准和环境保护方面的内容；欧盟与墨西哥的双边协定还包括安全措施、投资政策、电子商务、标准的一致化、海关程序、政府采购、技术性贸易壁垒、交通与通信、能源等内容。

（四）区域经济一体化出现了欧、美、亚三大洲三足鼎立的发展局面

随着欧盟成员国的不断增加和北美自由贸易区的建立以及亚太经济合作组织活动的深入发展，环太平洋地区的经济一体化进入活跃期，东盟区域经济一体化进程加快，出现了欧洲、美洲和亚洲三大洲区域经济一体化三足鼎立的发展局面。

欧洲在区域经济一体化中处于重要地位。截至 2005 年 3 月，在货物贸易方面，欧洲

国家参与区域经济一体化的最多，其中欧盟已与40多个国家签署区域贸易协议，并与墨西哥、智利、埃及、约旦、突尼斯、南非、摩洛哥等国签署跨洲自由贸易协议。欧洲自由贸易联盟已与近20个国家签署区域贸易协议，捷克除与欧盟和欧洲自由贸易联盟签署自由贸易协议外，还与斯洛伐克、拉脱维亚、立陶宛、以色列、爱沙尼亚、土耳其6国签署自由贸易协议，波兰、匈牙利、斯洛伐克与5个国家签署自由贸易协议。波罗的海三国与大多数欧洲国家签署了自由贸易协议。如果将正在进行的区域贸易协议谈判和计划签订的自由贸易协定计算在内，则欧洲是全球区域贸易协议集中程度最高的地区。

美国正在构建遍布全球的自由贸易区网络。它已经和加拿大、墨西哥、中美洲六国、智利、以色列、新加坡、澳大利亚签署了自由贸易协定。如果加上正在谈判的自由贸易协定，就会形成一个以美国为中心，包括39个国家辐射全球的自由贸易区网络。这个网络涵盖美国出口总额的将近45%，而且美国的战略目标是在美洲建立全世界最大的自由贸易区——美洲自由贸易区。在亚洲，美国在2007年建立美国-韩国自由贸易区，2008年建立美国-东盟自由贸易区，在中东2013年建立美国-中东自由贸易区，在非洲建立美国-南部非洲关系同盟自由贸易区。

亚太地区正加速区域贸易整合。在亚太经济合作组织的基础上，探讨建立更紧密的经贸安排。日本在2004年专门制定了自由贸易区的战略，2010年以前至少和10个国家建立了自由贸易区关系。韩国近年来也积极推行自由贸易区的战略，计划使它的自由贸易的谈判伙伴达到50个，并且要至少和其中15个签署自由贸易协定。截至2013年12月初，中国正在建设18个自由贸易区，涉及31个国家和地区。

（五）区域经济一体化建立基础发生突破性变化

20世纪80年代以前，区域经济一体化主要由国土相邻、经济发展水平相近、社会制度相同的国家组成。80年代以来，区域经济一体化突破了上述范围，建立的基础发生了变化。第一，突破国土相邻的界限，出现了跨洲和跨洋的区域合作组织，如亚太经合组织的成员遍布亚洲、北美洲、南美洲和大洋洲。第二，突破经济发展水平相近国家组成经贸集团的局限，经济发展水平差距较大的国家可以成立区域经济一体化组织，如发达国家美国、加拿大与发展中国家墨西哥组成北美自由贸易区。第三，打破社会制度的隔绝，社会制度不同的国家可以共同组成经贸集团。在亚洲东盟不顾社会制度和意识形态的差异，接纳越南和柬埔寨等国为其成员。

（六）区域经济一体化均以世贸组织规则作为行为规范

在开放市场和贸易自由化方面，区域经济一体化的确可比世贸组织走得更快，但无论双边还是区域经济一体化，都无法取代世贸组织，都要以世贸组织规则作为行为规范，尤其是世贸组织成员之间的优惠安排均处于世贸组织规则之下。《1994年关税与贸易总协定》第24条规定，参加关税同盟或自由贸易区等安排的一些成员所享受的经济一体化内部的待遇可不给予其他世贸组织成员。正是根据这一条款，欧盟、北美自由贸易区等区域性经济组织才得以建立。

五、区域经济一体化出现与发展的原因

（一）寻求经济贸易利益

无论是哪种形式的区域贸易协议，也无论其成员的构成如何，追求共同的经贸利益始

终是贸易伙伴间启动谈判并缔结区域贸易协议的首要原因。这是由于参加经济一体化可以为其成员带来许多好处。首先，适应经贸竞争和追求规模经济利益的需要。区域合作为国内生产效率的提高及竞争优势的形成创造了条件。狭小的国内市场通常生产成本较高，很难使企业具有较强的竞争能力，规模的扩大可以降低生产成本，区域贸易协议有利于形成良好的竞争秩序和实现规模利益。另外，依靠一国本身的自然资源、要素禀赋和狭小的国内市场是难以支付企业巨额的成本和保障经济的可持续发展的，而区域合作为克服这一障碍提供了重要途径。其次，有利于进口商降低进口价格。市场的扩大、竞争的加剧不仅使区域贸易协议内的公司要削价以应对竞争的压力，而且区域外的公司也要采取降价出口策略以应对竞争，这样可以有利于进口商从国外低价进口商品。最后，在区域贸易协议内部形成良好的投资态势。一方面，有利于区域内成员从区域外吸引外资，区域贸易一体化形成后，由于域外国家不能与域内国家一样可以享受优惠待遇，其只能通过扩大向域内的投资来获得市场；另一方面，有利于增加区域内部成员对域内的投资，因为区域贸易协议的签署，意味着区域贸易协议成员国产业发展环境的改善，内部成员公司间交易障碍的取消或减少，必然使其交易成本降低，增加对区域内部投资的信心，这样不仅有利于增加投资，更有利于增强本地企业的竞争力。

（二）维护国家安全的需要

第二次世界大战后，美国与苏联在欧洲形成了对峙，出现了冷战局面。为了维护国家主权，增强同美苏两大国的抗衡能力，恢复和提高西欧国家在国际舞台上的地位，西欧国家领导人深感需要加强联合，走一体化的道路。1951 年在建立欧洲煤钢共同体的序言中曾指出：“考虑到，面对威胁各国安宁的危险……决心以融合各国根本利益来代替彼此间的世代争斗；决心通过建立经济共同体来结束互相流血残杀而造成人民长期对立的局面，并在人民中间建立起一个更广泛更牢固的共同体基础；决心为建成一个同舟共济、休戚相关的制度而奠定基础。”所以，在当时背景下，对和平与安全的渴望是欧共体建立的重要基础。

（三）增强谈判力量

1. 区域贸易协议可以增强在双边谈判中的力量

在欧共体成立之前，欧共体各国在与美国的双边贸易关系中，均处于不利的谈判地位，但随着欧共体的建立，内部经贸政策的协调和共同利益的一致，使其与美国或其他贸易伙伴在双边贸易谈判中地位明显发生变化。欧共体的进一步扩大，成员数量的增多，经济贸易规模的扩大，报复能力的增强，使其越发处于有力的谈判地位。通过 20 世纪 50—90年代不同阶段美欧间贸易摩擦及解决，可以看出欧洲经济一体化使欧盟具备了唯一与美国抗衡的经济实力。又如，东盟的一体化和内部整合程度的提高使其在与日本、韩国、中国进行的双边谈判中能较好地维护自身的经贸利益。

2. 区域贸易协议可以提高各成员在多边贸易谈判中的地位

关贸总协定、世贸组织多边贸易体制的演变和发展的历程表明，有着共同利益的谈判集团或区域贸易集团更有利于维护各成员的利益。例如，在东京回合谈判期间，石油输出国组织作为以产品为基础组织起来的联盟出现；在乌拉圭回合期间，正是来自凯恩斯集团的压力，才使得美国能抵挡欧盟的压力，与凯恩斯集团一起推动农产品贸易自由化，最终达成农业协议。又如，加勒比共同体和共同市场，这些由加勒比海岛组成的小国，本身的利益不在于区域内的一体化，而是采取共同的行动。因为每一个小岛国家在谈判中均受有限资源的限制，所以其支付的谈判成本高而谈判实力小，正是基于这种认识，它们与非洲、加勒比海和太平洋国家组成了一个集团，与欧盟国家谈判，签订了《洛美协定》，使其获得欧盟国家在经贸政策方面的诸多优惠。

小贴士

凯恩斯集团

在乌拉圭回合农产品谈判中，部分农产品出口国在澳大利亚的凯恩斯组成了一个松散性集团，即凯恩斯集团。在这次谈判中，凯恩斯集团作为美国和欧共体之外的第三支力量，发挥了举足轻重的作用。长期以来农产品贸易上的保护主义使它们深受其害，因而它们一直比较积极地推动农产品贸易自由化。在这次谈判中，该集团态度基本与美国一致，特别是表现在赞成农产品生产补贴和出口补贴大幅度削减上。凯恩斯集团共有 14 个成员国，它们是：澳大利亚、新西兰、阿根廷、巴西、乌拉圭、智利、哥伦比亚、斐济、匈牙利、印度尼西亚、泰国、马来西亚、菲律宾和加拿大。

第二节　主要区域经济一体化组织

一、欧洲联盟

欧洲联盟（简称“欧盟”）是当今世界一体化程度最高的区域政治、经济集团，其前身是欧洲经济共同体。1957 年 3 月 25 日，法国、德国、意大利、荷兰、比利时和卢森堡六国在意大利首都罗马签订了《欧洲经济共同体条约》，即《罗马条约》。1958 年 1 月 1 日，欧洲经济共同体正式成立。1973 年接纳英国、丹麦和爱尔兰，1981 年接纳希腊，1986 年接纳西班牙和葡萄牙为正式成员国。1995 年又接纳瑞典、芬兰、奥地利为正式成员，成员国达 15 个。2004 年 5 月 1 日，波兰、匈牙利、斯洛伐克、立陶宛、拉脱维亚、爱沙尼亚、捷克、斯洛文尼亚、塞浦路斯和马耳他也正式加入，成员国共计 25 个。2007 年年初，保加利亚和罗马尼亚加入，成员国增至 27 个。2013 年 7 月 1 日，克罗地亚正式成为欧盟第 28 个成员国。20 世纪 80 年代中期以来，欧盟经济一体化进程大大加快。

（一）基本建成内部大市场

欧洲经济共同体提出和实施“内部统一大市场”计划。1985 年 12 月欧共体首脑会议通过“欧洲一体化文件”（亦称“单一文件”），决定于 1992 年 12 月 31 日以前建成一个没有国界的“内部统一大市场”，实现商品、劳务、人员和资金的自由流通。1993 年年初，统一大市场已开始运行。

（二）签署并实施《马斯特里赫特条约》

欧共体成员国于 1992 年 2 月 7 日签署了《马斯特里赫特条约》（又称《欧洲联盟条约》）。这一条约大幅度修订了《欧洲经济共同体条约》等三项条约的内容，规定了欧洲经济与货币联盟的具体目标和实施步骤，将欧共体原有的“政治合作”升格为共同外交和安全政策，并建立起在内政和司法方面的合作机制，从而使欧共体的活动范围突破了经济活动的界限，而经济活动又以关税同盟共同市场为中心的格局，将欧共体的经济一体化推进到政治联盟的阶段，欧洲联盟宣告诞生，标志着欧共体从经济实体向政治实体过渡。《马斯特里赫特条约》于 1993 年 11 月 1 日开始正式生效，并自该日起欧洲共同体改称欧洲联盟。

（三）建设“欧洲经济区”

欧共体还与“欧洲自由贸易联盟”于 1991 年 10 月 22 日在卢森堡达成了建设“欧洲经济区”的协定。按照该协定，欧洲 19 个发达国家将建成一个能保证货物、服务、资本和人员自由流动的贸易集团，1994 年 1 月 1 日，“欧洲经济区”正式启动。

（四）欧洲联盟与中东欧四国签订、实施《欧洲协定》

早在 1991 年 12 月 16 日，欧共体即与波兰、匈牙利、捷克斯洛伐克签订了使后者成为欧共体联系国的协定。1995 年 2 月 1 日，欧洲联盟与捷克、斯洛伐克、罗马尼亚、保加利亚四国签订的《欧洲协定》又正式生效。根据协定，双方将在协定生效后 5～10 年内，逐步相互取消关税及其他贸易壁垒，同时在一定限度内实现人员和资本的自由流动。该协定将使东欧国家完全融入欧洲一体化进程，为其日后加入欧洲联盟创造了条件。

（五）欧洲联盟实现第四次扩大

1995 年 1 月 1 日，奥地利、瑞典、芬兰正式加入欧洲联盟，使欧洲联盟成员国扩大为 15 个，它从地理上将地中海国家和斯堪的纳维亚国家联为一体，使欧洲主要工业国家纳入欧洲联盟的一体化轨道，成为一个具有近 330 万平方千米土地、近 3.8 亿人口和近9 万亿美元国内生产总值的经济集团。

（六）欧洲货币联盟的启动及欧盟的进一步扩大

从 1999 年 1 月 1 日开始，欧盟 11 个国家开始在其国内经济贸易活动中使用欧元，并计划于 2003 年实现欧元的全面使用。为此，11 国强调其财政政策与货币政策的协调，力图在 2003 年，使欧盟 15 国都能实现货币联盟所确定的所有国家货币政策的统一。另外，1998 年 10 月起，欧盟加快了与中东欧、波罗的海有关国家申请加入欧盟的谈判步伐，内容涉及政治、经济、司法、文化和社会等领域。2002 年 10 月 9 日，欧盟委员会发表了关于欧盟扩大的战略文件和对 13 个候选国的评估报告，确定其中的波兰、匈牙利、斯洛伐克、立陶宛、拉脱维亚、爱沙尼亚、捷克、斯洛文尼亚、塞浦路斯和马耳他 10 个候选国于 2002 年年底前结束入盟谈判，并于 2004 年加入欧盟。2002 年 12 月欧盟首脑哥本哈根会议就欧盟扩大问题与 10 个候选国达成了全面协议。波兰、匈牙利、斯洛伐克、立陶宛、拉脱维亚、爱沙尼亚、捷克、斯洛文尼亚、塞浦路斯和马耳他已于 2004 年 5 月 1 日成为欧盟正式成员国。2007 年 1 月 1 日保加利亚和罗马尼亚加入欧盟，2013 年 7 月 1 日，克罗地亚加入欧盟，使欧盟成员国进一步扩大至 28 国。

二、北美自由贸易区

美国和加拿大于 1986 年 5 月开始谈判，1987 年 10 月达成《美加自由贸易协定》，

1988 年 1 月 2 日经两国领导人签署，并于 1989 年 1 月 1 日正式开始生效执行。根据协定，两国将最终建成美加自由贸易区，实现双边自由贸易，同时该协定还对双边服务贸易自由化、双边投资以及贸易争端的解决作出许多具体规定。

墨西哥总统萨里纳斯 1988 年 12 月上任之后，便积极寻求与美国的自由贸易协定的谈判，后来加拿大主动加入谈判。三国于 1991 年 6 月 12 日在多伦多召开第一次部长级会议，经过 14 个月的谈判，1992 年 8 月 12 日宣布三国就北美自由贸易协定达成协议。克林顿上任后积极推动北美自由贸易协定有关劳工与环保的附属条款的谈判；1993 年 8 月 13 日美、加、墨三国达成附属条款的协议，以保障美国劳工权与墨西哥的生态环境。

北美自由贸易协定的主要内容是：（1）对三国间流通的上万种商品免征关税。其中近 1/2 商品可以立即免税，近 15%的商品在 5 年内逐步予以免税。（2）设置障碍以防止亚洲和欧洲公司的产品通过墨西哥免税进入美国市场。（3）墨西哥对美国和加拿大开放自己的银行、保险和证券业，允许美加两国到这些行业进行投资和营业。（4）成立一个三边委员会，以解决包括环境污染在内的三国之间的一切商业纠纷。

北美自由贸易区比美加自由贸易区除地域更为广阔、经济实力更强以外，在其他方面还有更深远的意义。首先，这是世界上第一个由发达国家和发展中国家组成的经济贸易集团。其次，北美自由贸易区的内容既涉及商品贸易，又涉及服务贸易，并保证三国间的平等流动。

北美自由贸易区从 1994 年 1 月 1 日起正式建立，其人口 3.67 亿，国民生产总值 8 万多亿美元。这一市场的实力足以与欧洲联盟对抗。

三、亚太经合组织

1989 年 11 月 6—7 日，由澳大利亚倡议召开的亚太经济合作组织（Asia Pacific Economic Cooperation）首次部长级会议在堪培拉召开。1991 年 11 月在韩国首尔举行的 APEC 第三届部长级会议通过了《汉城宣言》，正式确立 APEC 的宗旨和目标为“相互依存，共同利益，坚持开放性多边贸易体制和减少区域贸易壁垒”。1992 年 9 月第四届曼谷部长级会议决定成立常设性秘书处，拉开了亚太地区经贸合作的序幕。1993 年 11 月 20 日至 21 日，亚太经济合作组织第一次领导人非正式会议在美国西雅图举行。

至 2001 年 10 月，亚太经济合作组织包括 21 个国家和地区，分别是中国、澳大利亚、文莱、加拿大、智利、中国香港、印度尼西亚、日本、韩国、墨西哥、马来西亚、新西兰、巴布亚新几内亚、秘鲁、菲律宾、俄罗斯、新加坡、中国台北、泰国、美国和越南。据统计，其国民生产总值占世界国民生产总值的 58%，进出口总额占世界贸易总额的 47%，人口占世界人口总数的 40%以上，国土面积总和 6 000 多万平方千米，是当今世界最大的区域国际经济合作组织。

1994 年 11 月 15 日在印度尼西亚茂物举行的领导人非正式会议达成协议，会议发表的《茂物宣言》“确立了亚太地区和全世界今后经济合作的道路与方向”，确定发达国家在 2010 年前、发展中国家在 2020 年前实现区域内贸易和投资自由化。各国一致同意在人力资源开发、经济基础设施建设、科学与技术、环境保护、中小企业发展、公共部门的参与等部门加强合作。《茂物宣言》要求部长级会议和事务机构就关税、基准认证、投资原则、妨碍进入市场的行政障碍问题提出改善原则。

亚太经合组织第13届部长级会议于2001年10月17日在上海举行，10月18日落下帷幕。本次会议围绕“新世纪、新挑战，参与、合作，促进共同繁荣”的主题，就推动贸易与投资、从全球化和新经济中受益以及促进可持续经济增长等议题进行了深入讨论，达成了广泛共识，通过了《部长联合声明》。

本次会议进一步推动了亚太地区的贸易投资自由化和便利化进程，为实现APEC所确定的发达成员和发展中成员分别于2010年和2020年实现贸易投资自由化的茂物目标确定了政策框架。会议通过了《经济技术合作行动计划》，部长们一致肯定它对推动APEC经济技术合作、促进APEC平衡发展的作用。

亚太经合组织第二十二次领导人非正式会议于2014年11月11日在北京圆满闭幕。会议发表了《北京纲领：构建融合、创新、互联的亚太——亚太经合组织领导人宣言》和《共建面向未来的亚太伙伴关系——亚太经合组织成立25周年声明》。《北京纲领》主要包括“推动区域经济一体化”“促进经济创新发展、改革与增长”“加强全方位基础设施与互联互通建设”三方面内容。此外还包括《亚太经合组织推动实现亚太自贸区北京路线图》《亚太经合组织推动全球价值链发展合作战略蓝图》《亚太经合组织经济创新发展、改革与增长共识》《亚太经合组织互联互通蓝图（2015—2025）》四个附件。

在2014年的APEC北京峰会召开期间，酝酿八年的亚太自贸区路线图的制定毫无疑问是所有成果中最具分量的。

2018年5月底闭幕的亚太经合组织（APEC）第二十四届贸易部长会议取得了丰硕成果——通过了《贸易部长会议声明》，要求加快实现茂物目标，积极推进亚太自贸区，尽快制定“后2020愿景”，打造亚太命运共同体；同时还发表了《关于支持多边贸易体制的主席声明》，向国际社会发出了APEC支持自由公平的多边贸易体制这一强有力的讯息。

正如中国商务部副部长兼国际贸易谈判副代表王受文出席上述会议所言，APEC各方要共同维护世贸组织权威性和有效性，反对保护主义和单边主义，继续保持亚太自贸区势头，推动亚太经济朝着更加开放、包容、普惠、平衡、共享的方向发展。

《关于支持多边贸易体制的主席声明》强调了国际贸易对于推动经济增长、创造就业以及促进繁荣与发展的重要性，重申APEC成员应致力于自由、开放、公正和基于规则的多边贸易，强调贸易自由化和便利化对于全球可持续增长至关重要。

王受文在发言中强调指出，中共十九大提出“推动形成全面开放新格局，推动建设开放型世界经济”，明确“中国支持多边贸易体制”。

四、东南亚国家联盟

1967年8月8日，印度尼西亚、新加坡、泰国、菲律宾四国外长和马来西亚副总理在泰国首都曼谷举行会议，发表了《东南亚国家联盟成立宣言》，即《曼谷宣言》，正式宣布了东南亚国家联盟（简称东盟）的成立。东盟除印度尼西亚、马来西亚、菲律宾、新加坡和泰国五个创始成员国外，文莱在1984年独立后即加入东盟，越南于1995年加入东盟，1997年缅甸和老挝加入东盟，1999年4月，柬埔寨成为东南亚地区最后一个加入东盟的国家。

东盟的宗旨是在平等和协作的基础上共同促进本地区的经济增长、社会进步和文化发展，同国际和地区组织进行紧密和互利的合作。1992年1月在新加坡举行了由印度尼西亚、马来西亚、菲律宾、新加坡、泰国、文莱东盟六国参加的东盟部长会议，会议签署了建立“东盟自由贸易区”的协议。其主要目的在于增强东盟地区作为单一生产单位的竞争优势；通过减少成员国之间的关税和非关税壁垒，期待创造出更大的经济效益、生产率和竞争力；加强东盟区域一体化和促进区域内贸易与投资。本次会议随即签署了代表发展东盟自由贸易区重要标志的纲领性文件《东盟自由贸易区共同有效优惠关税协议》，会议确定在未来15年内，即在2008年前成立东盟自由贸易区，1995年召开的东盟首脑会议决定加速东盟自由贸易区成立的时间表，将原定的15年时间计划缩短为10年，即在2003年前成立东盟自由贸易区。为了早日实现东盟内部的经济一体化，东盟自由贸易区自2002年1月1日正式启动，目标是实现区域内贸易的零关税。东盟10国正逐步实现一体化，成员国之间的贸易关税已从1993年的12.7%下降到了2004年的2.4%～3.5%。2010年，东盟六个成员国（文莱、印度尼西亚、马来西亚、菲律宾、新加坡和泰国）率先实现互免关税，而到2015年，东盟所有成员国都实现贸易自由化。

在经济全球化浪潮的推动下，东盟国家逐步认识到启动新的合作层次、构筑全方位合作关系的重要性，并决定开展“外向型”经济合作。2001年11月，在文莱举行的第5次东盟与中国领导人会议上，双方领导人达成共识，一致同意在10年内建立中国-东盟自由贸易区，并授权经济部长和高官尽早启动自由贸易协定谈判。

第三节　区域经济一体化对国际贸易的影响

一、促进了经济一体化组织内部贸易的增长

尽管区域经济一体化的层次不同，但贸易自由化都是其寻求的基本目标。通过削减关税或免除关税、取消贸易的数量限制、削减非关税壁垒形成区域性的统一市场，加上国际分工的纵深发展，成员国间的贸易环境比第三国市场好得多，从而促进了区域内成员国间的贸易迅速增长，集团内部贸易在成员国对外贸易总额中的比重明显提高。2004年北美自由贸易区内部贸易比重达55.7%，欧盟内部贸易比重达到67%。另据估计，在世界贸易中有50%左右的贸易是在各个区域经济集团内部进行的。2013年中国与APEC成员的贸易额占中国贸易总额的60%。在中国十大贸易伙伴中，有8个是亚太经合组织成员。

中智自由贸易协定自2006年10月实施以来，中智双边贸易迅速增长。2007年我国对智利出口增幅为42%，2008年出口同比增幅为39.3%，实施两年来，我国对智利出口增速两倍于我国同期总体出口增速。2010年，中国超过美国成为智利全球第一大贸易伙伴，智利是中国在拉美第二大贸易伙伴。我国成为智利第一出口目的国和第二大进口来源国。

2008年4月，中国与新西兰正式签署了自由贸易协定并于2008年10月1日正式生效。自该协定生效后，双边贸易额快速增长，由1992年的3.66亿美元增加到2011年的87.17亿美元，20年间增长了22倍。从2008—2011年，中新双边贸易总额年均增长12.54亿美元，是2003—2007年年均增幅的2.67倍，以年均33.9%的速度快速增长。

2010年年初，中国-东盟自由贸易区建成以来，双边贸易增长迅速。2002年，中国与东盟贸易额为547.67亿美元。2011年双边贸易额达到创纪录的3 628.5亿美元，比2002年增长了5.6倍。2017年，中国与东盟进出口额首次突破5 000亿美元，达5 148亿美元，比上年增长了13.8%，创历史新高，占中国全年进出口总值的12.5%。2017年，中国连续九年成为东盟的第一大贸易伙伴，东盟超过日本成为中国第三大贸易伙伴，同时保持为中国第四大出口市场和第三大进口来源地。

小贴士

尤里卡计划

尤里卡（Eureka）又译“技术欧洲”，是西欧国家加强科技合作、促进经济发展的计划。1985年4月17日由法国总统密特朗首先提出。同年7月17日在由西欧17国参加的巴黎会议上宣告正式诞生。目的是：集中西欧国家分散的财力、物力、智力和技术，同美国、日本在尖端科学技术领域进行较量。在巴黎会议上各参与国就尤里卡计划实施的范围和合作方式进行了探讨，并由法国率先宣布拨发10亿法郎的追加预算作为尤里卡计划第一年的科研经费补贴。接着德国也决定在五年内提供10亿德国马克的资金。之后不久，法国大多数国有企业与德国、意大利、挪威的一些厂商就计算机、通信、电子等领域的合作达成了协议，英国、德国和荷兰的一些厂商也宣布了在激光和火箭方面的合作计划。

二、促进了集团内部的国际分工和技术合作

经济一体化的建立有助于分工和技术合作，促进区域内的科技一体化。如在欧共体统一机构的组织和推动下，成员国在许多单纯依靠本国力量难以胜任的重大科研项目，如原子能利用、航空航天技术、大型电子计算机等高精尖技术领域进行合作。1985年6月欧洲理事会通过了关于“朝着欧洲技术共同目标奋斗”的备忘录，同时制订了内部实行“尤里卡”等一系列科技计划。

三、促进了经济贸易集团内部的投资自由化

区域经济一体化的实现过程是贸易自由化不断向前推进的过程，也是各国间取消投资限制的过程。它促进了经贸集团内部投资的发展。2013年中国实际利用来自亚太经合组织成员的外资占中国实际利用外资总额的83%。据不完全统计，CEPA（内地与港澳《关于建立更紧密经贸关系的安排》）实施后，2005年内地吸收港、澳服务业投资项目数比2004年增长23%。中国-东盟自贸区建成后促进了中国企业对东盟投资，2010年上半年中国对东盟新增非金融类直接投资达12.2亿美元，同比增长125.7%。

四、提高了贸易集团在世界贸易中的地位

由于区域性贸易集团的不断扩大，各贸易集团的成员日益增加，各贸易集团经济一体化的程度不断提高，贸易集团在世界贸易中的地位显著提高。其中，欧盟、北美自由贸易区和亚太经济合作组织在世界经济一体化中正形成三大区域性贸易圈。欧盟和北美自由贸易区成员的货物贸易在世界货物贸易中的比重已占一半以上，且呈上升趋势。这两个经贸

集团货物出口贸易占世界货物出口贸易的比重从 1980 年的 52.9%提高到 2006 年的 60%以上。北美自由贸易区建立后，墨西哥出口大幅增长，从 1996 年世界第 21 位上升至 2005 年的第 13 位，取代日本成为对美第二大出口国，取代中国成为对美纺织品第一大出口国。

五、经济贸易集团具有不同程度的保护性与排他性

经济贸易集团内部实行贸易自由化，生产要素流动障碍的逐步消除客观上形成了保护性与排他性，出现了以下几种趋势：

第一，贸易集团内部贸易发展速度超过对非集团国家的贸易发展速度。1950—1995 年欧盟出口贸易的年均增长速度为 11.5%，而世界贸易年均增长速度仅为 11.1%。如北美自由贸易协定生效后的最初三年，墨西哥男衬衣对美出口增长 122.9%，中国对美男衬衣出口减少 38.1%；墨西哥对美出口运动服增长 769.7%，中国对美出口减少了 33.8%。

第二，对集团外国家的类似产品出口不利影响较大。北美自由贸易协定有利于美、加、墨之间的经济贸易自由化的加强，但其表现出来的排他性和保护主义色彩也是很强烈的。例如，该协定规定享受免征关税待遇的汽车，必须有 65%的零部件是在北美制造的；纺织品必须在北美完成纺纱、织布和裁制等三个过程才能免除关税；电脑产品中必须使用北美地区生产的主机板才能享受免税待遇。这些利用原产地规定确保北美制造商利益的做法，都比现行的美国关税优惠的规定苛刻。这些规定生效后，包括中国在内的其他地区的类似产品的出口将会受到很大影响。

第三，加强和扩大区域贸易安排，势必削弱多边贸易谈判的注意力，不利于多边贸易体系的改善，影响世界贸易的宏观环境。

◆ 本章小结

本章包括三方面内容：第一，经济一体化的含义、区域经济一体化的主要形式、发展的历程和特点；第二，主要区域经济一体化组织；第三，区域经济一体化对国际贸易的影响。

◆ 思考题

1. 什么是经济一体化与区域经济一体化？
2. 按照贸易壁垒取消的程度，区域经济一体化有哪几种主要形式？
3. 第二次世界大战后区域经济一体化发展的特点是什么？
4. 区域经济一体化对国际贸易发展有何影响？

第十五章

世界贸易组织

学习目标

世界贸易组织建立于1995年1月1日，取代了1948年临时生效的1947年关税与贸易总协定，成为世界多边贸易体制的法律和组织基础，其宗旨是发展世界贸易，促进世界经济增长。二者有继承关系，但二者又有不同。本章系统地介绍世界贸易组织的前身——1947年关税与贸易总协定及其多边贸易谈判成果，世界贸易组织的宗旨、职能、机构，世界贸易组织的运行机制和中国加入世界贸易组织等问题。目的是了解和掌握世界贸易组织的宗旨、职能及其运行机制，为我国扩大对外贸易、提高对外开放水平服务。要求学生掌握：世界贸易组织的产生背景；乌拉圭回合多边贸易谈判的成果；世界贸易组织协议的主要内容及其特点；世界贸易组织的运行机制和中国与世界贸易组织等问题。

第一节　1947年《关税与贸易总协定》的临时生效

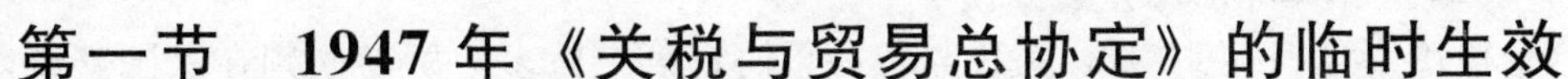

一、1947年《关税与贸易总协定》概述

（一）《关税与贸易总协定》的概念与宗旨

1.《关税与贸易总协定》的概念

《关税与贸易总协定》(General Agreement on Tariffs and Trade，GATT)，简称《关贸总协定》或《总协定》，是在美国策动下由23个国家于1947年10月30日在日内瓦签订并于1948年临时生效的关于调整缔约国对外贸易政策和国际贸易关系方面的相互权利、义务的国际多边协定。它是一项“协定”，但是随着形势的发展，在《总协定》的基础上逐渐发展成一个临时性国际经济组织。1995年1月1日被世界贸易组织取代。

2.《关税与贸易总协定》的宗旨

《总协定》的宗旨是：提高生活水平，保证充分就业，保障实际收入和有效需求的巨大持续增长，扩大世界资源的充分利用以及发展商品生产与交换。实现上述宗旨的途径是，各缔约方达成互惠互利协议，导致大幅度地削减关税和其他贸易障碍，取消国际贸易中的歧视待遇。

（二）《关税与贸易总协定》的主要条款

《关税与贸易总协定》的原文分为序言和四大部分，共计38条，另附若干附件和一份暂时适用议定书。《总协定》的第一部分第1条和第2条，主要规定缔约国之间在关税与贸易方面相互提供无条件最惠国待遇和关税减让事项；第二部分从第3条到第23条，主要规定国内税和国内规章的国民待遇，取消进出口数量限制和在某种商品大量进口使某缔约国的同类产品遭受重大损害和威胁时，该缔约国可以采取的紧急措施；第三部分从第24条到第35条，主要规定《总协定》的适用范围，参加和退出总协定的手续和程序等方面的问题；第四部分包括第36条到第38条，这一部分是1965年增加的，主要规定对发展中国家的贸易与发展方面尽量给予关税和其他方面的特殊优待等；《总协定》的附件主要是对条款作了一些注释、说明和补充规定。

随着国际经济贸易形势的发展，《总协定》中的一些条款已不能适应新的形势变化。在乌拉圭回合多边贸易谈判中，对该协定的某些条款进行了修改，成为1994年《关税与贸易总协定》(GATT 1994)。关贸总协定继续以1994年《关税与贸易总协定》的形式存在，成为世界贸易组织的有关协定和协议的组成部分，继续作为国际货物贸易的重要法律准则。

二、关税与贸易总协定主持的前七轮多边贸易谈判成果

（一）第一轮多边贸易谈判

1947年4月至10月，关税与贸易总协定第一轮多边贸易谈判在瑞士日内瓦举行。关税下调的承诺是第一轮多边贸易谈判的主要成果。23个缔约方就123项双边关税减让达成协议，关税水平平均降低35%。

（二）第二轮多边贸易谈判

1949年4月至10月，关税与贸易总协定第二轮多边贸易谈判在法国安纳西举行。这轮谈判的目的是，给处于创始阶段的欧洲经济合作组织成员提供进入多边贸易体制的机会，促使这些国家为承担各成员之间的关税减让作出努力。这轮谈判除在原23个缔约方之间进行外，还与丹麦、多米尼加、芬兰、希腊、海地、意大利、利比里亚、尼加拉瓜、瑞典和乌拉圭等10个国家进行了加入谈判。这轮谈判总计达成147项关税减让协议，关税水平平均降低35%。

（三）第三轮多边贸易谈判

1950年9月至1951年4月，关税与贸易总协定第三轮多边贸易谈判在英国托奎举行。这轮谈判的一个重要议题是，讨论奥地利、联邦德国、韩国、秘鲁、菲律宾和土耳其的加入问题。这轮谈判共达成150项关税减让协议，关税水平平均降低26%。

（四）第四轮多边贸易谈判

1956年1月至5月，关税与贸易总协定第四轮多边贸易谈判在瑞士日内瓦举行。由于美国国会对美国政府代表团的谈判权限进行了限制，影响了这一轮谈判的规模，只有28个缔约方参加。这轮谈判使关税水平平均降低15%。

(五) 第五轮多边贸易谈判

1960年9月至1962年7月，关税与贸易总协定第五轮多边贸易谈判在日内瓦举行，共有45个参加方。这轮谈判由美国副国务卿道格拉斯·狄龙倡议，后称为“狄龙回合”。这轮谈判使关税水平平均降低20%。

(六) 第六轮多边贸易谈判

1964年5月至1967年6月，关税与贸易总协定第六轮多边贸易谈判在日内瓦举行，共有54个缔约方参加。这轮谈判又称“肯尼迪回合”，这轮谈判使关税水平平均降低35%。

在这轮谈判中，美国、英国、日本等21个缔约方签署了第一个实施关税与贸易总协定第六条有关反倾销的协议，该协议于1968年7月1日生效。

在这轮谈判期间，《关税与贸易总协定》中新增“贸易与发展”条款，规定了对发展中缔约方的特殊优惠待遇，明确发达缔约方不应期望发展中缔约方作出对等的减让承诺。

(七) 第七轮多边贸易谈判

1973年9月至1979年4月，关税与贸易总协定第七轮多边贸易谈判在日内瓦举行。因发动这轮谈判的部长级会议是在日本东京召开的，故称“东京回合”。“东京回合”共有73个缔约方和29个非缔约方参加了谈判。

这轮谈判取得的主要成果有以下几项：

第一，关税进一步下降。从1980年1月1日起8年内，全部商品的关税平均削减33%，减税范围除工业品外，还包括部分农产品。其中，美国的关税平均下降30%～35%，欧洲共同体关税平均下降25%，日本关税平均下降50%。

第二，达成了只对签字方生效的一系列非关税措施协议，包括补贴与反补贴措施协议、技术性贸易壁垒协议、进口许可程序协议、政府采购协议、海关估价协议、倾销与反倾销协议、牛肉协议、国际奶制品协议、民用航空器贸易协议等。

第三，通过了对发展中缔约方的授权条款，允许发达缔约方给予发展中缔约方普遍优惠制待遇，发展中缔约方可以在实施非关税措施协议方面享有差别和优惠待遇，发展中缔约方之间可以签订区域性或全球性贸易协议，相互减免关税，减少或取消非关税措施，而不必给予非协议参加方这种待遇。

第二节　乌拉圭回合多边贸易谈判

1986年9月15日在乌拉圭埃斯特角城举行关贸总协定缔约方部长级会议，决定启动第八轮多边贸易谈判，这次谈判称为“乌拉圭回合”(Uruguay Round)。参加这轮谈判的国家，最初为103个，1993年年底谈判结束时有117个。

一、乌拉圭回合多边贸易谈判的目标和议题

(一) 乌拉圭回合的目标

1986年9月15日至20日在乌拉圭埃斯特角城举行的缔约方部长级会议上，通过了

《乌拉圭回合部长宣言》（以下简称《宣言》）。《宣言》提出，每个参加方力求达到以下目的：制止和扭转保护主义，消除贸易扭曲现象；维护关贸总协定的基本原则和促进关贸总协定目标的实现；建立一个更加开放的、具有生命力的、持久的多边贸易体制。

在启动乌拉圭回合的部长宣言中，明确了这轮谈判的主要目标：一是通过减少或取消关税、数量限制和其他非关税措施，改善市场准入条件，进一步扩大世界贸易；二是完善多边贸易体制，将更大范围的世界贸易置于统一的、有效的多边规则之下；三是强化多边贸易体制对国际经济环境变化的适应能力；四是促进国际合作，增强关税与贸易总协定同有关国际组织的联系，加强贸易政策和其他经济政策之间的协调。

（二）乌拉圭回合的议题

该《宣言》确定乌拉圭回合多边贸易谈判分为两个部分共 15 个议题。

1. 第一部分：货物贸易

这部分共 14 个议题，分别为：（1）关税；（2）非关税措施；（3）热带产品；（4）自然资源产品；（5）纺织品与服装；（6）农产品；（7）《关贸总协定》条款；（8）保障条款；（9）多边贸易谈判协议和安排；（10）补贴与反补贴措施；（11）争端解决；（12）与贸易有关的知识产权的问题，包括冒牌货贸易问题；（13）与贸易有关的投资措施；（14）关贸总协定体制的作用。

2. 第二部分：服务贸易

这部分有 1 个议题。通过服务贸易谈判制定处理服务贸易的多边原则和规则的框架，包括对各个部门制定可能的规则，以便在透明和逐步自由化的条件下扩大服务贸易，并以此作为促进所有贸易伙伴和发展中国家经济发展的一种手段。

二、乌拉圭回合多边贸易谈判达成的协议和协定

乌拉圭回合多边贸易谈判达成的《乌拉圭回合多边贸易谈判成果的最后文件》，简称《最后文件》。这是一个“一揽子文件”，即必须全部接受或全部拒绝，不能接受一部分，拒绝另一部分。该文件包括 28 个协议和协定，涉及的主要议题有：关税、非关税措施、热带产品、自然资源产品、原产地规则、装船前检验、反倾销、补贴和反补贴、技术性贸易壁垒、进口许可证程序、海关估价、政府采购、农产品贸易、纺织品和服装、保障条款、统一的争端解决制度、总协定体制的运行、与贸易有关的投资措施、与贸易有关的知识产权、服务贸易、国营贸易、动植物检疫、贸易政策审议机制、民用航空器贸易、国际收支、奶制品贸易、牛肉贸易和世界贸易组织等。参加世界贸易组织各成员方除遵守所有这些协议和协定的规则外，还必须具备三个减让表，即农产品减让表、非农产品减让表和服务贸易减让表。这个《最后文件》于 1994 年 4 月 15 日正式签署，1995 年 1 月 1 日正式生效。

乌拉圭回合多边贸易谈判达成的 28 个协议与协定可分为三类：

第一类是修订原有的《关贸总协定》和货物贸易规则，以有效处理长期存在的一些老问题，如反倾销、反补贴、数量限制、保障条款中的问题，将农产品贸易和纺织品贸易重新回归关贸总协定规则的问题。

第二类涉及制定新规则、规范和贸易有关的新问题，如知识产权保护、服务贸易和投资措施。

第三类属于体制建设问题，其中最重要的是建立世界贸易组织，取代原关贸总协定。

三、乌拉圭回合多边贸易谈判的主要成果

乌拉圭回合多边贸易谈判取得了一系列重大成果：多边贸易体制的法律框架更加明确，争端解决机制更加有效与可靠，进一步降低关税，达成内容更广泛的货物贸易市场开放协议，改善了市场准入条件；就服务贸易和与贸易有关的知识产权达成协议；在农产品和纺织品服装方面，加强了多边规则约束；成立世界贸易组织，取代临时性的关税与贸易总协定。

（一）在货物贸易方面

乌拉圭回合有关货物贸易谈判的内容，包括关税减让谈判和规则制定谈判。

1. 关税减让

发达成员承诺总体关税削减幅度在37%左右，工业品的关税削减幅度达40%，加权平均税率从6.3%降至3.8%。发达成员承诺关税减让的税号占其全部税号的93%，涉及约占其84%的贸易额。从关税约束范围看，发达成员承诺关税约束的税号占其全部税号的比例由78%提升到99%，涉及的贸易额由94%增加到99%。

发展中成员承诺总体关税削减幅度在24%左右。工业品的关税削减水平低于发达成员，加权平均税率由20.5%降至14.4%；约束关税税号比例由21%上升为73%，涉及的贸易额由13%提高到61%。

关于削减关税的实施期，工业品从1995年1月1日起5年内结束，减让表中另有规定的除外。农产品关税削减从1995年1月1日开始，发达成员的实施期为6年，发展中成员的实施期一般为10年，也有部分发展中成员承诺6年的实施期。

2. 规则制定

乌拉圭回合制定的规则体现在以下四组协议中。

第一组是《1994年关税与贸易总协定》，它包括《1947年关税与贸易总协定》的各项实体条款，1995年1月1日以前根据《1947年关税与贸易总协定》作出的有关豁免、加入等决定，乌拉圭回合中就有关条款达成的6个谅解，以及《1994年关税与贸易总协定马拉喀什议定书》。

第二组是两项具体部门协议，即《农业协议》和《纺织品与服装协议》。

第三组包括《技术性贸易壁垒协议》《海关估价协议》《装运前检验协议》《原产地规则协议》《进口许可程序协议》《实施卫生与植物卫生措施协议》《与贸易有关的投资措施协议》等7项协议。

第四组包括《保障措施协议》《反倾销协议》《补贴与反补贴措施协议》等3项贸易救济措施协议。

（二）在服务贸易方面

在乌拉圭回合中，经过8年的讨价还价最后达成了《服务贸易总协定》，并于1995年1月1日正式生效。

（三）在与贸易有关的知识产权方面

知识产权是一种无形资产，包括专利权、商标权、版权和商业秘密等。

乌拉圭回合达成了《与贸易有关的知识产权协定》。该协定明确了知识产权国际法律

保护的目标；扩大了知识产权保护范围，强化了对仿冒和盗版的防止与处罚；强调限制垄断和防止不正当竞争行为，减少对国际贸易的扭曲和阻碍；作出了对发展中国家提供特殊待遇的过渡期安排；规定了与贸易有关的知识产权机构的职责以及与其他国际知识产权组织之间的合作事宜。该协定是乌拉圭回合一揽子协议的重要组成部分，所有世界贸易组织成员都受其规则的约束。

（四）完善和加强多边贸易体制

建立世界贸易组织，取代1947年关税与贸易总协定，为执行乌拉圭回合谈判成果奠定了良好基础。这是乌拉圭回合取得的最大成就。

第三节　世界贸易组织概述

一、世贸组织的概念与产生背景

（一）世贸组织的概念

世界贸易组织（World Trade Organization，WTO），简称世贸组织。它是根据乌拉圭回合多边贸易谈判达成的《建立世界贸易组织协定》（Agreement Establishing the World Trade Organization）于1995年1月1日建立的，取代了1948年临时生效的1947年的关税与贸易总协定，并以乌拉圭回合多边谈判所达成的一整套协定和协议的条款作为国际法律规则，对各成员之间在经济贸易关系方面的权利和义务进行监督、管理和履行的正式国际经济贸易组织。

世界贸易组织是多边贸易体系的法律基础和组织基础。它规定了成员方的协定义务，以决定各成员方政府如何制定和执行国内贸易法律制度和规章。同时，它还是各成员方通过贸易谈判制定规则、开放市场、解决贸易争端、审议贸易政策、发展其贸易关系的场所。截至2016年7月底，世贸组织包括164个成员，它覆盖全球98%的国际贸易。

（二）世贸组织的产生背景

世贸组织协议的形成是乌拉圭回合多边贸易谈判的一项重大成果。

1. 世贸组织产生的原因

在1986年9月乌拉圭回合发动时，15项谈判议题中没有关于建立世贸组织的问题，只是设立了一个关于完善总协定体制职能的谈判小组。但是由于乌拉圭回合谈判不仅包括了传统的货物贸易问题，而且还涉及知识产权保护和服务贸易以及环境等新议题，这样1947年关贸总协定如何有效地贯彻执行乌拉圭回合形成的各项协议就自然而然地提到了多边贸易谈判的议事日程上。无论从组织结构还是从协调职能来看，总协定面对庞杂纷繁的乌拉圭回合多边谈判协议均显示出其“先天”的不足，有必要在其基础上创立一个正式的国际贸易组织来协调、监督和执行新一轮多边贸易谈判的成果。

2. 世界贸易组织产生的过程

1990年年初，意大利首先提出建立世界贸易组织的倡议，同年7月欧共体把这一倡议以12个成员国的名义向乌拉圭回合体制职能小组正式提出来，随后得到加拿大、美国的支持。1990 年 12 月乌拉圭回合布鲁塞尔部长会议正式作出决定，责成体制职能小组负责“多边贸易组织协议”的谈判。该小组经过一年的谈判于 1991 年 12 月形成一份“关于建立多边贸易组织协议”草案，并成为同年年底“邓克尔最后案文”的一部分。后经过两年的修改、完善和磋商，最终于 1993 年 11 月形成了目前的“多边贸易组织协议”（后易名为世界贸易组织协定）。世界贸易组织协定于 1994 年 4 月 15 日在马拉喀什部长会议上获得通过，被 104 个参加方政府代表签署。

二、世贸组织协议的主要内容

（一）世贸组织的宗旨

《建立世界贸易组织协定》的前言指出，世界贸易组织的宗旨为：提高生活水平，保证充分就业，大幅度稳步地增加实际收入和有效需求，扩大货物与服务的生产与贸易，按照持续发展的目的，最优运用资源，保护和维护环境，并以不同经济发展水平下各自需要的方式，加强采取各种相应的措施；需要积极努力确保发展中国家，尤其是最不发达国家在国际贸易增长中的份额，与其经济发展需要相称。其目标是：产生一个完整的、更具有活力的和永久性的多边贸易体系来巩固原来关税与贸易总协定以往为贸易自由化所作的努力和乌拉圭回合多边贸易谈判的所有成果。

在《建立世界贸易组织协定》的前言中，明确指出实现其宗旨与目标的途径是：通过互惠互利的安排，导致关税和其他贸易壁垒的大量减少和国际贸易关系中歧视性待遇的取消。

（二）世贸组织的范围、职能

1. 世贸组织的范围

根据《建立世界贸易组织协定》，世界贸易组织涉及的范围为原关贸总协定乌拉圭回合多边贸易谈判达成的协议、协定以及历次谈判达成的协议。具体包括：多边货物贸易协议，服务贸易总协定，与贸易有关的知识产权协定，争端解决规则和程序谅解，贸易政策评审机制，诸边贸易协议，马拉喀什会议上的部长决定和宣言，1994 年关贸总协定等。

世贸组织协定由本身案文 16 条和 4 个附件组成。案文本身就世贸组织的结构、决策过程、成员资格、接受、加入和生效等程序性问题作了原则规定。有关协调多边贸易关系和解决贸易争端以及规范国际贸易竞争规则的实质性规定，均体现在 4 个附件中。这 4 个附件包括 13 个多边货物贸易协议、服务贸易总协定（GATS）和与贸易有关的知识产权协定（这三项构成附件一），争端解决规则与程序谅解（附件二），贸易政策审议机制（附件三）以及诸边贸易协议（附件四）。另外从广义上讲，世贸组织协定还包括 1994 年 4 月 15 日马拉喀什会议上所形成的一系列决定、宣言和谅解。

作为世贸组织协定附件一的 1994 年《关税与贸易总协定》，还包括更为广泛的管辖内容。

1994 年《关贸总协定》由四部分构成：

(1) 1947 年 10 月 30 日的《关税与贸易总协定》的各项规定（不包括临时适用议定书），《建立世界贸易组织协定》生效前所实施的法律文件核准和修正的文本。

(2) 在《建立世界贸易组织协定》生效之前，根据 1947 年《关贸总协定》生效的下列法律文件：有关关税减让的议定书或证明书；加入议定书；在“建立世界贸易组织的马拉喀什协议”生效之日仍在生效的根据1947年《关贸总协定》第25条授予的豁免义务的决定；1947年关贸总协定缔约方全体作出的其他规定。

（3）1994年《关贸总协定》作出的谅解。其中包括：关于解释第2条第1款（b）项的谅解；关于解释第17条的谅解；关于国际收支条款的谅解；关于解释第24条的谅解；关于豁免义务的谅解；关于解释第28条的谅解。

（4）1994年关贸总协定马拉喀什议定书。

2. 世贸组织的职能

据《建立世界贸易组织协定》，世界贸易组织的职能有：

（1）管理并执行贸易协定与协议，促进《建立世界贸易组织协定》和多边贸易协议的执行、管理和运作。

（2）为多边贸易谈判提供讲坛，组织各成员进行开放市场的谈判，为成员提供谈判的场所。

（3）解决贸易争端，建立成员间的争端解决机制，管理争端解决的规定和程序的谅解。

（4）审议成员贸易政策，管理贸易政策的评审机制。

（5）通过技术援助和培训项目援助发展中国家。

（6）为达到全球经济政策一致性，世界贸易组织将以适当的方式与国际货币基金组织及世界银行及其附属机构进行合作。

（三）世贸组织的机构与法律地位

1. 世贸组织的机构

（1）部长级会议（The Ministerial Conference）。

部长级会议由所有成员方的代表参加，至少每两年举行一次会议。其职责是履行世界贸易组织的职能，并为此采取必要的行动。部长级会议应一个成员方的要求，有权按照“建立世界贸易组织协议”和相关的多边贸易协议列出的特殊要求，就任何多边贸易协议的全部事务作出决定。

（2）总理事会（The General Council）。

总理事会由所有成员方的代表组成，定期召开会议。总理事会在部长级会议休会期间承担其职能。总理事会下附设争端解决机构、贸易政策机制评审机构和其他附属机构，如货物贸易理事会、服务贸易理事会、知识产权理事会。

（3）理事会（Council）。

理事会为总理事会下属机构。其中货物贸易理事会、服务贸易理事会和知识产权理事会为最重要的理事会。理事会由所有成员方代表组成。每一理事会每年至少举行8次会议。

（4）委员会（Committee）。

部长会议下设贸易和发展委员会，国际收支限制委员会，预算、财政和管理委员会。它们执行由世界贸易组织协定及多边贸易协议赋予的职能，执行由总理事会赋予的额外职能。所有成员方代表都有权参加上述委员会。

（5）诸边贸易协议设置的机构（Bodies）。

其职能由诸边贸易协议赋予，并在世界贸易组织体制框架内运作，且定期向总理事会通告其活动。

(6) 秘书处 (The Secretariat)。

秘书处为世界贸易组织的日常办事机构。它由部长会议任命的总干事领导。总干事的权力、职责、服务条件和任期由部长会议通过规则确定。总干事有权指派其所属工作人员。在履行职务时，总干事和秘书处工作人员均不得寻求和接受任何政府或世界贸易组织以外组织的指示。各成员方应尊重他们职责的国际性，不能对其施加有碍履行其职责的影响。

根据世贸组织总理事会讨论通过的决定，新西兰前总理穆尔于 1999 年 9 月 1 日起就任世贸组织总干事，任期三年；泰国副总理兼商业部长素帕猜于 2002 年 9 月 1 日接替穆尔出任总干事，任期也为三年。2005 年 9 月 1 日欧盟委员会前贸易委员帕斯卡尔·拉米正式就任 WTO 总干事，任期四年。2013 年 9 月 1 日巴西常驻世贸组织大使阿泽维多出任总干事。

为了支持上述机构的运作，世界贸易组织每年预算约 8 300 万美元，这些预算金额以其成员在世界贸易总额中所占份额为基础进行计算，由各成员分别支付。

WTO 全体成员可以参加所有理事会和委员会，但上诉机构、争端解决专家组、纺织品监督机构及诸边贸易协议委员会除外。

2. 世贸组织的法律地位

根据《建立世界贸易组织协定》的规定，世贸组织及其有关人员具有以下的法律地位：

(1) 世界贸易组织具有法人资格；

(2) 世界贸易组织每个成员方向世界贸易组织提供其履行职责时所必需的特权和豁免权；

(3) 世界贸易组织官员和各成员方代表在其独立执行与世界贸易组织相关的职能时，享有每个成员方提供的所必需的特权与豁免权；

(4) 每个成员方给予世界贸易组织的官员、成员方代表的特权和豁免权等同于联合国大会于 1947 年 11 月 21 日通过的特殊机构的特权与豁免权公约所规定的特权与豁免权。

(四) 世贸组织的成员

1. 世界贸易组织的创始成员

根据协议规定，凡具备以下条件，即可成为该组织的创始成员：(1) 世界贸易组织协议生效时，已是关贸总协定的缔约国；(2) 签署参加一揽子接受乌拉圭回合所有协议；(3) 在乌拉圭回合中作出关税和非关税减让以及服务贸易的减让。

2. 新加入世界贸易组织的成员

凡在世界贸易组织协议生效后，任何国家或在对外商业关系上拥有充分自主权的单独关税地区，可以向世界贸易组织提出加入申请，进行全面谈判，按谈妥的条件加入该组织，成为一般成员。其加入须经部长级会议 2/3 以上多数表决通过。在 2005 年 11 月 11 日世贸组织总理事会特别会议上，148 个 WTO 成员正式接受了沙特阿拉伯王国“入世”的议定书。沙特阿拉伯工商部长全权签署并接受了“入世”议定书。沙特阿拉伯在 30 天以后，即 2005 年 12 月 11 日成为 WTO 第 149 位成员。2007 年 1 月 11 日，越南正式成为世贸组织的第150位成员。2012年8月22日，俄罗斯成为世贸组织的第156位成员。截至2016年7月31日，世界贸易组织拥有164个成员。

世界贸易组织允许单独关税地区与国家一样独立自行申请加入，这在国际法上是个先例。在关贸总协定中，单独关税地区本身无权自行其是，必须经有关主权国家同意和推荐方可成为成员方。

3. 退出

任何成员方可以退出世界贸易组织。退出从递交退出通知被总干事接受6个月后生效。

（五）世贸组织的决策方式

第一，世界贸易组织继续实行1947年关贸总协定合意决策的做法。合意的含义是“作出决定的会议上，如果任何一个与会的成员方对拟通过的决议不正式提出反对”，就算达成合意。

第二，如通过合意未达成决定时，则将以投票决定。在部长会议和总理事会上，世界贸易组织成员均有一票投票权。通常，以多数票为准，除非另有规定。

第三，部长会议和总理事会拥有“建立世界贸易组织协议”和多边贸易协议解释的专门权利，采用解释的决定以成员方3/4投票为准。诸边贸易协议的决定与解释的决定，受其协议约束。

第四，修订，对有关条款的修订，须经2/3多数票通过。

第五，豁免，豁免某一成员所应承担的义务，经3/4以上多数通过。但对有的义务在规定的“过渡期”内（如5年）可暂不履行，在过渡期后如要继续豁免，就须“一致同意”才行。

三、世贸组织的特点

世界贸易组织是在关贸总协定的基础上建立的，并形成了一整套较为完备的国际法律规则，它与关贸总协定比较，主要具有以下特点。

（一）组织机构的正式性

《关税与贸易总协定》原为一个“临时规则”（Interim Rules）的协定，准备以各国政府批准的“国际贸易组织宪章”取而代之。但是由于“国际贸易组织宪章”没有被有关国家的国会批准，这个总协定就成为缔约方调整对外贸易政策和措施以及国际经济关系方面的重要法律准则。它与联合国有关，但不是联合国的专门机构，但是随着形势的发展才在总协定的基础上逐渐形成了一个临时性国际经济组织。

世界贸易组织的成立，改变了关贸总协定临时适用和非正式性的状况。根据其协定，建立起一整套的组织机构，成为具有法人地位的正式国际经济组织。从法律地位上看，它与国际货币基金组织、世界银行具有同等地位，都是国际法主体，其组织机构及有关人员均享有外交特权和豁免权。

（二）世界贸易组织协议的法律权威性

《关贸总协定》与世贸组织协议都是国际多边协定，但从法律程序和依据上有所不同。《关贸总协定》是通过行政程序，由有关国家的行政部门签订的一项临时性协定，并未经过其签字国立法机构的批准。1947年23个创始国政府达成的《临时适用议定书》便是其法律依据。议定书未经各国立法机构通过，是一种规格和权威性较低的外交文件。因此，《关贸总协定》作为国际多边协定，从法律的角度上看是不完整的，一般将其视为行政性协定，而非公约。

世界贸易组织协议则要求各国代表在草签后，还须通过立法程序，经本国立法机构批准才能生效。1994 年 4 月 15 日在马拉喀什会议上，有 7 个国家包括美国、日本因国内立法程序的限制，不能当场草签，直到 1994 年年底美国等国家的议会通过后才生效，因而使世界贸易组织协议更具完整性和权威性。

同样，作为《建立世界贸易组织的马拉喀什协议》的组成部分的 1994 年《关贸总协定》在法律上也与 1947 年 10 月 30 日签订的《关税与贸易总协定》不同。它以多边货物贸易协定形式纳入附件一，成为其余多边货物贸易协议的法律与原则基础。这些协议有：农产品协议、实施动植物卫生检疫措施的协议、纺织品与服装协议、技术性贸易壁垒协议、与贸易有关的投资措施协议、关于履行 1994 年关税与贸易总协定第 6 条的协议、关于履行 1994 年关税与贸易总协定第 7 条的协议、装运前检验协议、原产地规则协议、补贴与反补贴措施协议、保障措施协议。这些协议的法律基础与坚持的原则应与 1994 年关税与贸易总协定的规定一致。

此外，1994 年《关贸总协定》中提出的一些基本原则，也延伸到服务贸易总协定和与贸易有关的知识产权协定中。

在乌拉圭回合多边贸易谈判中，1947 年关贸总协定缔约方达成的市场准入承诺，也纳入 1994 年《关贸总协定》。

（三）管辖内容的广泛性

关贸总协定的多边贸易体制及其所制定的一整套国际贸易规则，只适用于货物贸易。

世界贸易组织的多边贸易体制，不仅包括已有的和经乌拉圭回合修订的货物贸易规则，而且还包括服务贸易的国际规则、与贸易有关的知识产权保护的国际规则和与贸易有关的国际投资措施规则。这一整套国际规则涉及货物贸易、服务贸易、知识产权保护和投资措施等领域，表明世界贸易组织所管辖内容更为广泛。

（四）权利与义务的统一性

关贸总协定体制基本上是以关贸总协定文本为主的协议，对有关缔约方权利和义务方面作了规定和安排，但在 1979 年东京回合谈判中达成的 9 个协议以及多边纺织品协议却是选择性的，成了选择性贸易协议（Plurilateral Trade Agreement）。即这些协议可由关贸总协定缔约方和非缔约方自行选择签署参加，如果不参加便无须履行该协议的义务，因而缔约方在关贸总协定中的权利与义务就不尽平衡。

乌拉圭回合多边贸易谈判达成的《乌拉圭回合多边贸易谈判成果的最后文件》（The Final Act Embodying the Result of the Uruguay Round of the Multilateral Trade Negotiations），简称《最后文件》。这是一个“一揽子文件”，即必须全部接受或全部拒绝，不能接受一部分，拒绝另一部分。

世界贸易组织要求缔约方必须无选择地以“一揽子”方式签署乌拉圭回合达成的所有协议，因为《最后文件》包括了东京回合及其他有关协议的内容，所以，它们是完整的、不可选择的、不可分割的统一体。权利和义务的平衡是在所有协议的基础上达成的，从而加强了缔约方的权利和义务的统一性和约束性，维护了多边贸易体制的完整性。

（五）争端解决机制的有效性

关贸总协定原有的争端解决机制存在一些缺陷，例如，争端解决的时间拖得很长，专家小组的权限很小，监督后续行动不力等，因此这种争端解决机制不甚健全。

世界贸易组织所实施的综合争端解决机制是一套较为完善的机制。

自 1995 年 1 月 1 日世界贸易组织开始正式运转以来，争端解决机制已经经历了实践的检验。世界贸易组织的成员纷纷将其争端诉诸新的争端解决机制，以致争端解决机制成为世贸组织中最活跃的机构。

（六）与有关的国际经济组织决策的一致性

作为世界贸易组织的职能之一，它应协调与国际货币基金组织、世界银行的关系，以保障全球经济决策的一致性。因此，它将与这两个国际组织在决策方面加强合作和协调，为国际经济和贸易的发展创造更为有利的条件。

四、世贸组织召开的部长级会议

（一）第一届部长级会议：新加坡会议

1996 年 12 月 9—13 日，世贸组织在新加坡召开部长级会议。这是世贸组织自 1995 年 1 月 1 日成立以来的首届部长会议。有 120 个世贸组织成员和申请加入世贸组织的国家或单独关税区的贸易、外交、财政和农业部长出席会议。会议的主要议题是世贸组织成立后两年的工作及乌拉圭回合达成的协定和协议的实施情况。会议通过了《新加坡部长宣言》等文件，并成立了贸易与投资工作组和贸易与竞争政策工作组，为世贸组织进一步规范贸易中的投资问题与竞争政策做准备。

新加坡会议后，世贸组织继续组织有关各方在悬而未决的领域进行谈判，并取得了一定成就。其中最突出的是达成了《金融服务协议》和《信息技术产品协议》。

1.《金融服务协议》

金融服务谈判属于乌拉圭回合谈判的未完成部分。1995 年世贸组织建立后，在其主持下，重新开始了金融服务谈判。1997 年 12 月 13 日，经各方妥协，70 个世贸组织成员终于达成了《金融服务协议》，就开放各自的金融服务市场达成了一致。

《金融服务协议》的主要内容有：允许外国公司在国内建立金融服务机构并按竞争原则运行；外国公司享受同国内公司同等的进入市场的权利；取消对跨国服务贸易的限制；允许外国资本在本国投资项目中所占比例超过 50％等。

《金融服务协议》的签订会对世界经济产生深远的影响。它涉及全球 95％的金融服务贸易，包括证券资产、银行贷款和保险费等内容。

2.《信息技术产品协议》

信息技术产品主要包括：计算机；电信设备；半导体；软件；其他信息技术产品，如文字处理机、计算器、现金出纳机、自动提款机、静止式变压器、显示板、电容器、电阻器、印刷电路、计算机网络、液晶显示屏、绘图仪、多媒体开发工具等。

在新加坡会议以前，美国、欧盟、日本、加拿大四方已就有关信息技术产品协议的主要产品达成一致意见。部长会议期间又举行了多次会议，最终达成了《关于信息技术产品贸易的部长宣言》，共有 29 个国家参加。该宣言规定，其如期生效应满足的条件是，在

1997年4月1日之前，必须有占全球信息技术产品贸易总量约90%的参加方通知接受该宣言。1997年3月26日，参加《关于信息技术产品贸易的部长宣言》的40个国家的信息技术产品贸易，已占全球该产品贸易总量的92.5%，该宣言如期生效。该宣言以及各参加方提交的信息技术产品关税减让表构成《信息技术产品协议》。

《信息技术产品协议》是世界贸易组织建立后达成的一个重要协议。其宗旨是，通过削减信息技术产品关税，在全球范围内实现信息技术产品贸易的最大自由化，促进信息技术产业不断发展。而且，任何世界贸易组织成员及申请加入世界贸易组织的国家或单独关税区均可参加该协议，但需要提交关税减让表、产品清单等文件，并获得《信息技术产品协议》已有成员的审议通过。

《信息技术产品协议》的核心内容是，2001年1月1日前取消信息技术产品的关税及其他税费。《信息技术产品协议》规定，参加方在1997年7月1日前约束信息技术产品的关税，并在1997—2000年分四个阶段均等削减关税至零，每一阶段削减现行关税的25%。

信息技术产品的关税削减是在最惠国待遇基础上实施的，即所有世界贸易组织成员，无论是否参加《信息技术产品协议》，均可享受这一优惠待遇。

（二）第二届部长级会议：日内瓦会议

1998年5月18—20日，世贸组织在日内瓦召开第二届部长会议，举办多边贸易体制50周年纪念会，共有130个国家和地区的部长级官员出席。会议期间，多国代表盛赞多边贸易体制50年来所取得的成就和对世界经济发展所做的贡献。对1997年发生的亚洲金融危机，多国代表也各抒已见，从不同角度阐述了看法。会议强调继续推进贸易自由化的决心。最后，会议通过了《日内瓦部长宣言》，并就电子商务问题通过了《全球电子商务宣言》。

（三）第三届部长级会议：西雅图会议

1999年11月20日至12月3日，世贸组织在美国西雅图召开第三届部长级会议，共有135个成员参加这次会议。会议的主要议题有三个：一是现有协定和协议的实施问题；二是既定议程问题；三是在新一轮谈判中加入新议题的问题。但由于美国和来自全球各地的抗议者的阻挠，更由于成员方之间特别是发达国家和发展中国家之间的巨大分歧，西雅图会议最后无果而终。

（四）第四届部长级会议：多哈会议

1. 多哈会议概况

2001年11月9—14日，世贸组织第四届部长级会议在卡塔尔首都多哈召开，共142个世贸组织成员参加了会议。会议的主要议题有二：一是接受中国和中国台北加入世贸组织；二是启动新一轮多边贸易谈判。11月10日，会议以协商一致的方式通过了中国加入世贸组织的决定，正式接纳中国为第143位成员。11月11日，会议通过了中国台北以“台湾、澎湖、金门、马祖以单独关税区”的名义加入世贸组织的决定，接受其为第144位成员。11月14日，会议通过了《多哈部长宣言》，一致同意开始新一轮多边贸易谈判，并规定应在2005年1月1日前结束所有谈判。新一轮“多哈回合”多边贸易谈判又被命名为“多哈发展回合”，以强调对发展问题的重视。会议还通过了《关于与贸易有关的知识产权协定与公共卫生的宣言》和相关决定。

2. 部长宣言的目标、议题及特点

（1）谈判的目标。

部长宣言指出多哈发展回合谈判的目标主要有：抑制全球经济减缓下出现的贸易保护主义，加大贸易在促进经济发展和解除贫困方面的作用，处理最不发达国家出现的边缘化问题，理顺与区域贸易协定之间的关系，把多边贸易体制的目标与可持续发展有机地结合起来，改善世界贸易组织外部形象，实现世界贸易组织的原则和目标。

（2）谈判的议题。

部长宣言列出的谈判议题有 19 个，即与实施有关的问题和关注、农业、服务、非农产品市场准入、与贸易有关的知识产权、贸易与投资的关系、贸易与竞争政策的相互作用、政府采购透明度、贸易便利化、世贸组织规则、争端解决谅解、贸易与环境、电子商务、小经济体、贸易、债务和财政、贸易与技术转让、技术合作和能力建设、最不发达国家的特殊和差别待遇。

（3）谈判议题的特点。

归纳起来，有以下几个主要特点：

第一，谈判议题涉及面十分广泛。列出的谈判议题有 19 个，其中有些议题涉及的问题很多，如与实施有关的问题和关注的议题中，包括了 10 多个具体内容，即 1994 年《关贸总协定》第 18 条、农产品协议、卫生与植物性协议、纺织品与服装协议、技术性贸易壁垒协议、与贸易有关的投资措施协议、反倾销协议、海关估价协议、原产地规则协议、补贴与反补贴协议、与贸易有关的知识产权协议等。

第二，谈判的新议题多。在这次多边贸易体制中考虑到世贸组织建立以来世界经济中出现各种各样新事物，并把其中一些重要问题作为新议题列入。新议题的数目和所涉及的范围远远超过乌拉圭回合谈判确定的 3 个新议题。例如，在新议题中包括贸易与环境、贸易便利化、贸易与竞争政策、贸易与技术转让、贸易与债务、金融、技术与能力建设等。

第三，发展中成员和最不发达成员的贸易发展与利益受到空前关注。在部长宣言中明确指出："大多数世界贸易组织成员属于发展中国家，我们寻求将我们的利益和需要放在本宣言新通过的工作计划的中心位置。"在部长宣言中，涉及发展中成员和最不发达国家的内容几乎占了一半。在 19 个议题中，有 13 个议题涉及发展中成员和最不发达国家的问题，其中 6 个议题是专门针对发展中成员和最不发达国家的。这些议题和内容为发展中成员和最不发达国家通过多哈回合的谈判争取更多的差别待遇和落实这些待遇提供了良好的条件。

第四，平衡了发达成员方与发展中成员方的要求。多哈回合 19 个议题使发达成员与发展中成员的要求得到较好的平衡。在新议题中，既包含了发达成员关心的新议题，如贸易与环境问题、贸易与竞争政策等；同时也接纳了发展中成员关注的新议题，如贸易与技术转让、贸易与债务、金融、技术合作与能力建议等。

（五）第五届部长级会议：坎昆会议

2003 年 9 月 10—14 日世贸组织在墨西哥坎昆举行第五届部长级会议，这是中国加入世贸组织以来首次以成员身份出席部长级会议，有 146 个世贸组织成员参加。世贸组织总理事会向参加坎昆会议各部长提交了坎昆部长会议宣言草案，意在为坎昆会议进程提供一个有效率的行动框架。

这次会议的任务是对2001年多哈会议启动的新一轮多边贸易谈判进行评估，即对多哈回合谈判进行中期评估，并为今后主要领域的谈判模式以及是否启动“新加坡议题”的谈判作出决定。但会议没有取得如期的成果。

造成这次会议无果而终的主要原因是与会的各成员对世贸组织总理事会所提交的坎昆部长会议宣言草案存在较大的分歧，其中最为突出的是在农业问题和新加坡议题上，发达国家与发展中国家之间存在巨大分歧，导致这次会议无果而终。在这次会议上，接纳柬埔寨与尼泊尔为世贸组织新成员。

（六）大连小型部长级会议

2005年7月中旬，世贸组织在大连召开了小型部长级会议，欧盟贸易委员曼德尔森、美国贸易代表波特曼、巴西外长阿莫林和WTO总干事素帕猜等出席了会议。这次会议使多哈回合谈判议题取得积极进展，在与会部长们的共同努力下，这次会议开得很成功。各成员对多哈回合谈判各项议题的讨论是热烈的、充分的，其间有争论，但最终取得了积极的进展。

第一，部长们一致重申多哈发展议程应该在2006年年底前完成，承诺将致力于在香港部长级会议前确立农业和非农产品市场准入的谈判模式，为达到这一目的，他们将为多哈回合谈判提供更多政治上的指导，并派遣高级官员更为积极地参与到日内瓦的谈判中，以确保香港部长级会议能够成功举办。

第二，在具体议题上，关于农业，在削减扭曲贸易的国内支持分层削减公式的结构上，各方观点进一步趋于一致；在市场准入方面，在分层削减关税的乘数上各方观点也进一步接近；在关税削减公式上，部长们认为可以在目前对立的两种公式，即瑞士公式和乌拉圭回合公式之间寻找一条“中间道路”，这种办法将能实质性削减关税，同时兼顾各方利益。

第三，关于非农产品市场准入，与会代表一致认为，所有的关税税目应当约束，同时应当为发展中成员提供必要的灵活性。

第四，关于服务贸易，会议讨论了是否有可能增加其他谈判方式，比如采用多边的方法、诸边的方法，对传统的双边要价/出价的方式加以补充，以加快谈判进程，并提高服务贸易谈判质量。

第五，关于发展问题，发达成员和发展中成员的部长都对这个问题进行了积极讨论；包括中国在内的一些成员一致认为，发展中成员的特殊和差别待遇应得到充分的重视和切实的解决。其中一项重要工作是寻求有效途径处理最不发达国家履行某些规则义务的困难，并就进一步改善最不发达国家产品市场准入条件达成共识。

（七）第六届部长级会议：香港会议

2005年12月13—18日，世贸组织第六届部长级会议在中国香港举行。会议在农业、非农业和发展等议题上取得了积极成果，通过了《香港部长宣言》。该宣言宣布：2013年年底前取消所有形式的农产品出口补贴；发达成员2006年内取消棉花的出口补贴；发达成员和部分发展中成员2008年前向最不发达成员所有产品提供免关税、免配额的市场准入待遇。

由于发达成员和发展中成员围绕多哈回合谈判的核心问题——农业补贴以及农产品和非农产品的市场准入分歧严重，矛盾尖锐，历时五年的多哈回合谈判未能如期达成协议，于2006年7月底被迫宣布无限期中止。

（八）多哈回合谈判

2008年7月下旬，WTO在日内瓦举行主要成员部长级会议，为解决最后的关键问题进行谈判。然而，美国和印度在农产品特殊保障机制方面的分歧，导致了谈判的破裂。

2009年11月30日，世贸组织召开第七届部长级会议。这次会议评审多哈回合启动以来取得的成绩和问题，讨论反对贸易保护主义及在诸多不确定因素下如何加快全球经济复苏等问题。会议强调，多哈回合是发展回合，要更多地关注发展中国家的利益，其雄心和发展水平不能降低。按照拉米的判断，目前谈判已经完成了近80%，剩下的部分将是最困难的。某些主要成员由于经济危机失业率上升加上政府换届，反对继续推进谈判的声音提高，让这些成员重回谈判并在已经完成的基础上再往前走面临现实困难，但尽快结束多哈回合的大方向不应逆转。

2011年1月29日，世贸组织小型部长级会议在达沃斯举行，与会代表希望恢复谈判，认为2011年是考验各方能否把握谈判“机会之窗”的关键一年。贸易谈判委员会在农业、非农产品市场准入、贸易便利化、贸易规则等具体领域展开密集谈判，争取2011年结束谈判。为推进谈判，时任WTO总干事拉米在2011年5月底的贸易谈判会议上提出以贸易便利化、农业和发展三大议题为核心的“多哈回合早期收获路线图”计划，得到各成员同意。2011年12月在日内瓦召开的WTO第八届部长级会议没有就此达成协议。

2012年，各成员继续就“早期收获”计划进行谈判，在2012年12月11日举行的WTO总理事会会议上，WTO总干事拉米表示，贸易便利化协议谈判已取得积极进展，有成员提出在2013年将其作为“早期收获”协议签署。

2013年9月，新上任的WTO总干事罗伯特·阿泽维多敦促WTO 159个成员的贸易代表展开了一系列密集谈判，力求在各成员间尽快就贸易便利化、农业和发展三大议题达成一致，形成协议文本，并在12月初召开的部长级会议上，送交各国贸易部长正式签署。

（九）第九届部长级会议

2013年12月7日，世界贸易组织第九届部长级会议在印度尼西亚巴厘岛闭幕，会议发表了《巴厘部长宣言》，达成“巴厘一揽子协定”。“巴厘一揽子协定”也被称为多哈回合谈判的“早期收获”。

协议内容包括贸易便利化、部分农业议题以及发展三个部分。会议同时明确，在未来12月内，对所有多哈未决议题，尤其是农业、发展中国家和最不发达国家关心议题制订工作计划。

“早期收获”将有力推动全球经济增长。据WTO秘书处估算，其中的贸易便利化协议的签署将使全球贸易成本平均降低14.3%，每年将为全球创造近1万亿美元的出口增长和2 100万个就业岗位，帮助发展中国家出口增长10%、发达国家出口增长5%。

此次会议的成功标志着陷入僵局多年的多哈回合谈判终于迎来新的前进动力，实现了世贸组织成立18年来多边谈判的“零突破”。

WTO总干事阿泽维多称，此次会议的决定是“完成多哈回合谈判的重要垫脚石”。

2015 年 12 月 16 日，世贸组织扩大《信息技术协定》产品范围谈判（以下简称扩围谈判）参加方在肯尼亚内罗毕宣布，就扩围谈判达成全国协议，并发表《关于扩大信息技术产品贸易的部长声明》。

协议在 1996 年《信息技术协定》产品范围基础上新增 201 项产品，包括信息通信技术产品、半导体及其生产设备、视听产品、医疗器械及仪器仪表等与当代科技发展密切相关的产品。所有产品计划于 2016 年 7 月 1 日起实施降税，绝大多数产品将在 3～5 年后最终取消关税，并在最惠国待遇的基础上对全体世贸组织成员适用。其中日本全部产品在协议实施时即立即取消关税，美国全部产品在 3 年内取消关税，韩国绝大多数产品在 3 年内取消关税。

扩围谈判自 2012 年 5 月启动，至 2015 年 12 月达成全面协议，历时 3 年半，经过近 20 轮磋商，共有 25 个参加方、54 个世贸组织成员参加，参加方扩围产品全球贸易额达 1.3 万亿美元，占相关产品全球贸易额的约 90%。

扩围谈判达成的全面协议是世贸组织近 18 年来第一份关于取消关税的重要协议，再次显示了世贸组织进行全球贸易谈判的能力，它成为当时正在内罗毕举行的世贸组织第十届部长级会议的重要成果，也为会议其他议题达成共识注入正能量。特别是在当前全球贸易增长乏力、贸易保护主义仍在蔓延的背景下，协议达成能够提振工商界信心，促进全球贸易自由化水平进一步提高。

中国于 2003 年正式加入《信息技术协定》，目前已经发展成为全球信息技术产品第一大生产和出口国、第二大进口国，是信息技术产品全球价值链的重要参与方。

中国在扩围产品全球贸易额中占比约为四分之一，位居全球第一。扩围谈判达成协议后，将有助于中国相关产品扩大出口，也有利于降低有关元器件和设备的进口成本，为企业用户和消费者带来福利。

（十）第十届部长级会议

2015 年 12 月 19 日，世界贸易组织第十届部长级会议在肯尼亚内罗毕落下帷幕。

经过几天几夜艰苦的谈判，会议通过了《内罗毕部长宣言》及 9 项部长决定，承诺继续推动多哈议题，成果丰硕。一是世贸组织 162 个成员首次承诺全面取消农产品出口补贴，并就出口融资、支持棉花、国际粮食援助等方面达成了新的多边纪律；二是达成了近 18 年来世贸组织首个关税减让协议——《信息技术协定》扩围协议，涉及 1.3 万亿美元国际贸易；三是在优惠原产地规则、服务豁免等方面切实给予最不发达国家优惠待遇；四是正式批准阿富汗和利比里亚加入世贸组织。

2015 年 9 月 4 日，中国常驻 WTO 特命全权大使俞建华向 WTO 总干事罗伯特·阿泽维多递交中国国务院已作出接受 WTO《贸易便利化协定》议定书的决定。

自 2015 年 9 月 4 日起中国成为第 16 个接受《贸易便利化协定》议定书的成员，使几经挫折、付出了巨大努力的贸易便利化谈判完美收官。根据世界贸易组织（WTO）规定，《协定》将在 2/3 以上的世贸组织成员接受后生效。

2018 年 2 月 22 日，世贸组织《贸易便利化协定》（TFA）生效满一周年。随着经济全球化和国际贸易的发展，贸易便利化成为全球经贸新规则的核心要素，简化流程、降低成本、推动贸易便利化在全球范围内已形成共识。

在逆全球化思潮沉渣泛起、贸易保护主义抬头的形势下，《协定》的签署无疑为国际贸易发展环境提供了制度保障，迄今已有120个国家参与其中。

2017年11月联合国发布的《2017年全球贸易便利化和无纸贸易实施情况调查报告》显示，全球贸易便利化和无纸贸易措施平均实施率约为60%，尤其是2017年2月22日生效的《协定》已得到较快实施。44个亚太国家总体实施率为50%，比2015年提高了5个百分点，不仅降低了贸易成本，还提高了出口竞争力。

2017年以来，全球贸易持续回暖，其中新兴市场和发展中经济体是劳动全球贸易复苏的关键角色。

第四节　世界贸易组织的运行机制

世贸组织的运行机制包括：根据世贸组织的基本原则举行贸易谈判机制、争端解决机制和贸易政策审议机制。

一、根据世贸组织的基本原则举行贸易谈判机制

（一）非歧视原则

这条原则是世贸组织最为重要的原则，是世贸组织的基石。它是针对歧视待遇的一项缔约原则，要求缔约双方在实施某种优惠和限制措施时，不要对缔约对方实施歧视待遇。在世贸组织中，非歧视原则是通过最惠国待遇条款和国民待遇条款来体现的。

1. 最惠国待遇条款

最惠国待遇条款是贸易条约和协定的一项重要条款。它的基本含义是：缔约国一方现在和将来所给予任何第三国的一切特权、优惠及豁免，也同样给予缔约对方。最惠国待遇的基本要求，是使缔约一方在缔约另一方享有不低于任何第三国享有的待遇。换言之，即要求一切外国人或外国企业处于同等地位，享有同样的待遇，不给予歧视待遇。

最惠国待遇条款有无条件的最惠国待遇与有条件的最惠国待遇两种。无条件的最惠国待遇是指缔约国一方现在和将来给予任何第三国的一切优惠待遇，不得以任何政治或经济要求为先决条件，立即无条件地、无补偿地、自动地给予缔约对方。有条件的最惠国待遇是指如果一方给予第三国的优惠是有条件的，则另一方必须提供同样的补偿才能享受这种优惠待遇。

世贸组织的最惠国待遇条款是多边的、无条件的。它要求每一个缔约方在进出口方面应该以相等的方式对待所有其他缔约方，而不应采取附加条件的歧视待遇。这种最惠国待遇的实施不得以任何政治或经济要求为先决条件。正如《关贸总协定》第1条所规定的："一缔约国对来自或运往其他国家的产品所给予的利益、优待、特权或豁免，应当立即无条件地给予来自或运往所有其他缔约国的相同产品。"据此，一缔约方可根据最惠国待遇条款，享受任何缔约方通过谈判达成的所有关税减让和其他贸易上的优惠待遇。根据这条规定，在货物贸易中，一个WTO成员给予另一成员产品的关税优惠或其他与贸易有关的

好处，如与进出口有关的任何其他费用，征收关税和其他费用的方式，与进出口有关的规则和程序，国内税和其他国内费用，有关影响产品销售、购买、运输、分配和使用的规则和要求等，应立即和无条件地永久给予所有 WTO 成员的同类产品。这样，最惠国待遇就从双边互惠扩大到多边互惠。它比双边最惠国待遇稳定。但这项条款有若干例外，以限制最惠国待遇的适用范围。

下面列举的是对本原则的一些例外：

（1）一成员可以根据普惠制（GSP）原则向发展中成员提供更为优惠的关税减让，发展中成员之间也可以按照区域性或全球性安排相互给予关税减让。在非关税措施方面，可通过多边谈判达成协议，给予发展中成员有差别的和更为优惠的待遇。此外，根据相互之间规定的标准，发展中成员也可以就相互减少或取消非关税措施达成协议。在这些情况下，有关减让不必给予其他成员。

（2）为了便利边境贸易，可以只给予邻国某种好处和减让（见 1994 年《关税与贸易总协定》第 24 条第 3 款 a 项）。

（3）参加关税同盟或自由贸易区等安排的一些成员所享受的经济一体化内部的待遇可不给予其他 WTO 成员。参加此类安排的成员实质上对相互间的所有贸易取消关税（见 1994 年《关税与贸易总协定》第 24 条第 5 款）。正是根据这一条款，几个区域性经济集团如欧洲经济共同体（EEC）、北美自由贸易区（NAFTA）等才得以成立。

（4）《1994 年关税与贸易总协定》第 20 条包括了几项一般例外，允许一成员因健康、道德和环保等原因采取措施限制特定来源的进口。

（5）可以出于安全原因限制来自特定成员的进口产品（1994 年关贸总协定第 20 条）。

（6）若某成员对出口给予补贴或某一贸易实体倾销其产品，进口方可对有关进口产品征收反补贴税或反倾销税。

（7）根据争端解决程序，若发现某成员的行为导致另一成员享有的好处受到减损甚至丧失，则另一成员可收回对该成员所作的减让。

（8）不属世贸组织管辖范围的诸边贸易协议中的义务，包括政府采购、民用航空器贸易、奶制品及牛肉贸易等方面，世贸组织成员彼此间可以不给予最惠国待遇。

2. 国民待遇条款

国民待遇条款是缔约国一方保证缔约国另一方的公民、企业和船舶在本国境内享受与本国公民、企业和船舶同等的待遇。

世贸组织的国民待遇条款要求每一成员对任何其他成员的产品进入其国内市场时在国内税费等经济权利方面应与本国产品享受同等待遇，不应受到歧视。《关贸总协定》第 3 条规定："一缔约国领土的产品输入到另一缔约国领土时，不应对它直接或间接征收高于对相同的国内产品所直接或间接征收的内地税或其他内地费用"，以保证进口产品与国内产品在国内市场上以同等的条件进行竞争。

国民待遇条款要求，一旦某种商品经过海关进入一成员的国内市场，其各种待遇不能低于国内生产的相应产品。也就是说，在缴纳海关关税之后，进口产品在销售、购买、运输和分配等所适用的法律法规方面均应与国内产品一视同仁。如果对进口产品征收高于国内产品的国内税或对其采取其他限制措施，那么成员方之间所进行的关税减让的好处就会被抵消。

国民待遇适用的范围通常包括：外国公民的私人经济权利，外国产品应缴纳的国内捐税，运输、转口、过境、船舶在港口的待遇，商标注册，版权及专利权的保护等。但是这项条款的应用常有一定的范围，并非把本国公民的一切权利均包括在内，例如沿海航行权、领海捕鱼权、购买土地权、零售贸易权等。通常，这些权利都不包括在国民待遇条款的范围之内，一般不给予外国侨民，只准本国公民享有。

（二）市场开放原则

世贸组织的一个重要目标是通过谈判逐步实现更大程度的贸易自由化，促进开放贸易体制的形成。世贸组织的一系列协定、协议都要求成员分阶段逐步实行贸易自由化，以此扩大市场准入水平，促进市场的合理竞争和适度保护。这就形成了世贸组织的市场开放原则。

世贸组织的市场开放原则主要表现如下所述。

1. 通过关税减让约束成员方的关税

1994 年《关贸总协定》要求各成员方通过谈判降低各自的关税水平，并将这些减让的税目列入各自的关税减让表，使其“约束”起来。已约束的税率 3 年内不许提升；3 年后如果提升，还要同当初进行对等关税减让的成员方协商，取得其同意，并且要用其他产品的相当水平的关税减让来补偿提升关税所造成的损失。

2. 一般取消数量限制

一般禁止数量限制是 1994 年《关贸总协定》的一个基本条款。实行数量限制就是采用行政手段限制外国产品与本国工业进行竞争，因而被《1994 年关贸总协定》禁止。在某些例外情况下，1994 年《关贸总协定》也允许采取数量限制。但根据 1994 年《关贸总协定》第 13 条，采取这种数量限制时，必须遵守非歧视原则，不得厚此薄彼，针对国别。

在世贸组织中，除继续坚持以关税作为货物贸易的主要保护手段的原则外，在一般取消数量限制方面也取得了很大进展。第一，逐步减少配额和许可证。通过“纺织品与服装协议”，逐步取消纺织品和服装贸易中的数量限制，使背离以关税作为主要保护手段的原则的这类商品最后实现贸易自由化。第二，从取消数量限制向取消其他非关税壁垒延伸。在世贸组织负责实施的货物贸易协定，诸如原产地规则、装船前检验、反倾销、技术性贸易壁垒、进口许可证程序、补贴与反补贴、海关估价、政府采购等协议中，通过制定新规则和修订原有规则，约束各种非关税壁垒实施的条件。第三，把一般取消数量限制原则扩大到其他有关协定。如服务贸易总协定在市场准入部分规定：不应限制服务提供者的数量，不应采用数量配额方式要求限制服务的总量等。

3. 通过承诺义务，开放服务市场，稳定服务贸易发展

在服务贸易中，稳定服务贸易发展原则是通过具体承诺义务实现的。各成员方通过谈判，按不同的服务部门作出承诺，并明确列入各成员方的市场准入减让表，作为服务贸易总协定不可分割的部分，具有约束力。各成员方可根据本国立法，在减让表中列入对其他各成员服务提供者进入本国市场的限制条件。按照服务贸易总协定，各成员方就各自承担义务的计划安排、实施框架、承担义务的生效日期作出说明，使国际服务贸易首次受到约束，使之稳定地发展。

（三）公平竞争原则

公平竞争是指在市场经济条件下，生产者和消费者按市场供求而形成的价格进行的贸易行为；反之，以人为方法低于此价格出口，使别国同类产品生产厂商受到伤害的竞争或人为地限制进口，不保护知识产权等活动称为不公平竞争行为。

1947年关贸总协定和世贸组织把促进公平竞争作为一个重要原则并为之采取以下措施：

第一，通过反倾销、反出口补贴措施纠正因倾销和出口补贴而形成的不公平竞争。

"关于履行1994年《关税与贸易总协定》第6条的协议"第2条规定：倾销是指"一项产品从一国出口到另一国，该产品的出口价格在正常的贸易过程中，低于在出口国旨在用于消费的相同产品的可比价格，也即以低于正常价值进入另一国的商品，则该商品被认为是倾销"。

"关于履行1994年《关税与贸易总协定》第7条的协议"第1、3、5、6条规定：补贴是指"在某一成员的领土内，由政府或任何公共机构提供的财政资助"。补贴又分为被禁止的补贴、可申诉的补贴和不可申诉的补贴。被禁止的补贴和可申诉的补贴被认为是不公平竞争行为。被禁止的补贴是指"以出口实绩为条件而提供的补贴"，可申诉的补贴是指"对其他成员造成不利影响"的补贴。

进口成员方如发现进口产品存在倾销、存在被禁止的补贴和可申诉补贴的现象，查证落实并裁决后，可以征收反倾销税、反补贴税，但税额不得高于倾销和补贴的额度。

第二，纺织品服装和农产品贸易逐步取消配额限制和出口补贴，实现公平竞争。

自关贸总协定建立以来，纺织品服装和农产品贸易长期背离贸易自由化原则。发达国家针对纺织品、服装设立的歧视性数量限制，一直在《多种纤维安排》项下进行着不公平的竞争。在乌拉圭回合中，经过谈判，达成了纺织品服装协议和农产品协议，取消配额限制和出口补贴，逐步实现公平竞争。

按照纺织品服装协议，《多种纤维安排》项下的数量限制在1995年1月1日到2005年1月1日10年内分四个阶段，最后全面取消限制。

按照农产品协议，发达国家成员方应在6年内把直接出口补贴的金额降低，比1986—1988年平均水平低36%。实施出口补贴的农产品数量在同期内降低21%。发展中国家成员方应在10年内分别削减24%和14%。

第三，加强对知识产权的保护。

知识产权包括版权、专利权和工业品外观设计以及商标、服务标记和原产地标志。知识产权的保护是基于法律所赋予的发明创造者对自身成果所享有的专有权利。在乌拉圭回合中，经过各成员方的努力，达成了"与贸易有关的知识产权协定"，就假冒、仿制、剽窃、盗用等侵权的不公平竞争行为作出了排除措施，以保护公平和正当竞争。

第四，规范政府采购行为。

各国政府优先和以优惠的价格购买本国产品，对别国构成不公平贸易。乌拉圭回合使1979年东京回合达成并于1981年1月1日生效的"政府采购协议"进一步自由化，而且把范围扩展到服务，包括建筑服务、地方一级和公用事业单位的采购。该协议约束政府采购金额，扩大公平竞争机会。

（四）贸易政策法规透明度原则

透明度原则是世贸组织的重要原则。它体现在世贸组织的主要协定、协议中。根据该原则，世贸组织成员有义务将有效实施的现行贸易政策法规公布于世。因此，这个原则也被称为贸易政策法规透明度原则。

保持世贸组织各成员方政策和措施的充分透明，是其实现总体目标的重要保证，也是各成员方根据世贸组织的有关规定，维护正当权益，保持多边贸易体制在开放、公平、无扭曲竞争的基础上健康发展的重要保证。

1947年《关贸总协定》对透明度专门设立了第10条，在乌拉圭回合中，又通过建立“贸易政策审议机制”使透明度原则得到加强。

根据透明度原则，公布的贸易政策法规包括：（1）海关法规，即海关对产品的分类、估价方法的规则，海关对进出口货物征收的关税税率和其他费用；（2）进出口管理的有关法规和行政规章制度；（3）有关进出口商品征收国内税的法规和规章；（4）进出口商品检验、检疫的有关法规和规章；（5）有关进出口货物及其支付方面的外汇管理和对外汇管理的一般法规和规章；（6）利用外资的立法及规章制度；（7）有关知识产权保护的法规和规章；（8）有关出口加工区、自由贸易区、边境贸易区、经济特区的法规和规章；（9）有关服务贸易的法规和规章；（10）有关仲裁的裁决规定；（11）成员政府及其机构所签订的有关影响贸易政策的现行双边或多边协定、协议；（12）其他影响贸易行为的有关国内立法或行政规章。

世贸组织要求，所有成员对以上这些规则的公布应该是及时的。

透明度原则规定各成员应公正、合理、统一地实施上述的有关法规、条例、判决和决定。公正性和合理性要求成员对法规的实施应履行非歧视原则。统一性要求在成员方领土范围内管理贸易的有关法规不应有差别待遇，即地方政府颁布的有关上述事项的法规不应与中央政府统一颁布的有关政策法规有任何抵触。

（五）对发展中成员的优惠待遇原则

根据《关贸总协定》第四部分和东京回合达成的“授权条款”，对发展中国家的贸易与发展应尽量给予关税和其他方面的特殊优待。

《建立世界贸易组织协定》的前言中指出，世贸组织各成员，进一步承认有必要作出积极的努力，以确保发展中国家，尤其是最不发达国家，在国际贸易增长中获得与其经济相应的份额。为此，世贸组织在其负责实施管理的协议与协定中采取以下措施：

（1）允许发展中成员方的关税总水平高于发达成员方。乌拉圭回合开始时，发达缔约方的关税总水平为6.3%，发展中缔约方的总水平为15%；乌拉圭回合协议与协定实施后，发达成员方的关税总水平将从6.3%降到3.8%左右，而发展中成员方的关税总水平将从15%下降到12%左右。

（2）允许发展中成员方继续享受普遍优惠制，即发展中成员方享受发达成员方根据联合国贸易与发展会议决议，给予发展中国家以“普遍、非歧视和非互惠”为特点的关税优惠。

（3）在向世贸组织负责实施管理的贸易协议与协定的靠拢中，世贸组织中的发展中成员方的过渡期长于发达成员方。

（4）允许发展中成员方在一定限度内可对其出口实行补贴。

(5) 发展中成员相互进行关税减让时可以不把达成的减让给予发达成员方。

(六) 区域性贸易安排

区域性贸易安排是指一些国家通过协议组成经贸集团，成员内部相互取消或减少贸易壁垒。1947年《关贸总协定》第24条确认，允许这些经贸集团存在，并将其视为最惠国待遇一般的例外。1994年《关贸总协定》允许上述区域贸易集团偏离最惠国待遇原则，对集团内成员间相互给予的贸易优惠可不给予集团外的国家。该条规则的目的在于通过区域性贸易安排，既促进集团内国家间的贸易，又不对集团外国家形成新的贸易壁垒。

二、世贸组织的争端解决机制

(一) 争端解决机制的作用与目的

世贸组织《关于争端解决规则与程序的谅解》(以下简称《谅解》) 中指出：世界贸易组织的争端解决制度是保障多边贸易体制的可靠性和可预见性的核心因素。

世贸组织争端解决机制的目的在于确保对争端有积极的解决办法。因此，对于成员之间的争端问题，它鼓励寻求与世贸组织规定相一致的、各方均可接受的解决办法。通过有关的政府之间的双边磋商，找到解决办法。

根据《谅解》的规定，世界贸易组织成员之间产生贸易争端，应首先由当事方之间进行协商，寻求满意的解决办法。如果不能在60天内通过协商解决争端，当事方可以请求争端解决机构成立专家组审查争端。但即使在专家组审查争端的过程中，当事方仍然可以通过双方协商解决争端。这一规定最符合争端解决机制的宗旨，即在维持世界贸易组织成员之间权利和义务平衡的前提下，使争端得到令人满意的解决。通过协商实现的解决办法一般都是为当事双方所乐于接受的，同时也有利于维护世贸组织成员间的利益平衡和组织内部的合作精神，从而有助于组织机构的良好运转，因而这样的解决办法是积极的。

(二) 争端解决机构

1. 争端解决机构的设立

为了更有效地解决贸易争端，《谅解》规定设立争端解决机构，隶属于部长会议之下。争端解决机构的设立为该组织解决争端的规范化创造了必要的条件，这是世贸组织优于关贸总协定之处，因为关贸总协定始终未能建立这样一个机构。有了专司解决争端的机构，世贸组织成员之间发生的争端就可以随时上诉常设的法庭。这就为及时化解矛盾、促进国际贸易顺利发展提供了保障。

1995年1月31日，在世贸组织总理事会第一次会议上，争端解决机构正式成立。

(1) 争端解决机构的职责：

1) 成立专家组并通过其报告；

2) 组建上诉机构并通过其报告；

3) 监督裁决和建议的履行；

4) 根据有关协议授权中止各项减让和其他义务。

(2) 争端解决机构的办事规则：

1) 根据需要召开会议，以期在《谅解》规定的时间框架内解决争端；

2) 向有关理事会和委员会通报有关争端解决的进展情况；

3) 按照协商一致的原则作出有关决定。

2. 专家组

专家组是在磋商未果时，在申诉方的请求下由争端解决机构成立的。有关争端解决完毕，专家组的使命也即终结。根据不同的争端，可同时设立多个专家组。被诉方同多个申诉方之间发生的关于同一问题的争端，一般可分别成立专家组，但是，一般由同一专家组对各个争端统一审理。有关程序要求争端解决机构最迟不晚于在它第二次审议建立专家组的要求之前将专家组建立起来。专家组一般由 3 名专家组成，若争端双方同意，也可扩大到 5 名。专家组必须在它建立之后的 30 天内组成。在遴选专家组成员时，世贸组织秘书处根据需要从一份合格人选名单中向争端各方建议 3 名可能的专家组成员。若在选择专家组成员时存在实际困难，专家组成员也可由总干事指定。当选的专家组成员以个人身份提供服务，不接受任何政府的指示。专家组成员应为资深的政府官员或非政府人士，并应具有多种不同的背景和丰富的经验。虽然专家组成员不接受任何政府的指示，但是，因为专家组每个成员的意见对专家组报告的最后形成具有很重要的影响，故各争端方对专家组成员的人选甚为重视。专家组的职权范围是：

（1）按照相关协议的有关规定，审查当事方提交争端解决机构的有关事项，进行调查，以有助于争端解决机构制定各项建议，或有助于该机构按照有关协议中的规定作出裁决；

（2）专家组应对由争端各当事方列举的任何有关协议中的各项规定加以审议并提出建议；

（3）在设立专家组的过程中，经与当事方协商，争端解决机构也可以授权其主席确定该专家组不同的职权范围。

3. 常设上诉机构

1995 年 2 月，争端解决机构组建了常设上诉机构。

依照《谅解》的规定，常设上诉机构由 7 人组成，任期 4 年，可连任一次，7 名成员依一定程序定期轮换。7 名成员应在世贸组织的成员方中有广泛代表性。7 名成员的遴选程序是：首先是各成员方代表团提名；然后在提名的基础上，世贸组织总干事、争端解决机构主席、总理事会主席以及货物贸易理事会、服务贸易理事会和知识产权理事会的主席联合提出建议名单，最后由争端解决机构正式任命。常设上诉机构的成员必须是在法律和国际贸易领域中公认的权威，并且是对各有关协议具有专业知识的人员。这些成员不隶属于任何国家的政府。

（三）争端解决的范围与原则

1. 世贸组织的管辖权

当世贸组织的成员之间发生贸易争端时，若一方有意将争端投诉到世贸组织，则须首先认定该项争端是否在世贸组织争端解决机制的管辖范围之内，即首先要确定管辖权问题。世贸组织争端解决机制的管辖范围包括涉及以下协议的争端：

（1）《建立世界贸易组织协定》。

（2）有关多边贸易协议。

从有关协议可以看出，世贸组织的争端解决机制不仅适用于货物贸易协议、服务贸易总协定等有关贸易本身的争端，也适用于关于《建立世界贸易组织协定》和《谅解》本身。

2. 世贸组织解决争端的原则

世贸组织的争端解决机制的基本原则主要有：

（1）协商解决争端原则。

世贸组织争端解决机制鼓励争议双方尽量采取友好协商的办法来解决问题。《谅解》规定，每个成员保证对另一成员提出的有关问题应给予考虑，并就此提供充分的磋商机会。世贸组织争端解决机制的目的在于"为争端寻求积极的解决办法"。因此，对于成员之间的问题，鼓励寻求与世贸组织规定相一致的、各方均可接受的解决办法。

（2）磋商、调解原则。

世贸组织争端解决机制中的调解程序主要规定在《谅解》第5条"斡旋、调解和调停"中。斡旋是第三方以各种方式促成当事方进行谈判的行为；而调停则是以第三方的中立身份直接参与有关当事方的谈判。在处理国际争端时，调解是将争端提交一个委员会或调解机构，该调解机构的任务是阐明事实，提出报告，提出解决争端的建议，以设法使争端各方达成一致。因此，调解机构的权威性与参与程度要大于调停方式。无论是斡旋、调解还是调停，在世贸组织争端解决机制中，都必须在争端各方的同意下才能进行。斡旋、调解和调停可以在任何时候进行，也可以在任何时候终止。世贸组织总干事作为该组织的最高行政官员，则应依照其职权积极进行斡旋、调解或调停，协助各成员及时解决争端。

（3）多边原则。

世贸组织成员承诺，不针对其认为违反贸易规则的事件采取单边行动，而诉诸多边争端解决机制，并遵守其规则与裁决。世贸组织鼓励各成员在遇到争端时，应尽量采用多边机制来进行解决。

（4）程序上的协商一致原则。

世贸组织的争端解决机构在作出决定时，同原关贸总协定一样，遵循协商一致的原则。在这方面，世贸组织的争端解决机制比关贸总协定的机制更完善，它引入了"无异议协商一致"和"反向一致"的概念。前一概念是指在争端解决机构作出决定的会议上，倘若没有成员就拟议的决定正式提出反对意见，则应认为争端解决机构就提交的争端事项作出决定时，意见是一致的。而后一概念则是指所有参加争端解决机构的成员对某一问题或程序均持反对意见。例如，只有当争端解决机构全体反对时，专家小组才不能成立。在双方各执一端的诉讼中，出现"反向一致"意见的情况甚为罕见，正是这种罕见的"反向一致"原则的引入，保证了对某些问题的及时处理和某些程序的顺利进行。

（5）对发展中成员程序特殊原则。

关贸总协定1996年通过的《根据第23条的程序》，对发展中国家向发达国家提出的申诉提供了一些便利。《谅解》第12条（专家小组程序）、第21条、第27条等条文都规定了一些照顾发展中国家的原则和措施。

（四）争端解决的程序

世贸组织成员如有争端，应先行协商，在一方提出要求后的30天内，必须开始协商。如60天后未获解决，一方可申请成立专家小组。争端解决机构在接到申请后的第二次会议上必须作出决定，即同意或不同意成立专家小组，只有当争端解决机构全体反对时，专家小组才不能成立。这意味着在世贸组织体制下比1947年关贸总协定更容易成立专家小组，因为在原关贸总协定体制下，可以“协商未果”为借口拖延专家小组的成立。这表明，世贸组织解决争端的机制在加强。

（五）WTO受理的贸易争端

自1995年世贸组织成立以来，截至2011年10月，世贸组织争端解决机构接受协商申请的争端案件总数为427起。

入世后，我国应诉案件占比呈上升趋势，第三方是我国参与争端的主要途径。

三、世贸组织的贸易政策审议机制

（一）贸易政策审议的目的

世贸组织除了提供争端解决机制之外，还是对成员贸易政策进行定期审议的场所。贸易政策审议机制是一种在国别基础上对WTO成员的贸易政策进行全面审议的专门监督程序。其审议具有双重目的。首先，了解成员在多大程度上遵守和实施多边协议的规则和承诺。通过定期审议，世贸组织作为监督者，要确保规则的实施，以避免贸易摩擦。其次，提供更大的透明度，更好地了解成员的贸易政策和措施。

（二）贸易政策审议的内容和期限

审议内容：成员方贸易政策与措施；贸易政策的背景。

审议的对象与期限：所有成员方均要接受政策定期审议。依据各成员在世界贸易中的比重确定审议期限，世界上最大的4个贸易体（美国、欧盟、中国、德国）每两年接受一次审议；在世界贸易中，排名第5位至第20位的成员方每4年接受一次审议；其余成员每6年或8年接受一次审议。

在审议期间，受审议的成员方的贸易政策措施发生重大变化时，必须及时向贸易政策审议机构提出全面报告。

世贸组织秘书处负责起草政策审议结果报告，公布并提交给世贸组织部长级大会审议。

（三）贸易政策审议的主持机构

总理事会承担贸易政策审议机构工作。在审议结束后，公布国别报告和秘书处准备的报告以及讨论的记录。

（四）WTO进行的贸易政策审议

2005年，WTO共对15个成员进行了贸易政策审议。截至2005年年底，WTO共进行了150次贸易政策审议，审议了WTO 148个成员中的97个。

截至2016年7月20日，中国已经先后六次接受了WTO的贸易政策审议，回答了世贸组织成员提出的5 200多个问题。

第五节　中国与世界贸易组织

一、中国从复关到入世

中国是1947年关贸总协定的23个缔约方之一。

1948 年 4 月 21 日，中国政府签署关贸总协定《临时适用议定书》，并从 1948 年 5 月 21 日正式成为关贸总协定缔约方。1950 年 3 月 6 日，台湾当局决定退出总协定。1965 年 1 月 21 日，台湾当局提出观察总协定缔约方大会的申请，同年 3 月，第 22 届缔约方大会接受台湾当局派观察员列席缔约方大会。

1949 年 10 月 1 日，中华人民共和国成立。1971 年 10 月，联合国大会通过了关于恢复中华人民共和国合法席位的第 2758 号决议，恢复了中华人民共和国在联合国的合法席位。关贸总协定按照在政治上服从联合国决议的原则，于 1971 年 11 月 26 日终止了台湾当局的"观察员"地位。不久，中国于 1972 年 5 月成为联合国贸发会议和关贸总协定下属机构国际贸易中心的成员。嗣后，中国逐步与关贸总协定恢复了联系。

中国从复关到入世的过程经历以下三个阶段。

第一阶段从 20 世纪 80 年代初到 1986 年 7 月，主要是酝酿、准备复关事宜。

1981 年，中国代表列席了关贸总协定纺织品委员会第三个《多种纤维协议》的谈判，并于当年 5 月获得了纺织品委员会观察员资格。1984 年 1 月，中国正式参加了第三个《多种纤维协议》，并成为关贸总协定纺织品委员会的成员。

1982 年 11 月，中国第一次派代表团以观察员身份列席了关贸总协定第 36 届缔约国大会。1984 年 11 月，作为观察员，中国获准出席关贸总协定理事会及其附属机构的会议。此后，中国每年都列席关贸总协定缔约方大会。

1985 年 4 月，中国成为关贸总协定发展中国家非正式磋商小组的成员。

1986 年 1 月 10 日，关贸总协定总干事邓克尔先生应中国政府邀请来华访问，当时的国务院总理在会见邓克尔时代表中国政府正式表示，为适应对外开放政策的需要，中国希望恢复自己在关贸总协定的缔约国席位。这次谈话引起了国内外的关注。1986 年 7 月 10 日，中国驻日内瓦联合国常驻代表团代表向关贸总协定总干事提交了中国政府关于恢复中国在关贸总协定中缔约国席位的申请。申请照会中表示，中国政府基于中国是关贸总协定创始缔约国之一这一事实，现决定申请恢复它在关贸总协定中的席位。

第二阶段从 1986 年 7 月到 1992 年 10 月，主要是审议中国经贸体制，中方要回答的中心题目是到底要实行市场经济还是计划经济。

1987 年 3 月 4 日，关贸总协定理事会设立了关于恢复中国缔约方地位的中国工作组，邀请所有缔约方就中国外贸体制提出质询。申请"复关"的谈判，首先必须接受关贸总协定对中国经贸体制的审查，由缔约方判断中国的经贸体制是否符合市场经济的基本要求。在当时情况下，中国要回答的核心问题就是中国究竟是实行市场经济，还是实行计划经济。

1992 年 9 月，中国共产党第十四次全国代表大会接纳了邓小平南方谈话的思想，正式确立了建立"社会主义市场经济"体制的总体目标，从而使第二阶段的谈判迈出了关键性的步伐。1992 年 10 月召开的关贸总协定第 11 次中国工作组会议，正式结束了对中国经贸体制长达 6 年的审议。

第三阶段从 1992 年 10 月到 2001 年 9 月，中方进入实质性谈判，即双边市场准入谈判和围绕起草中国入世法律文件的多边谈判。

1993 年 11 月，江泽民在第一次参加在美国西雅图举行的亚太经合组织领导人非正式会议时，提出了著名的中国复关“三原则”：第一，关贸总协定没有中国的参与是不完整的；第二，中国必须以发展中国家身份复关；第三，中国复关坚持权利与义务的平衡。

这一阶段复关谈判重新启动并进入权利与义务敲定的最后攻坚时期。

1995年11月，中国政府照会世贸组织总干事，把中国“复关”工作组更名为中国“入世”工作组，中国恢复关贸总协定缔约国地位的谈判转为加入世贸组织谈判，中方根据要求，与世贸组织的37个成员继续进行拉锯式的双边谈判。1997年5月，中国与匈牙利最先达成协议；1999年11月15日，中国完成了最艰难的也是最重要的中美“入世”谈判，从而为结束长达13年的复关/入世谈判铺平了道路；2001年5月19日，中欧谈判几经周折也正式达成双边协议；2001年9月13日，中国与最后一个谈判对手墨西哥达成协议，从而完成了“入世”的双边谈判。

2001年9月17日，世贸组织中国工作组第18次会议在世贸组织总部举行正式会议，通过了中国加入世贸组织的所有法律文件。包括：中国工作组报告书、中国入世议定书、货物贸易减让表和服务贸易减让表。中国长达15年的入世谈判宣告完成。

2001年11月10日，世界贸易组织第四届部长级会议在卡塔尔首都多哈以全体协商一致的方式，审议并通过了中国加入世贸组织的决定。2001年11月11日，中国政府代表签署中国加入世贸组织协定书，并向世贸组织秘书处递交中国加入世贸组织批准书，30天后，即2001年12月11日，中国正式成为世贸组织成员。

二、中国加入世界贸易组织的法律文件构成

中国加入世贸组织的法律文件包括：《建立世界贸易组织协定》、《中华人民共和国加入的决定》、《中华人民共和国加入议定书》及其附件、《中国加入工作组报告书》。中国加入世贸组织的法律文件的主体是《建立世界贸易组织协定》，议定书和工作组报告书成为《建立世界贸易组织协定》的组成部分。

《中华人民共和国加入议定书》本身由序言、3个部分组成。第一部分为总则，包括18个条款：第1条　总体情况，第2条　贸易制度的实施，第3条　非歧视，第4条　特殊贸易安排，第5条　贸易权，第6条　国营贸易，第7条　非关税措施，第8条　进口许可证程度，第9条　价格控制，第10条　补贴，第11条　对进出口产品征收的税费，第12条　农业，第13条　技术性贸易警告，第14条　卫生与植物卫生措施，第15条　确定补贴和倾销时的价格可比性，第16条　特定产品过渡性保障机制，第17条　世界贸易组织成员的保留，第18条　过渡性审议机制。第二部分为减让表。第三部分为最后条款。议定书附有9个附件。

《中国加入工作组报告书》由导言、经济政策、政策制定和执行的框架、影响货物贸易的政策、与贸易有关的知识产权制度、影响服务贸易的政策、其他问题和结论8个部分构成。

议定书是确定作为申请加入方中国权利和义务关系的法律文件，而工作组报告则是对整个加入谈判情况的记录说明（也包括部分承诺）。工作组报告书在结构上与议定书有一定差异，但作为谈判过程的记录和对议定书有关条款的进一步细化和说明，与议定书具有内在的统一性，具有与议定书同等的法律效力。同时，作为世界贸易组织的成员，我国的权利和义务不仅体现在议定书和工作组报告书中，也全面反映在世贸组织现行的各项协定

和协议中。因此，世贸组织成员在世贸组织各项协定和协议中所承担的义务和承诺，都是我国应当享受的权利。

三、入世后中国的权利与义务

2001 年中国加入世界贸易组织，是中国深度参与经济全球化的里程碑，标志着中国改革开放进入历史新阶段。加入世贸组织以来，中国积极践行自由贸易理念，全面履行加入承诺，大幅开放市场，实现更广互利共赢，在对外开放中展现了大国担当。

按世贸组织的基本原则，中国“入世”后主要有如下权利和义务。

（一）权利

1. 享受多边的、无条件的和稳定的最惠国待遇和国民待遇

中国加入世界贸易组织后，可充分享受多边无条件的最惠国待遇和国民待遇，即非歧视待遇。现行双边贸易中受到的一些不公正待遇将会逐步取消。根据《中国加入世界贸易组织议定书》附件 7 的规定，欧盟、阿根廷、匈牙利、墨西哥、波兰、斯洛伐克、土耳其等成员对中国出口产品实施的与世界贸易组织规则不符的数量限制、反倾销措施、保障措施等将在中国加入世界贸易组织后5～6年内取消；根据世界贸易组织《纺织品与服装协议》的规定，发达国家的纺织品配额将在 2005 年 1 月 1 日取消，中国将充分享受世界贸易组织纺织品一体化的成果。

2. 享受发展中成员方特殊待遇

享受世贸组织发达成员方给予发展中成员方的特殊待遇，而不向发达成员方提供相应的义务。

(1) 允许发展中成员方继续享受普遍优惠制，即发展中成员方享受发达成员方根据联合国贸易与发展会议决议给予发展中国家以“普遍、非歧视和非互惠”为特点的关税优惠。中国入世之前，世界上有 28 个给惠国，其中 21 个国家给予我国普惠制待遇，入世后我国在更大范围内享受此待遇。

(2) 允许发展中成员方的关税总水平高于发达成员方。乌拉圭回合开始时，发达缔约方的关税总水平为 6.3%，发展中缔约方的总水平为 15%；乌拉圭回合协议与协定实施后，发达成员方的关税总水平从 6.3%降到 3.8%左右，而发展中成员方的关税总水平从 15%下降到 12%左右。

(3) 在向世贸组织负责实施管理的贸易协议与协定的靠拢中，世贸组织中的发展中成员方的过渡期长于发达成员方。

(4) 允许发展中成员方在履行义务时有较大的灵活性。在涉及补贴与反补贴措施、保障措施等问题时享有协定规定的发展中国家待遇。在保障措施方面享受 10 年保障措施使用期，在补贴方面享受发展中国家的微量允许标准（即在该标准下其他成员不得对我国采取反补贴措施）；在技术性贸易壁垒采用国际标准方面，可以根据经济发展水平拥有一定的灵活性等。

3. 在多边贸易体制中享有决策权

入世之前中国在 WTO 中以观察员身份参加，只有表态权，没有表决权。入世后，中国参与各个议题的谈判和贸易规则的制定既有发言权，又有决策权，有利于维护中国在世界多边贸易体系中的合法权益。其中包括：全面参与世界贸易组织各理事会和委员会的所

有正式和非正式会议，维护中国的经济利益；全面参与贸易政策审议，对美国、欧盟、日本、加拿大等重要贸易伙伴的贸易政策进行质询和监督，敦促其他世界贸易组织成员履行多边义务；在其他世界贸易组织成员对中国采取反倾销、反补贴和保障措施时，可以在多边框架体制下进行双边磋商，增加解决问题的渠道；全面参与新一轮多边贸易谈判，参与制定多边贸易规则，维护中国的经济利益。

4. 获得市场开放和法规修改的过渡期

中国加入世界贸易组织后，中国在市场开放和遵守规则方面获得了过渡期。在放开贸易权的问题上，享有 3 年的过渡期；关税减让的实施期最长可到 2008 年；逐步取消 400 多项产品的数量限制，最迟可到 2005 年 1 月 1 日取消；服务贸易的市场开放在加入后1～6年内逐步实施。

5. 享有利用争端解决机制解决贸易争端的权利

世贸组织《关于争端解决的规则与程序的谅解》中指出："世贸组织的争端解决制度是保障多边贸易体制的可靠性和可预见性的核心因素。"为此，世贸组织成员承诺，不应采取单边行动以对抗其发现的违反贸易规则的事件，而应在多边争端解决制度下寻求救济，并遵守其规则与裁决。为此，世贸组织建立了贸易争端解决机制，详细地规定了贸易争端解决所应遵循的程序和时间表。中国入世后，在与世贸组织其他成员方发生贸易摩擦与贸易纠纷时，有权按世贸组织的争端解决机制邀请它们与我国共同解决贸易摩擦，如双边解决不成，可上诉到世贸组织争端解决机构，由其出面解决，避免某些双边贸易机制对中国的不利影响。

（二）义务

加入世贸组织后，我国严格遵守世贸组织规则，认真履行各项义务和承诺。

1. 大幅度降低进口关税

WTO 有关协定规定："各成员方在互惠互利的基础上进行谈判以大幅度降低关税。"大幅降低进口关税，减少进口成本，促进贸易发展，让世界各国更多分享中国经济增长、消费繁荣带来的红利。截至 2010 年，中国货物降税承诺全部履行完毕，关税总水平由 2001 年的 15.3%降至 9.8%。其中，工业品平均税率由 14.8%降至 8.9%；农产品平均税率由 23.2%降至 15.2%，约为世界农产品平均关税水平的四分之一，远低于发展中成员 56%和发达成员 39%的平均关税水平。农产品的最高约束关税为 65%，而美国、欧盟、日本分别为 440%、408%、1706%。

2. 显著削减非关税壁垒

我国承诺按照世界贸易组织的规定，在 2005 年 1 月 1 日之前对 400 多项产品实施的非关税措施予以取消，包括进口配额、进口许可证、机电产品特定进口招标等，并承诺今后除符合世界贸易组织规定外，不再增加或实施任何新的非关税措施。

3. 广泛开放服务贸易市场

加入世贸组织以来，我国在包括银行、保险、证券、电信、建筑、分销、法律、旅游、交通等在内的众多服务部门，修改和新制定了一系列进一步加快对外开放的法规和规章，为服务贸易领域市场准入机会的扩大提供了法律依据和保障。这些法规和规章不仅体现了我国在服务贸易领域所作出的市场开放的承诺，而且还包括了我国一些自主开放举措。在世贸组织分类的12大类服务部门的160个分部门中，中国承诺开放9大类的100个分部门，接近发达成员平均承诺开放108个分部门的水平。截至2007年，中国服务贸易领域开放承诺已全部履行完毕。

4. 履行知识产权保护承诺

加强知识产权保护是中国的主动作为。加强知识产权保护是完善产权保护制度最重要的内容，也是提高中国经济竞争力最大的激励。中国推进知识产权保护，不仅符合自身发展需要，也有助于进一步完善法治化、国际化、便利化的营商环境。中国鼓励中外企业开展正常技术交流合作，依法保护在华外资企业合法知识产权，同时，希望外国政府加强对中国知识产权的保护。

5. 构建完备的知识产权保护法律体系

加入世贸组织后，中国建立健全知识产权法律法规，与多个国家建立知识产权工作机制，积极吸收借鉴国际先进立法经验，构建起符合世贸组织规则和中国国情的知识产权法律体系。近年来，修订《商标法》，增加了惩罚性赔偿制度；修订《反不正当竞争法》，进一步完善了商业秘密的保护，同时明确市场混淆行为，引入标识的概念，拓宽对标识的保护范围。

6. 全面放开外贸经营权

全面放开外贸经营权，促进经营主体多元化，激发各类企业开展贸易的积极性。自2004年7月起，中国对企业的外贸经营权由审批制改为备案登记制，极大地释放了民营企业的外贸活力，民营企业进出口发展迅速，份额持续扩大，成为对外贸易的重要经营主体。

7. 实施《与贸易有关的投资措施协议》

我国承诺加入世界贸易组织后，实施《与贸易有关的投资措施协议》，取消贸易和外汇平衡要求、当地含量要求、出口实绩要求、技术转让要求等与贸易有关的投资措施。

8. 接受贸易政策审议

中国入世以来，WTO对华贸易政策审议分别于2006年、2008年、2010年、2012年和2014年进行了五次。2016年7月20日，世界贸易组织在日内瓦开始对中国进行第六次贸易政策审议。他们普遍认为，中国加入WTO不仅促进了中国的改革开放进程，也给世界带来了机遇，中国信守承诺是对多边贸易体系的重大贡献。中国驻日内瓦世界贸易组织大使孙振宇说："三任WTO总干事都充分肯定中国所做的巨大努力和取得的成绩，而且，拉米总干事还给中国打了A+的高分。"

9. 接受争端解决机构裁决义务

在享有与世贸组织成员方磋商解决贸易摩擦，通过争端解决机制解决贸易纠纷的权利的同时，也有接受和履行世贸组织其他成员方磋商解决贸易摩擦和接受世贸组织争端解决机构裁决的义务。

10. 缴纳会费

按在世界出口中所占比例缴纳一定会费。

四、入世的业绩与作用

加入世贸组织以来，我国充分行使成员权利，认真履行各项义务和承诺，全面融入世界经济体系，经济社会发展取得了巨大成就。2018 年 6 月 28 日，国务院新闻办发表《中国与世界贸易组织》白皮书，这是中国首次就这一问题发表白皮书。白皮书约 1.2 万字，全面介绍了中国履行加入世贸组织承诺的实践，阐释了中国参与多边贸易体制建设的原则立场和政策主张，阐明了中国推进更高水平对外开放的愿景与行动。

（一）开放型经济体系基本形成

1. 切实履行入世承诺，开放水平显著提高

入世以来，中国加入 WTO 的所有承诺已全部履行，建立起了符合规则要求的经济贸易体制，成为全球最开放市场中的一员。在货物贸易领域，中国关税平均水平从加入前的 15.3%降至 2009 年的 9.8%，并按时间表全部取消了进口配额和进口许可证等非关税措施，彻底放开了对外贸易经营权。在服务贸易方面，在按 WTO 规则分类的 160 多个服务贸易部门中，中国已经开放了 110 个，并承诺将进一步开放 11 个分部门，远高于发展中国家的平均水平，且涉及银行、保险、电信、分销、会计、教育等重要服务部门，为外国服务提供者提供了广阔的市场准入机会。为建立符合 WTO 要求的法律体系，中国累计清理了 3 000 多部法律、法规和规章，对贸易体制和政策进行了全面的调整。

2. 全方位、多层次、宽领域开放的格局已经形成

加入 WTO 以后，形成了以货物贸易和服务贸易、与贸易有关的投资和知识产权等领域开放为主要内容的开放型经济体系。入世以来，中国经济对外开放获得了全面发展，形成了从过去主要以东南沿海较发达地区的对外开放，转向以发达地区为主，东、中、西部并举的全方位对外开放的新格局。中西部地区对外开放的力度进一步加大，西部开发成为重中之重。同时，对外开放的领域从过去主要以制造业为主的开放，转变为以农业、制造业、服务业协调进行的对外开放，农业和服务业的对外开放程度不断扩大。我国进一步放宽了对外资的各种限制，除极少数关系国计民生的重要战略及军事工业外，全面放松了对外资的准入限制，扩大了对外商投资开放的领域，逐渐取消了地域及股权方面的限制，加快实现全方位、多层次、宽领域开放的格局，加快了建立中国开放型经济的步伐。

（二）综合国力大幅度提高

1. 经济规模稳步提升，成为全球第二大经济体

开放型经济的跨越式发展有效拉动了国民经济持续快速增长，1979—2012 年的 34 年里，中国经济年均增长 9.8%，而同期世界经济年均增速为 2.8%。国内生产总值从 2001 年的 11 万亿元人民币增至 2011 年的近 47 万亿元人民币，年均增长超过 10%，世界排名由第 6 位跃升至第 2 位，综合国力显著提升。2016 年国内生产总值（GDP）占全球 GDP 比重为 14.8%。自 2002 年以来，中国对世界经济增长的平均贡献率接近 30%，是拉动世界经济复苏和增长的重要引擎。2017 年中国国内生产总值为 82.71 万亿元，比 2016 年增长 6.9%，继续保持世界第二位。改革开放 40 年来，中国国内生产总值年均增长 9.5%。

2. 贸易规模快速提升，成为全球第一大货物进出口国

2013 年，中国货物进出口值达 4.16 万亿美元，超过美国，首次列位全球第一。2017 年中国货物贸易进出口总值 27.79 万亿元，同比增长 14.2%，居全球第一位。

（三）中国坚定支持多边贸易体制

以世贸组织为核心的多边贸易体制是国际贸易的基石，为推动全球贸易发展、建设开

放型世界经济发挥了中流砥柱作用。加入世贸组织以来，中国始终坚定支持多边贸易体制，全面参与世贸组织各项工作，推动世贸组织更加重视发展中成员的关切，反对单边主义和保护主义，维护多边贸易体制的权威性和有效性，与各成员共同推动世贸组织在经济全球化进程中发挥更大作用。

1. 积极推进贸易投资自由化、便利化

全面参与多哈回合各项议题谈判。中国提出和联署谈判建议百份以上，推动贸易便利化、农业出口竞争等多项议题达成协议，推动多边贸易体制不断完善。2015 年，中国成为接受《贸易便利化协定》议定书的第 16 个世贸组织成员。2016 年中国担任二十国集团主席国期间，推动多国完成《贸易便利化协定》的国内批准程序，为协定早日生效作出了积极贡献。

积极推动诸边贸易自由化进程。作为发展中成员，中国积极参与诸边自由化倡议，并为谈判作出了重要贡献。中国在加入世贸组织时参加了《信息技术协定》，在此基础上深入参与该协定扩围谈判，推动各方就取消 201 项信息技术产品的关税达成协议。

2. 有效维护争端解决机制的法律地位

世贸组织争端解决机制为保障国际贸易可预见性、维护多边贸易体制稳定发挥了重要作用。中国积极参与改进争端解决程序的谈判，支持世贸组织上诉机构独立公正开展上诉审议工作。

妥善处理与其他成员的贸易纠纷。中国主张通过世贸组织争端解决机制妥善解决贸易争端。按照事项统计，截至 2018 年 4 月，中国在世贸组织起诉案件 17 项，已结案 8 项；被诉案件 27 项，已结案 23 项。中国通过主动起诉，遏制了少数世贸组织成员的不公正做法，维护了自身贸易利益和世贸规则权威。中国积极应对被诉案件，尊重并认真执行世贸组织裁决，作出了符合世贸规则的调整，无一例被起诉方申请报复的情况。

3. 深度参与贸易政策审议

认真接受成员的贸易政策监督。世贸组织贸易政策审议机制有助于增加多边贸易体制的透明度。中国高度重视贸易政策审议，已接受世贸组织六次审议，并正在积极准备即将于 2018 年 7 月进行的世贸组织对中国的第七次贸易政策审议。中国始终以开放坦诚的姿态，介绍宏观经济和贸易投资政策发展情况，听取其他成员对中国改革开放的意见和建议。世贸组织成员赞赏中国参与审议的态度，认为中国履约、合规、开放的良好形象为发挥审议机制作用树立了典范。

敦促其他成员遵守多边贸易协定。加入世贸组织以来，中国参与世贸组织对其他成员审议近 300 次，向被审议成员提交书面问题和贸易关注数千项，敦促其他成员遵守世贸组织规则和有关承诺，为维护和强化审议机制功能发挥了积极作用。

4. 全力支持发展中国家融入多边贸易体制

支持世贸组织将发展作为工作重心。确保发展中国家尤其是最不发达国家从国际贸易中获益，进而实现经济增长是世贸组织宗旨之一。作为世界上最大的发展中国家，中国对发展中成员在参与全球价值链分工、参与国际经贸治理等方面面临的困难表示关切，努力推动贸易，为实现 2030 年可持续发展议程作出积极贡献。

向其他发展中成员提供务实有效的支持。加大对发展中成员特别是最不发达国家成员援助力度，促进缩小南北发展差距。截至 2018 年 3 月，已对 36 个建交且已完成换文手续的最不发达国家 97%税目产品实施零关税。

5. 坚决反对单边主义和保护主义

单边主义和保护主义与世贸组织基本原则背道而驰。多边贸易体制是顺应世界经济发展的历史选择。

利用多边合作平台倡导自由贸易。中国倡导通过加强合作、平等对话和协商谈判来解决国际贸易中的问题。中国主办亚太经合组织第二十二次领导人非正式会议、二十国集团领导人杭州峰会、金砖国家领导人第九次会晤期间，加强与各方协调，推动将反对贸易保护主义写入会议成果文件。中国领导人出席“一带一路”国际合作高峰论坛、博鳌亚洲论坛、世界经济论坛等多边会议期间，多次阐明支持多边贸易体制、推动建设开放型世界经济的坚定立场。在世贸组织内中国积极倡议，与多数成员发出反对单边主义和保护主义的共同声音。

◆ 本章小结

本章包括四方面内容：第一，1947 年关税与贸易总协定及其主持的多边贸易谈判；第二，乌拉圭回合多边贸易谈判；第三，世界贸易组织概述；第四，世界贸易组织的运行机制；第五，中国加入世界贸易组织问题。

◆ 思考题

1. 何谓世贸组织？
2. 世贸组织的宗旨和主要职能是什么？
3. 世贸组织运行的基本原则主要有哪几条？
4. 世贸组织与关贸总协定相比较具有哪些特点？
5. 我国何时加入世贸组织？入世后，中国可享受世贸组织其他成员方给予的哪些权利？对它们应承担哪些义务？
6. 中国坚定支持多边贸易体制采取了哪些措施？

主要参考书目

1. 姚曾荫．国际贸易概论［M］．北京：人民出版社，1987.

2. 薛荣久．国际贸易（第五版）［M］．北京：对外经济贸易大学出版社，2008.

3. 张锡嘏．国际贸易（第四版）［M］．北京：中国人民大学出版社，2015.

4. 石广生．中国加入世界贸易组织知识读本（二）［M］．北京：人民出版社，2002.

5. 张锡嘏．国际贸易（第六版）［M］．北京：对外经济贸易大学出版社，2017.

6. 薛荣久．姚曾荫著述文集［M］．北京：中国商务出版社，2017.

7. 博鳌亚洲论坛．新兴经济体发展2018年度报告［M］．北京：对外经济贸易大学出版社，2018.

8. ［美］格里高利・曼昆．经济学原理（第四版）：宏观经济学分册［M］．北京：北京大学出版社，2006.

9. Peter J. Buckley Multinational Firms. Cooperation and Competition in the World Economy. London：Macmillan Press Ltd，2000.

10. WTO. Annual Report.

11. UNCTAD. Handbook of Statistics.

12. UNCTAD. World Investment Report.

13. 国务院新闻办公室．中国与世界贸易组织白皮书（2018年6月）［M］．北京：国际商报．2018-06-29.

图书在版编目(CIP)数据

国际贸易/张锡嘏编著．—5版．—北京：中国人民大学出版社，2019.5
21世纪高职高专规划教材．国际经济与贸易系列
ISBN 978-7-300-26736-4

Ⅰ.①国… Ⅱ.①张… Ⅲ.①国际贸易-高等职业教育-教材 Ⅳ.①F74

中国版本图书馆CIP数据核字(2019)第028574号

普通高等职业教育“十三五”规划教材
21世纪高职高专规划教材·国际经济与贸易系列
国际贸易(第五版)
张锡嘏　编著
Guoji Maoyi

出版发行	中国人民大学出版社			
社　址	北京中关村大街31号	**邮政编码**	100080	
电　话	010－62511242(总编室)	010－62511770(质管部)		
	010－82501766(邮购部)	010－62514148(门市部)		
	010－62515195(发行公司)	010－62515275(盗版举报)		
网　址	http://www.crup.com.cn			
	http://www.ttrnet.com (人大教研网)			
经　销	新华书店			
印　刷	北京密兴印刷有限公司	**版　次**	2004年10月第1版	
规　格	185 mm×260 mm　16开本		2019年5月第5版	
印　张	18.5	**印　次**	2019年5月第1次印刷	
字　数	430 000	**定　价**	39.00元